AUSPICIA

Unterrichtswerk für
Latein als zweite Fremdsprache
in drei Bänden

Xanten

Aus der zivilen Siedlung, die zum römischen Legionslager Castra Vetera I gehörte und die im 1. Jahrhundert n. Chr. entstand, ging die heutige Stadt Xanten hervor. Um 100 n. Chr. bekam der Ort von Kaiser Trajan den Namen Colonia Ulpia Traiana; verbunden damit war die Selbstverwaltung und das römische Bürgerrecht der Bewohner. Im Jahre 1977 wurde hier aufgrund der Ausgrabungen ein archäologischer Park errichtet, der nicht zuletzt durch die originalgetreuen Rekonstruktionen die antike Stadt wieder lebendig werden lässt, die einer der Hauptorte der Provinz Niedergermanien war.

Photo: lvr.

Der Hafentempel – der Rhein hatte damals einen anderen Verlauf und floss unmittelbar an der Stadt vorbei – wurde im frühen 2. Jahrhundert n. Chr. erbaut. Welcher Gottheit er geweiht war, ist nicht bekannt.

Das Amphitheater wurde kurz nach 100 n. Chr. errichtet. Rund 10 000 Besucher hatten in ihm Platz. *Photo: lvr.*

Imperium Romanum
Mare Caspicum
Pontus Euxinus
Bosporus
racia
Bithynia
Byzantium
Gordium
Phrygia
Asia
Mare
gaeum
Aspendos
Perge
Gaugamela
Mesopotamia
Tigris
Issus
Palmyra
Euphrates
Syria
Susa
Babylon
Creta
Cyprus
Iudaea
ternum
Caesarea
Gerasa
Arabia
Alexandria
Siwa
Aegyptus
Nilus
Mare Rubrum

AUSPICIA

Unterrichtswerk für
Latein als zweite Fremdsprache
in drei Bänden

III
Städte, Stätten und Personen

Von Klaus Karl
Harald Kloiber
Dr. Günther Wolf
Nicole Wunder
Günther Hoffmann

LATEIN-BUCH-VERLAG LAPPERSDORF
Inhaber: Klaus Karl

AUSPICIA
Unterrichtswerk für Latein als zweite Fremdsprache
in drei Bänden

Band III
von Klaus Karl
Harald Kloiber
Dr. Günther Wolf
Nicole Wunder
Günther Hoffmann

Die Verfasser bedanken sich sehr herzlich bei folgenden Stellen
für die Abdruckerlaubnis der Bilder bzw. für die Überlassung von Vorlagen:

Archäologisches Institut der Universität Erlangen
Archäologisches Institut der Universität Göttingen
Archäologisches Museum Delphi
Archäologisches Museum Olympia
Archäologisches Museum Rabat
Archäologische Staatssammlung München
Hellenic Ministry of Culture Athen
Kultusministerium Marokko
Landschaftsverband Rheinland (lvr)/Archäologischer Park Xanten
Rheinisches Landesmuseum Trier
Herr Günther Kornprobst
Herr Gerhard Zwick

Die restlichen Bilder stammen von den Verfassern selbst.

Herausgeber: LATEIN-BUCH-VERLAG LAPPERSDORF, Inhaber: Klaus Karl
Gesamtherstellung: Vormals Manzsche Buchdruckerei und Verlag, Regensburg
ISBN: 3-938119-08-X

Vorwort

Mit „Auspicia III“ legen wir den dritten und letzten Band unseres lateinischen Unterrichtswerks für die 2. Fremdsprache vor. Es ist für die 8. Jahrgangsstufe bestimmt und folgt exakt dem neuen Lehrplan für das achtjährige Gymnasium.

Zielsetzung auch des dritten Bandes ist es, im Sprachunterricht bewährte methodische und didaktische Traditionen zu erhalten und neue aufzunehmen. Die Anordnung der Stoffe erfolgt nach sprachimmanenten Kriterien; die Systematik, die im Lateinischen liegt, wird genutzt. Ein wichtiges Anliegen ist Sprachkontrastierung; es soll nicht nur richtig übersetzt, sondern auch auf gutes Deutsch geachtet werden.

Im Sprachbereich wird die Lehre vom Verbum fortgesetzt und abgeschlossen. Bei den Adjektiven und Adverbien wird die Steigerung nachgetragen. Pronomina, mehrdeutige Konjunktionen sowie Relativ- und Temporalsätze werden aufgefrischt und erweitert. Im Bereich der Kasussyntax geht es um Wiederholung und Ergänzung des Genitivs und des Ablativs sowie der Ortsangaben. Neu eingeführt werden die coniugatio periphrastica activa und in Verbindung damit Infinitiv und Partizip Futur sowie Gerundium, Gerundivum und NcI. Die Konjunktive im Hauptsatz werden zusammengefasst. Eine Überleitung zur Lektüre enthält Möglichkeiten der Satzanalyse und die oratio obliqua.

„Auspicia III“ will außerdem ausführlich Kultur vermitteln. Unter dem Leitthema „Städte, Stätten und Personen“ sollen wichtige griechische Orte wie Athen und Korinth, heilige Plätze wie Olympia und Delphi, das Leben, das sich dort abspielte, und herausragende Personen, die dort lebten oder wirkten, dargestellt werden. In Rom liegt der Schwerpunkt auf Personen wie Hadrian, Sallust, Cato dem Älteren und dem Jüngeren, Seneca und Epikur. Da es schwer war, zu einzelnen Texten Bilder zu finden, wurde ein eigener Zyklus über Roms bedeutende Städte in außeritalischen Provinzen eingefügt und so die Größe des Reiches manifestiert.

Die Texte greifen zum Teil unmittelbare Vorgaben des Lehrplans auf (Stätten, Personen, Philosophie) oder führen zur Anfangslektüre über. Eine Reihe von Kapiteln handelt von Rechtsfällen, die sich für fortlaufende Lektüre wegen der Kürze der einzelnen Passagen weniger eignen, der Thematik wegen aber nicht ausgelassen werden sollten. Die Stücke aus dem Anhang zur Übergangslektüre sind von Gellius genommen und ganz leicht abgeändert. Da dieser Autor doch einige Schwierigkeiten bietet, zudem nicht leichte Satzperioden enthält, schien es angebracht, diese Kapitel im Sinne einer Anfangs- bzw. Übergangslektüre auszuwählen.

Der Aufbau von „Auspicia III“ folgt dem der vorhergehenden Bände. Es sei ausdrücklich darauf hingewiesen, dass die Fülle des Übungsmaterials nur ein Angebot ist; der Lehrer hat die Möglichkeit das auszuwählen, was für seine Klasse besonders wichtig ist. Ähnlich verhält es sich mit den Wiederholungskapiteln.

Für wertvolle Ratschläge danken wir den Kollegen Dr. Flurl und Alfred Schnelzer.

Wir wünschen Schülern und Lehrern Erfolg und auch etwas Spaß bei der Arbeit mit „Auspicia III.“

Lappersdorf, im Januar 2006 — Team Auspicia

Inhaltsverzeichnis

Anhang:

K 1 fierī

A Im Zentrum der alten Welt

Halbkreisförmig umschließen Berge, die bis zu 1000 Meter in die Höhe ragen, die Ebene von Attika; im Süden wird sie durch das Meer begrenzt. In ihrer Mitte erhebt sich ein 156 Meter hoher und 272 Meter langer Felsen, der nach allen Seiten hin steil abfällt, die Akropolis (= die Stadt auf dem Berge) von Athen. Hier wohnten die frühesten Menschen dieser Gegend; ihre Spuren sind bis ins 6. Jahrtausend v. Chr. zurückzuverfolgen. Als die Bevölkerung im Laufe der Zeit zunahm, entwickelte sich am Fuße dieses Felsens eine Siedlung, von der gewaltige Impulse für die politische, insbesondere aber für die geistige und kulturelle Entwicklung Europas ausgingen.

In Athen entstand erstmals die Staatsform der Demokratie. Sie entsprang dem Streben nach Freiheit, einem Wesenszug des griechischen Menschen; sie bildet heute die Grundlage der meisten zivilisierten Staaten. Die größten Philosophen der Antike, etwa Sokrates, Platon und Aristoteles, lebten und lehrten hier; bedeutende Rednerschulen zogen junge Menschen aus aller Welt an. Künstler schufen Bauwerke und Bildnisse, die – wenn oft auch nur in Teilen – die Jahrhunderte überdauert haben und heute noch bewundert werden. Darüber hinaus zählte Athen bis zum Ende des 5. Jahrhunderts v. Chr. zu den großen politischen Mächten der Antike, verlor jedoch nach der Niederlage gegen Sparta im Jahre 404 v. Chr. den größten Teil dieses Einflusses. Dennoch blieb die Stadt bis zum Ende des Altertums eines der großen geistigen Zentren und war damit ein Beispiel dafür, dass der Geist mehr vermag als körperliche Kraft.

B

1. Omnibus temporibus multi homines clari fieri volunt, pauci fiunt.
2. Temporibus antiquis Athenienses clari facti sunt, quod multas artes coluerunt.
3. Philosophi optant (optabant), ut homines beati fiant (fierent).
4. Homines beati fient, si verbis philosophorum parebunt.

C Ein Wesenszug der Athener

Athenae, illa urbs praeclara, inter mare montesque altos in parvo campo sitae sunt. Quo factum est, ut iam ante octo milia annorum homines hunc locum incolerent, quia putabant se ibi propter montes tutos esse, ab hostibus non subigi, propter portum opportunum mercatores praecipuos fieri posse. Athenienses a pueris assuefiebant vitam liberam vivere; servos fieri eis odio erat. Hoc modo auctores libertatis facti sunt. Sine libertate civium autem homines in civitatibus raro felices fient.

D 1. Übersetze! Piraeus, ille portus praecipuus, Atheniensibus causa divitiarum fiebat. Aberat ab urbe, quae in parvo campo sita et montibus cincta erat, circiter (ungefähr) sex milia passuum; quo factum est, ut hostes navibus advenientes facile cognosci possent. Constat multos Athenienses a pueris navigationi (*navigatio, -onis* die Seefahrt) assuefactos esse. Piraeus autem ad navigationem opportunus erat, quia ibi raro tempestates vehementes et undae altae fiunt.

2. Unterscheide und übersetze! fio – fit – fis – fias – fies – fieres – fiunt – fiant – fient – fierent.

3. Suche jeweils einen guten deutschen Ausdruck und übersetze! Ille voluit statuam sibi fieri. – Magnus clamor fit. – Consul senatui suasit (*suadēre, suadeo, suasi* m. Dat. jdm. raten/zureden), ne pax cum Poenis fieret. – Inter Persas et Athenienses pugna fit. – Fieri potest, ut amicus me visitet. – Cicero consul factus est. – Multi ex divitibus pauperes facti sunt.

4. Das Suffix *-tudo* drückt einen Zustand aus. Was bedeuten demnach die folgenden Wörter? altitudo – claritudo – beatitudo – fortitudo – latitudo – longitudo – magnitudo – multitudo – plenitudo – solitudo – turpitudo – valetudo.

5. Betrachte auf einer Karte die Lage Athens und vergleiche damit die Texte **C** und **D** 1 dieses Kapitels! Warum sind die Stadt und der Hafen so vorteilhaft gelegen?

S **Fiat lux!**
Quod tibi fieri non vis, alteri ne feceris.
(*alteri* Dat. Sg. zu *alter, -a,- um* der Nächste)

Im Großraum Athen leben heute knapp vier Millionen Menschen, mehr als ein Drittel aller Griechen.

K 2 Deponentia der ā-Konjugation

A Sokrates

Sokrates wurde im Jahre 470 v. Chr. als Sohn eines Bildhauers geboren. Er verbrachte sein ganzes Leben in Athen und verließ die Stadt nur, wenn er in den Krieg ziehen musste. Seine militärischen und politischen Pflichten erfüllte er gewissenhaft, entwickelte aber in dieser Richtung keinen Ehrgeiz. Die früheren Philosophen hatten danach geforscht, wie die Welt entstanden ist, was der Urgrund des Seins ist und wohin alles vergeht. Fragen dieser Art waren für Sokrates belanglos. Er wendete sich dem Menschen zu und versuchte zu ergründen, wie man leben solle, was das Gute sei und was Glückseligkeit bedeute. Sokrates war demnach der erste Philosoph, der die Ethik in den Mittelpunkt seiner Untersuchungen stellte.
Eine innere Stimme drängte ihn dazu, stets nach der Erkenntnis des Guten zu streben und es ohne Rücksicht auf sein eigenes Wohl zu verwirklichen. Seine Aufgabe sah er darin, auch seine Mitbürger zu dieser Erkenntnis zu führen; deshalb verstrickte er sie immer wieder in Gespräche. Er ließ dabei nicht locker, mit bohrenden, oft unangenehmen Fragen, mit Widerlegen und Tadeln und auch mit bissiger Ironie seine Gesprächspartner zu verunsichern. So machte er sich bei den Athenern unbeliebt, zum Teil sogar verhasst, weshalb ihm einige im Jahre 399 v. Chr. den Prozess machten und seine Verurteilung und Hinrichtung erwirkten. Sokrates hätte aus dem Gefängnis fliehen können; er sah darin freilich ein Unrecht dem Staat gegenüber und ging gelassen in den Tod. Unrecht erleiden war seiner Meinung nach besser als Unrecht tun.

B

1. Socrates totam vitam in urbe Athenis versatur (versabatur).
2. Socrates cives suos precabatur, ut secundum leges vivere conarentur.
3. Socrates amicum (amicos) hortatus est: „Imitare (imitamini) homines bonos!
4. Homines bonos imitantes ipsi boni fietis."
5. Socrates homines hortatus, ut mores bonos colerent, reus (der Angeklagte) factus est.
6. Socrates nobis admirationi est. Socratem admiramur.

C Erkenne dich selbst!

Athenienses cum videbant Socratem totum diem in foro versari, mirabantur. Apud homines libenter morabatur, qui arbitrabantur se sapientes esse. Variis sermonibus ostendere conabatur illos nihil scire, arbitrari autem se intellegere, quid rectum, quid falsum esset, quid in civitate fieri deberet. Socrates iuvenes apud se morantes hortabatur, ne mores hominum malorum imitarentur. „Te ipsum cognoscere conare!" saepe amicum hortabatur. Deos precari consueverat, ut sibi nihil aliud nisi bonum darent; arbitrabatur enim deos scire, quid bonum hominibus esset.

D 1. Übersetze! Apollo dixerat neminem Socrati sapientia praestare. Chaerephon, amicus Socratis, haec verba miratus est. Cum aliquando Delphis (in Delphi) versaretur, deum precatus est: „Dic mihi, Apollo, cur Socratem sapientem appellaveris." Apollo: „Hortor vos, ut conemini Socratem imitari! Socrates multa scit, sed quia homo est et inter homines moratur, se nihil scire arbitratur. Alii pauca sciunt et arbitrantur se omnia scire. Itaque Socrates sapiens est."

2. Übersetze folgende Formen! arbitrarer – imiter – conari – mirare – versamini (2) – precabantur – morati essent – ne hortatus sis – arbitrantur – imitati erant – coneris – ne mirati sitis – versareris – moraberis – mirabuntur – hortatus es – precare.

3. Ersetze folgende Formen von *putare* durch *arbitrari*, von *orare* durch *precari*, von *monere* durch *hortari*! putatis – putavissent – putabis – putavistis – putemus – putaremus; orate – ne oraveritis – orabunt – orent – orarent – oravisses – orabamus; moneamus – monuistis – monebis – monuerant – mone – monebatis.

4. Wirf den Kuckuck aus dem Nest!

a) hortamur precaberis admoneris conantur morareris miramini.

b) oramini – laudaris – audientur – orabaris – laudaberis – audieris – miraris.

c) petere – ambulare – salire – secare – mirare – sentire.

5. Übersetze folgende Partizipien mit einem Relativsatz! Socrates hortans – Socrates hortatus – amicus monens – amicus hortatus – amicus monitus – frater imitans – frater imitatus – Socrates arbitratus.

6. Warum bezeichnete Apollo den Sokrates zu Recht als den weisesten Menschen?

7. Was bedeutet es, wenn Sokrates die Menschen auffordert, sich selbst zu erkennen?

8. Cicero schreibt: „Socrates autem primus philosophiam de-vocavit e caelo et in urbibus conlocavit (*conlocare* ansiedeln) et in domus etiam intro-duxit et coegit de vita et moribus rebusque bonis et malis quaerere." (Tusc. V 10). Welche Leistung hat Sokrates nach Ciceros Ansicht vollbracht?

9. Betrachte die Statue des Sokrates auf der nächsten Seite! Beschreibe sie und präge dir die charakteristischen Merkmale ein! Welchen Eindruck macht der Philosoph auf dich!

Sokrates, eine moderne Statue vor der Akademie in Athen.

K 3 Deponentia der ē-Konjugation

A Paulus besucht Athen

Paulus, der große Völkerapostel, der wohl am meisten für die Ausbreitung des frühen Christentums getan hat, kam auf seiner zweiten Missionsreise, die etwa im Jahre 48 oder 49 begann, erstmals nach Europa. Er betrat Griechenland in Philippi (in der Nähe des heutigen Kavala), wo er die erste christliche Gemeinde gründete. Von dort zog er nach Thessaloniki, wo die nächste Gemeinde entstand. Weiter ging es nach Süden; in Athen weilte Paulus einige Wochen und wartete auf Freunde. Auch hier versuchte er zu missionieren, allerdings ohne größeren Erfolg; trotz einiger Anhänger bildete sich keine Gemeinde.
Ein Ereignis aus seinem Aufenthalt ist sehr bekannt: Er besuchte den Areopag (den Hügel des Kriegsgottes Ares, wo ein Gericht für Kapitalverbrechen bestand), der damals ein Treffpunkt der gebildeten Athener war, und begann ein Gespräch mit den Philosophen, die sich dort aufzuhalten pflegten (vgl. Apostelgeschichte 17,22 ff.). Von Athen reiste Paulus nach Korinth, wo er eineinhalb Jahre blieb und eine bedeutende Gemeinde ins Leben rief. Im Mittelpunkt seiner Verkündigung standen Tod und Auferstehung Christi. Obwohl er Jesus persönlich nie erlebt hatte, war er von diesem Glauben so überzeugt, dass er dafür sogar in den Tod ging, den er zwischen 64 und 67 n. Chr. in Rom durch Enthauptung erlitt. Als römischer Bürger durfte er nur durch das Schwert hingerichtet werden.

B

1. Paulus veritus non est apud magnam multitudinem hominum orationem habere.
2. „Confiteor vobis Christum mortem obisse et a mortuis resurrexisse (*resúrgere* auferstehen).“
3. Ambulans per urbem Atheniensium aram intuebatur, in qua scriptum erat: Ignoto deo.
4. Itaque Athenienses deos valde vereri ratus est.

C Einem unbekannten Gott

In urbe Athenis versans Paulus aliquando ambulabat et multas deorum statuas intuebatur. Tum Areópagum obiit ratus se ibi cum Atheniensibus doctis convenire posse. Paulus stans in Areopago dixit: „Athenienses, mihi videmini multos deos vereri. Deos deasque precamini, ut vos tueantur. Inveni etiam aram, in qua scriptum erat: Ignoto deo. Confiteor vobis mihi illum deum ignotum non esse. Ille vir, Iesus Christus, homo factus, ab hominibus interfectus, a deo patre suscitatus est[1]. Pollicetur in se[2] credentibus vitam aeternam[3].”

[1] *suscitare* auferwecken [2] *se* ihn [3] *aeternus, -a, -um* ewig

D

1. Übersetze! Cum Paulus verba sua finivisset, omnes eum intuebantur. Alii dixerunt: „Stultus esse nobis videris, quia confiteris mortuos resurgere (auferstehen) posse.“ Alii eum irriserunt rati illum deum, quem verebatur, neque in caelo neque in terra esse. Paulus autem fassus est: „Deus, qui mundum fecit et tuetur, pollicitus est: Omnes, qui mihi fidem habent, post mortem in caelo mecum erunt.“

2. Übersetze folgende Formen! fatere – confiteris – intueamini – polliciti essent – rebaris – intuentur – verebimur – viderer – fassi sunt – ne confessi sitis – intuebimini – polliceris – rati essent – tuebaris – verere – videmur.

3. Übertrage folgende Formen des Präsensstammes in die entsprechenden Tempora des Perfektstammes und übersetze! fateris – confiterentur – pollicebantur – verebar – videntur.

4. Verneine folgende Imperative! fatere – confitemini – pollicere – veremini.

5. Unterscheide und übersetze! Graeci multos deos et multas deas verebantur. – Graeci veriti sunt, ne Persae in Graeciam invaderent. – Socrates veritus non est verum dicere.

6. Die Substantive mit dem Suffix *-tas* drücken einen Zustand oder eine Eigenschaft aus. Was bedeutet demnach? aequitas – bonitas – brevitas – claritas – crudelitas – dignitas – facilitas – difficultas – gravitas – humanitas – mortalitas – novitas – paucitas – varietas – veritas.

7. Warum war Paulus in Athen tief beeindruckt?

8. Was könnte es bedeuten, dass die Athener einen Altar „dem unbekannten Gott" widmen?

9. Nach der Lehre Epikurs besteht der Mensch aus einer Zusammenballung von Atomen; diese trennen sich nach dem Tod wieder, einerseits diejenigen, die den Körper, andererseits diejenigen, die die Seele gebildet haben. Warum lachen besonders diese Philosophen über Paulus?

S **Esse quam videri bonus malebat.**

Bei Philippi im Nordosten des heutigen Griechenlands gründete Paulus seine erste Gemeinde auf europäischem Boden. Die dem Apostel geweihte riesige Basilika aus dem 6. Jahrhundert war technisch zu sehr gewagt und stürzte vor ihrer Vollendung ein.

W Wiederholung 1

1. Übersetze! Athenienses, qui auctores liberae rei publicae facti erant, iam iuvenes (als ...) assuefiebant in publicum prodire et, quid vellent, pro-fiteri (ankündigen, erklären). Quo factum est, ut magistri exsisterent (*exsistere* auftreten) pollicentes: „Moramini apud nos et versamini in ea arte, qua aliis civibus facile persuadebitis eisque admirationi eritis! Nos intuentes et imitantes ipsi oratores boni fietis.“ Multi adulescentes – rati eam artem sibi usui esse – eos magistros admirabantur et conabantur in eorum disciplinam (*disciplina,-ae* die Lehre, Schule) recipi. Socrates autem veritus, ne iuvenes tantis pollicitationibus (*pollicitatio, -onis* das Versprechen) fallerentur, saepe suos hortatus est: „Ne tueamur, quae ex ornamento verborum grata videantur! Qui recte vivere vult, deum vereatur et praecipue se ipsum intueatur, ut integer fiat!“

2. Bestimme und übersetze! precamur – fateamini – fimus – arbitrareris – reor – versabantur – polliceri – conabitur – conare – reris – confitemini.

3. Setze die Formen aus 2. in die entsprechenden Formen des Perfektstammes und übersetze sie!

4. Unterscheide!

a) reri – raro – ratio – rari – rei – regi – reris – raris – rati – re.
b) portui – portavi – portis – portibus – portas – porticum – portum – portuum.

5. Gib in den folgenden Sätzen das Partizip entsprechend den Klammern wieder!

a) In hac arte versantes proficietis. (Unterordnung, Präpositionalausdruck)
b) Mercator fraudem confessus absolvatur! (Unterordnung, Beiordnung)
c) Ne imitati sitis homines multa pollicentes! (Unterordnung)
d) Nautae in portu opportuno morati iter perrexerunt. (Unterordnung, Beiordnung, Präpositionalausdruck)
e) Parentibus hortatis domo moramur. (Unterordnung, Präpositionalausdruck)
f) Deos verentes ne nimium precemini! (Unterordnung, Beiordnung)

Der Parthenon, der Tempel der jungfräulichen Athene, das prächtigste Bauwerk aus der Zeit des Perikles, vereinigt in seiner Architektur dorische und jonische Elemente. Damit sollte das Selbstbewusstsein Athens als Mittelpunkt der griechischen Welt demonstriert werden.

K 4 Steigerung der Adjektive

A Perikles

Perikles, der aus höchstem athenischem Adel stammte, wurde zwischen 495 und 490 v. Chr. geboren. Er war einer der bedeutendsten Politiker, den die griechische Hauptstadt hervorgebracht hat. Perikles trieb die Demokratisierung der Stadt voran. Im Jahre 462 war er am Sturz des Areopags, der letzten aristokratischen Einrichtung, beteiligt; ehemalige Archonten (die obersten Beamten aus hohem Adel) waren „Wächter des Staates", bildeten also eine Art Verfassungsgericht. Von nun an bestimmte Perikles weitgehend die Geschicke der Stadt, ohne freilich jemals ein höheres politisches Amt innegehabt zu haben. Mit seiner brillanten Redegewalt setzte er sich in den Volksversammlungen durch und lenkte die Menge, die ihm lange Zeit willig folgte. Es war, wie sein Zeitgenosse, der Historiker Thukydides, schreibt, „dem Namen nach eine Demokratie, in Wirklichkeit aber die Herrschaft des ersten Mannes."
Perikles holte im Jahre 454 v. Chr. die Kasse des Attischen Seebundes, den die Athener 478 mit den meisten Inseln und vielen Küstenstädten zur Abwehr einer künftigen Persergefahr geschlossen hatten, von (der Insel) Delos nach Athen; in sie mussten die Bundesgenossen zahlen, wenn sie im Falle eines Angriffs der Perser keine Schiffe stellen konnten. Mit der Begründung, Athen sei die Schutzmacht und verteidige alle Bündner, griff Perikles bedenkenlos in diese Kasse und baute Athen prächtig aus. Wir sprechen heute vom Perikleischen Zeitalter, in dem in Athen Kunst und Wissenschaften blühten und die Stadt politisch auf ihrem Höhepunkt war. Der begnadete Staatsmann starb allerdings im Jahre 429 v. Chr. an der Pest, die Athen heimsuchte und viele Opfer forderte. Mit dem Tod des Perikles setzte der politische Niedergang Athens ein.

B

1. In urbe Athenis nemo clarior erat quam Pericles.
2. Pericles clarissimus civium Aheniensium erat.
3. Pericli facillimum erat animos civium in contionibus oratione regere.
4. Pericles Athenas urbem pulcherrimam facere studuit.
5. Pericles voluit nullam urbem pulchriorem esse quam Athenas.

C Ein großer Staatsmann

Pericles, qui (e) genere nobilissimo natus erat, Athenas urbem pulcherrimam et potentissimam facere voluit. Postquam bellum gravissimum, quod erat contra Persas, hostes saevissimos, finitum est, iura civium humillimorum auxit et laboribus ingentissimis urbem ex-ornavit. Pericles clarissimos artifices arcessivit et in arce urbis templa Graeciae sanctissima aedificari iussit. Nullum templum Atheniensibus carius erat quam (templum) Minervae, in quo simulacrum[1] deae recens – factum ex auro et ex ebore[2] – collocatum erat[3]. Numquam in urbe Atheniensium res secundiores erant quam aetate Periclis.

[1] *simulacrum, -i* das Götterbild [2] *ebur, -oris n.* das Elfenbein [3] *collocare* aufstellen

D 1. Übersetze! Impetu vehementissimo Persae in Graeciam invaserant Athenasque ceperant. Numquam hostes saeviores et rex potentior in Graecia fuerunt. Templa sanctissima et pulcherrima aedificia deleta sunt. Persis ad Salaminem pugna acerrima victis incolae redierunt, sed difficillimum erat aedificia restituere (*restituĕre* wiederherstellen). Nihil autem Atheniensibus carius erat quam videre homines omnis ordinis, nobilissimos et humillimos, cunctis viribus laborare, ut domus recentes fierent resque secundae augerentur.

2. Steigere folgende Ausdrücke (Komparativ und Superlativ)! vir ordinis humilis – regum potentium – adversariis saevis – in templo sancto – tempestate vehementi – bella recentia – vento secundo (2) – amicos caros – aedificium pulchrum – rerum facilium.

3. Übersetze die Komparative auf verschiedene Weisen! mons altior – arbor humilior – opus facilius – reges potentiores – soror carior – hostes saeviores – tempestas vehementior – vir clarior – nuntius recentior – ventus secundior.

4. Übersetze folgende Superlative auf verschiedene Weisen! ordo humillimus – populus potentissimus – bestiae saevissimae – viri sanctissimi – dolor vehementissimus – iter difficillimum – aspectus pulcherrimus – frater carissimus – orator clarissimus – verba acerrima.

5. Wirf den Kuckuck aus dem Nest!

a) cara – clara – acriora – acria – pulchra

b) humillima – acerrima – pulcherrima – carissima – potentia

c) longissimum – altissimum – sanctissimum – potentissimum – celerrimum

d) carus – rarius – purus – mirus – durus – ferus.

6. Welche großen Leistungen hat Perikles für Athen vollbracht?

7. Warum war die Staatsform, die in Athen damals herrschte, für die Begabung des Perikles sehr vorteilhaft?

8. Wo liegen wesentliche Unterschiede zwischen der attischen und der heutigen Demokratie?

Perikles (494/95 – 429 v. Chr.), der bedeutendste Staatsmann Athens, baute die Stadt nach der Zerstörung durch die Perser prächtig aus. Arch. Institut der Universität Erlangen.

K 5 Unregelmäßige Steigerung der Adjektive

A Ein Lobpreis auf Athen

In Athen war es Brauch, dass im Krieg am Ende eines Jahres eine öffentliche Totenfeier für die Gefallenen begangen wurde. In einem Leichenzug führte man Zypressensärge mit, in denen die Überreste der Verstorbenen lagen; eine leere Bahre wurde für die Vermissten mitgetragen. Nach der Beisetzung in einem öffentlichen Ehrengrab hielt ein von den Bürgern gewählter hoch angesehener Mann eine Rede. Im Winter 430 v. Chr., nach dem ersten Jahr des Peloponnesischen Krieges, war Perikles dazu ausersehen. Seine Ansprache war keine Leichenrede im herkömmlichen Sinn; vielmehr stellte sie einen Lobpreis auf Athen dar, der mit zum Schönsten gehört, was über diese Stadt je gesagt worden ist.

B

1. Multi (plures – plurimi) cives affuerunt, cum Pericles de mortuis orationem haberet.
2. Mortui maximam gloriam sibi pepererant.
3. Mortem obierunt pro optima civitate Graeciae.
4. Milites Atheniensium minores erant quam (milites) Spartiatarum.
5. Etiam Spartiatae putabant nihil peius esse quam fugam.

C Eine wahre Demokratie

Pericles: „In civitate nostra optimae leges valent; non leges aliarum civitatum imitamur, sed plurimis aliis exemplo sumus. Secundum has leges, quae plurimis civibus prosunt, non solum paucis, dignitate omnes pares sumus. Neque pauperrimi contemnuntur neque divitissimi meliores putantur, sed laudem acquirimus ex maxima virtute et minima superbia. Invidiam pessimum, concordiam optimum vinculum civitatis aestimamus; itaque liberi in libera re publica vitam degimus. Qui negotiis publicis non interest, eum non hominem ignavum, sed hominem inutilem iudicamus."

D

1. Übersetze! Pericli persuasum erat in civitate Atheniensium longe optimas leges valere, quae plurimis hominibus exemplo esse possunt. Nam meliores leges quam eae, quae omnibus civibus causa maximae concordiae, minimae invidiae, optatae libertatis sunt, ex-cogitari non possunt. In nulla alia re publica tum plures cives sententiam libere dicere, liberam vitam degere potuerunt quam in urbe Atheniensium. Dominatio (die Herrschaft) paucorum est vitium pessimum; concordia est vinculum utilissimum civium.

2. Bilde die entsprechenden Komparativ- und Superlativformen und übersetze! cives bonos – malorum vitiorum – magna voce – parva dona – multum valere – multarum undarum.

3. Setze die Komparativformen in den Superlativ und umgekehrt und übersetze! meliores res – pessimorum morum – maximis terris – minora sidera – plurimis locis – plus posse.

4. Übersetze treffend! vel maxima pericula – quam optimae leges – longe pessimi mores – quam plurimi homines – vel minimus terror – longe maximum iter.

5. Unterscheide! plura loca – complura loca – rex plurium urbium – rex complurium urbium – complures homines – plures homines.

6. Bei Adjektiven bedeutet das Präfix *in-* meist das Gegenteil. Was heißt demnach? incertus – indignus – indoctus – infidus – ingratus – immortalis – impius – imprudens – inutilis.

7. Erkläre folgende Fremdwörter! Optimist, optimieren, Optimum, Maximum, Majorität, Majuskeln, minimal, Minimum, minus, Minorität, plus, Plural, Pluralität, Pluralismus.

Auf einem der Friedhöfe Athens - das Bild zeigt den Kerameikos mit einer Kopie des berühmten Grabes einer gewissen Hegeso - hielt Perikles seine Rede auf die Gefallenen.

8. Was hebt Perikles an der athenischen Demokratie rühmend hervor?

9. Was verlangt Perikles vom Einzelnen in diesem Staat?

10. Was sind nach Perikles die wichtigsten Voraussetzungen für eine demokratische Staatsverfassung?

S **Concordia res parvae crescunt, discordia maximae dilabuntur.**
(*discórdia, -ae* die Zwietracht, *dilabi* zu Fall kommen, einstürzen)
Ex minimis seminibus nascuntur ingentia.
(*semen, -inis* der Same, *nasci* entstehen)

K 6 Unvollständige Steigerung

A **Kaiser Hadrian, ein Förderer von Kunst und Wissenschaften**

Nach dem Tod seines Vormundes Trajan bestieg Hadrian im Jahre 117 n. Chr. den römischen Kaiserthron. Das Reich hatte damals seine größte Ausdehnung, war jedoch in einigen Gebieten gefährdet. Hadrian gab die Expansion nach Osten auf und bemühte sich ansonsten, die Grenzen nach Möglichkeit zu sichern. Eine zum Teil heute noch sichtbare Maßnahme ist der Hadrianswall in Britannien, dessen Bau im Jahre 122 begann. Hadrian unternahm weite Reisen, die der Inspektion der Verwaltung und der Truppen, der Rechtsprechung und der eigenen Bildung dienten.
Eine rege Bautätigkeit entwickelte er in Rom und Athen. In Rom restaurierte er das Pantheon, erbaute einen Tempel für Roma und Venus und errichtete sich ein Mausoleum, die heutige Engelsburg. Athen, das nach der Niederlage gegen Philipp und Alexander von Makedonien im Jahre 338 v. Chr. bei Chaeronea politisch bedeutungslos war, wollte Hadrian prächtig ausstatten, wie es der früheren Stellung der Stadt und ihrer Rolle in der Geisteswelt entsprach. Eine Reihe von Bauten, deren Reste heute noch zu sehen sind, zeugen davon, etwa der Tempel des Olympischen Zeus, das Hadrianstor und die Hadriansbibliothek. Außerdem baute Hadrian den römischen Stadtteil Athens aus. Viele junge Römer, die in der griechischen Hauptstadt einige Zeit studierten, wohnten hier.

B
1. Iam prioribus temporibus iuvenes Romani in urbe Atheniensium se litteris dabant.
2. Philosophis et oratoribus, qui ibi iuvenes docebant, summa laus erat.
3. Gentes nobiles Romanorum posterioribus temporibus ibi domus possidebant.
4. Extremo die vitae imperator Traianus Hadrianum adoptavit (!).
5. Postero die Hadrianus imperator factus est.

C Hadrians Bautätigkeit in Athen

Athenis[1] tecta Romanorum proxima erant domibus Atheniensium. Athenienses in honorem imperatoris Hadriani ibi arcum[2] aedificaverunt, per quem incolae ex interiore parte urbis in exteriorem ire poterant. Ibi Athenienses superioribus saeculis coeperant templum Iovis, summi dei, sacrum collocare, quod Hadrianus confecit. Imperatorem postero anno illam maximam bibliothecam (!) instituisse putamus; ea multa milia librorum continebat. Hadrianus primus imperator fuit, qui Athenas summo studio pulcherrimis aedificiis ex-ornavit. Ultimos annos vitae in oppido prope Romam sito degebat, ubi villam praeclarissimam sibi exstruxerat.

[1] *Athenis* in Athen [2] *arcus, -us* der Bogen

D

1. Übersetze! Imperator Hadrianus ad summos honores pervenit, quod Traianus eum adoptaverat (!), quem extrema virtute diu adiuverat. Prioribus annis principatus sui Hadrianus itinera ad ultimas partes imperii fecit, supremis (annis) in villa Romae proxima vitam degebat. Hadrianus ipse etiam litteris studebat; amicus intimus erat Fronto, vir illius aetatis doctissimus. Romani imperatorem Hadrianum diligebant.

Rund dreihundert Jahre dauerte der Bau des Tempels des Olympischen Zeus in Athen; begonnen hatte ihn Antiochos IV. (174 v. Chr.); Kaiser Hadrian, dessen Statue neben der des Zeus stand, vollendete ihn 130 n. Chr.

2. Setze die Steigerungsformen im Superlativ ein und übersetze! (extra) provincias obire – cum (intra) amicis disserere – (supra) diebus – (ultra) ratione opus conficere – (post) die vitae suae – (pro) regis Romanorum – (prope) urbes adire.

3. Setze die Komparativformen ein und übersetze! (intra) bella – (extra) murum – (supra) diebus – (ultra) partem urbis – (pro) tempora – (post) facta hominum – (prope) silvae.

4. Erinnere dich an die Bauten, die Hadrian in Athen errichten ließ! Versuche zu begründen, warum er gerade sie verwirklichte!

5. Hadrian wird der „Reisekaiser" genannt. Informiere dich in einem Geschichtsatlas über die Größe des römischen Reiches zur Zeit Hadrians und vollziehe mit Hilfe des Internets die Reisen des Kaisers nach!

6. Der Hadrianswall diente der Sicherung der Grenze in Britannien. Verschaffe dir mit Hilfe des Internets einen Einblick in Form und Verlauf dieses Walls!

S **Salus populi suprema lex esto!** (*esto* er (sie, es) soll sein)

W Wiederholung 2

1. Übersetze! Bei ihrem hemmungslosen Großmachtstreben berufen sich die Athener auf ihr natürliches Recht des Stärkeren. Dies verdeutlichen sie in einem Dialog mit den Bürgern der Insel Melos, die im Jahre 415 v. Chr. von ihnen brutal überfallen und zerstört wurde.

Die Melier: „Facillimum est vobis, qui prioribus temporibus vel maximos hostes arcuistis, civitates humiliores subigere. Tamen melius est vinculo amicitiae coniunctum esse quam ubique hostes coniurationesque timere. Quid enim gratius est quam pax inter populos amicos (*amicus,-a,-um* befreundet)? Et in rebus secundis et in rebus adversis concordia plus valebitis quam immanitate (*immanitas,-atis* die Brutalität). Si autem vim adhibere mavultis, spem nostram in deis ponemus, qui semper iniustos de summo loco ruunt, ruerunt, ruent."

Die Athener: „Nos deis auctoribus potentissimi facti libere fatemur: Inutile vobis est nos fortiores precari, ut vobis parcamus. Secundum ius fortiorum nobis aequum videtur mare Aegaeum regionesque etiam ulteriores in potestatem nostram redigere. Utilius vobis est cedere quam fortioribus resistere. Etiam Victoriam deam nobis potentioribus favere (*favere* mit Dat. jemanden begünstigen) inter omnes constat. Nisi parebitis, intra paucos dies patriam vestram exstinguemus."

Postero anno Athenienses impetu saevissimo Melum insulam maiore crudelitate quam alias insulas invaserunt, viros occiderunt, feminas liberosque in servitutem miserrimam abduxerunt.

2. Steigere! sanctis aris – parvo ingenio (2) – caro convivae – certum crimen– malum usum – multorum mercatorum – crebrae morae – stultas sententias – similis cenae – feroci animo – turpia vitia – prudens libertinus.

3. Ergänze und übersetze! ultim __?__ gaudio – pri __?__ principatum – aves prop __?__ – super __?__ pretii – pei __?__ factis – extrem __?__ fortun __?__ elatus – mai __?__ incendium – pri __?__ principis – in interi __?__ portic __?__ (4).

4. Bestimme die folgenden Formen, gib Nominativ und Genitiv Singular an und erschließe die deutsche Bedeutung! impotentium – sanctitate – diligentia – caritatis – solitudo – humilitatem – obscuritate – potentiae – utilitas – ferocitate – vehementiam – similitudine – posteritatis – prudentiam – turpitudini – aequitatis.

Die Propyläen, der Aufgang zur Akropolis, wurden in den Jahren 437 - 432 v. Chr. vom Architekten Mnesikles erbaut.

5. Die Athener berufen sich bei ihrem brutalen Vorgehen gegen Melos und gegen andere Stadtstaaten auf das natürliche Recht des Stärkeren. Nennt vergleichbare Beispiele aus der Geschichte und der Politik!

6. „Etiam Victoriam deam nobis potentioribus favere (*favere* mit Dat. jemanden begünstigen) inter omnes constat.“ Die Athener hatten die Göttin des Sieges (gr. NIKH), die üblicherweise mit Flügeln dargestellt wurde, flügellos im Nike-Tempel auf der Akropolis aufgestellt. Versucht diese Symbolik zu deuten!

7. Die Einwohner von Melos gehen in ihrer Argumentation davon aus, was ethisch besser (*melius*) oder wertvoller (*gratius* dankenswerter) ist. Was setzen dem die Athener entgegen? Sucht das entsprechende Schlüsselwort!

S Imperare sibi maximum imperium est.

K 7 Steigerung der Adverbien

A Kaiser Hadrian, ein eifriger Sammler von Kunstwerken

Auf seinen weiten Reisen sah und erlebte Kaiser Hadrian vieles, was ihn sehr beeindruckte. Manches nahm er nach Rom mit, etwa Statuen und Bildnisse, anderes ließ er nachbauen, etwa berühmte Stätten und Denkmäler, deren Architektur den Kaiser faszinierte. So entstand zwischen 118 und 138 n. Chr. in der Nähe des heutigen Tivoli (ca. 30 Kilometer nordöstlich von Rom) auf 65 Hektar die größte Villenanlage aus römischer Zeit, die Villa Adriana. Gärten, Brunnen, Höfe, Becken und Teiche, Säulenhallen, drei Theater, Thermen, Speisezimmer, prächtige Säle, ferner riesige Lagerräume und Unterkünfte für Sklaven und Leibgarde und anderes mehr bildeten einen gewaltigen Komplex, der heute noch den Besucher fesselt.

B
1. Imperator Hadrianus itinera per partes imperii faciens (saepius) saepissime statuas praeclaras mirabatur.
2. Artificia Graeca ei magis placebant quam Romana.
3. Aedificia pulchra et artificia ei maxime placebant.
4. Statuas citissime Romam (nach Rom) ferre comites iussit.
5. In villa sua Hadrianus potius versabatur quam in circo aut in theatro.

C Villa Adriana

Imperator Hadrianus saepissime itinera fecit, ut animos militum optime erigeret, ut hostes a finibus imperii fortissime arcerent. In his itineribus multa vidit, quae domi habere nimis cupiebat. Animum imperatoris vehementissime commovit in Aegypto illa fossa[1], quam Canopi[2] viderat. Eam in hortis[3] villae duci[1] clarissimisque artificiis pulcherrime circumdari maxime studuit. Potissimum autem Hadriano illud aedificium rotundum[4] placuit, quod theatrum maritimum[5] appellatur. In eo in-est insula aqua circumdata, quo imperator libentissime se recipiebat, cum parum valebat aut otio diutissime caruerat.

[1] *fossam ducere* einen Kanal anlegen [2] *Canopi* in Kanopos [3] *horti, -orum* der Park [4] *rotundus, -a, -um* rund [5] *maritimus, -a, -um* am Meer gelegen, Meer...

D

1. Übersetze! Nulli imperatori salus provinciarum magis cordi erat quam Hadriano, qui quam celerrime in eas regiones itinera fecit, ubi copiae maxime ab hostibus premebantur. Diutissime in itineribus versabatur, nam fines imperii parum tutos esse nolebat. Libentissime imperator in his itineribus artificia intuebatur, quae artifices in hortis *(horti, -orum* der Park) villae eius diligentissime imitari debebant. Nullo loco imperator magis delectabatur quam in villa sua.

2. Bilde Komparativ und Superlativ zu folgenden Ausdrücken und übersetze!
saepe venire – libenter imitari – diu versari – valde mirari – cito advolare – (potis) vereri – diligenter studere – acriter pugnare.

3. Übersetze die folgenden Steigerungsformen auf verschiedene Art! acrius – acerrime – celerius – celerrime – diutius – diutissime – melius – optime – peius – maxime – purius – purissime – similius – simillime – tutius – tutissime.

Kaiser Hadrian (117 -138 n. Chr.).
Arch. Institut der Universität Erlangen.

4. Gib folgende Ausdrücke im Deutschen präzis wieder! quam verissime – vel optime – quam proxime – quam longissime – vel pessime – quam acriter – vel potissimum – longe maxime – longe diutissime.

5. Substantive auf *-tor* bezeichnen eine Person, die etwas tut. Was bedeutet demnach? victor – gladiator – amator – insidiator – cantor – cultor – editor – emptor – spectator – liberator – recitator – rector.

6. Warum legte Kaiser Hadrian in Tivoli diese berühmte Villa an? Welche Absichten hegte er damit?

7. Suche auf der Karte oder im Internet Tivoli! Beschreibe die Lage!

8. Lies in einem Sachbuch über die Villa Adriana und mache dir ein Bild davon! Fertige gemeinsam mit Klassenkameraden eine Wandzeichnung an!

S **Citius, altius, fortius!**
Plenus venter non studet libenter. (*venter, ventris* der Bauch)

Das theatrum maritimum war eines der Bauwerke, in das sich Kaiser Hadrian in seiner Villa gerne zurückzog.

K 8 Deponentia der ī-Konjugation

A Delphi

Griechenlands bedeutendstes Heiligtum war Delphi. Es war Apollon, dem Gott der Künste, der Weisheit und der Weissagung, geweiht; sein Orakel wurde zunächst nur von Politikern, später auch von Privatleuten aus dem ganzen Mittelmeerraum aufgesucht und mit Weihegeschenken ausgestattet – so zum Beispiel von Rom nach der Eroberung von Veji (396 v. Chr.). Delphi erreicht man entweder über den Golf von Korinth – von seinem Hafen Krisa (heute Itea) aus windet sich eine zwölf Kilometer lange Straße zum Heiligtum. Oder man durchquert von Osten kommend Böotien und gelangt auf einem „steilen und auch für einen rüstigen Mann schwierigen Weg“ (so Pausanias, ein antiker Reiseschriftsteller des 2. Jh. n. Chr.) zum heiligen Bezirk. Über dem Heiligtum erhebt sich der Parnassos (2457 m), unterhalb erstreckt sich eine Senke, die durch die Olivenbaumfelder ganz in einen grünen Farbton getaucht ist.
Wenn der Pilger das Tor durchschritten hatte, begann für ihn die Heilige Straße zu dem etwa 70 Meter höher gelegenen Apollontempel, dem Zentrum der Anlage. Dieser Weg hatte eine doppelte Funktion: Zum einen diente er der Repräsentation verschiedener Stadtstaaten Griechenlands, die dort mit ihren Schatzhäusern (kleinen Gebäuden zur Aufstellung von Weihegeschenken) auch ihre Macht demonstrieren wollten; zum anderen sollte dort zum Abschluss kommen, was der Sinn der gesamten Pilgerschaft war: Nachdenken über sich selbst und über das, was gut und was schlecht im Leben war.

B

1. Apollo Atheniensibus oraculum dedit: „Armis et classe Persarum potiemini.“
2. Athenienses fortunam belli experti navibus Persarum potiti sunt.
3. Arma, quibus potiti erant, Graeci deis largiebantur (largiti sunt).

C Der Weg zum Orakel

Homo, qui voluntatem dei experiri in animo habebat, viam sacram iniit, quae a Castalia fonte ordiebatur. Iuxta[1] illam viam thesauros[2] et praedas[3], quibus civitates bellis potitae quasque Apollini largitae erant, intueri et admirari poterat. Ubique sententiae philosophorum inscriptae erant, quae homines pios de virtutibus admonebant: „Ne mentitus sis! Ne malis assentiaris! Ne omnia utilitate tua metiaris! Nihil nimium! Nosce te ipsum!“ Qui animo integro templum iniit, responsum(!) dei sortitus est.

[1] *iuxta* mit Akk. neben [2] *thesaurus, -i* der Schatz, das Schatzhaus [3] *praeda, -ae* die Beute, das Beutestück

D 1. Übersetze! Socrates: (vgl. **K2 D1**) Postquam illud oraculum sortitus sum, diu assentiri dubitavi. Fateor enim me omnino (überhaupt) nihil scire. Sed quia deum mentiri non putavi, quiescere non potui et oraculum probare (prüfen) orsus sum: In foro circumiens alios experiebar probare, quid scirent. Quanta ignorantia (die Unwissenheit) eorum animis inerat! Multi, qui arbitrabantur se omnia scire, res praeiudicatis (*praeiudicatum,-i* das Vorurteil) metiri consueverant; ego autem opinionibus falsis liber fieri conor.

2. Setze folgende Formen in die entsprechenden Formen des Präsensstammes und übersetze sie dann! orsi erant – potitus ero – mensi simus – mentiti estis – sortita esset – largitum esse – expertus.

3. Bilde aus folgenden Substantiv- und Verbformen sinnvolle Wortverbindungen und übersetze sie! potenti – campum – res secundas – portu – mercator – potiti eratis – metiemur – assentiebantur – sortitus sum – nihil largitur.

4. Unterscheide und bestimme! mentis – mentiris – metire – metui (3) – menti – mentiti (2) – mensi (3) – ordimini – ordini – sortium – sortiar – sordido (2) – sortito (2).

5. Suche auf einer Griechenlandkarte Berge, die höher sind als der höchste Gipfel des Parnassosgebirges!

Um 510 v. Chr. erbauten die Athener an der heiligen Straße in Delphi ihr Schatzhaus, in dem sie Weihegeschenke für Apollo aufbewahrten.

6. Der Golf von Korinth hieß in der klassischen Zeit Griechenlands Golf von Krisa, erst im Hellenismus wurde er nach der Handelsstadt Korinth benannt. Suche Gründe für die verschiedenen Benennungen!

7. Suche gemeinsam mit Klassenkameraden im Internet Bilder zu Bauwerken von Delphi; fertigt einen Plan an und baut die gefundenen Bilder ein!

K 9 Deponentia der 3. Konjugation 1

A Apollo

Delphi gilt als das bedeutendste Heiligtum des Apollon. Dieser gehört wie sein Vater Zeus zu den Licht- oder Himmelsgöttern, die von überlegener Stärke, Klarheit und Recht geprägt sind. Sie sind zum einen allmächtige Krieger, andererseits garantieren sie den Frieden und die Ordnung, wie sie der Göttervater Zeus geschaffen hat. Diese Religion des Lichtes und des Himmels scheint eine ältere Form der Religion verdrängt oder zumindest überlagert zu haben, in der vor allem weibliche Erd- und Fruchtbarkeitsgottheiten verehrt wurden. Auch der Mythos von Apollon legt so eine Veränderung oder Vermischung von religiösen Vorstellungen nahe:
So bekämpft und besiegt Apollon in Delphi den Python, einen Drachen, das heilige Tier der Erdgöttin Gaia (lat. Tellus), die dort in einer Höhle wohnte. Neben diesem frühgriechischen Heiligtum der Gaia, wo heute noch die Quelle Kastalia fließt, errichtet er ein eigenes Heiligtum. Doch könnte die weibliche Priesterin Pythia und die Vorstellung, dass diese bei der Weissagung geheimnisvolle Dämpfe aus einer Erdspalte einatme, an die alte Mutterreligion erinnern. Fortan gilt der delphische Apollon als „der griechischste aller Götter". Außer für die Weissagung (Delphi) ist er für die Dichtkunst und Musik und zusammen mit seinem Sohn Asklepios auch für die Heilkunst zuständig. Als Gott der Reinigung und Entsühnung achtet er auf die Einhaltung ethischer Normen – so wird Delphi zu einem Ort, an dem die frühen Griechen über Gut und Böse philosophierten.

B

1. Proficiscamur Delphos (nach Delphi) et complectamur statuam Apollinis!
2. Magna gloria nos sequetur, honores nanciscemur.
3. Si gloriam et honores consecuti erimus, laeti domum redibimus.

C Apollo gründet ein neues Heiligtum

Apollo Deli[1] natus in Graeciam profectus est, ut Pythonem draconem[2], qui Tellure natus erat, persequeretur. Is in antrum[3] Telluris ad Parnassum situm

[1] *Deli* auf Delos (Kykladeninsel) [2] *draco, -onis* die Riesenschlange, der Drache [3] *antrum, -i* die Höhle

fugit; Apollo eum insecutus est. Tandem deo contigit, ut draconem[2] consequeretur et occideret. Eo loco Apollo sibi cultum[4] instituit, qui oraculum, templum eius, illud antrum[3] Telluris complectebatur. Fons in antro[3] nascitur, cuius aqua poetis ingenium divinum dabat. Ludi Pythici, quos Delphis[5] homines in honorem Apollinis exsequebantur, nomen ab illo dracone[2] duxerunt.

[4] *cultus, -us* die Verehrung [5] *Delphis* in Delphi

D 1. Übersetze! Latona dea, gravida geminis (schwanger mit Zwillingen), quos a Iove con-ceperat (*concipere* empfangen), per maria profecta est. Iuno enim Pythonem draconem (*draco,-onis* der Drache) miserat, ut Latonam insequeretur impediretque, ne (dass) páreret. Omnes terrae insulaeque aditum (*aditus,-us* der Zutritt) deae negaverunt timentes, ne Iuno se (sie) persequeretur; solum Delus insula deam precantem recepit. Cum Latona palmam (*palma, -ae* die Palme), quae erat in insula, complexa esset, statim Apollo natus est; soror brevi secuta est. Apollo pro matre ultionem (*ultio,-onis* die Rache) exsecutus est.

2. Bestimme und übersetze! persecuti sumus – proficísceris – complecti – complexi (2) – compleri – nasci – nati (2) – nacti sunt – secti sunt – secuti eratis – secueris (2) – sequéris – úteris.

Nur wenige Säulen stehen noch vom Apollotempel, der im 4. Jahrhundert v. Chr. nach einer Zerstörung - wohl durch einen Felssturz - auf den alten Fundamenten wieder aufgebaut wurde.

3. Eine Verfolgungsjagd. Bringe die folgenden Verben in eine sinnvolle Reihenfolge! complecti – consequi – poenam exsequi – insequi – persequi – proficisci (*poena,-ae* die Bestrafung).

4. Verba auf *-sco* (verba incohativa, vgl. Auspicia II, 61 a) drücken meist den Anfang eines Geschehens aus. Erkläre von daher: na-sci, profici-sci! Erschließe die Bedeutung von: ira-sci, in-vetera-scere, con-vale-scere, per-crebre-scere.

5. Draco (gr. ΔΡΑΚΩΝ) heißt sowohl Drache als auch (große) Schlange. Warum ist dieses Tier der Göttin Tellus (gr. ΓΑΙΑ) heilig? In welchen anderen Kulten und Religionen kommen Schlangen vor? Welche Wertung erfahren sie dort?

6. „*Cultus*" bedeutet im Lateinischen vieles. Denke an die Grundbedeutungen, die du gelernt hast, und erkläre die Übersetzungsmöglichkeiten, die ein Lexikon angibt! Pflege; Bebauung; Schmuck; Lebensweise; Ausbildung; Übung; Verehrung; Anbetung. Was ist demnach unter „*cultus dei*" zu verstehen?

S **Crescentem sequitur cura pecuniam.**
Nemo ita pauper vivit, quam pauper natus est.

W Wiederholung 3

1. Übersetze! Tarquinio Superbo regi, qui multos nobiles morte persecutus erat, plebem laboribus nimis oppresserat, saluti publicae parum providerat, dubium portentum (*portentum,-i* das Vorzeichen) apparuit. Hoc portento perterritus filios ad Delphicum oraculum mittere statuit. Titus et Arruns profecti sunt eosque comitatus est (*comitari* begleiten) L. Iunius Brutus, sorore regis natus. Titus et Arruns mandatum (der Auftrag) patris exsecuti sunt; postea autem, cum cupiditas novi (*cupiditas novi* die Neugier) animos iuvenum incessisset, privatim (auf eigene Faust) oraculum adierunt: „Quis patrem sequetur regnumque Romanum sortietur?" Ex interiore templo, ut traditum est, vox reddita est: „Imperium nanciscetur, qui primus, o iuvenes, matrem complexus erit." Titus et Arruns, uter (wer von beiden) prior, cum in patriam redissent, matrem complecteretur, fortunae permiserunt. Brutus autem, ut oraculum experiretur, citissime, quasi (als ob) casu cecidisset, terram complexus est, quod ea mater omnium mortalium est. Profecto (tatsächlich) Brutus brevi tempore imperio potitus Tarquinium Superbum ex urbe ex-pulit. Duo filii patrem in exilium secuti sunt.

2. Übersetze! Saepissime mentitus est. – Diligentius metimini! – Semper diligenter mensi sumus. – Saepius assentiebantur quam dissentiebant. – Ordire quam citissime! – Parum largitus es. – Citius hostes oppido potiti erant quam socii venerant. – Ne audacius rem exsecuti sitis! – Clam proficiscamur!

3. Bilde Komparativ und Superlativ der folgenden Adverbien! alte – libenter – feliciter – crudeliter – diu – fortiter – iuste – valde – breviter – dure.

Rest einer von einem Brand geschwärzten Gold-Elfenbeinstatue (Artemis?); wohl ein Weihegeschenk aus dem 6. Jahrhundert v. Chr. Arch. Museum Delphi.

4. Setze in die entsprechende Form des Präsensstammes und übersetze! potitus ero – profecti erant – mensus esset – consecuta es – assensa esset – largitum esse – complexi sunt – sortiti essetis – experti erimus – nacti eratis – natum erat.

5. Wirf den Kuckuck aus dem Nest!
a) ferociter – valde – quinque – bene – prudenter
b) experitur – sortitur – comperitur – orditur – assentitur
c) complecti – secti – nati – nacti – profecti
d) sortiemur – persequemini – metieris – complecterer – nascetur.

6. Livius berichtet, dass sich Tarquinius Superbus in Staatsangelegenheiten der einheimischen Priester und Orakeldeuter bediente. Mit privaten Problemen wandte er sich aber an das Orakel von Delphi. Sucht Gründe für dieses Verhalten!

7. Wie kam es, dass die griechischen Priester in Delphi auch über die Verhältnisse in Italien im Bilde waren? (vgl. Auspicia II, K 24)

S **Fortuna multis dat nimium, satis nulli.**
Gloria virtutem tam-quam umbra sequitur.
Nemo nascitur sapiens, sed fit.

K 10 Deponentia der 3. Konjugation 2

A Plutarch

Zu den berühmtesten Persönlichkeiten im Umkreis des delphischen Orakels gehört Plutarch (ca. 46 – ca. 120 n. Chr.). Er stammt aus Chaeronea, einer kleinen Landstadt nordöstlich von Delphi. Die geistige Atmosphäre des Heiligtums hat ihn ein Leben lang geprägt. Mit fünfzig Jahren wurde er dort Priester und aufgrund seiner hohen philosophischen Bildung verhalf er dem Orakel, dessen Bedeutung damals schon zurückging, zu einer neuen Blüte: Er verband das eigene Nachdenken über sich selbst mit dem Gehorsam gegenüber dem göttlichen Willen, wie er sich durch den Mund der Pythia kundtat.
Seine „Theologie des Orakels von Delphi“ hat er in mehreren Schriften dargelegt, in denen er auch auf verschiedene Praktiken im Orakelheiligtum eingeht. So erwähnt er auch geheimnisvolle Dämpfe, welche aus einer Erdspalte in den Tempel drangen und

die Pythia in Trance versetzten. Allerdings zweifeln heute viele Forscher diese Theorie an, da entsprechende Ablagerungen im Fels nicht gefunden wurden. Obwohl nur die Hälfte von Plutarchs schriftstellerischem Gesamtwerk erhalten ist, stellt es mit vier- bis fünftausend Druckseiten eines der umfangreichsten Werke aus der griechischen Antike dar. Die meisten Schriften handeln von religiösen, philosophischen und lebenspraktischen Fragen. Berühmt sind vor allem Plutarchs Lebensbeschreibungen großer Männer aus der römischen und griechischen Geschichte.

B

1. In-firmi, cum proficiscuntur, baculis (*baculum,-i* der Stock) utantur (nitantur), ne labantur!
2. Homo vetus lapsus est, quia baculo usus (nisus) non est.
3. Themistocles munere ducis Atheniensium functus est.
4. Ne oblitus sis amicorum!
5. Omnes homines vita frui volunt; libenter inter se colloquuntur.

C Plutarch – ein berühmter Theologe, Philosoph und Schriftsteller

Plutarchus, qui in oppido Chaeronea natus erat, saepe ad oraculum Delphicum proficiscebatur, ut sacerdotis munere fungeretur. Ea, quae ibi compererat, tribus libris complexus est diligentissime disserens, qua disciplina[1] Pythia niteretur, quibus legibus uteretur, quem vaporem trahens[2] miro modo loqueretur. Querebatur quoque homines illius aetatis vita frui, Apollinis dei oblitos esse, cultum[3] labi. Ex eis operibus, (in) quibus Plutarchus de officiis humanis cum amicis colloquitur, duodeoctoginta supersunt. Praeterea[4] libros de vita moribusque virorum clarorum conscripsit.

[1] *disciplina, -ae* die Lehre [2] *vaporem trahere* Dampf einatmen [3] *cultus, -us* die Verehrung [4] *praeterea* außerdem

D 1. Übersetze! Pyrrhus quamquam beatissima vita fruebatur, omnis modestiae (*modestia,-ae* die Bescheidenheit) obliviscens Italia potiri cupivit. Constituit, ne laberetur, consilio oraculi Delphici uti; eos, qui tum sacerdotum officio fungebantur, consuluit, utrum (ob) victoria proposita esset an (oder) clades instaret. Pythia haec locuta est: „Dico te Romanos vincere posse.“ Hoc responso (*responsum, -i* die Antwort) nixus contra Romanos profectus est compluribusque cladibus acceptis in Graeciam rediit. Cur in-iuste de oraculo questus est?

2. Übersetze den originalen Wortlaut des doppeldeutigen Orakels an Pyrrhus (**D**1), wobei du in der zweiten Zeile auch die Satzzeichen ergänzen musst!

Aio te, Aeacide, Romanos vincere posse.

Ibis redibis numquam per bella peribis.

aio ich sage; *Aeacidus,-i* Aiakos-Sohn (ein schmückendes Beiwort für Pyrrhus; Aiakos war Achills Großvater, von dem Pyrrhus sein Geschlecht ableitete)

3. Setze in die verlangte Form und übersetze diese! uti (3. Sg. Konj. Imperf.) – fungi (1. Sg. Ind. Präs.) – colloqui (2. Pl. Fut.) – queri (2. Pl. Ind. Perf.) – oblivisci (2. Sg. Fut. II) – loqui (3. Sg. Konj. Plqupf.) – niti (3. Pl. Ind. Perf.) – frui (1. Pl. Konj. Präs.) – labi (Part. Präs. Nom. Pl. Ntr.).

4. *Vaporem trahens Pythia miro modo loquitur.*
Gib das Partizip a) wörtlich, b) mit einem Nebensatz, c) mit einer Beiordnung, d) mit einem Präpositionalausdruck wieder! Achte dabei auf das Zeitverhältnis!

5. Ergänze im richtigen Kasus und übersetze die Wendung! Cum (princeps) collocuti sumus. – (Panis) fruamur! Utere (vestis)! – Ne obliti sitis (conviva). – (Vitium) queretur. – (Verba) nitebaris. – (Officium meum) functus eram. – (Multa bona) fruebantur.

Bei Chaeronea, der Heimat Plutarchs, besiegte Philipp von Makedonien im Jahre 338 v. Chr. die Athener und die Thebaner, die ihre Toten in diesem von einem Löwen geschmückten Grab beisetzten.

6. Formuliere nach dem Muster „*Provideo te Romanos vincere posse*“ (vgl. D1) doppeldeutige Orakel und gib sie den Mitschülern zur Übersetzung! Jeder muss sich dabei für eine Deutung entscheiden. Welche Deutung überwiegt und warum?

7. Warum waren die Sprüche der Pythia meist richtig?

8. Suche in einem Buch (z.B. Marion Giebel, Das Orakel von Delphi, Stuttgart 2001, Reclam) weitere Orakelsprüche der Pythia und erkläre sie!

9. Plutarchs Biographien berühmter Männer waren parallel angeordnet: Einem Griechen wird jeweils ein vergleichbarer Römer gegenübergestellt. Ordne nach Griechen und Römern: Alexander der Große, Cicero, Cäsar, Demosthenes, Romulus, Theseus – und suche die passenden Paare für Plutarchs Parallelbiographien!

S **Est enim proprium stultitiae aliorum vitia cernere, oblivisci suorum.**
(*próprius, -a, -um* eigen, eigentümlich)
Laudamus veteres, sed nostris utimur annis.

K 11 Deponentia der 3. Konjugation 3

A **Orakelsprüche**

Delphi gehörte zu den Orakeln, bei denen Priester mündlich einen Götterspruch verkündeten. Sie deuteten dabei die Schreie, die Pythia in ihrem Trancezustand ausstieß; die Fragesteller waren dabei nicht anwesend. Etliche derartige Sprüche kennen wir aus Inschriften oder aus Zitaten bei Schriftstellern. Dabei ging es häufig um Dinge, die uns heute belanglos erscheinen, z. B. welche Kulte in bestimmten Gegenden eingerichtet werden sollten. Bedeutend waren Anfragen, ob und wo eine Polis eine Kolonie errichten solle, wenn sie wegen Überbevölkerung die Bewohner in der Heimat nicht mehr ernähren konnte (vgl. Auspica II, K 24).
Die Priester waren hoch gebildete und gut informierte Leute, die oft mit ihren Sprüchen Politik machten. Sie verfügten über ein enges Netz von Informanten, so dass sie stets wussten, was in der Welt geschah. Darüber hinaus waren ihre Sprüche oft so doppeldeutig, dass sie sich fast immer als richtig erweisen mussten. Zu den berühmtesten Orakelsprüchen gehört die Antwort an Kroisos, den König der Lyder (560 - 547 v. Chr.). Mit unermesslichen Weihegaben – z. B. goldenen und silbernen Mischkrügen, die 600 Amphoren Wein aufnehmen konnten, einer Statue mit einem Sockel aus purem Gold sowie weiteren kostbaren Geschenken - hatte er sich Delphis Gunst zu versichern gesucht. Auf den Rat des Orakels glaubte er angewiesen zu sein, als er sich immer mehr von dem unter König Kyros expandierenden Perserreich umzingelt sah. Sollte er dieser Expansion militärisch Einhalt gebieten?

B 1. Croesus Cyrum aggredi voluit.
2. Sed e finibus suis egressus maximam calamitatem passus est.
3. Pugna acri orta Croesus ipse paene mortuus est.

C Ein doppeldeutiger Orakelspruch

Croesus, cuius divitiae nimis creverant, fortuna sua nitens se felicissimum et potentissimum omnium putabat. Cum ex oriente[1] novum imperium Persarum oreretur, Croesus oraculum consuluit, quid pateretur, si Persas aggressus esset. Responsum est: „Si finibus tuis egressus et Halym flumen trans-gressus eris (!), magnum imperium perdes.“ Hoc responso usus contra Cyrum profectus est et magna clade accepta mortem paene passus est: Suo enim imperio perdito captivus[2] in rogo[3] mortuus esset, nisi Apollo deus eum imbre[4] misso servavisset.

[1] *ex oriente (sole)* im Osten [2] *captivus, -i* der Kriegsgefangene; *hier*: als … [3] *rogus, -i* der Scheiterhaufen [4] *imber, imbris* der Regen

D

1. Übersetze! Croesus et Solo, qui divitias regis Lydorum aspexerat neque admiratus erat, e thesauro (*thesaurus,-i* das Schatzhaus) egredientes de sorte humana colloquebantur. Tum Solo: „Nescis, quid tota vita pati debeas. Fortunae oriuntur et brevi labentur. Nemo felix appellari potest, priusquam (bevor) feliciter mortuus est.“ Croesus his verbis offensus Solonem dimisit. Postquam autem Cyrum aggressus clade ingenti affectus est, moriens verbis Solonis assentiri coactus est.

2. Unterscheide und übersetze! mori (2) – morti – mortui – moris (3) – moriar – morieris – moriaris – moreris (2) – oriemur – oremur – oriebar – ordiebar – passui – patui – pati – patiens – patens – petens – patieris

3. Erschließe die Bedeutungen weiterer Komposita von *gradi*! ingredi – congredi – regredi – transgredi – degredi.

4. Suche nach einer treffenden Übersetzung von *oriri*! Sol oritur. – Ad orientem solem spectamus. – Tempestas orta est. – Clamor oritur. – Parentibus honestis ortus sum. – Nox oritur. – A quo sermo noster orietur?

5. „*Oraculum*“. Das Suffix *-bulum* oder *-culum* bezeichnet das Mittel oder den Ort einer Handlung. *Oraculum* ist demnach die Stätte des Betens oder des feierlichen Sprechens, *miraculum* ein Wunderding.
Welche Verben liegen *spectaculum* (Tribüne, Schauspiel), *curriculum* (Laufplatz, Rennbahn), *stabulum* (Stall) und *latibulum* (Versteck) zugrunde?
Was bedeuten demnach: vocabulum, vehiculum, cenaculum?

6. Informiert euch gruppenweise über Solon und über Krösus! Warum ist die Begegnung zwischen den beiden, von der uns der griechische Geschichtsschreiber Herodot berichtet (**D** 1), unwahrscheinlich? Was will Herodot jedoch aussagen?

7. Krösus hat das Orakel, das er erhalten hatte, offensichtlich falsch gedeutet. Von welcher richtigen Deutung eines Orakels erzählt die griechische Geschichte (vgl. Auspicia II, **K 32 A**)?

Die Tholos, ein Rundbau, wurde um 330 v. Chr. in Delphi errichtet. Wozu sie diente, ist bis heute unbekannt.

K 12 Semideponentia

A Olympia

Zu den berühmtesten Stätten des Altertums zählte Olympia. Es liegt an den Ufern des Alpheios und des Kladeos in einer herrlichen Landschaft, die von üppigem Grün geprägt ist. Schon in vorgriechischer Zeit gab es hier eine Siedlung. Dann übernahmen die mykenischen Einwanderer diesen Ort, an dem wohl schon im 2. Jahrtausend v. Chr. Spiele stattfanden. Der damit verbundene Kult – Sport war ja in der Antike „Gottesdienst“ – war wohl dem Pelops gewidmet, von dem die Peloponnes („Insel des Pelops“) ihren Namen hat. Später wurde er auf Zeus übertragen. Der Beginn der Spiele war also viel früher als der offizielle Ansatz (776 v. Chr.). Möglicherweise hatten sie jedoch vormals nur lokalen Charakter als Hirtenspiele für Peloponnesier. Teilnehmen durften nur griechische Vollbürger, später auch Römer.
Die Bauten Olympias, von denen heute noch eindrucksvolle Ruinen zu sehen sind, standen ganz im Zeichen der Spiele. Den Mittelpunkt des Heiligtums bildete der große Tempel des Zeus mit dem Gold-Elfenbein-Standbild des Phidias, das zu den sieben Weltwundern gehörte. Um den heiligen Hain herum lagen die Wettkampfstätten, das große Stadion, der eigentliche Ort der Spiele, das (leider verlorene) Hippodrom für die

Pferderennen, das Gymnasion als Trainingsstätte für den Lauf und den Speer- und Diskuswurf, die Palaistra als Übungsplatz für den Ring- und Faustkampf und den Sprung. Rund 40.000 Besucher konnten von den Wällen des Stadions aus die Wettkämpfe betrachten, die an fünf Tagen im Sommer stattfanden. Athleten und Zuschauer mussten Männer sein; beim Betreten des Bezirks Elis, in dem Olympia liegt, mussten sie alle Waffen abgeben. Während der Olympischen Spiele herrschte in Griechenland der sog. Götterfrieden, eine Zeit, in der sogar die Kriege ruhen mussten.

B

1. Graeci solebant quinto quoque (*quisque* jeder) anno ludos Olympiacos facere.
2. Viribus suis confisi athletae (!) secum certare audebant (ausi sunt).
3. Victor postquam praemium accepit, valde gavisus est (gaudebat).
4. Post ludos homines laeti in patriam revertebantur (reverterunt).

C Ein heiliger Ort

Nuntio ludorum allato Graeci valde gavisi sunt. Scimus multos homines solitos esse Olympiam[1] iter facere ludosque spectare. Ex omnibus civitatibus Graeci ausi sunt Olympiam petere, nam secundum leges veteres, quibus omnes confidebant, eo tempore pax erat. Civitates desierunt bella gerere, nam auctor eius pacis Iuppiter erat. Ludi Olympiaci in honorem Iovis facti sunt. Praemia victorum rami[2] erant, quos summus sacerdos Iovis cultro[3] aureo de olea[4] Iovis sacra secuerat. Cum domum revertissent, magnis donis affecti sunt.

[1] *Olympiam* nach Olympia [2] *ramus, -i* der Zweig [3] *culter, -tri* das Messer [4] *olea, -ae* der Ölbaum

D 1. Übersetze! Cum ludi Olympiaci fiebant, multi homines aderant, qui confidebant se propter pacem salvos domum reverti posse. Graecos ausos non esse illam pacem rumpere constat. Qui ausus esset pacem non servare, gravissimis poenis (*poena, -ae* die Strafe) affectus esset. Athletae (!) postquam victoriam pepererunt, valde gavisi sunt. Cum domum revertissent, a civibus summis honoribus et praeclarissimis donis affici solebant.

2. Übertrage folgende Formen des Präsensstammes in die entsprechenden Tempora des Perfektstammes! gaudemus – auderemus – solebis – confidunt – revérteris – revertéris – gaudebas – audebas – audiebas – solerent – confidebant – revertuntur.

3. Übertrage folgende Formen des Perfektstammes in die entsprechenden Tempora des Präsensstammes! ausus sis – gavisi erant – soliti essetis – confisus est – revertistis – gavisus eris – ausus sum – soliti sunt – confisi erunt – revertisse.

4. Informiere dich in einem Sachbuch oder im Internet über die Olympischen Spiele der Antike! Welche hauptsächlichen Unterschiede gibt es zu den heutigen Olympischen Spielen?

5. Während der Olympischen Spiele ruhten in der Antike die Kriege. Die Spiele fielen nie aus. Wie war es im 20. Jahrhundert? Was lässt sich daraus schließen?

6. Die Olympischen Spiele wurden im Jahre 393 n. Chr. durch Kaiser Theodosius beendet. Warum machte er damit Schluss?

7. Fertigt in Gruppenarbeit mit Hilfe eines Sachbuches und des Internets einen Plan von Olympia an, nehmt Bilder der wichtigsten Gebäude und Stätten auf und erstellt auf diese Weise ein Wandbild!

S **Gaudeamus igitur, iuvenes dum sumus.** (*dum* solange)
Felix, qui, quod amat, defendere fortiter audet.

Im 3. Jahrhundert v. Chr. entstand in Olympia die Palaistra, eine Trainingsstätte, in deren Hof sich Springer, Ringer und Faustkämpfer auf die Spiele vorbereiteten.

W Wiederholung 4

1. Übersetze! Noch ein missverstandenes Orakel aus Delphi, diesmal an den noch jungen Kaiser Nero:

Nero Apollinis oraculo monitus, ut septuagesimum tertium annum caveret, se vita longa eximiaque felicitate (!) uti posse confisus est. Nihil coniecit de Galbae insidiis, qui tum septuaginta tres annos natus Neronem principatu de-pellere ausus est.

2. Übersetze! Unheiliges über die „heiligen Spiele“: Athletis (!) domum revertentibus ingentia praemia proposita erant: Maximis honoribus gaudebant, cenis publicis fruebantur, vitam dulcem (*dulcis,-e* süß, angenehm) degebant. Ut ea consequerentur, athletae omnis humanitatis (!) obliviscentes etiam dolis turpioribus niti solebant. Velut Arrichio luctator (*luctator,-oris* der Ringer) adversario aggredienti ita digitos (*digitus,-i* der Finger, die Zehe) fregit, ut ille doloribus collaberetur(!). Simul (gleichzeitig) adversarius Arrachionem tanta vi complexus erat, ut moreretur.
Alii athletae ab adversariis laesi in cursu lapsi sunt, alii in pugilatibus (*pugilatus, -us* der Boxkampf) peiora passi sunt. Iure Plutarchus philosophus questus est, quod (dass) athletae superiores quam probi esse malebant.
Magistratus, qui munere arbitrorum (*arbiter, arbitri* der Schiedsrichter) fungebantur, virgis (*virga,-ae* die Rute) utentes athletas multare solebant. Gravioribus de causis maiores poenae (*poena,-ae* das Strafgeld) constitutae erant.

3. Bestimme und übersetze! gavisi sunt – aggressi essetis – frúeris – fruéris – colloquebamur – obliviscamini – orior – reverti (2) – soliti erant – passus est – labor (2) – utantur – egressi – óreris – oriéris – oreréris.

4. Ersetze:

a) durch *solere*: consueveratis, consueveris (2), consuevissent, consuevero
b) durch *labi*: cecidit, cadent, caderemus, cadis
c) durch *loqui*: ne dixeritis, diceres, dicenti, dic!
d) durch *mori*: decesserunt, decedet, decedis, decessisse.

5. Ergänze im richtigen Kasus und übersetze den Ausdruck!
confisa est (hospitium promissum) – fruebamini (panis noster) – fungeris (munus publicum) – uteremur (occasio oblata) – nitantur (hoc signum) – oblitus eram (ista virgo) – natus sum (genus obscurum) – potiti erunt (oppidum) – vereamur (princeps mortuus).

6. Welche Bedeutung hat Fairness im Sport im Altertum und heute? Vergleiche dazu folgende Verse aus Homers *Ilias* (22. Gesang), in denen sportliche Wettkämpfe geschildert werden!

Wagenrennen:

„Und er hätte ihn überholt oder ihm doch den Sieg bestritten,
wenn ihm nicht Phoibos Apollon gegrollt hätte,
der ihm die schimmernde Peitsche aus der Hand warf."

Ringkampf:

„ (...) und hob ihn hoch. Doch nicht vergaß die List Odysseus:
Er schlug und traf ihn hinten in die Kniekehle und löste die Glieder,
und er fiel rücklings hin."

Wettlauf:

„Da glitt Aias aus im Lauf, denn ihn brachte zu Schaden Athene,
dort wo von Rindern der Mist lag,
und mit Rindermist füllten sich ihm Mund und Nasenlöcher.
Den Mist von sich speiend sagte er:
'Nein doch! wahrhaftig, da hat mir die Füße beschädigt die Göttin!'
So sprach er. Die aber spotteten über ihn vergnügt."
(Übersetzungen nach Schadewaldt)

Die Metopen des Zeustempels waren mit Reliefs ausgestattet, die die Taten des Herakles darstellten. Hier bringt Atlas die Äpfel der Hesperiden. Arch. Museum Olympia.

7. Karl-Wilhelm Weeber betitelt sein Olympia-Buch „Die unheiligen Spiele. Das antike Olympia zwischen Legende und Wirklichkeit.“
Diskutiert in Gruppen über diesen Titel. Was war bezüglich der Olympischen Spiele Legende, was Wirklichkeit?

K 13 cum-Sätze 1: Wiederholung und Ergänzung

A **Die Besucher der Spiele**

Vor dem Beginn der Olympischen Spiele zogen Herolde durch Griechenland, luden zu den Spielen ein und verkündeten den Götterfrieden. In allen Städten brachen nun Männer auf; denn als Zuschauer waren keine Frauen zugelassen, auch keine Sklaven. Frauen wurden bei Übertretung dieses Gebotes sogar zum Tode verurteilt (für Frauen gab es später eigene Laufwettbewerbe, die freilich nie an Bedeutung gewannen). An der Grenze zu Elis, dem Bezirk, in dem Olympia lag, mussten alle ihre Waffen abgeben. Die Spiele sollten friedlich verlaufen; selbst in Kriegszeiten wetteiferten Athleten verfeindeter Staaten einträchtig miteinander. Nach den Wettkämpfen wurden die Teilnehmer gefeiert; im heiligen Hain, in dem die Wettkampfstätten lagen, in dem auch Statuen der Sieger standen, fanden abends rauschende Feste statt.
Der Dichter Pindar, der im 6./5. Jahrhundert v. Chr. lebte und berühmte Lieder auf Sieger geschrieben hat, gibt in seiner zehnten Olympischen Ode die Stimmung wieder:

„Und den Abend bestrahlt´
im Glanz der schönäugigen,
der Mondgöttin erfreulich Licht.
Von Liedern klang der heilige Hain
bei Festmählern voll Lust
rings ganz wider in Lobgesangs Ton.“
(Übersetzung: Eugen Dönt)

B
1. Cum ludi Olympiaci erant, totā Graeciā pax servabatur.
2. Duae civitates bellum parabant, cum (subito) pax indicta est.
3. Nuntii eo tempore venerunt, cum bellum parabatur.
4. Nuntii praeclare fecerunt, cum bellum finiverunt.

C Ein heiliger Frevel in Olympia

Cum ludi Olympiaci sunt, leges feminas vetant adesse certaminaque spectare. Diu est, cum hae leges latae acceptaeque sunt. Aliquando autem athletae (!) stadium ingrediebantur, cum subito clamor factus est. Nam cum initium certaminum instituit, inter spectatores mulier septuaginta annos nata inventa est. Iudices eam arcessiverunt dicentes: „Cum ludos spectas, iniuste facis." Sed mulier: „Nemo maiore iure ludos spectat; nam pater meus hic victor fuit, tres fratres Olympia vicerunt, nunc filius stadium init. Quis dignior est quam ego?"

D

1. Übersetze! Cum Hercules Olympiam (nach Olympia) venit, ibi stadium nondum erat. Cum eo loco stadium exstruxit, sibi magnos honores peperit. Ex eo tempore, cum stadium fecerat, hic certamina fieri poterant. Stadia Graecorum sescentos pedes in longitudinem patent, stadium Olympiae autem sescentos quadraginta. Hercules vix coeperat hoc tantum stadium collocare, cum interrogatus est, cur stadium ultra solitum modum faceret. Respondit: „Non stadium longius est, pedes mei maiores sunt."

2. Überlege, welche Art von *cum* jeweils vorliegt, und übersetze! Cum consul Romanus venit, Hannibal e castris iam egressus erat. – Iudex non potuit iniuriam multare eo die, cum est lata lex. – Diu est, cum hanc domum nemo intravit. – Vix urbs ex incendio resurrexerat (*resurgere* sich erholen), cum veteres hostes arma ceperunt et novum bellum paraverunt. – Senator eo tempore paruit, cum parere senatui oportebat. – Apollo cum dicit: „Nosce te ipsum", dicit: „Nosce animum tuum." – Viginti anni sunt, cum comes hanc villam exstruxit. – Vix epistulam tuam legeram, cum amicus me visitavit.

3. Substantive mit dem Suffix *-ia* oder *-itia* bezeichnen häufig eine Eigenschaft oder einen Zustand. Nenne die Bedeutungen folgender Wörter: amicitia, audacia, constantia, divitiae, duritia, ferocia, iustitia, iniuria, laetitia, malitia, miseria, notitia, pueritia!

4. Einer der berühmtesten Besucher (und Teilnehmer!) der Spiele war Kaiser Nero. Informiere dich in einem Buch über Neros Aufenthalt in Olympia!

Auf den Erdwällen des Stadions in Olympia fanden etwa 40.000 Zuschauer Platz.

K 14 cum-Sätze 2: Wiederholung und Ergänzung

A Die „heiligen Spiele“?

Als im Jahre 1896 der französische Adelige Pierre de Coubertin die Olympischen Spiele erneuerte, herrschte in vielen Ländern Europas eine regelrechte Griechenlandbegeisterung. Man ließ sich von einem Griechenlandideal leiten, das freilich in der Realität nie bestanden hatte. Das lässt sich besonders gut an den Olympischen Spielen ablesen.

An ihrem Anfang stand der Lauf, der in verschiedenen Variationen (einmal oder zweimal – bis zu 24mal) durch das Stadion führte. Bald kamen hinzu: Speer- und Diskuswurf, Weitsprung, Ringkampf. Bei den Zuschauern am beliebtesten war jedoch das Pankration, der „Allkampf“, eine Mischung aus Faust- und Ringkampf, bei dem fast alles erlaubt war; gekämpft wurde, bis einer der Kontrahenten aufgab oder nicht mehr konnte – bis hin zu einigen Todesfällen, die überliefert sind. Die Zuschauer entwickelten Emotionen und ließen sich mitreißen – wie heute bei Boxkämpfen im Schwergewicht. Früh – wohl schon im 2. Jahrtausend v. Chr. – scheint es auch Pferderennen gegeben zu haben. Auch hier war Fairness nicht immer oberstes Gebot, wie die Auseinandersetzung zwischen Pelops, dem Sohn des Tantalos, und Oinomaos, dem König von Olympia, zeigt. Die Vorbereitung zu diesem Wagenrennen war am Ostgiebel des Zeustempels dargestellt.

B

1. Pelops cum Olympiam (nach Olympia) venisset, filiam Oenomai uxorem ducere voluit.
2. Cum Hippodamea, filia Oenomai, Pelopi placeret, eam uxorem ducere voluit.
3. Cum equi Oenomao a Marte patre dati essent, Pelops certamen ausus est.
4. Omnes de salute Pelopis desperaverunt, cum Hippodamea putaret eum Oenomaum vincere posse.

C Ein Wagenrennen in Olympia

Pelops cum Hippodameam, filiam Oenomai pulcherrimam, uxorem ducere vellet, cursu equorum cum rege certare ausus est. Cum sciret equos saevos Oenomai donum Martis, patris divini, esse, certamen periculosum non timuit. Omnes metuerunt, ne Pelops vinceretur et vita spoliaretur, cum Hippodamea de salute eius non desperaret. Nam Myrtilum, aurigam[1] Oenomai, adduxerat, ut ferrum axium[2] rotarum[3] cera[4] mutaret. Cum equi currere inciperent, rotae fractae sunt, rex e curru[5] cecidit, interfectus est ab equis per arenam tractus.

[1] *auriga, -ae* der Wagenlenker [2] *axis, -is* die Achse [3] *rota, -ae* das Rad [4] *cera, -ae* das Wachs
[5] *currus, -us* der Wagen

D 1. Übersetze! Cum incolae Olympiae templum Iovis aedificare vellent, Phidiam arcessiverunt. Ille tota Graecia notus erat, cum simulacrum (*simulacrum, -i* das Götterbild) Minervae in arce Atheniensium fecisset. Iuppiter in solio (*solium, -i* der Thron) sedebat sceptrum (*sceptrum, -i* das Zepter) manu tenens, cum Minerva staret armis praeclaris exornata (*exornare* ausstatten, rüsten). Cum plurimi simulacrum a Phidia factum admirarentur, Athenienses eum in ius vocaverunt; ei crimini dederunt, quod (dass) furtum (*furtum, -i* der Diebstahl) auri fecisset, cum simulacrum faceret.

2. Überlege, welche Art von *cum* jeweils vorliegt, und übersetze! Cum Phidias in arce Atheniensium simulacrum (das Götterbild) praeclarum fecisset, Olympiam (nach Olympia) arcessitus est. – Cum Athenienses dicerent Phidiam furtum

(der Diebstahl) auri fecisse, Olympiam (nach Olympia) vocatus est. – Incolae Olympiae Phidiam maximis honoribus affecerunt, cum Athenienses eum in ius vocarent. – Cum Phidias simulacrum, quod erat in templo Iovis, fecisset, multi homines illud opus praeclarum admirati sunt.

3. Finde die richtige Übersetzung von *cum* heraus!

Homines magnitudinem mirati sunt, Ludi Olympiaci fieri potuerunt, Theseus ludos Atheniensium instituit, Multi homines arenam mirati non sunt,	} cum Hercules stadium Olympiae collocavisset.

4. Beschreibe die Personengruppe, die auf dem Giebel über dem Haupteingang des Zeustempels steht! In der Mitte (ohne Kopf) siehst du Zeus. Wer sind die anderen Personen? Ordne sie in das Geschehen ein!

Auf dem Giebel über dem Haupteingang (Ostseite) des Zeustempels waren die Vorbereitungen zum Wagenrennen zwischen Pelops und Oinomaos dargestellt. Arch. Museum Olympia.

5. Die Übersetzung von *cum* ist nicht immer eindeutig. Versuche verschiedene Übersetzungsmöglichkeiten des *cum* in folgenden Sätzen zu finden! Cum mulier ad ludos Olympiacos venisset, spectatores irati fuerunt. – Nero cum cursu equorum victus esset, tamen victor factus est, quia alii leges ludorum neglexissent.

– Spectatores cum ludos viderent, valde gavisi sunt. – Cum certamina finita essent, omnes domum reverterunt.

6. Der Schriftsteller Pausanias (2. Jahrhundert n. Chr.) schildert das Standbild des Zeus folgendermaßen: „Der Gott sitzt auf einem Thron und ist aus Gold und Elfenbein gemacht und ein Kranz liegt auf seinem Haupt in Form von Ölbaumzweigen. In der Rechten trägt er eine Nike (Siegesgöttin), ebenfalls aus Elfenbein und Gold, die ein Band hält und auf dem Kopfe einen Kranz hat. In der linken Hand des Gottes findet sich ein Zepter, mit lauter Metalleinlagen verziert. Der Vogel, der auf dem Zepter sitzt, ist der Adler. Aus Gold sind auch die Sandalen des Gottes und sein Gewand ebenso; an dem Gewand sind Figuren und Lilien angebracht. Der Thron ist in abwechslungsreicher Arbeit aus Gold und Steinen und Ebenholz und Elfenbein und an ihm sind Figuren gemalt und Bildwerke angebracht. Vier Niken in der Gestalt von Tanzenden befinden sich an jedem Bein des Throns und zwei weitere am Fuß jedes Thronbeines." (Paus. V 11,1f.; Übersetzung: Ernst Meyer).
Versuche eine Skizze dieses Götterbildes anzufertigen!

K 15 Pronomina 1: Indefinitpronomina

A Eine reiche Stadt

Korinth war eine der mächtigsten Städte Griechenlands. Überraschenderweise war der Ort in mykenischer Zeit kaum besiedelt; Griechen gründeten erst um das Jahr 1000 v. Chr. hier eine Stadt. Sie gelangte rasch zu hoher Blüte, denn die Lage war sehr günstig. Korinth hatte zwei Häfen, Lechaion am Golf von Korinth (im Westen) und Kenchreai am saronischen Golf (im Osten); Schiffe konnten also in die Adria und in die Ägäis auslaufen. Ferner konnte man den Isthmus, die 6,3 Kilometer breite Landenge zwischen dem Festland und der Peloponnes, kontrollieren. Korinth bot sich also als Handelsmetropole an. Waren aus aller Welt kamen hier zusammen; der große Marktplatz war von zahlreichen Geschäften umgeben. So lebten in Korinth viele reiche Handwerker und Kaufleute; besonders im 3. und 2. Jahrhundert v. Chr. setzte ein großer wirtschaftlicher Wohlstand ein. Der Reichtum hatte politische und militärische Macht im Gefolge. So war es nicht verwunderlich, dass sich die Stadt als Mitglied des achäischen Bundes beim Abfall von Rom am längsten und heftigsten den Römern widersetzte und erst im Jahre 146 v. Chr. von Konsul Lucius Mummius erobert und dem Erdboden gleichgemacht wurde. Über hundert Jahre war der Ort dann unbewohnt, bis Cäsar kurz vor seinem Tod im Jahre 44 v. Chr. den Wiederaufbau verfügte; vor allem italische Siedler fanden hier eine neue Heimat. Korinth entwickelte sich rasch wieder zu einer blühenden und reichen Stadt.

B 1. Vix in ulla urbe tot et tantae divitiae inveniebantur quam Corinthi (in Korinth).
2. Corinthii optabant, ne quis (qui hostis) has divitias raperet.
3. Quo quis divitior est, eo plures amicos habere solet.
4. Homines temporum antiquorum vix quemquam noverant, qui divitior erat quam Croesus.
5. Misericordia adductus homini in-felici aliquid (aliquam rem) largiar.

C Korinth, eine reiche und wehrhafte Stadt

Mercatores vix ullius urbis tantas et tot divitias possidebant quam Corinthii. Homines divites saepe timent, ne qui hostes veniant et opes rapiant. Nam quo quis divitior est, eo plures hostes incitat. Itaque Corinthii urbem muris ingentibus circumdederant, ne quis invadere posset; incolae sine ullo terrore vivere neque quemquam timere volebant. Sed Romani, quibus maior potentia erat quam ullis aliis populis, non siverunt quemquam sibi[1] resistere. Compluribus mensibus praeteritis urbem sine ulla misericordia deleverunt neque cuiquam pepercerunt.

[1] *sibi* ihnen

D 1. Übersetze! Mercatores Corinthiorum sine ullo timore per maria navigabant. Non putabant quemquam sibi (ihnen) nocere posse, nam piratae non iam erant neque ullae naves firmiores erant quam (naves) Corinthiorum. Cum quis forum Corinthi urbis inibat, ibi res varias ex alienis terris inveniebat. Mercatores id curabant, ne quid desideraretur. Multi homines, si quas res sibi parare volebant, Corinthum (nach Korinth) venerunt neque quisquam irritus (erfolglos) rediit.

2. Überlege, welches Indefinitpronomen verwendet wird und warum! Übersetze! sine ulla spe – neque quemquam vidi – aliqui mercatores – quo quis potentior est, eo superbior interdum est – opto, ne quid malum accidat – neque cuiquam nocui – si quis credit – cum quem secutus esses – vix quicquam nactus sum – aliquod templum – vix ullum theatrum ingressus sum – aliquis victor fuit – aliqui hospes victor fuit.

3. Setze das richtige Indefinitpronomen ein! __?__ consecutus sum – vix __?__spes mansit – neque __?__ passus est – si __?__ gradietur – vix __?__ profectus est – neque __?__ executus es – cum __?__ filium complexus est – __?__ stadium ingressus es – __?__ mihi non placuit – ne __?__ hoc experiatur

– __?__ opus orsus sum – __?__ sortitus sum – ne __?__ largitus sis – __?__ urbe potitus est.

4. Adjektive mit dem Suffix *-ilis* oder *-bilis* bezeichnen häufig eine Möglichkeit oder eine Fähigkeit. Erschließe die Bedeutungen folgender Wörter! agilis – credibilis – incredibilis – docilis – intellegibilis – facilis – difficilis – miserabilis – mobilis – nobilis – portabilis – stabilis – servilis – spectabilis – terribilis – utilis – variabilis.

5. Warum ließen wohl die Römer Korinth unmittelbar nach der Zerstörung nicht wieder aufbauen?

6. Betrachte auf einer Landkarte die Lage von Korinth! Was ist daran so vorteilhaft? Warum liegt es wohl nicht unmittelbar am Meer?

7. Die Ruinen, die vom antiken Korinth geblieben sind, stammen fast alle aus römischer Zeit. Wie ist das zu erklären?

S **Nec est ullum magnum malum praeter culpam.**

Wuchtige Säulen aus der Zeit um 525 v. Chr. gehören zu den wenigen Überresten, die in Korinth aus griechischer Zeit gefunden wurden. Der Tempel ist einer der frühesten, von dem Originalteile erhalten sind.

W Wiederholung 5

1. Übersetze! Eine Reise durch den Golf von Korinth (von West nach Ost):

Patras (Patrae, -arum): Patris ab urbe iter ordiamur! In hoc oppido Andreas apostolus (!), cum fidem (*fides, -ei hier:* der Glaube) suam confessus esset, cruci-fixus (*crucifigere* kreuzigen) erat. Hunc sanctum virum incolae hodie quoque magno honore afficiunt, cum caput eius in scrinio (*scrinium,-i* der Schrein) argenteo conditum magna cum pietate verentur.

Helike (Helice, -es): Incolae Helices noctu quiescebant, cum motus terrae tecta huius oppidi ruit et fluctus (*fluctus,-us* die Flut) subito ortus omnia operuit. Vix quisquam superfuit. Ruinae (!) sub aequore ab-ditae (*abdere* verbergen) conspici non iam possunt.

Krisa (Crisa, -ae; heute Itea): Hunc in portum peregrinatores (*peregrinator,-oris* der Pilger), qui aliquid ab Apolline petebant, et spectatores, cum ludi Pythici praebebantur, convenerunt, ut inde pedibus ad Delphicum oraculum ascenderent.

Pellene (Pellene, -es; heute Xylokastro): Pellene cultu complurium deorum inter alia oppida excellebat. Si quis graviore morbo premebatur, templum Aesculapii dei adiit et, cum eo loco dormiebat, per somnium (im Traum) comperit, qua ratione (con-)vale-scere(!) posset.

Helikon (Helico, -onis): Hoc in monte Hesiodo, cum greges curaret, Musae apparuerunt et eum, cum agricola in-doctus esset, poetam fecerunt artemque suam docuerunt.

Lechaion (Lechaeum, -i): Corinthii, cum piratarum impetus metuerent, urbem non ad mare aedificaverant. Lechaeum, portus huius oppidi, via et muris cum Corintho coniunctum erat. Quo plures naves illo portu utebantur, eo magis opes Corinthiorum crescebant.

Isthmos (Isthmus, -i; gr.: der Hals, die Landenge; der Isthmus): Hoc loco, quia Isthmo sinus Corinthius ab (mari) Aegaeo divisus est, iter navibus pergi non potest. Sed ex eo tempore, cum Periandrus tyrannus viam munivit, naves aliqua ratione – nescimus quo modo – trans Isthmum trahi poterant. Quo factum est, ut mercatores sine ullo periculo in (mare) Aegaeum pervenirent, cum nautis Peloponnesum circumeuntibus haud raro aliqui venti adversi et periculosi instarent.

2. Übersetze! aliquae opes – sine ulla misericordia – initio ipso – illius iudicis – aliquorum spectatorum – Vix cuiquam confidam. – Quid passus es? – Ne cui malo assensus sis! – aliquo ferro – aliquid periculosum – potentia alicuius.

3. Bereits Periander (vgl. Ausp. II, 25**A**) soll einen Durchstich des Isthmos von Korinth geplant haben. Diskutiert die Vor- und Nachteile eines Kanals, einer Schleifbahn und einer doppelten Hafenanlage für Korinth!

4. Verfolge die Route, die im Text 1 dieses Wiederholungskapitels beschrieben wird, von West nach Ost auf einer Karte! Welchen dort erwähnten Ort kann man heute nicht mehr finden und warum?

5. Der Golf von Korinth war im Altertum auch in religiöser Hinsicht bedeutsam. Welche Göttinnen, Götter oder christlichen Heiligen spielen in dieser Gegend eine Rolle?

Der Kanal von Korinth wurde nach mehreren erfolglosen Versuchen in der Antike von französischen Ingenieuren zwischen 1882 und 1893 erbaut.

K 16 Partizip Futur/coniugatio periphrastica activa

A Ein sonderbarer Hund

Philosophen wirken auf ihre Umgebung mitunter recht wunderlich und absonderlich. Eines der bekanntesten Beispiele dafür ist Diogenes, der um 400 v. Chr. geboren wurde und ca. 325 starb. Sein großes Vorbild war Sokrates, an dem er insbesondere dessen einfachen Lebensstil bewunderte. So führte er ein Leben der Bedürfnislosigkeit, hauste angeblich in einer Tonne, aß nur die billigsten Speisen, trug im Winter wie im Sommer dieselbe Kleidung – kurz: er verzichtete auf alles, was zum Leben nicht nötig war. Als er beispielsweise ein Kind sah, das aus der hohlen Hand trank, warf er seinen Becher weg; seine Hand genügte ihm künftig.

Diogenes begründete die Philosophenschule der Kyniker. Das Wort leitet sich ab vom griechischen κύων (der Hund), wie seine Spötter ihn nannten, weil er wie ein Hund lebte. Einmal saß er am Boden und verzehrte seine gewöhnlichen ganz schlichten Speisen. Ihn umringten Männer und hänselten ihn: κύων – κύων. Er blickte sie kaum an und sagte nur: „Nicht ich bin der Hund, ihr seid es. Denn Hunde stehen um Menschen, die essen.“

B

1. Alexander Magnus aliquando Diogenem philosophum (!) cogniturus erat.
2. Cum Alexander Diogenem visurus esset, multi amici ei dissuadebant (*dissuadere* abraten).
3. Multi vitam Diogenis imitaturi erant, pauci potuerunt.
4. Qui vitam Diogenis imitaturus est, primus se ipsum noscat.

C Diogenes, ein antiker Hippie

Alexander, qui contionem Graecorum visitaturus erat, multas res miras de Diogene audiverat. Alii dixerunt: „Ille Socratem ipsum superaturus est, quia omnes res ad vitam necessarias contemnit.” Alii dixerunt: „Plerique eum optimo iure canem appellant; multi Graeci Corinthum irrisuri sunt, quia incolae eum patiuntur in urbe versari.“ Alexander, qui experturus erat, quid Diogenes de vita secura cogitaret, scire voluit, quid ille a se[1] optaturus esset. Diogenes, qui in sole dormiturus erat, hoc moleste tulit[2] et respondit: „Exi ex sole!“

[1] *se hier:* ihm [2] *moleste ferre* ungehalten sein über

D 1. Übersetze! Plerique putabant Diogenem stultum esse, quia omnia, quae ad vitam necessaria erant, in dies (von Tag zu Tag) magis neglecturus erat. Etiam amicos sibi paraturus erat, qui neglegebant bella, quae homines saepe propter divitias gerunt. Alexander rex, qui bellum Persicum (!) paraturus erat, scire voluit, quo modo ille se (ihn) salutaturus esset. Moleste tulisse videtur, quod (dass) ille se (ihn) contemneret.

2. Ersetze *velle* durch die entsprechende Form der *coniugatio periphrastica activa* und übersetze! Alexander cum Diogene colloqui voluit. – Cum Alexander cum Diogene colloqui vellet. – Diogenes vitam simplicem vivere vult. – Cur vitam simplicem vivere vis, Diogenes? – Scimus, cur Diogenes vitam simplicem vivere velit. – Cum Alexander Graeciam obire vellet. – Interrogo vos, cur Diogeni similiter vivere velitis.

3. Übersetze treffend und arbeite dabei die Unterschiede in der Bedeutung heraus! litteras scribam – litteras scripturus sum – in Graeciam navigabimus – in Graeciam navigaturi sumus – sicut Diogenes victuri sumus – sicut Diogenes vivemus – in Graecia vestigia Alexandri secuturi estis – in Graecia vestigia Alexandri sequemini – amicus multis bonis utetur – amicus multis bonis usurus est.

4. Diogenes Laertios, ein Schriftsteller, der wohl im 2. Jahrhundert n. Chr. lebte, hat über das Leben und die Lehre verschiedener Philosophen recht anekdotenhaft geschrieben; auch Diogenes wurde dabei berücksichtigt.
Lies diese Biographie, greife ein paar besonders hübsche Anekdoten heraus und referiere darüber vor deiner Klasse!

5. „Bei den Athenern war er (Diogenes) beliebt. Als ein Jugendlicher sein Fass zerstörte, verprügelten sie diesen und beschafften Diogenes ein anderes. Der Stoiker Dionysios gibt an, Diogenes sei nach der Schlacht von Chaironeia gefangen genommen und Philipp vorgeführt worden. Gefragt, wer er sei, habe er geantwortet: „Ein Beobachter deiner Unersättlichkeit.“ Das brachte ihm Bewunderung und Freiheit ein.“ (Diog. Laert. VI 43; Übersetzung von Fritz Jürß).
Charakterisiere anhand dieser Episoden Diogenes! Versuche die Wirkung zu erklären, die Diogenes mit seinem Verhalten erreicht hat!

6. Woran erkennst du, dass der Philosoph auf dem nebenstehenden Bild Diogenes ist? Welches Attribut könnte noch fehlen?

Diogenes. Arch. Institut der Universität Erlangen.

K 17 Infinitiv und Partizip Futur

A Paulus in Korinth

Von Athen aus reiste Paulus (vgl. K 3a) weiter nach Korinth. Anders als in Athen gelang es ihm, dort eine Gemeinde zu gründen, obwohl der Boden dafür nicht gerade günstig schien. Denn Korinth war nicht nur eine Stadt des Reichtums, sondern auch des Lasters, wie es in Hafenstädten nicht selten ist. Dennoch hatte Paulus Erfolg und er blieb eineinhalb Jahre in der Stadt. Er war dabei in seinem erlernten Beruf tätig – Paulus war Zeltmacher; daneben predigte er am Sonntag gewöhnlich in der Synagoge. Juden, aber auch Griechen und römische Bürger zählten zu den ersten Christen in Korinth. Nach seiner Abreise schrieb Paulus zwei Briefe an die Gemeinde von Korinth. Der erste davon gehört zu den frühesten Schriften des Neuen Testaments und stellt den Kern der Predigt des Paulus deutlich heraus: die Botschaft von der Auferstehung Jesu.

B

1. Paulus Corinthum (nach Korinth) venit ibi de vita et morte Christi praedicaturus.
2. Iudaeos et Romanos adiit doctrinam Christianam demonstraturus.
3. Paulus speravit se animos multorum ad doctrinam Christianam conversurum esse.
4. Paulo persuasum erat Christum hominibus piis vitam aeternam donaturum esse.

C Paulus´ Wirken in Korinth

Sabbato[1] Paulus synagogam[2] iniit et praedicavit Iesum vere filium dei esse. Locutus est Christum iterum venturum esse iudicaturum vivos et mortuos. Cum Iudaei Paulo minarentur se eum e synagoga[2] expulsuros esse, tristis exiit dicens se nunc Graecis praedicaturum esse. Et Paulus Graecos et Romanos adiit doctrinam Christi demonstraturus eosque ad fidem[3] veram et ad vitam aeternam adducturus. Noctu autem Christus Paulo apparuit et pollicitus est se assidue cum apostolo[4] fore eique ubique adfuturum esse.

[1] *sabbatum, -i* der Sabbat [2] *synagoga, -ae* die Synagoge, Versammlungs- und Gebetsraum der Juden
[3] *fides, -ei hier:* der Glaube [4] *apostolus, -i* der Apostel

D

1. Übersetze! Paulo persuasum erat Christum omnibus, qui doctrinam Christianam sequerentur, vitam aeternam daturum esse. Apud Iudaeos, Graecos,

Romanos praedicavit Christum pollicitum esse se ad patrem iturum, sed postea in mundum rediturum esse. Iudaei autem minati sunt se Paulum Corintho (aus Korinth) expulsuros esse. Paulus autem Corinthi (in Korinth) mansit ibi verba Christi praedicaturus. Aestimabat enim se assidue beatum fore, si Christum secutus esset.

2. Gib die folgenden kleinen Sätze im Deutschen präzis wieder! Polliceor me tibi adfuturum esse. – Minaris te me persecuturum esse. – Speratis vos beatos fore. – Diximus nos venturos esse. – Amicus putat se brevi Corinthum visurum esse. – Mercator aestimat se opes suas brevi aucturum esse.

3. Gib in folgenden Ausdrücken und kleinen Sätzen das Partizip Futur im Deutschen treffend wieder! currimus vos visuri – assidue laboratis praemium nacturi – hospites pii esse student vitam aeternam consecuturi – plerique homines Corinthum (nach Korinth) veniebant multas res empturi – mercator per maria navigat magnas opes sibi paraturus.

4. Halte genau auseinander! Mercator sperat se magnas opes sibi paraturum esse. – Mercator per maria navigat in alienis terris multas res empturus. – Mercator cum sibi magnas opes paraturus esset, per maria navigavit. – Paulus sperabat se multos ad doctrinam Christianam conversurum esse. – Paulus in

Ein nicht näher bekannter römischer Tempel Korinths (vielleicht der Roma geweiht) stammt aus dem 1. Jahrhundert n. Chr.

Graeciam venit multos ad doctrinam Christianam conversurus. – Paulus cum non solum Iudaeos ad doctrinam Christianam conversurus esset, verba Christi etiam Romanis et Graecis praedicavit.

5. Substantive auf *-io* bzw. *-tio* bezeichnen oft den Verlauf einer Handlung. Was bedeutet demnach? actio – oratio – ratio – captatio – cogitatio – collectio – contractio – constitutio – coniunctio – contio – correctio – defectio – dominatio – dubitatio – laudatio – admonitio – recitatio – variatio.

6. Verfolge auf einer Karte die zweite Missionsreise des hl. Paulus, die ihn erstmals nach Europa führte (Apostelgeschichte 15,36 – 18,22)! Beurteile die Leistung!

S **Quid sit futurum cras, fuge quaerere!**

K 18 Relativsätze: Wiederholung und Ergänzung

A **Paulus appelliert an den Kaiser**

Als Paulus von einer seiner Missionsreisen nach Jerusalem zurückgekehrt war – sie hatte ihn nach Milet, Ephesus und von dort nach Osten und Süden (Tarsos, Antiochia) geführt – gingen die Juden gegen ihn vor, da er viele, Juden wie Heiden, zum Christentum bekehrt hatte. In Cäsarea wurde er in Haft gehalten. Dorthin kam der römische Statthalter Porcius Festus. Er setzte sich auf den Richterstuhl und ließ Paulus vorführen; die Juden, die von Jerusalem gekommen waren, um ihn anzuklagen, umringten ihn und brachten viele schwere Beschuldigungen vor, konnten aber nichts beweisen.

B
1. Paulus, quem multos homines ad doctrinam Christianam convertisse constat, ad iudicium vocatus est.
2. Paulus, quem civem Romanum fuisse scimus, postulavit, ut Caesarem appellaret (*appellare aliquem* an jemanden appellieren).
3. Paulus, qui quam fortiter doctrinam Christianam praedicaverit, scimus, duodeviginti menses Corinthi (in Korinth) fuit.
4. Paulo persuasum erat Christum, qui quanta misericordia fuerit, multi admirantur, hominibus piis vitam aeternam donaturum esse.

C Paulus vor dem Richterstuhl des Festus

Paulus, quem contra legem suam fecisse Iudaei demonstrare non potuerunt, in iudicium vocatus se defendit: „Neque ullam legem, quam vobis omnibus inviolatam esse scio, rupi, neque ullum templum, quod vobis sanctissimum esse puto, violavi, neque Caesarem illusi, qui quantopere a vobis colatur, video. Etiam Iudaeos numquam iniuria affeci, quorum leges quam diligenter a me diligerentur, ipsi intellexistis. Sed ego ad tribunal Caesaris sto, quem appellare[1] meum ius esse scitis. Mitte me Romam[2]; civis Romanus sum."

[1] *appellare aliquem* an jemanden appellieren [2] *Romam* nach Rom

D 1. Übersetze! Paulus, quem Christum numquam ipsum vidisse scimus, a Festo in iudicium vocatus est. Festus, qui quantopere Iudaeis amicus esset, Paulus sciebat, Iudaeis gratum facere voluit (*gratum facere* einen Gefallen erweisen). Paulus autem, quem legem sacram numquam rupisse omnes sciunt, ad tribunal Festi accedere noluit, qui quam iniustus esset, ei ante oculos versabatur. Itaque illo verbo usus est, quod quantopere omnes vererentur, audivimus: Civis Romanus sum.

2. Gib die folgenden kleinen Sätze im Deutschen auf verschiedene Weise präzis wieder! Homerus, quem carmina mira fecisse constat, poeta clarissimus Graecorum fuit. – Homerus, quem omnibus aliis poetis arte praestitisse scimus, de bello Graecorum et Troianorum cantavit. – Homerum, quem Chii (in Chios) natum esse multi Graeci dicunt, septem urbes civem suum esse volunt. – Homerum, quem Graecos summis honoribus affecisse traditum est, Vergilius poeta imitatus est.

3. Gib in folgenden Ausdrücken den verschränkten Relativsatz in gutem Deutsch auf verschiedene Weise wieder! Homerus, qui qua in urbe vixerit, ignotum est, opera praeclara confecit. – Homerus, qui quam bene de patria meritus sit, scimus, virtutem Graecorum et Troianorum pariter laudibus affecit. – Homerus, qui quantopere a Graecis diligeretur, multi scriptores narrabant, summis honoribus dignus erat.

4. Halte genau auseinander:

Paulus {
quem doctrinam Christianam multis gentibus praedicavisse comperimus,

qui quam fortis fuisset, multi tradiderunt,

quem imperatorem Romanum appellavisse constat,

qui quando Romam (nach Rom) venerit, ignoramus,

quem verbis suis multos ad doctrinam Christianam convertisse accepimus,
} gladio interfectus est.

5. Erstelle eine Wortfamilie (Substantive, Adjektive, Verben etc.) zu *ius* und grenze die einzelnen Begriffe voneinander ab!

6. Lies in der Apostelgeschichte den Bericht von der Gefangennahme des Paulus in Cäsarea und charakterisiere die Gestalt des Festus!

S **Male facere qui vult, numquam non causam invenit.**
Qui non vetat peccare, quamvis possit, iubet.
(*quamvis* mit Konjunktiv: wenngleich, obwohl)

Bei seiner ersten Missionsreise (Apostelgeschichte 13, 4-13) besuchte Paulus die Insel Zypern. In der Stadt Paphos wurde im Gedenken an den Apostel bereits im 4. Jahrhundert eine große Basilika errichtet; im 13. Jahrhundert errichteten die Kreuzfahrer an dieser Stelle eine große gotische Kirche.

W Wiederholung 6

1. Übersetze! Primus **Periandrus** tyrannus Isthmum per-fodere (*fodere, fodio, fodi, fossum* graben) voluit, ut opes Corinthi urbis augeret. Postea, ratus eam fossam (*fossa, -ae* der Graben, Kanal) mercatoribus Corinthiis detrimento fore (*detrimentum,-i* der Schaden), consilium vertit et diolcum (*diolcus,-i* die Schleifbahn) instruxit, (in) quo naves trans illum Isthmum tractas esse comperimus. – **Demetrius** quoque, tyrannus Pellenes (*Pellene, -es* Pellene), iter navibus facilius redditurus erat. Plerique autem artifices (*artifex, -icis hier:* der Fachmann) timuerunt, ne aequor Corinthii sinus, quod altius esse quam (aequor) Aegaei maris existimaverunt, Isthmo aperto Salaminem ceterasque insulas aquis operiret; hac de causa hoc consilio destitit (*desistere* Abstand nehmen von). – **Caesar**, quo auctore Corinthum a Romanis deletam restitutam (*restituĕre* wiederherstellen) esse cognovimus, speravit se per hanc fossam facilius copias ab Italia in Asiam trans-portaturum esse. Dictatore interfecto consilia eius modi in oblivionem (*oblivio, -onis* die Vergessenheit) venerunt. – Imperator **Nero**, qui quanta superbia gloriae suae studuerit, notum est, ipse aurea pala (*pala,-ae* der Spaten) usus istud opus orsus est. Opere incepto terram, tamquam (als ob) violata esset aut aliquid minaretur (*minari* drohen, androhen), sanguinem effudisse proditum est. Profecto (tatsächlich) Nero coniuratione facta videtur retentus esse, ne (dass) hoc opus perficeret.

2. Ersetze die Demonstrativpronomina durch die entsprechenden Formen des Relativpronomens, die Relativpronomina durch die entsprechenden Formen von *hic, haec, hoc*! cuius – quae – eam – illud – ea – cui – hoc – illi – quibus – eo – quem.

3. Verwandle folgende Sätze in eine AcI-Konstruktion, indem du sie von „*oraculum praedixit* ...“ abhängig machst, und übersetze!

Oraculum praedixit
- a) „Hippodamea omnibus prudentia praestabit.“
- b) „Oenomaus manu generi cadet.“ (*gener,-i* der Schwiegersohn)
- c) „Croesus imperium magnum perdet.“
- d) „Romani Pyrrhum vincent.“
- e) „Frater matrem complexus rex erit.“

4. Verwandle *parare + Inf.* in eine coniugatio periphrastica activa! Pacem rumpere paratis. – Parabat nos violare. – Pararemus assidue minari. – Simpliciter praedicare parabo. – Spectatores parant certamina videre.

5. Bilde von folgenden Verben die drei Partizipien (PPA, PPP, PFA) in der jeweils angegebenen Form (Beispiel: *monere* (Dat. Sg. Mask.) = *monenti, monito, monituro*)! violare (Abl. Pl. Fem.) – praedicare (Nom. Sg. Fem.) – rumpere (Gen. Sg. Mask.) – aggredi (Akk. Pl. Mask.) – fungi (Dat. Sg. Mask.) – spondere (Nom. Sg. Mask.) – remittere (Dat. Sg. Fem.).

6. Informiere dich in einem Buch oder im Internet über den Kanal von Korinth und über seine Baugeschichte! Mit welchen Problemen hat er heute zu kämpfen?

7. Von 1881 bis 1893 wurde der Isthmos durch den Kanal von Korinth durchbrochen. Seitdem ist die Peloponnes eine Insel und nur durch Brücken mit dem griechischen Festland verbunden. Suche auf einer Karte Wege und Brücken, auf denen du zu Fuß, mit dem Auto oder mit der Eisenbahn auf die Peloponnes gelangen kannst. Welcher Brückenbau war der schwierigste und warum?

S **Humanum amare est, humanum autem ignoscere est.**
(*ignoscere* verzeihen)

Humanum amare est, divinum et ignoscere.

Das Theater von Cäsarea , das unmittelbar an der Küste des Mittelmeeres in Palästina liegt. Die Stadt ist eine Gründung des Königs Herodes des Großen. Den Platz hatte er von Augustus nach dessen Sieg bei Aktium (31 v. Chr.) erhalten. Die Stadt benannte er nach seinem Gönner (Caesar Augustus) Cäsarea. Es war der Sitz des römischen Statthalters; auch Paulus missionierte hier.

K 19 Konjunktivische Relativsätze 1

A Paulus in Rom

Paulus wurde als Gefangener mit einigen anderen nach Rom geschickt, begleitet von einem Hauptmann der kaiserlichen Kohorte. In Myra an der Südküste der heutigen Türkei stiegen sie auf ein alexandrinisches Schiff um, das in einen heftigen Seesturm geriet, so dass eine Überwinterung auf Malta notwendig wurde. Nach der Ankunft in Rom erhielt Paulus die Erlaubnis, zusammen mit einem Soldaten, der ihn bewachte, für sich allein zu wohnen. Dort rief er die führenden Männer der Juden zusammen und erklärte ihnen seine Lage: Er habe an den Kaiser appellieren müssen, da die Juden gegen seine Freilassung durch den römischen Statthalter Einspruch erhoben hatten. Von da an kamen häufiger Juden in seine Wohnung und Paulus lehrte sie.

B

1. Paulus Romam (nach Rom) missus est centurione comitante, qui custos esset.
2. Erant, qui putarent Paulum brevi reversurum esse.
3. Paulus, qui deo confideret, nulla tempestate terreri potuit.
4. Secuta est tanta tempestas, quae nautas cogeret portum quaerere.

C Paulus stärkt die Gemeinde von Rom

Centurio, qui tunc apostolum (!) custodia tenebat, omnes cotidie admisit, quos dignos putabat, qui cum Paulo sermonem haberent. Quis est, qui ignoret Paulum per totum diem in urbe Roma cum Iudaeis collocutum esse, quos aptos putabat, qui intellegerent Iesum Christum filium dei esse? Nulla occasio sermonis tam exigua fuit, qua non uteretur. Erant, quibus Paulus persuaderet deum Iesum, qui mundum servaret, de caelo misisse. Alii erant, qui Paulo non crederent. Pauci reperti sunt, qui Paulum irriderent.

D 1. Übersetze! Iudaei, qui secundum legem Mosis vivant, facile Christiani fient – haec Paulus existimavit. Inter eos erant, qui Paulum tunc sequerentur, erant autem, qui verba eius contemnerent. Quem Paulus idoneum putabat, qui doctrinam Christianam intellegeret acciperetque, verba Christi docuit. Numerus Christianorum Romae (in Rom) cito crevit. Imperator Nero milites misit, qui Christianos interficerent et Paulum quoque caperent. Gladio occisus est, quia civis Romanus fuit.

2. Übersetze folgende kleine Sätze! Ille vir dignus est, qui multetur. – Paulus indignus erat, qui custodia teneretur. – Quis est, qui dicat se indignum esse, qui praemio afficiatur? – Omnibus temporibus reperiuntur, qui apti sint, qui civitatem regant. – Mons tam altus erat, qui ascendi non posset. – Caesar nuntios misit, qui incolas urbis deletae iuberent hoc loco manere et adventum suum exspectare.

3. Welche Sinnrichtung erkennst du in den folgenden Relativsätzen? Übersetze sie! Aegyptii musicam (!) noxiam (*noxius, -a, -um* schädlich) putabant, quae hominum animos effeminaret (*effeminare* verweichlichen). – Augustus maxime idoneus esse videbatur, qui rem publicam pacaret (*pacare* befrieden). – Alexander Achilli invidit: Felix adulescens, qui tuae virtutis praeconem (*praeco, -onis* der Herold, Verkünder; hier: als ...) Homerum inveneris! – Nullus est dolor, quem tempus non mitiget (*mitigare* lindern). – Pericles dignus erat, cui Athenienses maxime confiderent. – Galli legatos (*legatus, -i* der Gesandte) miserunt, qui pacem peterent.

4. Das Suffix *-eus, -a, -um* bei Adjektiven gibt den Stoff an, aus dem etwas besteht. Erschließe demnach die Bedeutung folgender Wörter: aureus, ferreus, lapideus, argenteus, ligneus, igneus, marmoreus!

5. Erkläre die beiden „Rechte“, die ein römischer Bürger hat, wie du sie in diesem und im vorigen **C**-Stück kennen gelernt hast!

6. Welche Parallelen und welche Unterschiede gibt es zwischen dem Aufenthalt des Paulus in Athen und in Korinth?

S **Nullus dolor est, quem non longinquitas temporis minuat.** (*longinquitas, -atis* die Länge)

Vor der Kirche S. Paolo fuori le mura (St. Paul vor den Mauern) in Rom, wo Paulus um das Jahr 67 hingerichtet und begraben wurde, steht diese Statue des Heiligen.

K 20 Konjunktivische Relativsätze 2

A Petrus in Rom

Petrus, der ursprünglich Simon hieß und Bruder des Apostels Andreas war, stammte aus Kapharnaum am See Genezareth; er war Fischer. Jesus nannte ihn einmal „Kephas“ (aramäisch „der Fels“ = griechisch „Πέτρος“). Petrus blieb vermutlich bis zum sog. Apostelkonzil (ca. 48/49) in Jerusalem, wo er die dortige Gemeinde als Vertreter eines gemäßigten Judenchristentums leitete. Beim Apostelkonzil ging es um die Frage, ob die zum Christentum konvertierten Heiden sich den Gesetzen des Moses unterwerfen und insbesondere beschnitten werden mussten. Paulus, der dies im Gegensatz zu Petrus verneinte, setzte sich durch. So war dieses Konzil die Wende von der judenchristlichen zur heidenchristlichen Mission, gewissermaßen die Öffnung des Christentums für alle Menschen.
Nach diesem Konzil ging Petrus vermutlich auch auf Missionsreisen, wobei die Ziele nicht näher bekannt sind. Er hielt sich etwa zur selben Zeit, zu der auch Paulus in Rom weilte, in dieser Stadt auf. Über sein dortiges Wirken wissen wir nicht viel. Zwischen 63 und 67 n. Chr. erlitt er während der Regierungszeit des Nero den Märtyrertod; der Überlieferung nach soll er gekreuzigt worden sein – auf seinen Wunsch hin mit dem Kopf nach unten, da er sich unwürdig fühlte, wie Christus zu sterben. Sein Leichnam wurde wohl zunächst in den Katakomben Roms bestattet, später jedoch dorthin überführt, wo heute die Peterskirche steht. Vieles spricht dafür, dass dieser Dom über seiner letzten Ruhestätte errichtet worden ist.

B

1. Scimus Petrum, qui mortem timeret, ex urbe Roma fugisse.
2. Amici omnia fecerunt, ut Petrus, cuius saluti servire vellent, servaretur.
3. Petrus eum solum Christianum fieri posse dixit, qui legem Mosis sequeretur.
4. Paulus omnes Christianos fieri posse contendit, qui secundum verba Christi vitam degerent.

C Quo vadis, domine?

Traditum est Petrum, qui vitam servare voluisset, vinculis liberatum ex urbe Roma fugisse. Profectus est multis hominibus eum comitantibus, ne apostolus (!), qui milites Neronis effugere vellet, detegeretur. Cum (e) moenibus Romae timidi exissent, Petrus vidit Iesum, cuius doctrinam praedicavisset, Romam petere. „Quo vadis, domine?”, Petrus ex Iesu quaesivit. Responso dato: „Romam[1], ut ibi iterum crucifigar[2], nam tu fugis meque deseris” Iesus abiit. Petrus vehementissime territus statim, quae peccavisset, intellexit, Romam revertit, illic crucifixus[2] est.

[1] *Romam* nach Rom [2] *crucifigere* kreuzigen

D 1. Übersetze! Audivimus Petrum, qui custodia liberatus esset, ex urbe Roma effugere voluisse. Ne ab hominibus, qui eum novissent, detegeretur, in magno hominum agmine latere conatus est. Cum Petrus aliique, qui eum comitarentur, extra moenia (in) via Appia timidi proficiscerentur, subito Iesus venit. Petrus quia cognovit, quid peccavisset, statim rediit. In via Appia illic, ubi Petrus consilium vertit, adhuc locus "Quo vadis" appellatur.

2. Versuche zu begründen, warum in folgenden Relativsätzen der Konjunktiv steht, und übersetze! Atheniensium mos erat quotannis (alljährlich) laudari in contione eos, qui essent in proelio interfecti. – Turpissimum est pluris putare (*pluris putare* höher einschätzen), quod utile videatur quam quod honestum sit. – Quid me prohiberet Epicureum (*Epicureus* ein epikureischer Philosoph) esse, si probarem (*probare* prüfen, billigen) , quae ille diceret? – Fortuna tua minor esset, nisi in rebus secundis quemquam haberes, qui illis aeque ac (wie) tu gauderet. – Haud raro fit, ut imperiti (*imperitus, -a, -um* unerfahren) ea laudent, quae laudari non possint. – Eo simus animo, ut nihil in malis ducamus (*in malis ducere* zu den Übeln rechnen), quod aut a deis aut a natura constitutum sit. – Homines ira commoti saepe eis maximum dolorem inferunt, a quibus laesi esse videantur.

3. Schlage in der Apostelgeschichte nach! Welche Informationen findest du über Petrus?

4. Warum durfte Paulus nur mit dem Schwert hingerichtet, Petrus hingegen gekreuzigt werden?

5. Verschaffe dir in einem Literaturlexikon (z. B. Kindlers Literaturlexikon) einen Überblick über den Inhalt des Romans „Quo vadis?“ von Sienkiewicz!

Die Via Appia war eine der bekanntesten und bedeutendsten Fernstraßen des römischen Reiches. Sie führte von der Hauptstadt nach Süden. An ihr lagen Gräber adeliger Familien.

K 21 Relativer Satzanschluss

A Roms wechselhafte Geschichte

Der römische Schriftsteller C. Sallustius Crispus wurde im Jahre 86 v. Chr. geboren; er starb 35 oder 34 v. Chr. In frühen Jahren widmete er sich der Politik. Als er freilich am eigenen Leib verspüren musste, dass damit viele Unannehmlichkeiten und Gefahren verbunden waren, zog er sich aus der Öffentlichkeit zurück und wandte sich ganz der Geschichtsschreibung zu.

Dies war im Altertum etwas anderes als heute. Wir erwarten, dass der Historiker die Fakten wirklichkeitsgetreu wiedergibt und Hintergründe erläutert. Der antike Historiker will den Leser unterhalten, insbesondere aber auch belehren, indem er ihm gute und schlechte Beispiele vor Augen stellt, die nachzuahmen oder zu meiden sind. Sallust erkennt bei seinen Forschungen, dass der römische Staat von kleinen Anfängen zur Weltmacht geworden ist, dass aber nach dem Höhepunkt der Niedergang eingesetzt hat und nun der Untergang droht. Sallust möchte dem Leser die Gründe für beide Entwicklungen vor Augen stellen und ihn damit auffordern, die guten Eigenschaften, die Rom groß gemacht haben, wieder zu verwirklichen und die schlechten zu vermeiden.

B

1. Sallustius rerum scriptor Romanus est. Qui res Romanas perquisivit.
2. Qua de causa multos libros aliorum scriptorum legit.
3. Qui non tanta animi acie res Romanas perquisiverant quanta Sallustius.
4. Quorum libri tamen a multis hominibus libenter legebantur.

C Gründe für Roms Größe

Sallustius rerum scriptor insignis Romanorum erat. Qui accepit primo reges populo imperavisse. Cum imperium regium in superbiam improbam se convertisset, optimi cives ultimum regem fugaverunt. Quo expulso civitas libertatem adepta est. Quae erat causa magnitudinis urbis, cuius iuvenes per laborem in castris rem militarem discebant. Quibus nullus hostis timorem iniciebat. Maximae virtutes erant labor et iustitia[1]. Quibus virtutibus gloriam ingentem et divitias honestas sibi continuo pepererunt. Romani bonos mores colebant. Quare concordia maxima, minima avaritia erat.

[1] *iustitia* die Gerechtigkeit

D

1. Übersetze! Sallustius cognovit virtutes causas magnitudinis civitatis fuisse. Quae virtutes imprimis labor et iustitia erant. Quae cum ita essent, iuvenes Romani a prima pueritia bonos mores colebant. Qui in castris insigni studio

omnes labores subibant corpora continuo exercentes. Quorum virtus in re militari maxima erat. Quare in bello nullum hostem timebant, in pace avaritiam pessimam vitabant.

2. Versuche eine wörtliche und eine freie Wiedergabe der folgenden relativen Satzanschlüsse! (z. B.: *quibus dictis* nachdem dies gesagt worden war; nach diesen Worten) quo nuntio allato – quae cum audivisset – quo facto – quibus rebus cognitis – quibus rebus gestis – quod cum accidisset – quae clades postquam accepta est.

3. Adjektive auf *-osus* drücken oft eine Fülle aus. Was bedeutet also: aquosus – bellicosus – dubiosus – fabulosus – famosus – fructuosus – gloriosus – ingeniosus – laboriosus – numerosus – negotiosus – otiosus – periculosus – pretiosus – studiosus – verbosus?

4. Der römische Dichter Horaz hat einmal über die Dichter gesagt: „*Aut prodesse volunt aut delectare poetae*“. Inwiefern trifft dies auch auf die Geschichtsschreiber zu?

5. Eines der Werke Sallusts handelt von der Verschwörung des Catilina, der durch seine Tat den Staat an den Rand des Abgrundes geführt hatte.
Was könnte der Grund dafür sein, dass Sallust gerade diesen Stoff wählt?

Wie Sallust richtig sieht, hat sich das ehemals kleine Rom durch riesige Leistungen und durch den Einsatz aller Bürger zur gewaltigen Weltmacht entwickelt, die über Jahrhunderte anhielt. Reste beeindruckender römischer Städte finden sich heute noch zum Beispiel in Nordafrika, wo in Leptis Magna dieser Triumphbogen des Kaisers Septimius Severus (193 - 211) steht.

6. Im letzten Satz des 5. Kapitels seiner Schrift *Coniuratio Catilinae* gibt Sallust seine Zielsetzung an, die er mit der Wahl dieses Themas im Auge hat. Er will „in Kürze die Einrichtungen der Vorfahren im Frieden und im Krieg erörtern, wie sie den Staat verwaltet und von welcher Größe sie ihn hinterlassen haben, wie er sich jedoch allmählich geändert hat und vom schönsten und besten zum schlechtesten und verbrecherischsten geworden ist.“ Es zeigt sich also, dass es dem Autor gar nicht so sehr um die Geschichte der Verschwörung geht. Was möchte er dem Leser vermitteln?

7. Welche Vorstellung hast du von Geschichtsschreibung? Bevorzugst du die römische oder die heutige Zielsetzung?

S **Ex avaritia omnia scelera ac maleficia gignuntur.**
(*maleficium, -i* die Übeltat, das Verbrechen)

W Wiederholung 7

1. Übersetze! Die römische Geschichte wird mit den Lebensaltern eines Menschen verglichen: Imperium Romanum, quod ab exigua civitate ortum erat, continuo per orbem terrarum se ex-tenderat. Scriptores antiqui res Romanas perquisituri aetates hominis aptas putabant, quae cum aetatibus imperii Romani conferrentur. Cuius pueritia fuit sub regibus, qui urbem quasi (gleichsam) peperissent et alerent. Tunc et moenia aedificata (sunt), quibus gentes finitimae (*finitimus,-a,-um* benachbart) arcerentur, et cultus (*cultus, -us* der Kult, die Einrichtung zur Götterverehrung) conditi sunt, quibus di immortales conciliarentur (*conciliare* versöhnen). Ultimo rege, qui quam superbe regnavisset, comperistis, expulso Romani adulescentiam, in qua robora sua experirentur, degebant. Re militari aucta primo Latio, deinde tota Italia potiti sunt. Quibus subactis Carthaginienses imperium temptaverunt, quos Romani insigni virtute reppulerunt et de-vicerunt. Haec fuit iuventus, in qua Romani totum orbem in potestatem suam redegerunt. Quo factum est, ut opes aliaeque res, quae ad luxuriam (*luxuria, -ae* Luxus, Verschwendungssucht) pertinerent, in urbem confluerent (*conflúere* zusammenfließen, zusammenkommen) incolasque effeminarent (*effeminare* verweichlichen). Quae cum ita essent, tanta desidia (*desidia,-ae* die Trägheit) animos invasit, quae omnem laborem molestum ducat. Ita imperium senescere (alt werden, vergreisen) videbatur. Qua in senectute (*senectus,-utis* das Greisen-

alter), quam avaritia, invidia, superbia, alia peccata (*peccatum, -i* der Fehler, die Sünde) comitabantur, tanta bella civilia orta sunt, quae rem publicam quasi (gleichsam) morientem consumerent. Tum, cum imperium in-firmum et paene exstinctum iacebat, di immortales principes probos miserunt, quibus auctoribus imperium re-nasceretur.

2. Begründe in 1. alle Konjunktive!

3. Verwandle in 1. alle relativen Satzanschlüsse, indem du jeweils das Relativpronomen durch die Demonstrativpronomina hic-haec-hoc und is-ea-id ersetzt!

4. Übersetze und begründe alle Konjunktive:

a) Improbi digni sunt, qui custodia teneantur.
b) Nemo fuit, qui me comitaretur.
c) Quo factum est, ut sepulcrum inviolatum detegeretur.
d) Centuriones missi sunt, qui milites timidos incitarent.
e) Pauci reperti sunt, qui periculum effugissent.
f) Sunt, qui cotidie peccent.
g) Romulus tam exigua moenia aedificaverat, quae Remo fratri ludibrio essent. (*ludibrium,-i* der Spott)

Das Theater von Leptis Magna in Nordafrika. (Erstes Jahrhundert n. Chr.). In der Stadt wurde im Jahre 146 n. Chr. der Kaiser Septimius Severus geboren. Er stattete seine Geburtsstadt mit prächtigen Bauwerken aus.

5. In 1. wird die römische Geschichte mit den Lebensaltern eines Menschen verglichen.

a) Fertige eine Tabelle an, in welcher du den vier Lebensabschnitten jeweils die entsprechenden Jahreszahlen und die geographische Ausdehnung des römischen Reiches zuordnest.

b) Trage in diese Tabelle folgende Namen ein: Caesar, Catilina, Cicero, die Gracchen, Hannibal, Horatius Cocles, Pyrrhus, Romulus, Scipio, Tarquinius Superbus

6. Erläutere anhand von 1. die Fremdwörter Adoleszenz, senil und Re-naissance!

K 22 Der Genitiv 1: Wiederholung und Ergänzung

A **Die junge Generation prägt die Zukunft**

In seinem Geschichtswerk „Die Verschwörung des Catilina" analysiert Sallust die Gründe für den Aufstieg und den Niedergang Roms. Er kommt dabei nach langen und intensiven Forschungen zu dem Ergebnis, dass die Tugenden der Frühzeit – der Römer fasst sie zusammen unter dem Begriff *mos maiorum* – die Größe der Stadt und des Reiches hervorgerufen haben. Sallust misst dabei insbesondere der Jugend eine tragende Rolle zu. Sie strebte nicht nach Reichtum und Vergnügen, sondern zielte in ihrer ganzen Ausbildung ab auf den sicheren Bestand Roms und auf die Erhaltung der Freiheit. Sowohl im moralischen als auch im militärischen Bereich eigneten sich die jungen Leute Haltungen und Fertigkeiten an, die es ermöglichten, dass jeder Einzelne von ihnen dazu beitrug, die Unversehrtheit der Heimat zu gewährleisten.

B
1. Scriptis suis Sallustius mores Romanorum meliores facere conatur.
2. Romanos priscos studio virtutum civitatem magnam fecisse putat.
3. Romanorum amor patriae magnus fuit.
4. Imprimis iuvenes egregiae virtutis Sallustius fundamentum civitatis aestimat.

C Roms Jugend als Grundlage für die Größe der Stadt

Imprimis iuventus Romana amore patriae et studio virtutis, ut Sallustius putat, prioribus temporibus fundamentum magnitudinis urbis erat. Maximum certamen gloriae inter universos iuvenes erat. Qui in bello muros ingentis altitudinis ascendere et copias omnis generis aggredi solebant. Quorum iuvenum victoria omni civitati honori erat. Sed imperium Romanorum victis non crudele erat, nam pax iucunda, quae fiebat, victoribus et victis utilitati erat. Mos priscus maiorum, quorum desiderium virtutis et pacis grande erat, fundamentum imperii Romani erat.

D 1. Übersetze! Sallustius, scriptor magni ingenii, timore periculorum, quae Romanis instare putabat, cives suos admonere conatus est, ut mores priscos maiorum restituerent (*restituĕre* wiederherstellen). Gavisus est maxime, cum videret iuvenes virtutibus omnis generis studere. Quare ei spes rerum secundarum erat. Cum autem intellexisset iuvenes sui temporis mores a maioribus acceptos mutavisse, timuit, ne fundamentum rei publicae firmum non iam esset et laberetur.

Ein Schwerpunkt römischer Bautätigkeit lag in Kleinasien, der heutigen Westtürkei. Um das Jahr 110 n. Chr. errichtete Celsus, der Stadthalter von Ephesus, diese berühmte Bibliothek, die als Grabmal für seinen früh verstorbenen Sohn gedacht war.

2. Welche der folgenden Ausdrücke können *genitivus subiectivus*, welche *genitivus obiectivus*, welche können beides sein? Übersetze! timor hostium – gaudium libertatis novae – victoria Gallorum – imperium Britannorum – spes victorum – amor pacis – amor liberorum – coniuratio comitum – gloria amici – gloria facinoris.

3. Gib folgende Ausdrücke in gutem Deutsch wieder! iter decem dierum – agmen ducentorum hominum – regio multarum arborum – fluvius multorum piscium – via multorum lapidum – lacus (der See) maximae altitudinis.

4. In nicht wenigen – vor allem autoritären – Staaten richten die Machthaber großes Augenmerk auf die Jugend und beeinflussen sie häufig in negativem Sinn. Kennst du aus der Geschichte Beispiele? Bilde dir darüber ein eigenes Urteil!

5. Lies in einer Übersetzung das 14. Kapitel in Sallusts „Verschwörung des Catilina" und beurteile sein Vorgehen! Wie begründet Sallust die große Wirkung, die Catilina erzielt?

K 23 Der Genitiv 2: Wiederholung und Ergänzung

A Auf dem Höhepunkt setzt der Niedergang ein

Der Aufstieg Roms setzte sich, wie Sallust erkannte, stetig fort. Gewaltige Feinde waren zu überwinden, zuletzt Karthago (146 v. Chr.). Dann aber trat urplötzlich der Umschwung ein. Die Römer hatten keine ebenbürtigen Gegner mehr. Da verkümmerten rasch die Tugenden, die Rom groß gemacht hatten, und schlugen ins Gegenteil um. Die Ansicht, dass beim Fehlen von auswärtigen Gegnern die Moral im Inneren eines Staates verkümmere, teilt Sallust mit bedeutenden Autoren der Antike (z.B. Herodot, Platon, Aristoteles usw.). Wiederum war es die Jugend, die nach Ansicht Sallusts besonders gefährdet war; sie hatte nun nicht mehr das Gemeinwohl im Auge, sondern nur ihr eigenes. Wie Sallust in *labor* und *iustitia* Oberbegriffe für die Tugenden der Römer gefunden hatte, so fasste er nun die Untugenden unter *luxuria* und *avaritia* zusammen. Was die Menschen – und insbesondere die Jugend – bestimmte, waren nun materielle Werte, nicht mehr ideelle. Rom war damit dem Untergang nahe und stand nach Sallusts Meinung am Abgrund seiner Existenz.

B

1. Multum temporis et laboris Sallustius consumpsit in quaestione rerum Romanarum.
2. Iuvenes, qui antea plurimum laboris prae se tulerant, nunc parum industriae ostenderunt.

3. Itaque civitati non satis auxilii praebuerunt.
4. Ii, qui antea fortissimi Romanorum fuerant, nunc nihil auxilii tulerunt.

C Roms Jugend als Ursache für den Niedergang

Postquam res publica labore atque iustitia crevit, fortuna saevire coepit, ut Sallustius, sagacissimus[1] scriptorum Romanorum, cognovit. Quis enim eorum, qui aliquantum studii in quaestione rerum Romanarum consumpserunt, negare potest iuvenes tum nimium avaritiae, parum cupiditatis gloriae prae se tulisse? Pessima omnium malorum, luxuria atque avaritia, in animos invaserant. Postquam divitiae hominibus plurimum honoris tribuere coeperunt, virtus minuta est. Vix cuiquam civium satis fortitudinis erat, ut salutem rei publicae (saluti) suae praeferret[2]. Itaque civitati nihil auxilii erat.

[1] *sagax, -acis* scharfsinnig [2] *praeferre* vorziehen

D 1. Übersetze! Tantum studii, quantum Sallustius in quaestione rerum Romanarum consumpsit, alii scriptores non adhibuerunt. Postquam aliquantum temporis in re publica versatus est et tamen paulum fructuum sibi peperit, nimium temporis se frustra consumpsisse ratus plurimum industriae prae se tulit, ut scriptis suis civitati aliquid auxilii ferret. Nam nimium periculorum ei instare optimosque civium parum auxilii ferre existimabat.

2. Gib die folgenden kleinen Sätze in gutem Deutsch wieder! Id temporis, cum me visitavisti, te non exspectavi. – In agris magna copia fructuum erat. – Scio multis hominibus minus ciborum esse quam egent. – Romani plus virium habebant, Hannibal autem plus ingenii. – Paulum temporis consumpsisse melius est quam nihil fecisse. – Cui amicorum tuorum tantum pecuniae est, ut haec omnia emat?

3. Beachte, dass nach *si, nisi, ne, num, quo, quanto, cum* das Indefinitpronomen *aliquis* (etc.) den ersten Bestandteil *ali-* verliert und der Rest unmittelbar der Konjunktion folgt, wobei eine Verbindung mit dem genitivus partitivus möglich ist! Übersetze! Opto, ne quis inimicorum tibi noceat. – Opto, ne quid mali patiaris. – Impero tibi, ne quem amicorum iniuria afficias.– Opto, ne cui civium noceas. – Si quem amicorum inopia laborantem vides, eum adiuva! – Quo quis fratrum maior est, eo firmior esse solet.

4. Römische Autoren legen großen Wert auf Stilistik. Wörter, Wortfolgen und Wendungen können die Aussage bekräftigen und vertiefen. Schon in der Antike wurden zu diesem Zweck zahlreiche Stilmittel entwickelt, die auch heute noch gebräuchlich sind. Dazu gehört die **Alliteration**, d. h., dass zwei oder mehrere Wörter mit demselben Buchstaben beginnen; z. B. Sall. Cat. 14: „*in tanta tamque conrupta civitate Catilina, id quod facillumum factu erat ..*" (vgl. im Deutschen: mit Mann und Maus; Kind und Kegel; Haus und …..; über Stock und …..; Freund und ….; Kopf und …..; Land und …..).
Suche in den Texten **C** und **D** 1. nach Beispielen für eine Alliteration!

5. In Rom gab es die Möglichkeit des *senatus consultum ultimum* (des äußersten Senatsbeschlusses). Die Formel dafür lautete: „*Videant consules, ne quid detrimenti capiat res publica.*" (*detrimentum, -i* der Schaden)
Lies im 29. Kapitel der „Verschwörung des Catilina" von Sallust nach, was man darunter versteht! Wie beurteilst du diese Maßnahme?

6. Welche Vorwürfe macht Sallust der Jugend seiner Zeit? Treffen sie auch auf heute zu?

7. Mit welchem Jahr setzt Sallust den Umschwung in der römischen Geschichte an? (vgl. A) Ist das historisch so haltbar?

8. Was könnte Sallust mit seiner Darstellung bezwecken, dass er den Untergang so plötzlich einsetzen lässt?

S **Homo sum, humani nil a me alienum puto.** (nil = nihil)

Iustitia fundamentum regnorum.

Im heutigen Syrien liegen die eindrucksvollen Ruinen von Palmyra (auf dem Bild sind die Kolonnaden der Bühnenrückwand zu sehen); die Stadt stand bis ins dritte Jahrhundert n. Chr. in hoher Blüte. In diesem Punkt irrte sich also Sallust, denn der Niedergang des Reiches, den er für das erste Jahrhundert v. Chr. befürchtet hatte, trat um diese Zeit noch nicht ein.

K 24 Der Genitiv 3: Wiederholung und Ergänzung

A Cato maior – *vir vere Romanus*

Wenn von einem echten Römer die Rede ist, dann kommt einem sofort Cato der Ältere in den Sinn. Er gehörte nicht zum Hochadel Roms, sondern stammte aus dem Ritterstand. Geboren wurde er im Jahre 234 v. Chr. in Tusculum, wo auch Cicero eine Villa hatte. Rasch durchlief er die senatorische Laufbahn; er war 199 Ädil, 198 Prätor und bereits 195 Konsul; er war in der ganzen Zeit der römischen Republik einer der wenigen *homines novi* (nur ca. 15! – so nannte man Personen, die nicht aus dem hohen Adel stammten und es trotzdem bis zum Konsulat brachten). Im Jahre 184 v. Chr. wurde er zum Zensor gewählt, ein Amt, das er mit aller Energie und Strenge bekleidete, was ihm den Beinamen *Censorius* eintrug. Die Befugnisse dieses Amtes waren groß. Die Zensoren hatten zuerst die Bürgerlisten aufzustellen, die darin aufgenommenen Bürger in die Tribus (Abteilungen der Bürgerschaft) einzuteilen und das Vermögen für die Bemessung der Steuern zu schätzen. Ab 312 v. Chr. mussten sie auch die Senatorenliste führen; damit konnten sie Senatoren, die einen Lebenswandel geführt hatten, der diesem Amt nicht zuträglich war, aus dem Senat stoßen. Schließlich gehörte zu den Aufgaben der Zensoren auch die Verpachtung der Steuern und Zölle. Cato vermehrte zum einen die Einkünfte des Staates; zum anderen säuberte er den Senat und entfernte die Senatoren, deren Leben mit der Würde dieses Amtes nicht vereinbar war. Zahlreiche Ritter verloren aus demselben Grund auch ihr Staatspferd (*equus publicus*).
Cato war ein integrer Mann, der den *mos maiorum* und die altrömische *virtus* über alles schätzte, Werte, die zur Größe Roms geführt hatten.

B

1. Cato morem maiorum priscum plurimi aestimabat (ducebat, faciebat).
2. In agris labores gravissimos subibat, qui multo sudore (*sudor, -oris* der Schweiß) stabant.
3. Parvi erant secundum opinionem Catonis mores Graecorum, quos contemnebat.
4. Cato putabat prudentiae esse agriculturam (*agricultura, -ae* der Ackerbau) pluris aestimare quam philosophiam Graecam.

C Ein tüchtiger Römer und guter Bauer

Tusculi[1] erat villa praeclara Catonis, cui pluris erat ibi manere quam in urbe versari. Nam vitam ruri degere Cato plurimi ducebat. Qui agricolas, qui vitam duram degere cogebantur, pluris faciebat quam homines in urbe viventes laboribus parum assuetos. Cato, qui magni aestimabat mores priscos, plurimos

[1] *Tusculi* in Tusculum

maiorum agricolas bonos fuisse sciebat. Catonem Cicero plurimi aestimabat, quod ille ad summam senectutem dicebat: „In re publica versari pluris est quam in otio delectari“.

D 1. Übersetze! Cato postquam rus ad villam venit, statim agros circumire magni faciebat. Si quid frumenti aut vini restiterat, hoc vilicum (*vilicus, -i* der Verwalter) magno vendere iubebat. Imprimis Catoni plurimi erat omnia opera suo tempore (zur rechten Zeit) fieri. Cato filium suum iubebat servum, qui grandis natu (*grandis natu* hochbetagt) erat, aut bestiam, quae in morbum inciderat, magno vendere, novos servos paucis denariis emere. Nam pluris faciebat servos aut bestias laborantes quam edentes (essen) videre.

2. Übersetze die folgenden kleinen Sätze! Cato plurimi ducebat res parvo emere, magno vendere. – Victoria Romanis multis vulneribus constitit. – Haec res decem denariis emi solet. – Sunt homines, qui dicant virtutem nihili esse. – Hoc opus tanti laboris non est. – Mea mihi conscientia (das gute Gewissen) pluris est quam omnium sermo. – Bona, quae e terris alienis im-portantur, saepe magna pecunia constant. – Mercatoris boni est parvo emere, magno vendere.

3. Welche Vorzüge zeichnen nach Catos Meinung die Bauern aus?

4. Welche Charakterzüge stechen an Cato besonders hervor?

5. Welche „*homines novi*“ kennst du noch aus der römischen Geschichte? Welcher lässt sich ansatzweise mit Cato vergleichen?

Das nebenstehende Bild zeigt einen streng dreinblickenden Römer aus republikanischer Zeit. Deshalb glaubte (und glaubt) man heute noch vielfach, dass es sich um Cato den Älteren handeln könnte. Arch. Institut der Universität Göttingen.

W Wiederholung 8

1. Übersetze! Roms große Kriege hatten schlimme Folgen für die römischen Kleinbauern. Romani prisci aliquantum laboris in agri-culturam (*agri-cultura, -ae* der Ackerbau) impenderant, cuius fructibus, cum ad vitam simplicem satis essent, familias suas alebant. Magnam partem frumenti atque fructuum ipsi consumebant; paulum in foris commutabant (*commutare cum* eintauschen gegen) cum eius modi rebus, quibus ruri egebant. Aere, quod ubique usitatum (gebräuchlich) erat, Romani non utebantur.

Bellis contra Poenos atque Graecos confectis vita rustica curaque agrorum mutata est. Maior enim pars praedae (*praeda,-ae* die Beute) nobilium facta est (*fieri mit Genitiv* jmds. Eigentum werden), cum agricolis parum auxilii esset. Quorum agri, dum illa bella saeviunt, neglecti iacuerunt et parvi (*pretii*) fuerunt. Quo factum est, ut illi agricolae agros suos parvo venderent et rure in urbem irent miseramque vitam ibi degerent. Nobiles autem, quorum opes bellis auctae essent, complures agros parvo emptos reddiderunt latifundia (*latifundium,-i* das große Landgut), quae ingentis amplitudinis (*amplitudo, -inis* die Ausdehnung, Größe) erant.

Praeterea (außerdem) divitibus e numero captivorum (*captivus, -i* der Kriegsgefangene) copia servorum erat. Qui cum circiter (ungefähr) mille denariis constarent, dominos suos celerrime divitissimos reddiderunt.

2. Suche aus dem zweiten Abschnitt von 1. jeweils ein Beispiel für

a) einen Genitivus possessivus
b) einen Genitivus obiectivus
c) einen Genitivus qualitatis
d) einen Genitivus partitivus
e) einen Genitivus pretii
f) einen Ablativus pretii.

3. Unterscheide! continui – continuum – degeris – degis – denarii – exiguis – ferri – generis – grandis – insigni – iucundi – iudicis – iudicium – magis – mentis – militarium – minui – moenium – molesti – mori – nimii – opum – parium – parum – plerique – portuum – priscis – quaestionis – reris – rerum – rumperis – ruri – saevi – senectuti – sortieris – sortis – tegi – tribunali – tristis – usi – usui – verti – videri – vinculum.

a) Schreibe alle möglichen Genitivformen heraus und übersetze sie!

b) Welche der unter a) gefundenen Formen könnten auch eine andere Form sein? Übersetze sie entsprechend!

c) Bestimme und übersetze die übrigen Formen!

4. Übersetze! Welche Verwendung des Genitivs liegt vor?

a) Apud multos Romanos senectus pluris habebatur quam pueritia.
b) Quis vestrum luxuriae nimis deditus est?
c) Urbs moenibus maioris altitudinis cincta erat.
d) Homines nimiae avaritiae omnibus odio sunt.
e) Ubique terrarum homines improbi superbiam prae se ferunt.
f) Sunt, qui amore universi generis humani moveantur.
g) Iustitiae est quaerere, quis aut quid multari debeat.

5. Im ersten Absatz von 1. werden die früheren Kleinbauern als Selbstversorger dargestellt, deren Handel sich auf kleinere Tauschgeschäfte beschränkte. So gab es erst im 2. Jahrhundert v. Chr. in Rom Bäckereien.

Informiert euch über das Entstehen der Geldwirtschaft im Mittelmeergebiet und in Rom und klärt die Herkunft des Wortes „*pecunia*“ für Geld! Inwiefern finden wir den Inhalt des dritten Absatzes von 1. unmenschlich?

In der antiken Stadt Salamis, die auf der Insel Zypern liegt, findet sich in der Nähe des heutigen Famagusta dieses große Theater. Zypern war für den römischen Handel eine wichtige Insel.

K 25 Der Genitiv 4: Wiederholung und Ergänzung

A Recht und Gerechtigkeit sind oberste Prinzipien

Utile et honestum – Nützlichkeit und das sittlich Gute setzen im Handeln der Menschen nicht selten die Maßstäbe. Für viele gibt dabei das Nützliche den Ausschlag. Anders war es bei Cato. Oberstes Ideal war es für ihn, dem *mos maiorum* zur Geltung zu verhelfen. Obwohl niemand diesen Begriff näher erklären konnte, so verstand dennoch jeder darunter die Summe aller Tugenden und sittlichen Werte, denen Rom seinen Aufstieg und seine Größe verdankte. Sallust betont in Cat. 52, 19ff., dass Rom nicht durch Waffengewalt, sondern durch seine moralische Größe eine Überlegenheit über alle anderen Völker erlangt hat; dazu gehörte *iustum imperium*.
Cato bewies öfters durch die Tat, dass er sich der Gerechtigkeit verpflichtet fühlte. Ein Beispiel dafür ist die Insel Rhodos. Im Krieg gegen Philipp V. von Makedonien stand sie auf Seiten der Römer und wurde nach dem Sieg mit Gebieten in Kleinasien beschenkt. Als der dritte makedonische Krieg drohte (171 – 168 v. Chr.), versuchten die Rhodier neutral zu bleiben und zwischen König Perseus und den Römern zu vermitteln. Diese legten das als Feindschaft aus und fassten nach dem Sieg den Beschluss, Rhodos anzugreifen und zu vernichten. Cato stellte sich dem entgegen.

B

1. Romani Rhodios proditionis accusaverunt.
2. Rhodii autem sceleris convinci non potuerunt.
3. Itaque Cato, qui iustitiam plurimi putabat (faciebat), effecit, ut Rhodii sceleris absolverentur.

C Cato rettet die Rhodier

Tertio bello Macedonico confecto Romani Rhodios sceleris accusaverunt, quod Perseum regem adiuverant. Consilium inierunt invadere Rhodum insulam et incolas multare servitute aut exilio. Cato autem Rhodios vel proditionis vel alterius[1] sceleris damnari vetuit, nam eos nullius iniuriae convinci posse intellexit. Oratione praeclara usus est, qua Romanos admonuit, ut Rhodii morte aut exilio absolverentur: „Nemo eos proditionis aut aliorum scelerum reos facere vel damnare potest. Gaudio victoriae nunc affecti estis; parcite[2] superbiae!“

[1] *alterius* Gen. zu *alius, -a, -ud* [2] *parcere* m. Dat. hier: mäßigen

D

1. Übersetze! Romani caedis aut proditionis convictos morte damnabant et de saxo Tarpeio praecipitabant (*praecipitare* stürzen). Praetoris erat homines scelestos (*scelestus, -a,* -um verbrecherisch) furti aut proditionis aut iniuriarum

accusare, eosque horum scelerum pecunia aut exilio aut morte damnare. Scimus raro reos caedis in ius vocatos capitis absolutos esse; nam si convinci poterant huius sceleris, morte aut exilio damnati sunt.

2. Vervollständige die folgenden kleinen Sätze und übersetze sie! Iudex Marcum … (furtum) … (pecunia) damnavit. – Praetor Antonium … (magnum scelus) … (exilium) damnavit. – Iudices Titum … (caedes) … (mors) damnaverunt. – Praetor Lucium … (proditio) … convincere non potuit; itaque eum …. (caput) absolvi iussit.

3. Ein häufiges Stilmittel ist der sog. **Chiasmus**; der Name ist vom griechischen Buchstaben × (Chi) abgeleitet und bedeutet etwa „Überkreuzstellung".
Beispiel: *concordia maxima,*

minima avaritia erat.

Suche in **C** und **D** 1. je ein Beipiel für einen Chiasmus!

Die Insel Rhodos war für die Seefahrt von großer Bedeutung. Zwischen ihr und dem kleinasiatischen Festland gab es eine wichtige Seefahrtsstraße. Deshalb legten die Römer großen Wert darauf, Rhodos in ihrem Besitz zu haben. Auf der Akropolis von Rhodos-Stadt liegt hoch über den Dächern dieser Apollo-Tempel.

K 26 Der Genitiv 5: Wiederholung und Ergänzung

A Cato – eine vielseitige Persönlichkeit

Cato war ein Mann von großer Prinzipientreue und Strenge. Er fühlte sich dem *mos maiorum* verpflichtet und wich nicht von ihm ab. Man hat Cato öfters Engstirnigkeit vorgehalten, jedoch ist dies so nicht haltbar. Denn was er als richtig eingesehen hatte und wovon er überzeugt war, davon ließ er nicht ab. Was er aber von anderen forderte, das verlangte er in erster Linie auch von sich selbst. Er war aber nicht nur Bauer und Politiker, sondern auch ein hervorragender Redner und Schriftsteller. Er begann mit Fachschriften über Landwirtschaft (z. B. *De agricultura,* ein Werk, das er an seinen Sohn richtete, den er zu einem tüchtigen Bauern erziehen wollte) und schuf mit seinen *Origines* (geschichtliche Grundlagen des römischen Staates zu Catos Zeit bzw. der italischen Stämme, deren „Ursprünge" in den *Origines* behandelt werden) das erste römische Geschichtswerk in lateinischer Sprache. Der Aufstieg Roms war seiner Meinung nach die Leistung des ganzen Volkes; deshalb nannte er keine Namen beispielsweise von Feldherrn oder Politikern (sog. anonyme Geschichtsschreibung) – mit einer Ausnahme: Sich selbst erwähnte er und er nahm sogar Teile seiner Reden in sein Werk auf – ein Zeichen eines gewissen Minderwertigkeitsgefühls wegen seiner Herkunft oder seines Selbstbewusstseins?

B

1. Cato iuris peritus et semper sui potens erat.
2. Etiam gloriae cupidus erat.
3. Moris maiorum Cato semper memor erat, quia sciebat eos virtute magna opera confecisse.

C Cato – auch ein unbequemer Mann

Cato (ex) humili ordine natus gloriae cupidissimus erat. Et iuris artisque oratoriae[1] ita peritus erat, ut adversarii, cum in publicum prodibat, verborum vim eius timerent. Cato, qui clarorum oratorum Romanorum memor erat, virum orationis acris et vehementis participem gloriam sibi parere posse cognoverat. Multas inimicitias Cato suscepit etiam cum viris magnae auctoritatis. Sed numquam plenus timoris erat et, quia magnae mentis aciei potens erat, vinci numquam poterat.

[1] *ars oratoria* die Redekunst

D 1. Übersetze! Cato feminarum amicus non fuit, ut putabatur. Eis crimini dabat, quod (dass) saepe sui non potentes neque rerum civilium (*res civiles* die öffentlichen Angelegenheiten, die Politik) peritae, sed sermonum cupidae sunt. Exempli autem, quod acciderat secundo bello Punico, memor esse non videbatur. Tunc rem publicam pecunia defecerat, quod Hannibal Romanos multis armis spoliaverat, quae restitui (*restituĕre* wiederherstellen) debebant. Tum mulieres salutis rei publicae participes fuerunt, nam ornamentis suis effecerunt, ut aerarium (die Staatskasse) auri argentique plenum fieret.

2. Gib die folgenden Ausdrücke in gutem Deutsch wieder: illius facinoris particeps – rationis particeps – consilii non particeps – artium periti – rei publicae peritus – linguae Latinae (*lingua, -ae* die Sprache) peritus – fructuum plenus – gaudii plenus – pecuniae cupidus – gloriae cupidus – honorum cupidus – laudis cupidus – memor temporum antiquorum – memor cladis Persarum – cupiditatum potens – irae potens.

3. Suche in den Abschnitten **C** und **D** 1. nach Stilmitteln!

4. Fasse zusammen, in welchen Bereichen die Vorzüge und Fähigkeiten Catos lagen, und beurteile diese Persönlichkeit!

5. Warum war Cato auch unbequem?

6. Scipio, der Sieger über Hannibal, wurde einmal wegen Unterschlagung öffentlicher Gelder von zwei Volkstribunen angeklagt, die angeblich Cato angestiftet hatte. Kannst du dir vorstellen, warum diese Vorwürfe nicht ganz aus der Luft gegriffen sind? Lies dazu in einer Übersetzung Gellius IV 18!

7. Was hältst du von Menschen, die wie Cato streng ihren Prinzipien folgen?

Die Grabplastik aus spätrepublikanischer Zeit wird häufig als die Darstellung des Cato und seiner Frau gedeutet. Kannst du dir vorstellen, warum diese Interpretation möglich ist (nach den Aussagen verschiedener Schriftsteller war Cato ein sehr fürsorglicher Hausvater). Arch. Institut der Universität Göttingen.

K 27 Ortsangaben

A **Rom – eine günstig gelegene Hauptstadt**

In Tusculum, wo Cato seine Villa hatte, besaßen auch andere vornehme römische Familien Landhäuser. Spuren von mehreren Tempeln, einem Theater und etwa 130 Villen sind feststellbar. An den Ausläufern des Sabinergebirges gelegen, hatte der Ort ein gesundes Klima und war nicht weit von Rom entfernt, wo in etwa die Mitte Italiens war. Hier liefen alle wichtigen Straßen zusammen. Von Rom bis zum Hafen Ostia waren es etwa 16 Meilen. Von hier verkehrten Schiffe in alle Teile der damals bekannten Welt. Was Handel und Verkehr anbelangt, bildete Rom also einen echten Mittelpunkt Italiens (und auch des Reiches). Die Lage nicht unmittelbar am Meer, sondern einige Kilometer landeinwärts, bot zudem Sicherheit gegen Angreifer, die rechtzeitig bemerkt und durch Mauern abgehalten werden konnten. Rom brachte also viele günstige Voraussetzungen für die Entwicklung zu einer bedeutenden Stadt mit.

B
1. Romae multa milia hominum habitabant.
2. Aestate imprimis multi nobiles Roma rus proficiscebantur, ubi caelum melius erat.
3. Autumno rure Romam redibant.

C **Alle Wege führen nach Rom**

Tusculo, ubi frequentes villae gentium Romanarum nobilium erant, Romam iter breve erat. Romae aestate versari multi incolae non amabant; autumno rure domum redibant. Ex multis partibus imperii viae Romam ferebant. Roma via Appia, quam Romani reginam viarum appellabant, primo Capuam Neapolimque, deinde Beneventum Tarentumque ducebat; Brundisii finis erat. Ostia, a portu Romae, cotidie homines navibus ad multas insulas vehebantur, velut in Siciliam Cretamque. Iuvenes domo libenter Athenas ibant; Athenis magistri clari erant; Athenis docti domum revertebantur.

D 1. Übersetze! Multi iuvenes Roma Rhodum navigaverunt, ubi philosophi oratoresque clari erant. Caesar aliquando Rhodo domum reversurus a piratis, qui in mari frequentes erant, captus est. Quare amicos misit, qui quam celerrime Romam veherentur, reverterentur, domo magnam pecuniae copiam afferrent. Caesar autem pecunia accepta liberatus est, Ephesum vectus est, etiam Mileti milites conscripsit (*conscríbere* hier: ausheben, sammeln), piratas Rhodi quaesivit, crucifixit (*crucifigere* kreuzigen). Domi Caesaris gloria cito crevit.

2. Übersetze! Capuae versari – Athenas venire – Corinthi esse – Delphis oraculum adire – Delphis reverti – Spartam proficisci – Brundisium vehi – Rhodo redire – Rhodi philosophos claros audire – Athenis versari – Corinthum properare – Carthagine Romam navigare – Carthagine esse – Carthaginem venire.

3. Im Lateinischen wird die Richtung mitunter etwas anders ausgedrückt als im Deutschen. Überlege, wie im Lateinischen formuliert wird, und übersetze treffend ins Deutsche! Romam advenire – Corintho proficisci – Carthaginem nuntiare – Athenas convenire – Delphos concurrere.

4. Gleiche Satzglieder können im Lateinischen mit oder ohne Konjunktionen verbunden sein; ein verkürztes Beispiel aus Caesars *Bellum Gallicum*:
Caesar Roma proficiscitur, in Galliam contendit, Genavam (Genf) pérvenit.
Die drei Glieder sind nicht durch Konjunktionen verbunden.
Stilmittel: **A-syndeton**.

Der Satz könnte auch lauten: *Caesar Roma proficiscitur* ***et*** *in Galliam contendit* ***et*** *ad Genavam (Genf) pérvenit.*
Die drei Glieder sind durch Konjunktionen verbunden (*et*).
Stilmittel**: Poly-syndeton**.
(συνδέω ich verbinde; A-syndeton = ohne Verbindung; Poly-syndeton: mit „vielen" Verbindungen)
Suche im Text **D** 1. je ein Beispiel für ein Asyndeton und ein Polysyndeton! Stelle jeweils die beiden Fügungen nebeneinander. Wie wirken sie?

5. Suche auf einer Karte Italiens die Orte, die an der Via Appia liegen, und präge dir ihren Verlauf ein!

6. Verschaffe dir durch ein Buch (z. B. Hermann Schreiber, Auf Römerstraßen durch Europa, München 1985) einen Einblick in das römische Straßennetz und in Bedeutung und Technik dieser Verkehrsverbindungen!

Die Römer sorgten in ihrem Reich für eine glänzende Infrastruktur. So legten sie zum Beispiel großzügige Wasserleitungen, lange Fernstraßen, funktionsfähige Verbindungswege und Brücken an, die einen technisch hohen Stand aufwiesen. Auf diese Weise gelang es ihnen, die Beweglichkeit der Menschen in ihrem Reich zu fördern und die Wirtschaft zu stärken. Zu den bekanntesten Wasserleitungen gehört der Pont du Gard in Südfrankreich, der im ersten Stockwerk auch als Brücke genutzt wurde.

W Wiederholung 9

1. Übersetze! Der Umgang mit den unterworfenen Völkern – kein Ruhmesblatt für die Römer. a) Ex oppidis in bello direptis, velut Corintho, Carthagine, Numantia, cotidie fere (fast) naves statuarum, imaginum, vasorum plenae Romam adveniebant. Huius praedae (Beute) participes fiebant imperatores aliique milites superioris ordinis. Quibus illa artificia domi decori erant; captivis (*captivus, -i* der Kriegsgefangene) magno venditis nobiles opes suas augere solebant, cum militi gregario (*gregarius, -a, -um* gewöhnlich, einfach) parum praedae restaret. Ita factum est, ut bellis feliciter gestis alii divitiores, alii pauperiores quam antea fierent.

b) Provinciis subactis praeerant Romani potentes, qui argenti cupidi aut aere alieno (*aes alienum* Schulden) pressi hoc munus petiverant. Quorum intererat (ihnen lag daran) incolis provinciarum tanta vectigalia (*vectígal,- ális* Steuern) imponere, ut, quia eorum participes erant, ipsi sibi aliquantum divitiarum pararent divitioresque Romam redirent. Amphoras (*ámphora, -ae* die Amphore, ein meist großer zweihenkeliger Krug) – ut C. Gracchus dicere solebat -, quas illi vini plenas secum portaverant, argento re-pletas domum reportaverunt.

c) Raro isti magistratus improbi pecuniarum repetundarum (*pecuniae repetundae* die Erpressung) arcessiti sunt. Tamen Siculi, qui Verre praetore peiora passi erant, Ciceronem adierunt, ut istum Verrem in ius vocaret. Memores enim illius Ciceronis erant neque obliti erant, quanta humanitate et iustitia is ante Verrem in Sicilia munere quaestoris functus esset neque aliquid superbiae prae se tulisset. Ciceroni, viro artis oratoriae (*ars oratoria* die Redekunst) peritissimo, contigit, ut istum Verrem reum faceret et caedium, furtorum, aliorum scelerum convinceret. Iste Massiliam fugit exilio salutem petiturus.

2. Ergänze die passenden Endungen bzw. Ausgänge und übersetze:

a) Corinth_?_ artificia Graecorum veterum conspici non possunt; quae omnia Romani Corinth_?_ Rom_?_ transportaverunt.

b) Haud multi diviti_?_ participes facti sunt, quae e provinciis Romam convenerant.

c) Gracchus, vir magn_?_ iustiti_?_, magistrat_?_ cupiditatem crimin_?_ dedit; qui luxuri_?_ cupidi incolas provinciarum nimis oppresserant.

d) Siculi Ciceron_?_, qui humanitat_?_ ceteris excellebat, non obliti sunt.

e) Cicero quaestione Syracus_?_ facta non ignorabat, qu_?_ sceler_?_ Verres in ius vocari posset.

f) Verres, qui quant_?_ superbi_?_ fuisset, Siculi noverant, a Cicerone mult_?_ facinor_?_ accusatus est. Qu_?_ crimin_?_ iste non – ut speraverat – absolutus est, sed pecuni_?_ damnatus est.

3. Setze in die entsprechenden Formen des Perfektstammes und übersetze die Ausdrücke! proditionis convinceris – furti arcessebatis – rei fieremus – capitis absolventur – Ne quem maiestatis damnetis! – domo proficiscebar – Athenis Salaminem vehi – tui potens es – Quid magno emebatur?

4. Die Römer haben die von ihnen unterworfenen Völker oft brutal ausgebeutet.

a) Informiert euch in einem Lexikon über Verres!

b) Sucht in Gruppenarbeit aus der Geschichte weitere Beispiele für ein Verhalten, wie es die Römer in 1. zeigten.

5. Der Dichter Vergil formuliert als Grundsatz römischer Herrschaftsausübung: parcere subiectis et debellare (*niederkämpfen*) superbos. Wurden die Römer dieser Forderung gerecht? Begründe deine Meinung!

S **Nihil novi sub sole.**
Nihil mortalibus ardui est. (*arduus, -a, -um* steil, schwer)

Ein weiteres Beispiel für die Präsenz der Römer in Kleinasien ist Pergamon. Hier gab es den berühmten Pergamon-Altar (heute in Berlin auf der Museumsinsel) und eine der bedeutendsten Bibliotheken der alten Welt. Kaiser Trajan (98 - 117 n. Chr.) errichtete sich auf der Spitze des Burgberges diesen Tempel, der vom Deutschen Archäologischen Institut restauriert wird.

K 28 Gerundium

A Cato der Jüngere – ein tadelloser Charakter

M. Porcius Cato Uticensis war der Urenkel des alten Cato; auch sonst glich er seinem Urgroßvater in vielen Punkten. Beide waren sie, obgleich nicht aus dem Uradel Roms stammend, Vertreter der Senatsaristokratie, beide waren sie überzeugte Republikaner und beide hingen sie der alten römischen Sittenstrenge an. Cicero nennt den jüngeren Cato einmal einen *gravissimus atque integerrimus vir* und bescheinigt ihm einen beispiellosen Charakter.

Geboren wurde Cato im Jahre 95 v. Chr. Alle Ämter, die er innehatte, führte er hervorragend und in jeder Beziehung korrekt aus. Im Jahre 62 v. Chr. war er Volkstribun; ein Jahr vorher hatte Cicero die Verschwörung Catilinas aufgedeckt und Cato trat leidenschaftlich für die Hinrichtung der Catilinarier ein. In jener denkwürdigen Senatssitzung vom 5. Dezember 63 v. Chr. ließ ihn Sallust in seinem Geschichtswerk *De coniuratione Catilinae* eine feurige Rede halten, in der die Gedanken der beiden Catones zu einer grandiosen Schau auf die Voraussetzungen für einen idealen Staat verschmolzen und in der der Versuch unternommen wurde, Rom zu retten, das nach Sallusts Meinung nahe am Abgrund stand. Gegenspieler war kein Geringerer als Cäsar, der sich für eine mildere Behandlung der Verschwörer ausgesprochen hatte.

B 1. Postquam Caesar dicendi finem fecit, Cato sententiam rogatus est.
2. Cato senatores admonuit, ut vigilando et fortiter agendo rem publicam servarent.
3. „Occasio civitatem periculis eripiendi non erit, nisi cupidi hostes defendendi eritis.“

C Die moralische Größe der Vorfahren sicherte den Staat

Cato spricht vor dem Senat: „Maiores nostri nullam occasionem praetermiserunt opes rei publicae augendi. Semper parati erant ad vigilandum aut, cum necessitate cogebantur, ad fortissime pugnandum. Pessima vitia – velut avaritiam et luxuriam – vitando optimos mores sibi pepererunt. Recte faciendo etiam artem rem publicam bene administrandi didicerunt. Cupiditate beate vivendi incensi erant. Amicitias sibi parabant beneficia magis dando quam accipiendo. Maiores nostri nobis multa et magna exempla reliquerunt non ad intuendum, sed ad imitandum. Agite!“

D 1. Übersetze! Cato senatores ad agendum admonuit. Nam cum vidisset senatores pericula rei publicae cunctando (*cunctari* zögern) auxisse, timebat, ne occasionem hominibus improbis resistendi praetermitterent. Tempus rem publicam servandi adesse ratus ausus est acriter dicendo etiam Caesari adversarius fieri. Commotus cupiditate mores maiorum et leges veteres renovandi ante oculos habuit, quanta res publica prioribus temporibus facta esset.

2. Übersetze auf verschiedene Art und entscheide dich für die beste Wiedergabe! via docendi – difficultas pulchre et celeriter scribendi – difficultas rem publicam recte administrandi – occasio epistulam scribendi – ars bene cantandi – occasio hostes fugiendi – studium agendi – voluntas plura dicendi – cupidus sum liberos videndi – parva non contemnendo – appetendo gloriam – consilium laborandi – consilium crebro laborandi – cupiditas iter faciendi – initium dicendi facere – pauperes adiuvando – studium verba Latina discendi – occasio cum philosopho colloquendi – occasio sententiam dicendi – tempus inter amicos morandi – peritus Latine dicendi – vires deerant ad resistendum – non est tempus ad vigilandum – tempus discendi praetermittere.

3. Der Putschversuch Catilinas war aufgedeckt, seine wichtigsten Anhänger in Rom waren verhaftet. Cäsar plädierte für lebenslange Haft, Cato für die Todesstrafe. Versuche zu ergründen, welche Argumente beide für ihre Haltung vorgebracht haben könnten!

4. Auch heute wird in unserem Staat gelegentlich die Einführung der Todesstrafe gefordert. Lege deine Meinung zu diesem Problem begründet dar! Die Kapitel 51 und 52 aus Sallusts Verschwörung des Catilina können dir bei dieser Auseinandersetzung Diskussionshilfen bieten.

S **Docendo discimus.**
Nihil agendo homines male agere discunt.

Im Jahre 303 n. Chr. ließ Kaiser Diokletian die Kurie, das Sitzungsgebäude des Senats, neu errichten. Es diente in späteren Jahrhunderten als Kirche; erst nach 1931 wurden die Einbauten beseitigt, so dass heute das antike Aussehen wieder sichtbar ist.

K 29 Gerundivum 1

A Cato der Jüngere – ein Beispiel für Geradlinigkeit

Cato hatte erkannt, dass der römische Staat in seiner Existenz gefährdet war, eine Folge des sittlichen Niedergangs. Die römische Politik hatte sich ehedem am *mos maiorum* orientiert; das war die Grundlage für den Aufschwung des Staates. Nun aber hatte sich dies, wie Cato meinte, erheblich verändert. Nicht mehr das Gemeinwohl hatte man im Auge; private Interessen standen an erster Stelle und materielle Werte hatten die ideellen verdrängt. Eine dieser Gestalten, für die Recht war, was ihnen nützte, die nach diesem Grundsatz handelten und die Ideale der Vorfahren mit Füßen traten, war in Catos Augen kein Geringerer als Cäsar, dessen unerbittlicher Gegner er deshalb war.
Eine Episode aus dem Jahre 55 v. Chr. belegt dies. Cäsar führte in Gallien Krieg. Die Usipeter und Tenkterer, germanische Stämme, hatten am Tag zuvor einen vereinbarten Waffenstillstand gebrochen. Nun kamen die Anführer dieser Völker als Unterhändler zu Cäsar, um sich zu entschuldigen. Als solche waren sie nach dem allgemein gültigen Völkerrecht unverletzlich – damals wie heute. Cäsar jedoch ließ sie gefangen nehmen.

Dann fiel er über die nun führerlosen Feinde her und tötete viele von ihnen. Cato stellte nun im Senat den Antrag, man solle Cäsar wegen dieses Bruchs des Völkerrechts sofort den Feinden ausliefern; Cäsars Verhalten war unrömisch und mit dem *mos maiorum* nicht vereinbar. Für Cato war dieser Antrag natürlich höchst gefährlich. Dennoch war die Integrität der römischen Sitten für ihn wichtiger - sogar als sein Leben.

B
1. Cato cupidus erat libertatis servandae.
2. Cato paratus erat ad defendendam libertatem.
3. Senatoribus hortandis Cato rem publicam servare voluit.
4. Senatores consilium sociorum Catilinae interficiendorum ceperunt.

C Die römische Politik hat sich erheblich verschlechtert

Cato spricht vor dem Senat: „Nolite existimare maiores nostros rem publicam bellis gerendis ex parva magnam fecisse. Causae magnitudinis erant domi industria in magistratibus bene gerendis et (in) concordia civium augenda, foris facultas iusti imperii exercendi. In consiliis capiendis animus liber erat. Rei publicae administrandae omnes fere cives participes erant; nemo officio neglegendo muneri suo defuit[1]. Nunc autem parati estis ad opes privatas vestras augendas; divitiis sociorum rapiendis hostes vobis facitis. Sociis opprimendis pax omnino tollitur."

[1] *muneri deesse* sich seiner Aufgabe entziehen

D 1. Übersetze! Cato memorandis maiorum virtutibus et periculis demonstrandis animos senatorum timore complevit. Subito cognoverunt se ad rem publicam defendendam paratos esse debere. Senatores quia tum sciebant, qui viri consilium evertendae rei publicae cepissent, non iam parati erant ad pericula parvi ducenda, sed Catoni assensi sunt.

2. Übersetze auf verschiedene Art und entscheide dich für die beste deutsche Wiedergabe! curam in amicis eligendis adhibere – moribus maiorum tradendis – in persequendis hostibus – ad liberandam patriam – rei publicae administrandae cupidus – scribenda epistula delectari – consilium regni occupandi – consilia urbis delendae – occasio itineris faciendi – facultas libertatis servandae – auctor Romae aedificandae – desiderium patriae videndae – cupidus regis novi cognoscendi – peritus regendae rei publicae – ratio ad res cognoscendas necessaria – locus urbi condendae aptus – ad libertatem defendendam – tempus ad cibos colligendos aptum – in legibus scribendis – scriptis poetarum legendis.

3. Unterscheide, ob Gerundium, Gerundivum oder Partizip vorliegt, und übersetze (notfalls wörtlich)! convivae domum ineuntes – fama crescit eundo – occasio magistratum administrandi – amici e terra aliena revertentes – tempus opus finiendi – amici opus finientes – mutatis terris mores non mutantur – gaudium capitur ex litteris discendis – Brutus ab occidendo Caesare non abhorruit (*abhorrēre* zurückschrecken).

4. Ein häufiges Stilmittel ist im Lateinischen das sog. **Hyperbaton** (griechisch ὑπερβαίνω ich steige hinüber); es handelt sich um die Trennung zweier syntaktisch zusammengehöriger Glieder zur Betonung, z. B.: *diu erat magnum inter homines certamen*; durch die Sperrung von *magnum* und *certamen* werden diese Begriffe hervorgehoben.
Suche in den Texten **C** und **D 1.** nach Hyperbata!

5. Welche Tugenden bzw. Untugenden stehen nach Catos Ansicht in der Frühzeit und in seiner Gegenwart in Rom einander gegenüber?

6. Catos Ansichten erinnern ein wenig an die sprichwörtliche „gute alte Zeit“, in der alles besser war. Wie ist deine Meinung dazu?

Cicero (106 - 43 v. Chr.), einer der berühmtesten homines novi, deckte im Jahre 63 v. Chr. die Verschwörung des Catilina auf und setzte sich leidenschaftlich für die Hinrichtung der Catilinarier ein. Vor dem Senat hielt er glänzende Reden gegen die Staatsfeinde, wie er sie nannte.
Arch. Institut der Universität Göttingen.

K 30 Gerundivum 2

A **Cato nimmt kein Blatt vor den Mund**

In der Verhandlung gegen die Catilinarier wurde Cato als der designierte Volkstribun für das nächste Jahr um seine Meinung gefragt. Er hielt, wie Sallust darstellt, eine feurige Rede. Obwohl er einer der Jüngsten in diesem Gremium gewesen sein dürfte, ließ Sallust aus ihm viel Lebensweisheit sprechen; das bedeutet, dass Sallust seine Gedanken geteilt hat. Cato bekleidete in der Folgezeit eine Reihe von Ämtern bis hin zur Prätur und erledigte alle diese Tätigkeiten sehr gewissenhaft. Im Bürgerkrieg stand Cato auf der Seite des Pompeius. Im Frühjahr 47 v. Chr. wurde er Stadtkommandant von Utica in Nordafrika, wo er im Jahre 46 freiwillig in den Tod ging, als Cäsar die Stadt belagerte. Die Begnadigung, die ihm Cäsar angeboten hatte, verschmähte er. Cato beschäftigte sich auch mit Philosophie; die Grundsätze der Stoa, nach denen er lebte, waren ihm in schweren Situationen eine echte Hilfe. „Begabung, Fähigkeiten, Lauterkeit einer in den Gedankengängen der Stoa gefestigten und auf dem Boden der römischen Tradition stehenden Persönlichkeit haben ihn bei Mitwelt und Nachwelt zum Vorkämpfer der *libera res publica* gemacht.“ (*Der Kleine Pauly, Bd. 1, 1089*).

B
1. Nunc celerrime agendum est.
2. Omnibus civibus nunc vigilandum est.
3. Ne permiseritis hostibus rem publicam evertendam!
4. Servemus rem publicam industria laudanda!

C Cato tadelt die Untätigkeit der Senatoren

„Maiores nobis hanc rem publicam reliquerunt servandam, defendendam, augendam; ne permittamus eam hostibus evertendam. Patientia non adhibenda est. Illi divitias vestras rapere volunt consumendas. Videte consulem, qui animo admirando vigilat! Coniurationem audacia imitanda de-texit, fortitudine probanda rei publicae consulit. Etiam vos rei publicae subsidio venite! Salus communis vindicanda est. Non a deis auxilium est implorandum[1], non vates, non pontifices adeundi sunt, nam subsidium ferendum non curabunt. Vos ipsi auxilio providete!”

[1] *implorare* erbitten, erflehen

D 1. Übersetze! Haec erat Catonis opinio: Homines scelesti rem publicam accipere voluerunt evertendam. Senatores quia diligentes custodes rei publicae non sunt, eis rem publicam delendam permittere videntur. Maiores autem nobis mores reliquerunt imitandos; instituta nobis dederunt colenda, quae ipsi studio probando fecerunt. Nunc non aedituus (der Tempelhüter) orandus est, ut nos ad aures (*auris, -is* das Ohr) simulacri propius admittat; non dei implorandi (*implorare* anflehen) sunt: Vobis ipsis agendum est."

2. Übersetze auf verschiedene Art und entscheide dich für die beste deutsche Wiedergabe! Magister liberis libros poetarum legendos dat. – Liberi libros libenter accipiunt legendos. – Romani aliis populis multas artes imitandas tradiderunt. – Romani a Graecis multas litteras discendas acceperunt. – Hunc librum legendum sumo. – Mater liberis panem edendum (*edere* essen) tradit. – Agricola agros colendos curat. – Augustus mores priscos restituendos (*restituĕre* wiederherstellen) et templa renovanda curavit. – Imperator legato (*legatus, -i* der Unteroffizier) legionem ducendam tradit.

3. Unterscheide die Verwendungsweisen des Gerundivs und übersetze! Galli consilium belli renovandi ceperunt. – Galli bellum renovandum esse putaverunt. – Inita sunt consilia urbis delendae. – Romani consilium ceperunt Corinthi delendae. – Occasionem itineris faciendi habemus. – Nobis iter cum amicis faciendum est. – Occasione libertatis vindicandae utamur! – Omnibus hominibus libertas vindicanda est. – Consules libertatem vindicandam curaverunt.

4. Charakterisiere aufgrund der Texte, die du bisher über Cato den Jüngeren kennen gelernt hast, diese Persönlichkeit! Was gefällt dir an ihm, was vielleicht weniger?

S **Ceterum censeo Carthaginem esse delendam.**

De gustibus non est disputandum.
(*gustus, -us* der Geschmack, *disputare* diskutieren)

Pacta sunt servanda.
(*pactum, -i* die Abmachung, der Vertrag)

Cäsar (100 - 44 v. Chr.) trat in der Senatssitzung vom 5. 12. 63 v. Chr. als Gegner des jüngeren Cato auf; er wollte die Hinrichtung der Catilinarier verhindern. Die Senatoren überstimmten ihn mit deutlicher Mehrheit. Arch. Institut der Universität Göttingen.

W Wiederholung 10

1. Übersetze! Orator quidam apud populum hanc fere orationem habuit: „Quirites! Maiores nostri rem publicam vobis servandam tradiderunt. Quos ergo (also) non cunctando (*cunctari* zögern), sed rem communiter gerendo sequamur! Omnibus civibus nunc nitendum est, ne quid detrimenti (*detrimentum* Schaden) capiat res publica.
Coniurati (*coniuratus, -i* der Verschwörer) occasione rei publicae evertendae uti cupiebant et consilium nobiles occidendi ceperunt. Nisi consul, vir laudandae virtutis, vigilando coniurationem aperuisset, res publica salva non iam esset. Neque deorum immortalium obliviscendum est, cum sine eorum auxilio multis civibus moriendum fuisset. Nobis autem deliberandum est, quomodo prudenter agendo omnia pericula vitemus. Nam coniuratos severissime (*severus, -a, -um* streng) multando comitibus eorum cupiditatem rerum novarum non eripietis, sed augebitis: Nascetur cupiditas amicos ulciscendi (*ulcisci, ulciscor* rächen). Tamen coniurati absolvendi non sunt, ne quis scelestorum ad imitandum incitetur. Nobis omnibus, quibus res publica servanda cordi est, providendum est, quomodo recte faciamus. Coniuratos multandos esse constăt, sed etiam cogitandum est, quomodo facultatem rei publicae restituendae (*restituere* wiederherstellen) faciamus.
Vigilando, agendo, bene consulendo maiores nostri hanc civitatem auxerunt; illi nobis exemplum virtutis imitandum tradiderunt. Quare id studeamus, ut omnes cives ad libertatem defendendam parati sint!" Cum his verbis omnes applaudendo (*applaúdere* Beifall spenden) consenserunt.

2. Schreibe aus 1. in zwei Spalten alle Gerundive (ggf. mit Bezugswort) und alle Gerundia (ggf. mit davon abhängigem Objekt) heraus!

3. Verwandle in eine Gerundivkonstruktion!

a) Hostes impediri debent.
b) Scriptor res gestas memorare debet.
c) Milites vigilare debent.
d) Haec vitia corrigere debes.
e) Mercator res parvo emere et pluris vendere debet.
f) Id studemus, ne quis queri debeat.
g) Cicero Verrem accusare debuit.
h) Verres in exilium ire debuit.
i) Magistratus civibus iniuriam inferre non debent.

4. Erarbeite eine grobe Gliederung der Rede in 1! Wovon handeln Einleitung und Schluss, um welches Problem geht es im Hauptteil? Auf welches innenpolitische Ereignis scheint diese Rede Bezug zu nehmen?

5. Ergänze und übersetze! Mitunter gibt es mehrere Möglichkeiten.

a) Occasio praetermittend_?__ non est.
b) Vatibus patienti_?__ utendum est.
c) Beneficia impetrand_?__ non _?__ .
d) Instituta communia magistrat_?__ administrand_?__ _?__.
e) Quid iudic_?__ cogitand _?__ est?
f) Homin_?__ scelest_?__ facultas mal_?__ faciend_?__ a custodibus eripienda est.
g) Sacerdos venit ad hostiam (*hostia, -ae* das Opfertier) proband_?__.
h) Sacerdot_?__ enim est cultu divino fungi.
i) Necessitat_?__ cedend_?__ est.
k) Senatus praetori provinciam administrand_?__ dedit.

6. Übersetze und jage den Kuckuck aus dem Nest!

a) Assuefactus sum periculis suscipiendis.
b) Dux milites de acie instruenda certiores fecit.
c) Cupidus sum tandem quiescendi.
d) In magistratu gerendo maxima cura est adhibenda.
e) Urbs Roma erat plena rerum mirandarum.

7. Erstelle anhand von 1. jeweils ein Wortfeld „Gerichtswesen“ und „Plan, Überlegung“!

S **Ex factis, non ex dictis amici pensandi.**
(*pensare ex* einschätzen, beurteilen nach)
Orandum est, ut sit mens sana in corpore sano.

Eine bedeutende Stadt war im zweiten und dritten Jahrhundert n. Chr. Volubilis im heutigen Marokko. Der Reichtum gründete sich vor allem auf den Anbau von Oliven.

K 31 Pronomina 2

A Cato der Jüngere – Cato der Ältere

In der Rede, die Sallust den jüngeren Cato gegen die Catilinarier halten lässt, verschmelzen Urgroßvater und Urenkel zu einer Person; ihre Gedanken fließen ineinander. Sallusts Ziel in seiner Geschichtsschreibung ist es, nicht unbedingt die Wirklichkeit wiederzugeben, jedoch die Wahrheit. Und wahr ist, dass beide Personen so viele Ähnlichkeiten in ihrem Wesen und in ihrem Charakter hatten, dass sie gewissermaßen aus einem Munde hätten sprechen können. So sahen es auch die Römer, die vor beiden höchste Achtung hatten und sie noch lange nach ihrem Tod verehrten.

B

1. Cato Maior erat pro-avus Catonis Minoris, qui eius pro-nepos erat.
2. Uterque vir apud senatores multum valebat.
3. Mores utriusque admiranda integritate erant.
4. Alter alteri virtute par erat.
5. Neutri inimicitiae cum viris nobilibus deerant.
6. Utrum posteri magis admirati sunt?

C Zwei Männer vom selben Schlag

Cato Maior et Cato Minor viri vere Romani erant. Alterum cives propter integritatem morum consulem et censorem[1] creaverunt, alterum praetorem. Alter posteris exemplum severitatis, alter animi inexorabilis[2] erat. Utrique cives nobilissimi instabant, utrique inimicitiae graves non deerant, alteri cum Scipionibus, alteri cum Caesare. Sed neutri timor erat, quamquam adversarii potentes erant. Neutri timor mortis in-erat, nam alter vir summae fortitudinis erat, alter philosophus, cui mors timenda non est. Utrius virtutem pluris aestimamus?

[1] *censor, -oris* der Zensor; über seine Aufgaben vgl. K 24 A [2] *inexorabilis, -e* unerbittlich

D 1. Übersetze! Romani Catonem Maiorem et Catonem Minorem magnis laudibus affecerunt. Utrum censorem (*vgl.* ***C*** *Fußnote 1*) creaverunt? Utrius inimici Scipiones fuerunt, utrius (inimicus) Caesar? Neutrius vita sine periculis fuit, nam alter ab adversariis saepe ad ius vocatus est, alter bello civili, cum Uticam, urbem in Africa sitam, contra copias Caesaris defenderet, gladio se ipse interfecit. Sed utrique sorte sua contenti fuerunt, quia vita eorum cum moribus maiorum semper consentiebat.

2. Übersetze und achte auf die Pronomina! Uter Cato Caesari inimicus erat? – Cur alteri cognomen (der Beiname) Censorius erat, alteri Uticensis? – Uterque Romanos admonuit, ut morem maiorum imitarentur et maioribus se dignos praestarent. – Utrique vitam secundum morem maiorum degebant.

3. Ein weiteres wichtiges Stilmittel, das der Aussage Nachdruck verleihen soll, ist die **Anapher**. Dabei wird ein Wort am Anfang von Sätzen bzw. Satzgliedern wieder aufgenommen: *nos **pro** patria, **pro** libertate, **pro** vita certamus*.
Suche in den Texten **C** und **D 1.** Beispiele für Anaphern und überlege, was damit ausgedrückt werden soll!

4. Lies noch einmal die Texte dieses Buches, die von Cato dem Älteren und Cato dem Jüngeren handeln! Suche Gemeinsamkeiten zwischen diesen beiden Persönlichkeiten!

S **Audiatur et altera pars!**
Consuetudo est quasi altera natura. (*quasi* gewissermaßen, wie)

Cato der Jüngere (95 – 46 v. Chr.), ein erbitterter Gegner Cäsars, war im Jahre 46 an der Verteidigung der Stadt Utica in Nordafrika beteiligt. Als er von Cäsars Truppen eingeschlossen und die Lage aussichtslos war, beging er Selbstmord.

K 32 Pronomina 3

A Das römische Recht

Es gibt kaum ein Gebiet, auf dem die Römer bis auf den heutigen Tag eine größere Wirkung ausgeübt haben – und immer noch ausüben – als im Bereich des Rechts. Sie haben die Grundlagen geschaffen, ohne die das Recht – insbesondere das Privatrecht – in den meisten Ländern Europas und darüber hinaus unvorstellbar wäre. Für die Entstehung und Verwaltung des römischen Staates und dann insbesondere des großen Reiches, in dem viele Menschen und Völker unterschiedlichster Art zusammen lebten, war eine differenzierte Rechtsordnung unerlässlich.
Mit dem 12-Tafel-Gesetz aus der Mitte des 5. Jahrhunderts v. Chr. wurde nach griechischem Vorbild in Rom erstmals das Recht auf Tafeln geschrieben, die auf dem Marktplatz aufgestellt waren. In der Folgezeit entwickelte sich ein angesehener Juristenstand, dessen Angehörige insbesondere als Gutachter tätig waren, zu aktuellen juristischen Fällen fundiert Stellung nahmen, Organe der Gesetzgebung wie Senat, Prätoren, Volksversammlung usw. berieten und so zu einer hoch stehenden Rechtsprechung beitrugen. Fälle von allgemeiner Bedeutung wurden gesammelt und dienten noch in späteren Zeiten vor Gericht als Orientierung (vgl. das Fall-Recht in angelsächsischen Staaten).
Erst rund 1000 Jahre nach der ersten schriftlichen Fixierung im 12-Tafel-Gesetz gab Kaiser Justinian in der Mitte des 6. Jahrhunderts n. Chr. den Auftrag, das römische Recht wiederum schriftlich zusammenzufassen; dieses riesige Werk wurde zur Grundlage europäischer Rechtswissenschaft; bis ins 18. Jahrhundert war der *codex iuris Iustiniani* ihr Grundtext. So ist es verständlich, dass viele Bestimmungen des heutigen deutschen Privatrechts, die im Bürgerlichen Gesetzbuch (BGB) niedergeschrieben sind, ihre Vorlage in römischen Rechtsfällen haben.

B

1. Putant quidam ius Romanum fundamentum iuris multarum Europae gentium esse.
2. Quicumque ius Romanum ignorat, multas nostri temporis leges non intellegit.
3. Quaecumque viri iuris prudentes Romani iudicaverunt, adhuc admiramur.

C Was ist Diebstahl?

Vir quidam iuris peritus confirmat furtum eum facere, cuiuscumque animus impellitur, ut res vindicet, quaecumque ei iure non conceduntur. Furtum ergo non solum facit, quicumque rem alienam amovet, ut possideat, sed etiam, quicumque re aliena domino[1] invito utitur. Itaque si quis re, quaecumque apud eum deposita est, utatur, furtum facit. Et quicumque rem utendam accepit inque alium usum transtulit, furti accusatur, velut quicumque argentum utendum accepit, ut amicos ad cenam invitaret, et in alienam terram tulit.

[1] *dominus, -i* hier: der Eigentümer

D 1. Übersetze! Vir quidam pecus, quod erat in prato (*pratum, -i* die Wiese), ostendendo rubro panno (*ruber pannus* ein rotes Tuch) ita fugavit, ut in fures (*fur, furis* der Dieb) incideret. Iis, quicumque iuris periti erant, magna difficultas iudicandi afferebatur, num (ob) is, qui pecus fugaverat, furti accusaretur. Secundum opinionem quorundam fur erat, cuiuscumque culpa pecus fugatum est. Alii autem putabant eum furem non esse.

2. Übersetze auf verschiedene Art! vir quidam venit – domum quandam quaerimus – arte quadam delectamur – Antonius quidam nos visitavit – putant quidam – rex quidam tres filios habuit – fabulam quandam recito – res quaedam mihi non placuerunt.

3. Gib die Pronomina präzis wieder! Quaecumque agis, age prudenter! – Quaecumque orta sunt, aliquando interibunt. – Quoscumque de te queri audivi, placare (besänftigen) conatus sum. – Quodcumque tempus in lingua Latina discenda consumis, non frustra consumitur.

4. Gib die Definition von Diebstahl, die in Text **C** verwendet wird, mit eigenen Worten wieder! Vergleiche dazu § 242 des deutschen Strafgesetzbuches!

5. Im 2. Fall (**D** 1.) geht die Meinung der Juristen auseinander. Erläutere die beiden Ansichten und begründe sie! Welche Entscheidung triffst du? (Wie die römischen Juristen entschieden haben, erfährst du im nächsten Kapitel.)

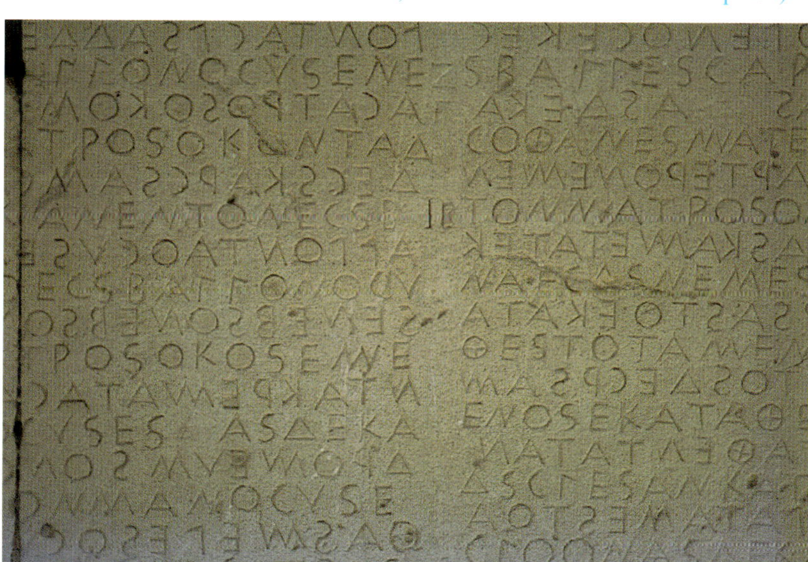

In Gortys, der Hauptstadt Kretas in griechisch-römischer Zeit, hat man ein Stadtrecht aus dem 5. Jahrhundert v. Chr. gefunden, das auf großen Marmortafeln auf dem Marktplatz aufgestellt war. Es ist dies der einzige Fund dieser Art aus der Antike. Die Gesetzestafeln auf dem Forum Romanum waren ähnlich, jedoch aus Bronze.

K 33 Pronomina 4

A Diebstahl nach römischem Recht

Fälle, in denen es um Eigentum ging, spielten in der römischen Rechtsliteratur eine große Rolle. In Rom gehörten sie alle zum Privatrecht, auch wenn eine strafbare Handlung (wie z. B. Diebstahl) vorlag (in diesem Fall zählen sie heute zum Strafrecht). Heute unterscheidet man zwischen dem BGB (Bürgerliches Gesetzbuch), in dem Schuldverhältnisse, Sachen-, Familien- und Erbrecht geregelt sind, und dem StGB (Strafgesetzbuch). Die römischen Juristen entwickelten, was das Eigentumsrecht anbelangt, eine sehr differenzierte Sicht der Fälle, wie aus den Texten der Kapitel 32 und 33 hervorgeht.

B

1. Si homines furtum faciunt, necesse non est eos eadem poena affici.
2. Iudices enim perquirere coguntur, quo quisque animo furtum fecerit.
3. Ad causas difficiles agendas optimus quisque iudex adhibendus est.
4. Sed non semper unusquisque iudex eandem opinionem habet atque alii.

C Liegt ein Fall von Diebstahl vor?

Quicumque quid alienum, quod iacuit humi, sustulit, ut possideret[1], idem furtum facit, sive scit, cuius (alienum) sit, sive nescit. Nihil enim ad furtum minuendum valet, quod[2] ignorat, cuius (alienum) sit. Qua re unusquisque eandem poenam dat, qui alienum humi iacens sibi sumpsit aut e domo quadam ademit aut ex agro aliquo furatus est[3]. Quodsi dominus[4] id, quod humi iacet, abiecit et reliquit[5], furtum non fit, etiam-si furandi animum habuero. Furtum enim non fit, nisi est, cui fiat.

[1] *possidere* in Besitz nehmen [2] *quod* dass [3] *furari* stehlen [4] *dominus, -i* hier: der Eigentümer [5] *relinquere* hier: den Besitz aufgeben

D

1. Übersetze! Vir quidam iuris peritus aliquando confirmavit summum ius esse summam iniuriam. Et ita est: Si homines quidam idem faciunt, idem non est. Semper videndum est, qua quisque mente hoc fecerit. Qua de causa si quis pecus dolo malo (*dolus malus* die Arglist, der Betrug) fugavit, ut fures caperent, furti puniatur; sin per iocum (im Scherz) fecit, non debet impunitus esse iocus, qui alteri nocet.

2. Übersetze die folgenden kleinen Ausdrücke und Sätze! verba, quae quemque delectant – optimus quisque tibi assentietur – quis quemque magni aestimat? – se quisque amat – suum cuique – quinto quoque anno – homines, qui cuique placere volunt – quem quisque amat? – tertio quoque mense – divitissimus quisque saepe avarus (habgierig) est – suae cuique opes placent.

3. Setze die passende Form von *idem* ein und übersetze! … sententia sum atque tu – … iuvenes amici mei sunt – … amicum habeo quem tu (habes) – libri … scriptorum mihi placent – … verba heri (gestern) audivi – … montem ascendi – in … oppidis incolas laetos videmus.

4. Wenn man leicht ergänzbare oder aus dem Zusammenhang erschließbare Wörter auslässt, spricht man von „**Ellipse**": *idem facio quod tu (facis); censeo ipsos in vinculis habendos (esse).*
Suche in **C** und **D 1.** nach Ellipsen!

5. Erkläre, welche Differenzierung im Text **C** für Diebstahl vorgenommen wird! Welche Begründung wird dafür jeweils angeführt?

6. Zum Verständnis des Textes **D 1.** ist es nötig zu wissen, dass bei vorsätzlichem Diebstahl Ersatz in doppelter Höhe des Wertes des Diebesgutes bezahlt werden musste. Erkläre, weshalb die in **D** 1. getroffene Unterscheidung notwendig ist!

S **Duo cum faciunt idem, non est idem.**
Faber est suae quisque fortunae. (*faber, fabri* der Handwerker, Schmied)

Ein sehr gut erhaltenes römisches Theater aus dem ersten Jahrhundert n. Chr. findet sich in Aspendos (heute: südliche Türkei in der Nähe von Antalya).

W Wiederholung 11

1. Übersetze! Unter dem Kaiser Justinian erlebt das zerfallene römische Reich noch einmal eine Blütezeit.

a) Quarto p. Chr. n. saeculo imperium Romanum divisum erat in partes duas, quarum altera Asiam atque Graeciam, altera Italiam, Hispaniam, Africam continebat. Caput alterius partis erat Byzantium, alterius, quae a quibusdam gentibus Germanis occupata erat, Roma vel Ravenna. Incolae utriusque partis fidem (*fides, fidei hier:* der Glaube) Christianam sequebantur, sed quibusdam dissensionibus (*dissensio, -onis* der Streit, die Meinungsverschiedenheit) ortis neque eadem doctrina neque eisdem legibus, institutis, moribus utebantur.

b) Imperatori Iustiniano contigerat, ut partes imperii variosque cultus (*cultus, -us hier*: die Religionsausübung) Christianorum iungeret atque imperium Romanum universum confirmaret. Necesse autem erat ius, quod in diversis (*diversus, -a, -um* verschieden) scriptis – velut litteris, in-scriptionibus (!), libris – sparsum erat, uniforme (*uniformis, -e* einheitlich) atque simplicius reddere. Ad hoc opus perficiendum sedecim iuris periti creati sunt, quibus omnes leges et commentarii (*commentarius, -i* der Kommentar, die Auslegung der Gesetze) colligendi erant, unumquodque verbum cum sententiis similibus conferendum erat, ea, quae quisque probaverat, ad usum iudicis redigenda erant (*redigere hier*: formulieren).

c) Incipit edictum Iustiniani, quo novum codicem (*codex, -icis hier:* das Gesetzeswerk) fieri iussit, his fere verbis: „Iura, quae corrigenda esse multis prioribus principibus visa sunt (tamen nullus eorum hoc opus efficere ausus est), civitati nostrae donanda esse auxilio dei omni-potentis (*omnipotens, -ntis* allmächtig) censuimus. Ad hoc maximum opus efficiendum elegimus sedecim viros excellentissimos (*excellens, -ntis* hervorragend). Quibus permisimus leges, quae in variis constitutionibus (*constitutio, -onis hier:* Rechtssammlungen) dispersae erant (*dispérgere* zerstreuen), paucis verbis conscribere mutantes verba, ubi utilitas hoc exegit, sensumque earum clariorem efficientes. Haec igitur ad vestram notitiam (*notitia, -ae* die Kenntnis) ferre properavimus.“ (nach Justinian)

d) Leges ab imperatoribus datae, quibus ab unoquoque iudice utendum erat, in codice (*codex,-icis* das Gesetzbuch) Iustinani depositae sunt. Quaecumque iudicibus, ut ubique eodem modo iudicarent, auxilio erant, in digestis (*digesta, -orum* die Rechtssammlungen) servabantur. Quae continebant quosdam casus, quos priores iudices iudicaverant, et rationem, quam illi in agendo secuti erant. Sin aliqua nova addenda erant, novellae (*novellae,-arum* die Neuerungen) adiciebantur.

2. Übersetze! aliquam poenam – idem pecus – (ab) eodem avo ortus – cum utroque nepote – difficultates quaedam – eandem humum – scelestissimo cuique – eiusdem instituti – unumquemque punire – Utrum confirmabimus?

3. Setze in den Singular bzw. in den Plural und übersetze! aliquo instituto – optima quaeque subsidia – quarundam facultatum – eidem necessitati – privatus quidam – Quodcumque evertis, tibi restituendum (*restituĕre* wiederherstellen) est. – Pontifices eadem fere dixerunt ac vates.

4. Dekliniere! eadem poena – neuter avus – humillimus quisque – nepos quidam.

5. Warum nennt man das oströmische Reich auch Byzanz oder byzantinisches Reich? Informiere dich über dieses Reich in einem Geschichtsbuch!

S **Verus amicus est tam-quam alter ego.**

Theater in Kourion an der Südküste von Zypern. Es stammt aus dem 2. Jahrhundert n. Chr. Die Anlage wurde vor einigen Jahren restauriert; heute finden hier in den Sommermonaten Theateraufführungen statt.

K 34 Der Ablativ 1: Wiederholung und Ergänzung

A Welch ein Zufall!

Es war ein schöner Herbsttag. Das Getreide und die anderen Früchte waren eingebracht, die Äcker frisch gepflügt. Ein Spaziergänger schlenderte gut gelaunt über die Felder. Plötzlich lag etwas zu seinen Füßen, das er, als er es aufgehoben und notdürftig gereinigt hatte, als einen Ring erkannte. Er versteckte seinen wertvollen Fund, dachte er doch im ersten Augenblick gleich daran, dass er aus alter Zeit stammen könnte; denn in dieser Gegend gab es einst ein großes Römerlager, das von Bauernhöfen umgeben war. Zu Hause wandte er sich an einen Freund, der von Archäologie viel Ahnung hatte, und seine Vermutung bestätigte sich. Aber was sollte er nun tun? Natürlich hätte er den Ring gerne behalten, aber … Ja, wem gehörte er nun?

B

1. Iudices et iuris periti Romani saepe nobili genere (equestri loco orti) nati sunt.
2. Iudicem amicitia et odio vacare necesse est.
3. Iudici nihil gravius esse debet iustitiā.
4. Conventus (der Zustrom) hominum ad iudicia saepe solito (exspectatione) maior est.

C Was ist ein Schatzfund?

Thesaurus[1] est vetus quaedam depositio[2] rei pretiosae, cuius memoria non iam est; domino[3] vacat. Qui eam rem invenit, saepe putat se nihil pretiosius possidere illa re. Gaudio autem maximo non carebit, si audiverit illam rem suam esse. Nam thesaurus fit[4] eius, qui id invenerit, quod non alterius sit. Imperator Hadrianus autem hoc adiecit, ut altera dimidia pars[5] thesauri eius fiat, cuius fundus[6] sit, altera dimidia pars eius, qui (thesaurum) invenerit. Nihil sapientius esse ea sententia putamus.

[1] *thesaurus, -i* der Schatz [2] *depositio, -onis* die Hinterlegung, Verwahrung [3] *dominus, -i* hier: der Eigentümer [4] *fieri alicuius* jemands Eigentum werden [5] *dimidia pars* die Hälfte [6] *fundus, -i* das Grundstück

D

1. Übersetze! Imperatores Romani ipsi ius dicere solebant. Iudicia imperatorum haud raro leviora erant sententiis iudicum. Imperator Hadrianus cum intellegeret aequum non esse alterum totum thesaurum (*thesaurus, -i* der Schatz) possidere, qui invenisset, alterum autem omnino thesauro carere, cuius fundus (das Grundstück) esset, haec instituit: Invento thesauro neutrum vacare oportet,

neque qui invenit, neque cuius fundus est. Utriusque dimidia pars (die Hälfte) sit. Quis prudentior erat illo imperatore?

2. Übersetze die folgenden kurzen Ausdrücke! pecunia carere – auxilio egere – aliquem periculis liberare – senatorio ordine ortus – aliquem divitiis spoliare – curis vacare – alter alterius auxilio eget – nobili genere natus – Iove natus – arcere bestias domibus – prohibere aliquem facinore.

3. Im Lateinischen wird gerne ein ablativus comparationis verwendet, um Vergleiche auszudrücken. Versuche eine treffende Übersetzung (z. B. *melle dulcius* süßer als Honig = honigsüß)! Undae erant tectis altiores. – Hoc mihi luce clarius esse videtur. – Convivae exspectatione prius venerunt. – Hospes opinione celerius aderat. – Gaudium omni spe maius erat. – Hiemes (*hiems, -is* der Winter) saepe solito graviores sunt. – Dicto paene citius me adisti.

4. Definiere nach Text **C**, was ein Schatzfund ist!

5. Welche bedeutsame Ergänzung fügte Kaiser Hadrian der bisher geltenden Bestimmung zum Schatzfund bei? Warum hat er dies wohl getan? Findest du diese neue Regelung richtig?

6. Lies die Bestimmung des § 984 BGB und vergleiche sie mit Text **C**!

S **Vacare culpa magnum est solacium.** (*solacium, -i* der Trost)
Nihil est enim virtute amabilius. (*amabilis, -e* liebenswert)

Im Jahre 1979 fand ein Bewohner von Weißenburg beim Anlegen eines Spargelbeetes einen Silberschatz aus der Römerzeit (ca. 200 v. Chr.), der vergraben worden war, als die Germanen im dritten Jahrhundert den Limes durchbrachen. Er bestand aus Götterstatuetten und Votivblechen, die wohl aus italischen Werkstätten stammten. Archäologische Staatssammlung München.

K 35 Der Ablativ 2: Wiederholung und Ergänzung

A Herrenloses Gut

Sich herrenloses Gut anzueignen war schon in der Antike gestattet; auch heute ist es nicht anders. Wenn also jemand etwas wegwirft in der Absicht, sich davon zu trennen, kann es jeder rechtmäßig an sich nehmen. Dabei können natürlich oft Probleme auftreten, wenn man fragt, ob etwas „herrenloses Gut“ ist. Der römische Jurist entscheidet klar. Wenn jemand etwas entdeckt, was keinen Eigentümer hat, weil dieser wegen der Länge der vergangenen Zeit nicht mehr zu ermitteln ist (cf. Schatzfund) oder weil dieser erkennbar seine Besitzansprüche aufgegeben hat, darf es sich derjenige aneignen, der es findet. Andernfalls begeht er Diebstahl.

B

1. Civibus ius rebus utendi, non ab-utendi (*ab-uti* missbrauchen) est.
2. Non omnia, quae manu tenes, tua sunt.
3. Non difficile est vitā frui, saepe difficile est munere fungi et instrumento bene uti.
4. Temporibus antiquis homines itinera longa pedibus ibant.
5. Mos est hospitem tecto recipere.

C Seewurf

Mercator, qui laboribus assuetus nave per mare vehebatur, in tempestatem gravem incidit. Munere gubernatoris bene functus res quasdam in mare iniecit, ut navem levaret. Hae autem mercatoris permanent[1], quia (eas) non eo animo eiecit, ut eis uti non iam vellet, sed ut pericula maris effugeret. Qua de causa si quis eis potitur fluctu eiectis vel etiam eas in ipso mari nanctus abstulit, furtum committit. Nam omnes non ignoramus vetitum esse id auferri, quod sit alicuius.

[1] *permanere alicuius* jemands Eigentum bleiben

D

1. Übersetze! Memoria tenemus secundum ius Romanum furtum non fieri, si quis rem aufert, quae nullius est et qua nemo utitur. Si quis rebus nave eiectis potitur, ut eas nave sua recipiat et eis fruatur, tamen furtum committit; nescit quidem (zwar), cuius hae res sint, sed nescit etiam, num (ob) quis sit, qui eas pro derelicto habuerit (*aliquid pro derelicto habere* den Besitz einer Sache aufgeben).

2. Übersetze die folgenden kleinen Ausdrücke! nave vehi – equo vehi – equo venire – pedibus ire – via Appia ire – pugna aliquem vincere – magnis itineribus procedere – consilio amicorum niti – auxilio niti – fuga salutem petere.

3. „uti“ ist ein Verbum, das im Deutschen unterschiedliche Bedeutungen haben kann. Versuche jeweils eine treffende Wiedergabe! instrumento uti – occasione uti – bona valetudine (*valetudo, -inis* die Gesundheit) uti – aliquo amico uti – aliquo familiariter uti – oratione uti – temporibus sapienter uti – divitiis recte uti – cibis bonis uti.

4. Die **Litotes** als Stilmittel besagt, dass ein Wort durch Verneinung des Gegenteils hervorgehoben wird; z. B. *ingenium non malum erat* die Begabung war nicht abwegig = war sehr gut. Suche eine Litotes im Text **C!**

5. Welche Kriterien müssen in Rom erfüllt sein, damit sich jemand eine herrenlose Sache aneignen darf? Welche Umstände sind in Text C nicht gegeben?

6. Welchen strafbaren Tatbestand begeht nach heutiger Rechtsauffassung derjenige, der sich Gegenstände des „Seewurfs“ aneignet? Informiere dich über diesen Sachverhalt in §§ 965 ff. des BGB!

7. In einem Ort ist Sperrmüllabfuhr. Jemand stellt z. B. einen Tisch und Stühle an den Straßenrand, damit die Gegenstände abgeholt werden. Zufällig kommt jemand vorbei, der sie brauchen kann, und nimmt sie mit. Darf er das?

8. In einem Ort sammelt eine wohltätige Organisation gebrauchte Kleider. Sie liegen am Straßenrand. Kurz bevor sie abgeholt werden, kommt jemand und nimmt sie mit. Darf er das?

Das Fußbodenmosaik eines Handelsschiffes schmückt den Eingang des Geschäfts eines Kaufmanns auf dem Markt von Ostia.

K 36 Der Ablativ 3: Wiederholung und Ergänzung

A **Schadensersatz**

Nahe verwandt mit dem Eigentumsrecht ist der Fall der Sachbeschädigung. Dass Juristen darüber differenziert und durchaus kontrovers diskutiert haben, zeigt der Fall, um den es im Folgenden geht. Vorausgeschickt sei, dass ein Sklave nach römischem Recht eine Sache war, nicht ein Mensch. Juristisch stand er demnach mit Tieren auf derselben Stufe.
Die *lex Aquilia de damno*, ein von einem Mann namens Aquilius eingebrachtes Gesetz, besagte, dass der Schadensersatz bei Vorsatz das Doppelte des angerichteten Schadens betrug. Mildernde Umstände wurden dabei durchaus berücksichtigt. Im anschließend geschilderten Fall ist uns die juristische Diskussion, nicht jedoch das tatsächliche Urteil überliefert.

B

1. Iudices Romani iudicibus aliarum gentium multo praestabant.
2. Iudices Romani magni aestimabant consuetudine maiorum quam diligentissime ius dicere.
3. Iudices hac condicione reum poena absolverunt, ut polliceretur se iniuria neminem affecturum esse.
4. Decem annis post Troiam deletam Ulixes domum rediit.

C **Wen trifft die Schuld?**

Pueri quidam consuetudine hac mente pila[1] luserunt, ut tempus tererent[2]. Tum autem unus ex eis pilam casu vehementius percussit[3], ut in tonsoris[4] manus deiceretur, qui eo loco radere[5] solebat. Gula[6] servi, quem tonsor radebat, adiecto cultello[7] praecisa[8] est. Proculus, vir iuris peritus, scripsit sua sententia in tonsore esse culpam, quia ibi radebat, ubi consuetudine puerorum et voluntate spectatorum ludebatur frequentesque homines praeteribant. Erant, qui putarent servum in loco periculoso radi iubentem noxium[9] esse.

[1] *pila, -ae* der Ball [2] *térere* vertreiben, verbringen [3] *percútere* schießen, stoßen [4] *tonsor, -oris* der Friseur (Barbier) [5] *rádere* rasieren [6] *gula, -ae* die Kehle [7] *cultéllum adícere* das Rasiermesser ansetzen [8] *praecídere* durchschneiden [9] *noxius, -a, -um* schuldig

D 1. Übersetze! Meo iudicio viri iuris periti Romae multo plures erant quam Athenis. Nam iudices Atheniensium consuetudine illius populi quotannis e multitudine sorte eligebantur; tum munere iudicis fungebantur iure dicendo non exculti (*ex-colere* ausbilden). Romae autem adulescentes bene excolebantur. Iam pueri oratorem discendi causa sequebantur, cum ille eo consilio ad iudicium ibat, ut reum e poena servaret. Iudicia, quae nomine populi Romani fiebant, adhuc admirationi sunt.

2. Übersetze die folgenden kurzen Ausdrücke und Sätze! duobus pedibus minor – bestiae multo maiores – multo ante Romam conditam – paulo post victoriam Hannibalis – amico sapientia multo praestare – omnia utilitate sua metiri – mores nostri temporis moribus maiorum iudicare – Romani Graecis arte dicendi non cedebant – merito Cicero pater patriae appellatus est – iussu Augusti nonnullae leges veteres restitutae (*restituĕre* wiederherstellen) sunt – cur vestra sponte ad nos non venistis? – iure homines scelesti puniti sunt – homines multa silentio praeterire solent – voluntate patris Romam veni – Romani sub imperio Caesaris Gallicas gentes vicerunt.

3. Unterscheide und übersetze! propter morbum – amicorum causa – propter adversarios – filii causa – propter te multi homines liberi sunt – propter ludum – ludendi causa – prae metu – prae lacrimis dicere non possum – libertatis causa – propter vitia nostra – prae morbo venire non possum.

Ein Friseur bei der Arbeit; Relief auf einem Grabstein aus dem zweiten Jahrhundert n. Chr. Trier, Rheinisches Landesmuseum.

4. Stelle eine Wortfamilie zu „*iudicare*“ (Substantive, Adjektive, Verben usw.) zusammen und grenze die Bedeutung der einzelnen Wörter voneinander ab!

5. In Text **C** treten drei handelnde Personen auf. Welche wird von den römischen Juristen als schuldig überhaupt nicht in Betracht gezogen? Was könnte der Grund dafür sein?

6. Warum ist es für den Besitzer des Sklaven wichtig, dass der Friseur schuldig gesprochen wird?

7. Wie lautet das Urteil, wenn der Sklave schuldig gesprochen wird?

8. Wie würde der Fall heute vor einem Gericht verhandelt? Welches Ergebnis käme wahrscheinlich dabei heraus? Frage dazu einen Juristen!

W Wiederholung 12

1. Übersetze! Im Mittelalter versuchten mehrere Kaiser und Könige dem römischen Recht Geltung zu verschaffen, um die Rechtszersplitterung in unterschiedliche Volksrechte zu beseitigen. Einen dauerhaften Erfolg hatten diese Bemühungen in Deutschland erst mit der Gründung des Reichskammergerichtes auf dem Wormser Reichstag durch Kaiser Maximilian I. im Jahre 1495.

a) Germani, cum litteris carerent, consuetudine quadam iuris utebantur: Duces ea, quae eis iudicanda erant, more maiorum et regulis (*regula, -ae* die Regel), quas forte memoria tenebant, metiebantur. A quinto usque ad nonum saeculum p. Chr. n. eiusmodi casus et iudicia litteris mandata sunt. Primus Euricus, rex Gothorum, talem codicem (*codex,-icis* das Gesetzbuch) componi iussit. Baiuvarii Odilone auctore Lege Baiuvariorum tenebantur. Etiam Carolus Magnus, postquam Saxonibus potitus est, eorum leges („Lex Saxonum“) conscripsit. Quo factum est, ut per totum medium aevum (*aevum medium* das Mittelalter) gentibus unius imperii diversa iura essent.

b) Imperatores, qui imperii unitatem (*unitas, -atis* die Einheit) magni facerent, iure Romano restituendo (*restituĕre* wiederherstellen) conabantur concordiam augere. Hoc ius, quod ceteris multo praestare putabant, in iudicum disciplinis (*iudicum disciplina* die Rechtsschule) – velut Bononiae vel Patavi – discendum erat. Quicumque iudicis munere fungebatur, consiliis eorum, qui iuris Romani periti erant, nitebantur. Imperator Maximilianus I., Habsburgensi genere natus, Francfurthi cameram imperii (Reichskammergericht) instituit eo consilio, ne suis quaeque civitas legibus, sed communi iure Romano uteretur. Vix ullum tribunal longaevius (*longaevus,-a, -um* langlebig, dauerhaft) erat hac camera imperii.

2. Suche aus 1. jeweils ein Beispiel heraus für

a) einen Ablativus separativus

b) einen Ablativus instrumentalis bei Deponentia

c) einen Ablativus modi

d) einen Ablativus mensurae

e) einen Ablativus comparationis

f) einen Lokativ.

3. Unterscheide! admiratio – aedificio – aliquando – aliquo – armatis – auctis – auctore – acto – audis – capis – cedis – cotidie – docte – domo – fluctui – foederis – fuga – gereris – levi – nolle – obieris – operis – potestatis – prodestis – prodis – regis – regno – sensui – sidere – silentio – sono – subito – teneri – undis – valle – vere – vi – viris – vita – volo.

a) Schreibe alle möglichen Ablativformen heraus und übersetze sie!

b) Welche der unter a) gefundenen Formen könnten auch eine andere Form sein? Übersetze sie entsprechend!

c) Bestimme und übersetze die übrigen Formen!

4. Übersetze! Welche Verwendung des Ablativs liegt vor?

a) Fluctus solito maiores regionem vastaverunt.

b) Verres Siciliam rebus pretiosis spoliaverat.

c) Qua dea gens Iulia orta est?

d) Ne praeterieritis beneficia silentio!

e) Necessitate coactus gubernator sarcinam (*sarcina, -ae* der Ballast) abiecit, ut navis levaretur.

f) Uno saeculo post instituta quaedam in oblivionem (*oblivio, -onis* die Vergessenheit) venerunt.

g) Homines gloriae cupidi aliqua admiratione frui volunt.

5. In 1. werden verschiedene Einrichtungen aus der Geschichte des Rechts und der Rechtspflege genannt. Informiert euch gruppenweise im Lexikon oder

im Internet über den Codex Euricius, die Lex Saxonum, die Rechtschule der Universität Bologna und das Reichskammergericht.

6. Ordne den folgenden Jahreszahlen Informationen zu, die in 1. enthalten sind!
a) ca. 475; b) 802; c) 1495; d) 1806.

Bühnenhaus des Theaters von Sabratha, das westlich des heutigen Tripolis (in der Nähe von Leptis Magna) liegt.

K 37 Der Ablativ 4: Wiederholung und Ergänzung

A Eigentum an wild lebenden Tieren

Wild lebende Tiere sind nach römischem Recht herrenlos und gehören somit der Allgemeinheit bzw. demjenigen, der sie sich aneignet. So war es auch bei den Germanen und anderen frühen Völkern, bei denen Wald und Feld und alles, was darin lebte, allen gehörte (sog. Allmende).
Heute ist das allerdings anders. Vor allem durch die Entwicklung im Mittelalter, als gewisse Kreise – meist aus dem Adel – die Jagd als beliebte Freizeitbeschäftigung ausübten, durfte nicht mehr jedermann dem Wild nachstellen. So entwickelte sich im Laufe der Zeit ein Jagdrecht und analog dazu auch ein Fischereirecht, wodurch diese Tiere nicht mehr als herrenlos galten und deshalb nicht mehr dem gehörten, der sie fing. In der römischen Antike war das noch ganz anders.

B

1. Animalia quaedam multo die (vespere/vesperi) e silvis exeunt.
2. Prima luce in silvas redeunt.
3. Interdum iniquo loco pabulum (*pabulum, -i* das Futter) quaerunt.
4. Caesar filios principum Gallorum obsidum loco poposcit.

C Wem gehören diese Tiere?

Omnia animalia, quae in terra, mari, caelo capiuntur, id est bestiae ferae, aves, pisces, capientium fiunt[1]. Quod enim nullius est, id occupanti conceditur, sive die vel nocte in suo quisque fundo[2] ceperit sive in alieno. Qui autem in alienum fundum ingreditur animalis capiendi causa, potest a domino[3] iure prohiberi, ne[4] ingrediatur. Quaecumque autem ceperimus, eo usque[5] nostra sunt, donec[6] nostra custodia tenentur; cum vero effugerint nostram custodiam et se in libertatem receperint, nostra esse desinunt.

[1] *fieri alicuius* jemands Eigentum werden [2] *fundus, -i* das Grundstück [3] *dominus, -i* hier: der Eigentümer [4] *ne* hier: dass [5] *eo usque* so lange [6] *donec* hier: als

D

1. Übersetze! Eo tempore autem, quo bestiam, quae nos effugit, persequimur, nostra est, si eo loco, ubi versamur, occasio capiendi est. Sin brevi post animal se e conspectu nostro abstulit, ab unoquoque sine furto capi potest. Apium

(*apis, -is* die Biene) est fera natura. Itaque etiam prima luce agricolae domo exeunt examina (*examen, -minis* der Schwarm) apium capturi. Apes solis ortu ex alveis (*alveus, -i* der Bienenkorb) e-volare solent; agricolis saepe contingit, ut eas multo die capiant.

2. Übersetze die folgenden kurzen Ausdrücke und Sätze! eodem loco esse – equites apertis locis erant – meliore loco esse – aliquem parentium loco colere – terra et mari iter facere – ludis – principio – adventu Augusti – ortu solis – occasu solis – memoria patrum – decimo quoque anno – aetate Augusti – multa nocte – vesperi – aestate ineunte.

3. Stelle eine Wortfamilie zu „*capere*“ (Substantive, Adjektive, Verben usw.) zusammen und grenze die Bedeutung der einzelnen Wörter voneinander ab!

4. Fasse kurz die gesetzlichen Bestimmungen zusammen, die du über die Aneignung herrenlosen Gutes kennst!

Römischer Sarkophag (ca. 190 n. Chr.) mit der Darstellung der kalydonischen Eberjagd. Beschreibe die Szene und vergleiche eine heutige Jagd mit der antiken Jagd!

5. Vergleiche die Jagdszene, die du auf dem Sarkophag siehst, mit der Erzählung aus Ovids Metamorphosen VIII 267 - 424! Glaubst du, dass das Relief auf dem Sarkophag und die Erzählung bei Ovid dieselbe Eberjagd zum Inhalt haben?

6. Jemand kauft vom Vormund eines unmündigen Kindes ein Haus und lässt es renovieren. Der mit den Arbeiten betraute Handwerker findet im Haus versteckt eine größere Geldsumme.
Diskutiere mit deinen Klassenkameraden, wem das Geld gehört!

K 38 Fragesätze: Wiederholung und Ergänzung

A **Seneca**

Lucius Annaeus Seneca wurde um das Jahr 4 v. Chr. in Corduba in Spanien geboren; er kam früh nach Rom. Dort erhielt er eine gediegene schulische Ausbildung. Auch mit Philosophie befasste er sich eingehend. Sein Lehrer Attalos war Stoiker; er vermittelte Seneca viele Impulse für sein Weltbild, wenngleich er auch einige Elemente anderer Philosophieschulen – etwa der des Epikur – übernahm. Schon unter Caligula (37 – 41) war Seneca als Redner und Literat berühmt. Im Jahre 41 wurde er wegen eines angeblichen Ehebruchs mit der Schwester Caligulas nach Korsika verbannt, von wo er erst nach acht Jahren zurückkehren durfte.
Im Jahre 49 wurde er mit der Erziehung des damals 12-jährigen Nero betraut – in dieser einflussreichen Stellung war er praktisch der Leiter des römischen Reiches. Auf Nero, für den er eine Reihe von Schriften verfasste, übte er anfangs eine mäßigende Wirkung aus; Titel wie etwa *De ira, De tranquillitate animi, De otio, De brevitate vitae, De providentia, De clementia* usw. zeigen, wie der Philosoph den künftigen Regenten zu einem Menschen bilden wollte, der von innerer Ausgeglichenheit, Seelenruhe und Freisein von Affekten geprägt sein sollte. Als aber dann Neros wahre Natur durchdrang, zog sich Seneca im Jahre 62 vom Hofleben zurück und verbrachte die letzten drei Lebensjahre auf seinen Gütern in Rom und in Kampanien. Im Jahre 65 soll er angeblich an einer Verschwörung gegen Nero beteiligt gewesen sein, weshalb ihn der Kaiser zwang, sich das Leben zu nehmen. Seneca ging ruhig, gelassen und ohne Angst in den Tod.

B

1. Quis vestrum Senecam philosophum ignorat?
2. Legistisne scripta quaedam Senecae?
3. Nonne scitis Senecam doctrinam Stoicorum secutum esse?
4. Num scitis, ubi Seneca natus sit?
5. (Utrum) scripta Senecae legere mavultis an libros Ciceronis?

C Vom Wert der Seelenruhe

Quem vestrum fugit vitam Senecae non semper a miseria vacuam fuisse? Nonne autem scriptis suis confirmat se beatam vitam vixisse? Amicus quidam ex eo quondam quaesivit: „Potesne mihi consilium dare, quomodo beate vivam?“ Quaerenti Seneca respondit: „Num putas homines, qui voluptatibus fruuntur, beate vivere? Summum bonum hominis est non concuti. Tranquillitas animi, qui cupidinibus vanis non torquetur, hominem contentum reddit. Utrum mare tempestatibus vastatum tibi magis placet an (mare) tranquillum? Cura, ut animus tranquillus sit!“

D 1. Übersetze! Quidam interdum quaerunt: Utrum voluptates cupidinesque homines beatos faciunt an non? Nonne tranquillitas animi hominibus plus prodest quam cupidines vanae? Num homines beati sunt, qui voluptatibus se implent? Nonne putas tranquillitatem animi vitam beatam efficere? Scisne, qua imagine Seneca utatur tranquillitatem animi ante oculos habens? Seneca hunc statum (*status, -us* der Zustand) animi confert cum mari lēvi *(lēvis, -e* glatt), quod ne levissimo quidem (*ne ... quidem* nicht einmal) vento stringitur (*stringere* streifen, berühren). – Beachte den Unterschied: *lēvis, -e* glatt : *lĕvis, -e* leicht!

2. Erkläre, mit welchem Wort bzw. mit welcher Partikel die folgenden Fragen gebildet sind, bestimme die Bedeutung und übersetze! Cuius animus semper tranquillus est? – Nonne Seneca putat tranquillitatem animi summum bonum esse? – Num Seneca putat sine tranquillitate animi vitam beatam vivi posse? – Amicisne suis Seneca persuasit tranquillitatem animi summum bonum esse? – Utrum Seneca Neronem imperatorem humanum fecit an non? – Moresne Neronis scriptis Senecae meliores facti sunt an non?

3. Lasse die Sätze unter Nr. 2 von „*quaero ex te*“ abhängen und übersetze die so gebildeten indirekten Fragesätze in gutes Deutsch!

4. Welchen obersten Grundsatz stoischer Philosophie findest du in Text **C**?

5. Versuche den Vergleich zwischen der Seelenruhe und dem unbewegten Meer zu deuten!

6. Seneca war einer der reichsten Männer seiner Zeit. Versuche zu erklären, welche Rolle der materielle Reichtum für ihn in seinem Leben spielte!

Der Philosoph Seneca (4 v. Chr. ? - 65 n. Chr.). Arch. Institut der Universität Göttingen.

K 39 Konjunktiv im Hauptsatz 1: Wiederholung und Ergänzung

A Der Beginn der Philosophie

Im sechsten Jahrhundert v. Chr. traten in Europa die ersten Philosophen auf. Es waren dies weise, gebildete Männer, die sich insbesondere mit Naturwissenschaften befassten. Angeregt durch die Frage, die jeden Menschen beschäftigt, nämlich was nach dem Tod kommt, erforschten sie das All und unsere Welt; sie fragten, wo der Kosmos seinen Ursprung habe, woraus er bestehe und wohin er sich wieder auflöse. Thales aus Milet erkannte, dass alles aus dem Wasser komme, dass es zu einem beträchtlichen Teil aus Wasser bestehe und zu seiner Existenz Wasser benötige; er schloss daraus, dass es sich wieder ins Wasser auflöse. So kam er zum Schluss, dass das Wasser der Ursprung aller Dinge sei. Nachdem also viele Einzelerkenntnisse gefunden waren, wagte Thales, der erste Philosoph, den Schritt in die Verallgemeinerung. Das war die Geburt der Philosophie.

Bald schon stellten sich die Philosophen andere Aufgaben, als eine der wesentlichsten, was der Mensch sei und wie er leben müsse. Die Frage nach einem glücklichen Leben spielte dabei eine große Rolle. „*Vivere omnes beate volunt, sed ad per-videndum, quid sit, quod beatam vitam efficiat, caligant* (*caligare* im Dunkeln sein)." So beginnt Seneca seine Schrift *De vita beata*. Die Lösungen waren naturgemäß sehr unterschiedlich. Seneca gibt Gedanken wieder, wie sie die Schule der Stoa vertritt.

B 1. Disseramus, quid Stoici de vita beata cogitaverint!
2. Res difficilis sane sit de vita beata disserere, tamen incipiamus!
3. Ne desperaveritis ista inveniri posse, quae quaeritis!
4. Utinam cognoscatis, quae vita beata sit!
5. Ne se avertant philosophi, sed nos adiuvent!

C Seneca erörtert mit dem Rhetor Gallio, was „glückliches Leben" bedeutet

Ne quaeramus, quid bonum videatur, sed quid vere bonum sit! Velim intellegas beatam esse vitam convenientem[1] naturae[2]; ne ab-erraveris a natura et illius lege; haec est sapientia. Primum sit in te sana mens et perpetua possessio eius, deinde animus fortis, qui fortunae muneribus[3] utitur, sed eis non servit! Voluptatibus victis ingens gaudium subit[4]. Dicamus ergo summum bonum esse animum virtute laetum! Beatum igitur putemus hominem, cui nullum bonum malumque est nisi bonus malusque animus!

[1] *convenire* hier: in Einklang stehen [2] *natura, -ae* das Wesen, gemeint ist hier das Wesen des Menschen
[3] *fortunae munera,* gemeint sind z. B. Glück, Reichtum, Gesundheit [4] *subire* hier: sich einstellen

D 1. Übersetze! Subit (*subire aliquem* herantreten an jemanden) hominem inconcussum (*inconcussus, -a, -um* unerschütterlich) pax et concordia animi. Utinam cognoscatis talem animum, qualem finivimus (*finire* hier: definieren), liberum, in-territum (vgl. terrere), tranquillum, extra metum, extra cupiditatem positum esse! Sit illi animo virtus summum bonum; cetera (*cetera* das Übrige) – velut divitiae, voluptates, valetudo – nihil adiciant, nihil detrahant beatae vitae! Putemus igitur illum beatum, qui nihil timet, nihil cupit! Ne aestimaveritis vitam beatam adimi posse; summum bonum im-mortale est.

2. Was drückt der Konjunktiv in den folgenden Sätzen aus? Übersetze! Utinam omnes homines vitam beatam vivere possent! – Assentiamur philosophis Stoicis, qui dicunt voluptatibus serviendum non esse! – Velim perveniatis ad vitam aeternam! – Ne desperaveritis de salute, etiamsi multa vobis instabunt, quae mala esse putatis! Qui vitam beatam adeptus est, nulla re a via recta ab-errabit. – Omnes homines vita beata fruantur et animo tranquillo sint! – Instent (sane) multa pericula viro sapienti, tamen non timebit neque animum tranquillum amittet.

3. Führe Wörter, die du aus dem Englischunterricht kennst, auf lateinische Wörter des obigen **C**-Stückes zurück!

4. Suche Stilmittel in den Texten **C** und **D** 1!

5. Arbeite noch einmal die **C**-Stücke der Kapitel 38 und 39 durch und greife das darin enthaltene stoische Gedankengut heraus! Folgende Fragen können dir dabei helfen: Was versteht der Stoiker unter *vita beata*? Wodurch wird sie hervorgerufen? Wie soll der *animus* beschaffen sein? Was hat keinen Einfluss auf sein Glück?

6. Was ist deine Meinung zu den Antworten, die du zu Frage 5 gefunden hast?

7. Kannst du dir vorstellen, dass es in der römischen Kaiserzeit (z. B. unter Nero) in Rom Menschen gegeben hat, denen die Philosophie der Stoa geholfen hat, ihr Leben zu ertragen? Begründe deine Meinung!

Die nebenstehende Büste wurde häufig als die des Philosophen Seneca angesehen. Heute ist freilich die Mehrzahl der Forscher anderer Ansicht. Vergleiche dieses Bild Senecas mit dem auf Seite 119 und versuche zu begründen, wer von beiden wirklich Seneca ist. Ziehe dazu die gelesenen Texte heran. Arch. Institut der Universität Erlangen.

W Wiederholung 13

1. Übersetze! Die Geschichte der antiken Philosophie lässt sich in drei Phasen (a – c) gliedern:

a) Primi philosophi perquirebant mundum, ex quibus elementis (!) constaret, unde (woher) ortus esset, quo periret. Alii singulis diebus caelum intuentes fecerunt rationes (*ratio, -onis* hier: die Berechnung) de siderum magnitudine et quo cursu circum terram ferrentur.

b) Socrates philosophiam devocavit de caelo et in urbibus collocavit, ut hominibus prodesset. Socrates homines, quocumque loco eos conveniebat, coegit de vita et moribus rebusque bonis et malis quaerere dicens: Colloquamur de virtutibus, quales sint! Num quaestum (*quaestus,-us* Gelderwerb) plurimi putatis? Ne neglexeritis animam (*anima, -ae* die Seele), quae quam optima reddenda sit! Ne nobis admirationi sint, quaecumque multitudo magni faciat! Utinam rationem recte vivendi inveniamus!

c) Philosophi, qui Socratem secuti sunt, philosophiae scholas quasdam sive in porticu sive in horto (*hortus,-i* der Garten) sive in nemore (*nemus, -oris* der Hain) instituerunt, ut his locis ordine dissererent, quomodo aliquis vitam beatam degere posset.

d) Unusquisque cognoscat, utrum vita virtute vera an cupidinibus latentibus regatur! Studeatis philosophiae, ne vanis moribus dediti sitis!

2. Suche aus 1. jeweils ein Beispiel für
a) einen Ablativus loci und temporis
b) einen Hortativ, Jussiv, Optativ und Prohibitiv!

3. Begründe in 1. alle Konjunktive!

4. Übersetze folgende Formen! abiecerint – accusaris – ne ademeris – administretur – concussissem – confirmetis – convincatur – creas – damnamini – deponent – detégeris – eripiar – evertisse – fugerunt – impetravisses – levamus – memoraris – ne praetermiseris – probes – puniveris – aperiam – saevias – torqueris – vehantur – vendatis – vindicamus.

a) Schreibe alle Konjunktivformen heraus und übersetze sie!
b) Welche der Formen unter a) können auch Indikativ sein? Übersetze sie entsprechend!
c) Übersetze die übrig gebliebenen Formen!

5. Übersetze! Welche Verwendung des Konjunktivs liegt vor?

a) Vivas, floreas, crescas!
b) Videant consules, ne quid detrimenti (*detrimentum,-i* der Schaden) res publica capiat!
c) Ne cupidinibus concussus sis!
d) Ne despexeris homines humili genere ortos!
e) Utinam obsides ne torqueantur!
f) Levemus inopiam eorum, qui possessionibus cedere coacti sint!
g) Vitia aliorum silentio praetereas!
h) Ne quis culpa vacuus poenas det!
i) Gubernator fluctibus oppressus sarcinam (*sarcina, -ae* der Ballast) abiciat!
k) Admiremur ortum solis, quem aperto loco intueri possimus!
l) Aestate Corinthum proficiscamur!
m) Ne probaveris iniqua iura!

6. Übersetze! Bei welchen Fragen handelt es sich um Wortfragen, bei welchen um Satzfragen und bei welchen um Doppelfragen?

a) Quomodo tranquillitatem animi adipisci possumus?
b) Num iniquo loco necesse erit castra collocare?
c) Fruerisne bona valetudine?
d) Utrum despicies an levabis inopiam nostram?
e) Nonne concuteris obsidum sorte?
f) Vigilas an dormis?
g) Quemadmodum possessiones nostras tuebimur?
h) Num in perpetuum voluptatibus servire vis?
i) Solisne ortu an meridie (*meridies,-ei* Mittag) profecti eratis?
k) Quo ordine Cato natus erat?

Sokrates. Zementabguss einer antiken Statue. Vergleiche damit das Bild auf Seite 13! Arbeite Unterschiede heraus! Woran erkennst du jedoch, dass es sich beide Male um Sokrates handelt? Tivoli, Villa Adriana.

K 40 Konjunktiv im Hauptsatz 2: Wiederholung und Ergänzung

A Der Weise muss frei von Affekten sein

„Alle Menschen, die über schwierige Fragen beraten, müssen von Hass und Zuneigung, von Zorn und Mitleid frei sein.“ So beginnt die Rede Cäsars, die ihm Sallust für die Senatssitzung des 5. Dezember des Jahres 63 v. Chr. in den Mund legt. Die Argumentation ist voll von stoischem Gedankengut, das in diesem ersten Satz in großer Dichte erscheint. Kern dieser Philosophie ist das Freisein von Affekten. Der Weise muss in seiner Seele vollkommen unbewegt sein – wir sprechen deshalb von stoischer Ruhe. Er darf sich nicht durch Affekte wie Freude, Leid, Hass, Zorn, Schmerz, Lust usw. leiten lassen, sondern muss in seinem Handeln stets ruhig und überlegt bleiben. Einer der schlimmsten Affekte ist nach stoischer Ansicht der Zorn, der blind macht und den Menschen in seiner Erregung nicht richtig handeln lässt. In seiner Schrift *„De ira“* spricht Seneca dieses Problem an; dabei erwähnt er eine Episode, die man sich vom griechischen Philosophen Platon erzählt.

B

1. Iure dicat aliquis neminem Romanorum sapientiorem fuisse Senecā.
2. Multi enim putaverint Senecam sibi (ihnen) consilia utilia ad vitam agendam dedisse.
3. Crederes etiam imperatorem Neronem Senecae gratiam debuisse.
4. Philosophosne adeam, ut me consiliis bonis adiuvent?
5. Quid facerem doloribus acribus affectus?

C Handle nie im Zorn!

Quaerat aliquis: „Quo me vertam ira nimium caecus?“ Responderit aliquis: „Lege, quid Seneca philosophus de ira scripserit! Mora medicina irae est. Certe ira minuatur, si eam tempori tradideris. Mireris audiens, quid Seneca de Platone philosopho narraverit. Vix credideris illum virum sapientem servum quendam punire voluisse. Manum iam sublatam, ut servum verberaret, cohibuit dicens: „Ira incensus sum. Ideo mei non potens sum. Servus, non homo autem sit, qui sui potens non est. Homini irato nihil liceat facere.“

D

1. Übersetze! Quaerat aliquis e Seneca: „Quid faciam iram vincere studens?“ Seneca respondeat: „Pugna tecum ipse! Multi hoc non intellegant, sed vere ita est: Si vis vincere iram, non potest te illa (vincere). Incipias (eam) vincere, si

latet, si illi exitus non datur. Maxime autem difficile sit signa eius opprimere et illam occultam (*occultus, -a, -um* verborgen) tenere, nam cupit ex-silire et incendere oculos et mutare faciem."

2. Übersetze die folgenden kurzen Sätze! Quid faciam? – Quid facerem? – Quo me conferam? – Quo me conferrem? – Utrum superbiam prius memorem an crudelitatem? – Cur amicus hoc crederet? – Quid faceret aliud? – Cur fortunam experiretur? – Quid loquar de crudelitate tyranni(!)? – Quid responderem? – Quid respondeam? – Num taceat? – Num taceret?

3. Gib den Potentialis auf verschiedene Art wieder! Cuperem vultum tuum videre. – Vix crederes milites in castra reversuros esse. – Nemo crediderit Homerum caecum natum esse. – Hoc haud dubie confirmem. – Hoc facile vitare possis. – Quis crederet urbem captam esse? – Tum cerneres, quanta audacia fuerit in exercitu Catilinae.

4. Suche in den Texten dieses Kapitels nach Stilmitteln!

5. Begründe den Rat, den Seneca in Text **C** erteilt! Urteilen wir heute ebenso oder sind wir anderer Ansicht?

6. Welchen Weg weist Seneca zur Überwindung des Zorns? Was ist deine Meinung dazu?

Der Philosoph Zenon (ca. 335 - ca. 262 v. Chr.) war der Begründer der stoischen Philosophie. Er stammte aus Zypern, siedelte später nach Athen über und entwickelte dort sein System. Arch. Institut der Universität Erlangen.

K 41 Nominativ mit Infinitiv

A Zwei verschiedene Lebenswege

In ungefähr derselben Zeit, in der die Philosophie der Stoa beginnt (etwa um 300 v. Chr.), lebt auch Epikur. Wie bei Zenon, dem Gründer der Stoa, steht auch bei ihm die Frage nach der *vita beata* im Mittelpunkt seiner Überlegungen. Zwischen beiden Schulen gibt es durchaus Berührungspunkte, etwa im Ziel ihrer Lehre. Beide wollen, dass der Mensch zu innerer Ruhe gelangt. Die Wege freilich, auf denen dieses Ziel zu erreichen ist, sind gerade entgegengesetzt. In der Antike gab es Anhänger für beide Schulen; in Rom war dabei die Philosophie der Stoa weiter verbreitet, weil sie dem Wesen und den Grundsätzen der Römer mehr entsprach. Auch Seneca folgt überwiegend stoischer Lehre, wenngleich er auch einige Gedanken Epikurs aufgreift.

B

1. Seneca a Nerone iussus est se ipse interficere.
2. Seneca iussu Neronis se ipse interfecisse dicitur (traditur).
3. Dei beati et aeterni esse putabantur.
4. Seneca hominibus quibusdam viam ad beatam vitam monstravisse iudicatur.

C Der Mensch ist zum Handeln geboren

Dicat aliquis: „Iudicaberisne, Seneca, usque ad ultimum vitae finem communi saluti operam dedisse?“ Equidem tibi respondebo: „Numquam dicar praecepta Stoicorum neglexisse, numquam aestimabor auctori huius disciplinae dissimilis fuisse. Zeno, auctor Stoicorum, dixisse traditur hominem ad agendum natum esse. A Zenone sapiens iubetur accedere ad rem publicam, nisi prohibetur, Epicurus autem discipulos iussisse fertur: Transmittite vitam per obscurum[1], date vos quieti. Recedite a re publica, nisi necessitas vos cogit.“ Alter philosophus otium ex proposito petit, alter (otium petit), cum vetatur agere.

[1] *vitam per obscurum transmittere* im Verborgenen leben

D

1. Übersetze! Stoici ab auctore illius philosophiae vetantur otio se dare. Ab eo iubentur vitam agendo degere. Otiosi esse non sinuntur nisi necessitate coacti. Discipuli Epicuri autem ab illo philosopho didicisse traduntur vitam per otium agere. Epicurus quidem eos iussisse fertur: „Recedite in vos ipsos! Ne accesseritis ad rem publicam!“ Ab Epicuro ergo tum iubeor navigare, si in mari tempestates fiunt; non autem didici, quomodo navigandum sit.

2. Übersetze die folgenden Sätze auf verschiedene Art! Seneca philosophus clarissimus Romanorum fuisse fertur (videtur). – Multi Romani vitam miseram Nerone imperatore aequo animo passi esse aestimantur, quia praecepta disciplinae Stoicorum sequebantur. – A Zenone homines otiosi esse non sinebantur. – Seneca sine metu mortem obisse traditur. – A magistris liberi vetantur otiosi esse et officia neglegere. – Seneca operam dedisse auditur, ut mores Neronis meliores faceret.

3. Unterscheide die folgenden Konstruktionen und übersetze auf verschiedene Art! Stoici dicunt hominem ad agendum natum esse. – Stoici dicuntur numquam otiosi fuisse, quia putabant hominem ad agendum natum esse. – Zeno discipulos iussit otiosos non esse neque vitam per otium degere. – Discipuli a Zenone iubebantur otiosi non esse. – Milites iubentur pontem facere. – Imperator iubet pontem fieri. – Pons fieri iubetur. – Plures Romani disciplinam Stoicorum secuti esse videbantur quam (disciplinam) Epicuri.

4. Suche in den Texten dieses Kapitels nach Stilmitteln!

5. Ein häufiges Stilmittel ist die **Metapher**; sie stellt einen verkürzten Vergleich dar. Ein Wort oder ein Bild wird in einer übertragenen Bedeutung verwendet.
Überlege, welche metaphorische Bedeutung *navigare* bzw. *tempestas* im letzten Satz der Aufgabe **D** 1. haben könnten!

6. Worin liegen die grundsätzlichen Unterschiede zwischen den Stoikern und den Epikureern?

Der Philosoph Epikur wurde im Jahre 342/41 v. Chr. auf Samos geboren, gründete 310 auf Lesbos eine Philosophenschule und verlegte sie 306 nach Athen. Weil er sich mit seinen Schülern in einem Garten traf, erhielt diese Schule den Namen Κῆπος *(Garten). Er starb 271/70 in Athen. Arch. Institut der Universität Erlangen.*

7. Welche Haltung gefällt dir besser, die der Stoiker oder die der Epikureer? Begründe deine Meinung!

8. Lies noch einmal den letzten Satz von D 1., der nicht ganz einfach zu verstehen ist! Was bedeutet dieser Satz deiner Meinung nach? Kann man aus ihm entnehmen, ob Seneca die Lebenseinstellung der Stoiker oder die der Epikureer vorzieht?

S Bene qui latuit, bene vixit.

K 42 ut-Sätze 1: Wiederholung und Ergänzung

A Sklaven

Nach antiker Rechtsauffassung sind Sklaven Sachen, Tieren vergleichbar (vgl. K36 A). Sie wurden beispielsweise ge- oder verkauft; sie wurden geschlagen oder gar getötet, ohne dass derjenige, der dies zu verantworten hatte, vor Gericht gestellt wurde. Wenn man den Sklaven eines anderen verletzt hatte, musste man Schadensersatz leisten; man musste die doppelte Summe von dem zahlen, was der Sklave bei einem Verkauf im betreffenden Jahr an Erlös hätte erbringen können. Im Laufe der Zeit änderte sich das. Langsam begriff man, dass der Sklave ein Mensch war. Insbesondere die stoische Philosophie und das Christentum haben dazu beigetragen. Eines der frühesten Zeugnisse, in dem diese Auffassung konsequent vertreten wird, ist ein Brief Senecas (ep. 47) an seinen Freund Lucilius.

B

1. Seneca ut ex exilio rediit, Romae iterum orator clarus factus est.
2. Servi, ut ait Seneca, humiles amici sunt.
3. Multi, qui in familia tua vivunt, ut servi sunt, ita homines sunt.

C Sklaven sind auch Menschen

Ut quidam aequales tui ad me venerunt, cognovi te familiariter cum servis tuis vivere. Nam ut servi sunt, ita homines et humiles amici sunt. Tot hostes, ut quidam dicunt, nobis sunt quot servi (nobis sunt): Non habemus illos hostes, sed facimus. Alia interim crudelia praetereo: servis infelicibus, dum convivae cena delectantur, ne loqui quidem licet, ut scis. Ad multa ministeria turpia adhibentur. Ut istum servum tuum vocas, ita ex eisdem seminibus ortus est, eodem fruitur caelo, aeque vivit, aeque moritur ac tu.

D 1. Übersetze! Homines, ut ait Seneca, non ministeriis aestimabo, sed moribus. Amici, ut facile invenies, non solum in foro et in curia sunt, sed etiam domi. Ut stultus est, quicumque equum empturus non ipsum inspicit, sed stratum (*stratum, -i* die Decke, der Sattel), sic stultissimus est, qui hominem ex veste aestimat. Ut autem audivi te humanum esse erga (*erga* mit Akk.: gegenüber) servos, scio tuam sententiam esse: Colant potius te quam timeant.

2. Übersetze die folgenden Sätze! Seneca ut erat dives, ita divitiis non abutebatur (*ab-uti mit Abl.* missbrauchen). Multi homines autem, qui divitissimi sunt, divitiis, ut philosophi eis crimini dant, non recte utuntur, sed voluptatibus se dant. Ut autem divitiae eos defecerunt, scelera saepe committunt divitias rursus sibi pariturі.

3. Bilde ein Wortfeld (Substantive, Adjektive, Verben etc. ähnlichen Bedeutungsinhalts) zu „Herr, Herrscher"!

4. Suche in den Texten dieses Kapitels nach Stilmitteln!

5. Lies in einer Übersetzung den 47. Brief Senecas! Mache dir dabei ein Bild über die Lage der Sklaven in Rom! Welche Misshandlungen prangert Seneca an?

6. Mit welcher Begründung (vgl. Text **C**!) führt Seneca aus, dass die Sklaven Menschen sind? Was bedeutet in diesem Zusammenhang die Formulierung *humiles amici*?

7. Was lässt sich daraus schließen, dass in christlichen Gemeinden Sklaven sogar Dienste übernehmen durften und dass ihre Urnen in den Gräbern ihrer Herren bestattet wurden?

8. Stellt in Gruppenarbeit eine Wandzeitung zu wichtigen Epochen der Sklaverei zusammen!

S **Adversus necessitatem ne dei quidem resistunt.**

Ne Iuppiter quidem omnibus placet.

Römisches Odeon in Alexandria. Ägypten war für Rom eine sehr wertvolle Provinz; sie galt als eine der Kornkammern des römischen Reiches.

W Wiederholung 14

1. Übersetze! Die Philosophie Epikurs geht von einem „materialistischen" Weltbild aus. Demnach wirbeln unendlich viele Atome (kleine unteilbare Materieteilchen) durch den leeren Raum. Wenn sie zufällig zusammenkommen und sich zusammenballen, entstehen Dinge und Welten, die sich mit der Zeit wieder auflösen und sich neu kombinieren. Einen Schöpfergott kennt dieses Weltbild nicht, und da mit dem Tod alles zu Ende ist, braucht man sich auch nicht um ein Leben danach Gedanken zu machen. Von solchen Sorgen befreit, gewinnt der Epikureer seine innere Ruhe. Daher empfiehlt der römische Dichter Lukrez (ca. 95 – 55 v. Chr.) seinem Freund Memmius und seinen Lesern, sich Epikurs Lehre anzuschließen.

Hominibus res naturae intuentibus multa admirationi et timori erant: Quo semine mundus ortus vel cuius opera factus est? Nonne exitus malus instat? Num quis servari tum poterit, cum universum col-labetur? Quo auctore motus terrae fiunt vel ignes e montibus e-rumpunt? Ne homines fortunae caecae confidere cogerentur, aliquis deos invenisse dicitur. Ita res obscurae quaedam explicari (*explicare* erklären, deuten) videbantur, sed novus metus animos invasit: Quomodo deos immortales movere possumus, ne irati sint?
Hoc metu – ut ait Lucretius – libereris, si Epicuri opera legas eiusque disciplinam sequaris. Docet enim totum mundum ex atomis (*atomus,-i f.* das Atom) constare, quae perpetuo (Adv.) per inane universum ferantur. Ut primum complures atomi casu concurrerunt et cohibitae sunt, res variae gignuntur velut saxa, semina, animalia, homines; quae tempore quodam praeterito rursus dis-solvuntur. Ne timueris ergo exitum vitae, nam corpus in singulas atomos dissolvitur! Itaque neque quicquam detrimenti (*detrimentum,-i* der Verlust) neque illud tribunal, in quo mortui accusari dicuntur, tibi metuendum est. In morte enim – ut sapientes dicunt – ut nihil boni, sic certe nihil mali est.

Quare despiciamus talem superstitionem (*superstitio, -onis* der Aberglaube), quae a quibusdam poetis tradita est! Utilitate, non pietate vel honestate (*honestas, -atis* das sittlich Gute) voluptates et virtutes metiatur, quicumque beati-tudinem (!) petit. Utinam tibi contingat, ut vitam otiosam degas!

2. Suche aus 1. je ein Beispiel für einen Prohibitiv, Hortativ, Jussiv, Optativ, Potentialis und Deliberativ!

3. Welche Fragen im ersten Absatz von 1. sind Wortfragen, welche Satzfragen?

4. Übersetze! Wo liegt eine NcI-Konstruktion vor?

a) Lucretius eodem anno, quo Vergilius poeta natus est, de vita decessisse dicitur.
b) Lucretius fertur Vergilio admirationi fuisse, cum illum hoc versu laudibus efferret (*efferre* hervorheben): Felix, qui potuit rerum cognoscere causas.
c) Apud Epicureos dei negantur hominibus consulere.
d) Lucretius, qui deos esse negavisset, in amentiam (*a-mentia, -ae* der Wahnsinn) incidisse traditur.

5. Informiere dich in einem Sachbuch (Chemie, Physik) über die Herkunft und über die Bedeutung des Wortes „Atom“. Warum ist diese Bezeichnung heute in ihrem ursprünglichen Sinn nicht mehr haltbar?

6. Das Christentum hat sich im Altertum und im Mittelalter intensiv mit antiker Philosophie beschäftigt und Gedanken von Sokrates, Platon, Aristoteles und der Stoa, aber **nicht** von den Epikureern übernommen. Kannst du Gründe dafür erkennen?

Amphitheater in Leptis Magna in Nordafrika.

K 43 ut-Sätze 2: Wiederholung und Ergänzung

A Die letzten Dinge

Philosophie beschäftigt sich auch immer mit Fragen nach den letzten Dingen. Gott und sein Wirken in der Welt ist demnach ein Thema, das Philosophen zu allen Zeiten aufgegriffen haben. Die einen kommen zu dem Ergebnis, dass ein oder mehrere Götter die Welt erschaffen hätten und lenken; andere sind der Ansicht, es gebe zwar einen oder mehrere Götter, die sich aber nicht um die Welt kümmerten. Wieder andere meinen, Götter existierten nicht, und erklären die Welt rein physikalisch. Seneca ist überzeugt vom göttlichen Wirken in der Welt. Seine Gedanken muten fast christlich an, obwohl Seneca gewiss keine Beziehung zum Christentum hat und dessen Lehre nicht kennt.

B

1. Seneca optat, ut homines deum cognoscant.
2. Itaque hominibus persuadere conatur, ne quis desinat deum quaerere.
3. Seneca timet, ne multi homines deum non cognoscant.
4. Nam multae res homines impediunt, ne (quominus) deum cognoscant.
5. Multa ob-stant, quominus homines deum cognoscant.
6. Periculum est, ne multi aures eis praebeant, qui deum esse negent.

C Mensch und Gott

Optas, mi Lucili, ut adipiscaris bonam mentem[1]; nihil impedit, quominus eam possis a te impetrare. Multorum hominum mos est, ut manus tollant aedituumque[2] orent: „Admitte nos propius ad aurem simulacri, ut magis exaudiri possimus!“ Sed timeo, ne nemo eorum deum cognoscat. Opto autem, ne tibi hoc ignotum sit: Prope est a te deus, tecum est, intus[3] est. Sacer intra nos spiritus sedet; bonus vero vir sine deo nemo est. Saepe accidit, ut ille det consilia magnifica. In unoquoque virorum bonorum (quis deus, incertum est) habitat deus.

[1] *bona mens* eine sittlich gute Einstellung im Leben; sittliche Vollkommenheit [2] *aedituus, -i* der Tempelhüter [3] *intus* in deinem Inneren

D

1. Übersetze! Multi homines laborant, ut domum pulchram et familiam magnificam habeant; sed accidit, ut homines haec omnia amittant. Num adipiscuntur divitias, quae tales sunt, ut eripi non possint? Quid autem homini prodest, ut nanciscatur opes, quae eripi possint? Sola ratio homini prodest; ra-

tionale enim animal est homo. Ratio autem postulat, ut homo secundum naturam suam vivat.

2. Füge die richtigen Konjunktionen (und gegebenenfalls nötige Pronomina und Negationen) ein und übersetze! Omnes homines optant, _?__ vitam beatam vivant. – Omnes homines optant, _?__ _?__ sibi (ihnen) noceat. – Leonidas Persas impedire voluit, _?__ Athenas peterent. – Romani timuerunt, _?__ Hannibal Romam aggrederetur. – Athenienses timuerunt, _?__ _?__ Persis resistere posset. – Nullus mons tam arduus (steil) est, _?__ _?__ ascendi possit. – Roma non tam firmis moenibus munita erat, _?__ _?__ urbs capi posset. – Videant consules, _?__ _?__ detrimenti (*detrimentum, -i* der Schaden) capiat res publica. – Nemo Hannibalem impedire potuit, _?__ Alpes transgrederetur.

3. Bilde eine Wortfamilie (Substantive, Adjektive, Verben etc. ähnlichen Bedeutungsinhalts) zu „Arbeit“!

4. Suche in den Texten dieses Kapitels nach Stilmitteln!

5. Welche Gedanken des Textes C könnten auch von einem christlichen Autor stammen, welche nicht?

6. Deute den Satz (**D** 1.): *Rationale enim animal homo est.*!

7. Was bedeutet der stoische Grundsatz *secundum naturam vivere*?

Der Philosoph Chrysipp (ca. 280 - ca. 205 v. Chr.) ist einer der bedeutendsten Vertreter der Stoa. Er systematisierte und erweiterte die Lehre, so dass in der Antike gesagt wurde: „Ohne Chrysipp gibt es keine Stoa“. Arch. Institut der Universität Erlangen.

8. In seinem Stück „Leben des Galilei“ lässt Brecht Sagredo, einen Freund des großen Physikers, die Frage stellen, als er die Jupitermonde entdeckt hat und daraus schließt, dass die Erde ein Stern und nicht der Mittelpunkt der Welt ist: „Und wo ist dann Gott?“ Und Galilei antwortet: „ In uns oder nirgends.“ Welche Gemeinsamkeiten gibt es zwischen Senecas Text (**C**-Stück) und Brechts Galilei? Was ist das Gemeinsame an diesem neuen Gottesbild?

K 44 Temporalsätze: Wiederholung und Ergänzung

A Trier

An die Römerzeit in Deutschland erinnern heute noch viele Denkmäler. Die Archäologen gruben Reste vieler antiker Monumente aus und führten anschaulich vor Augen, dass die Römer nicht nur als Eroberer kamen, sondern auch dafür sorgten, dass der Lebensstandard in den unterworfenen Gebieten nicht sank, sondern sich meist erheblich steigerte. Allein die verkehrstechnische und wirtschaftliche Infrastruktur, die die Römer aufbauten, trug dazu bei, dass manche Regionen, die bislang unterentwickelt waren, rasch zu hoher Blüte gelangten.
So geschah es auch in der ältesten Römerstadt Deutschlands, in Trier. Sie war das Versorgungszentrum der Legionen in den germanischen und belgischen Provinzen, das zudem an der schiffbaren Mosel und an bedeutenden Straßen lag; so brachten es die Bewohner schnell zu großem Reichtum. Wenngleich die Stadt in den Stürmen der Franken und Alamannen unterging, die 275/76 den Limes durchbrachen und die unbefestigte Stadt zerstörten, so bedeutete das keineswegs das Ende.

B

1. Postquam Romani in Galliam venerunt, gentes ibi eis restiterunt.
2. Quoad Romani in Gallia nondum erant, Galli liberi erant.
3. Ubi Romani et Galli pugnaverant, multi milites vulneribus laborabant.
4. Antequam Romani in Galliam venerunt, ibi gentes inter se pugnabant.
5. Germani exspectaverunt, dum limitem perfringerent.

C Trier, die bedeutendste Römerstadt in Deutschland

Priusquam Romani in Germaniam venerunt, eo loco, ubi hodie quoque Augusta Treverorum sita est, quaedam templa erant. Postquam Romani illam regionem ceperunt, quaestores in illa urbe pecuniam publicam provinciae Belgicae dispensabant[1]. Quoad exercitus Romani in provinciis erant, ibi mercatores fabrique, qui magnas divitias sibi parabant, milites armis, cibis, instrumentis exornabant. Dum in provincia adhuc pugnatur, solum cives, non milites in urbe habitabant, moenia non erant. Cum primum limes Romanus a Germanis perfractus est, Alamanni urbem deleverunt.

[1] *dispensare* verwalten

D 1. Übersetze! Postquam Germani limitem perfregerunt, Augusta Treverorum deleta est. Antequam Germani urbem deleverunt, ibi mercatores et fabri divites habitaverunt. Illi domi in officinis (*officina, -ae* die Werkstatt) arma aliaque instrumenta fecerunt, dum in provincia pugnatur. Postquam autem limes aedificatus est, Germani exspectaverunt, dum Romani infirmi fierent. Ubi viderunt paucos Romanorum milites finem imperii defendere non posse, limitem petiverunt, antequam cohortes Romanae adessent.

2. Bilde das richtige Tempus und den entsprechenden Modus und übersetze!
Antequam Caesar in Galliam (venire), Galli liberi erant. – Postquam Caesar in Galliam (venire), bella Gallorum finita sunt. – Romani exspectaverunt, dum Galli legiones (aggredi). – Ubi primum limes (perfringere), Germani in imperium Romanum invaserunt. – Milites simulatque e pugna (redire), vulnera curabant. – Dum ibi (pugnare), imperator se suosque servavit. – Quoad Romani in Germania (manere), multae res ex Italia importabantur.

3. Suche in Text **C** Wörter oder Teile davon, die dir auch im Englischen begegnen!

Die großen Kaiserthermen, die von Konstantin in Trier erbaut wurden, waren die größten Badeanlagen im römischen Reich nach denen des Caracalla und des Diocletian.

4. Suche auf einer Landkarte Trier und beschreibe, warum die Lage dieser Stadt so günstig ist!

5. Lies in den Kapiteln 1 bis 8 des 6. Buches von Cäsars *Bellum Gallicum* von der Auseinandersetzung zwischen ihm und den Treverern und referiere darüber in deiner Klasse!

6. Verschaffe dir aus dem Internet einen Überblick über das antike Trier und seine Reste aus der Römerzeit!

S **Inquietum est cor nostrum, donec requiéscat in te.** *(Augustinus)*

K 45 Verba defectiva – Imperativ II

A **Eine römische Kaiserstadt auf deutschem Boden**

Sehr bald nach der Zerstörung durch die Alamannen wurde Trier wieder aufgebaut, und zwar unter Constantius Chlorus (*264, + 306). Kaiser Diokletian (284 – 305) hatte eingesehen, dass das riesige Reich nur mehr schwer von einem Einzelnen zu regieren war. Er teilte deshalb die Herrschaft unter vier Regenten auf: zwei Augusti mit je einem Cäsar (Tetrarchie: Herrschaft von vier Männern). Dadurch konnte kaiserliche Macht im Reich mehr präsent sein, als wenn es nur einen Kaiser in Rom gebe. Diokletian erhob zunächst seinen Kampfgefährten Maximian zum Mitregenten; Caesares wurden im Jahre 293 Constantius und Galerius. Oberster Herrscher blieb Diokletian, die anderen drei erhielten untergeordnete Aufgaben. Constantius wurde Gallien zugewiesen; als Hauptstadt wählte er Trier, das er zur Residenz und zur Münzprägestätte machte.
Sein Sohn war Konstantin der Große (ca. 285 – 337). Unter ihm erlebte Trier eine bauliche und kulturelle Blüte. Wichtigster, heute wiederhergestellter Bau ist die sog. Basilika, eine Palastaula aus Ziegelmauerwerk (jetzt eine Kirche). Auch der Dom und die Liebfrauenkirche gehen auf eine konstantinische Kathedrale zurück. Trier war damals mit Gewissheit die prächtigste Stadt auf deutschem Boden. Ihre Bedeutung sank nach 395, als die Residenz wegen der Gotengefahr nach Mailand verlegt wurde.

B
1. Libenter meminimus imperatoris Constantini.
2. Mementote etiam aedificiorum, quae Augustae Treverorum exstrui iussit.
3. Nihilo minus Germani Romanos oderant.
4. Mediam per urbem Mosella fluit.

C Das konstantinische Trier

Constantinus postquam patri successit, magnifica aedificia exstrui iussit. Meminimus eum amplam domum regiam fecisse, ubi magna in aula[1] legatis aliarum gentium potestatem sui audiendi dabat aut dies festos agebat[2]. Media in urbe thermas[3] videmus, quae exceptis thermis Diocletiani et Caracallae, quae Romae sunt, maximae (thermae) totius imperii sunt. Celeberrimum autem aedificium, quod adhuc restat, Porta Nigra est, quae circiter anno p. Chr. n. trecentesimo exstructa est. Mementote illam portam unam ex quattuor portis moenium fuisse.

[1] *aula, -ae* die Halle, der Hof [2] *dies festos agere* Feste feiern [3] *thermae, -arum* die Thermen, Badeanstalten

D 1. Übersetze! Romanos Germanis odio fuisse meminimus. Scitote Romanos cum Germanis de libertate pugnavisse. Tamen multae res mediam per Galliam et Germaniam ex Italia im-portatae (!) sunt. Sic media in Germania magnum provinciae caput ortum est. Aditote illam urbem, spectatote thermas (*thermae,*

Die Porta Nigra in Trier (um 300 n. Chr.) ist eines der vier Tore von der Stadtmauer. Der gute Erhaltungszustand kommt davon her, dass das Tor lange Zeit in den beiden oberen Geschossen als Kirche verwendet wurde.

-arum die Badeanlagen), aulam (*aula, -ae* der Hof, die Halle) domus regiae, Portam Nigram, quam diu templum (hier: die Kirche) fuisse meminimus. Incolae Augustae Treverorum superbi sunto, cum temporum praeteritorum meminerunt! Nam in Germania nulla urbs antiqua celebrior est Augusta Treverorum.

2. Übersetze folgende Formen! meministi – meminerim – meminero – meminit – meminisse – meministis – meminimus – memineritis (2) – memineramus – memineram – memineratis – meminerat – meminissem – meminissetis – meminissent – meminisses – meminerint (2) – mementote – odisti – oderunt – oderint (2) – odissent – oderant – oderatis – odi – odii – oderis (2) – odistis – odisses – oderam – odero – oderim – oderitis.

3. Übersetze folgende Ausdrücke auf zweierlei Art (wenn möglich)! in summo monte – ad infimum montem – extremo anno – primo vere – summa aqua – extrema aestate – primo mense – summa turris – primum agmen – extremo autumno – in summo colle – infima vallis.

4. Übersetze! tibi odio sum – mihi odio eratis – nobis odio eritis – ei odio sis – vobis odio erunt – mihi odio essent – tibi odio erant – eis odio sint – mihi admirationi es – ei admirationi essetis – nobis admirationi eritis.

5. Lies in einem Geschichtsbuch oder/und hole dir aus dem Internet Informationen über Konstantin den Großen! Schlage die wichtigsten Daten zu seinem Leben nach und stelle so einen ungefähren Lebenslauf zusammen!

6. In Rom gibt es einen Konstantinsbogen. Erinnerst du dich daran, wo er in deinem Lateinbuch Auspicia abgebildet war? (2 Stellen)

7. Byzanz und Konstantinopel (Stadt des Konstantin) sind zwei Bezeichnungen für ein und dieselbe Stadt. Wie heißt sie heute? Suche sie in einem Atlas!

S **Aequam memento rebus in arduis servare mentem!**
Forsan et haec olim meminisse iuvabit. (*forsan* vielleicht)
Etiam qui faciunt, oderunt iniuriam.

W Wiederholung 15

1. Übersetze! Constantinus natus erat Helena, infimo genere orta, et imperatore Constantio. Is, dum imperator Diocletianus et Maximianus regunt, Caesar (als...) Galliae et Britanniae praefuit. Postquam uterque sua sponte imperium deposuit, Constantius et Galerius Augusti facti sunt. Constantinus, antequam in patris locum successerat, versatus erat apud Diocletianum, qui ingenium adulescentis cognoverat eumque variis disciplinis instruxerat. Ut primum patre mortuo ipse Caesar dictus est, vires suas auxit eo consilio, ut toto imperio Romano potiretur. Anno p. Chr. n. trecentesimo duodecimo Constantinus Romam petivit, ut Maxentium aemulum (*aemulus, -i* der Rivale), cuius in potestate Italia atque urbs Roma essent, depelleret. Quem plurimi cives oderant, cum ingentibus vectigalibus premerentur. Constantinus ante pugnam quieti se dederat, cum in caelo – ut ipse aiebat – signum quoddam ei apparuit, quod cruci (*crux, crucis* das Kreuz) vel litteris Graecis X (Chi) et P (Rho) simile erat. Utuntur Christiani eius modi litteris, quibus CHRISTOS significetur (*significare* bezeichnen). Simulatque suis auribus vocem divinam „hoc signo vinces“ audivit, e somno surrexit et scuta (*scutum,-i* der Schild) hoc signo exornari iussit. Tum copias instruxit exspectans, dum Maxentius ponte Milvio Tiberim transgrederetur. Diu incertum erat, Maxentione an Constantino fortuna belli faveret (*favere* gewogen sein). Tandem militibus Constantini contigit, ut aciem hostium repellerent et perfringerent et urbe potirentur.
Constantinus, quoad vixit, huius victoriae memor fuisse videtur. Edicto Mediolani edito vetuit Christianos impediri, ne Christum ut deum vererentur. Locis celebribus Christianorum, velut Hierosolymis et in oppido Bethlehem, aulas a fabris clarissimis exstrui et ab artificibus magnifice exornari iussit, ne Christianorum cultus ceteris cederet (*cedere* nachstehen).

2. Suche aus 1. alle *ut* heraus und ordne sie nach *ut* mit Indikativ und *ut* mit Konjunktiv!

3. Erstelle für die Konjunktionen der Adverbialsätze eine Tabelle mit zwei Spalten für Konjunktiv und Indikativ sowie mit acht Zeilen für temporale, konditionale, adversative, modale, konzessive, finale, kausale und konsekutive Bedeutungen! Manche Konjunktionen erscheinen in mehreren Zellen. antequam – cum – donec – dum – ne – nisi – postquam – priusquam – quamdiu – quamquam – quia – quoad – quod – si – simulatque – ubi – ut.
Ihr könnt die so entstandene Tabelle auf Karton übertragen und die Zellen (jeweils gleiches Format) ausschneiden. Auf diese Weise kann die Tabelle immer wieder neu gelegt werden.

4. Setze folgende Formen in die entsprechenden Formen des Konjunktivs bzw. des Indikativs und übersetze! transgressus sit – perfringebamur – exstruimus – fluat – meminerant – oderunt – novi – consuevisses.

5. Übersetze!

a) Fabri, antequam domum exstruunt, humum inspiciunto!
b) Imperator, postquam victoriam adeptus est, templum Martis simulacris exornavit.
c) Ubi sepulcrum praeterieram, aequalium mortuorum memineram.
d) Fugite, priusquam hostes flumen transgrediantur!
e) Dum infelices torquentur, nos omnes tanta crudelitate concussi sumus.

6. Informiert euch in einem Lexikon oder in einem (Kirchen-)Geschichtsbuch, welche Bauten außerhalb von Konstantinopel mit Konstantin dem Großen verbunden sind!

7. Informiere dich in einem kirchengeschichtlichen Buch über Helena und ihre Reise ins Heilige Land! Erkläre auf diesem Hintergrund den Namen Santa Croce, den eine römische Kirche trägt!

Die so genannte Palastaula war aller Wahrscheinlichkeit nach der Empfangsraum des Palastes des Kaisers Konstantin.

Anhang: Satzanalyse 1

Grundsätzliches zur Satzanalyse

Latein – wie wir es im Unterricht lernen – ist eine Literatursprache; sie wurde in dieser Form nie zur Unterhaltung verwendet (auch in Deutschland sprach beispielsweise niemand so, wie Goethe schrieb). Das bedeutet, dass lateinische Texte Kunstwerke sind, die vielfältig entschlüsselt werden müssen. Im Folgenden geht es darum, die syntaktischen Strukturen zu erschließen; die restliche Auswertung (wie z. B. Wortstellung, Stilistik, Nuancen und Bedeutungsumfang beim Wortschatz usw.) wird der Lehrer mit dir vornehmen.

Der erste Schritt bei der Satzanalyse besteht darin, in den Satz hineinzulesen. Belasse die Wörter in der Reihenfolge, in der sie dastehen, und gehe von einem zum anderen.

Suche dabei die Schnittstellen im Satz, die durch „Signale" gekennzeichnet sind: oft nach Verben, bei Satzzeichen, bei Konjunktionen und Relativpronomina.

Unterscheide bei Konjunktionen zwischen denen, die unterordnen (subordinierend), und denen, die beiordnen (koordinierend). Im ersten Fall beginnt ein neuer Satz (z. B. nach *cum, ut, quamquam* usw.; dies gilt auch für ein Relativpronomen *qui, quae, quod*), im zweiten geht der bisherige weiter (z. B. bei *et, et ... et, aut, aut ... aut, vel* usw.) oder es folgt ein Satz, der mit dem vorhergehenden gleichwertig ist. Beachte, dass *sed* (*autem*) im Satzinneren Gleichwertiges weiterführt, weil es zum „Satz" einen „Gegensatz" anführt, der mit dem „Satz" auf gleicher Ebene steht.

1. Die Unterstreichmethode

Die Unterstreichmethode ist das einfachste und oft wirkungsvollste Vorgehen; sie kann auch auf dem Angabenblatt einer Schulaufgabe etc. durchgeführt werden und verlangt kein Abschreiben des Textes. Ihr Prinzip ist es, dass Haupt- und Nebensätze voneinander getrennt und mit jeweils einer anderen Farbe (oder einem anderen Symbol, z.B. gerade Linien, Wellenlinien, Punkte, Striche usw.) unterstrichen werden. Die Schnittstellen werden dabei markiert (subordinierende Konjunktionen: eingerahmt; koordinierende Konjunktionen: doppelt unterstrichen). Der Hervorhebung halber wird im Folgenden der bearbeitete Text nicht nur farblich unterstrichen, sondern farbig gedruckt.

Lege dir nun eine Kopie des Textes mit großen Zeilenabständen zurecht. Wir wollen gemeinsam beginnen, indem wir in den Text hineinlesen.

•Signal: *cum*; subordinierende Konjunktion, leitet einen NS ein: Kästchen, weiterlesen, unterstreichen;
•Signal: *esset*; der Satz scheint vollständig zu sein (Subjekt und Prädikat);
•Signal: *et*; koordinierende Konjunktion, Gleiches (*cum*-Satz) wird fortgeführt: doppelt unterstreichen, weiterlesen, mit gleicher Farbe unterstreichen;
•Signal: *pugnasset*; Verbum als Einschnitt, vollständiger Satz;
•Signal: -*que*; koordinierende Konjunktion, Gleiches (*cum*-Satz) wird fortgeführt: doppelt unterstreichen, weiterlesen, mit gleicher Farbe unterstreichen;
•Signal: *agerent Romani*; Verbum/Subjekt als Einschnitt, vollständiger Satz;
•Signal: *et*; koordinierende Konjunktion, Gleiches (*cum*-Satz) wird fortgeführt: doppelt unterstreichen, weiterlesen, mit gleicher Farbe unterstreichen;
•Signal: *tum*; leitet in Korrespondenz mit *cum* einen HS ein: Kästchen und neue Farbe;
•Signal: *venit*; Verbum als Einschnitt, vollständiger Satz;
•Signal: *ac*; koordinierende Konjunktion, Gleiches (HS) wird fortgeführt: doppelt unterstreichen, weiterlesen, mit gleicher Farbe unterstreichen;
•Signal: *petivit*; Verbum als Einschnitt, vollständiger Satz;
•Signal: *et*; koordinierende Konjunktion; Gleiches (HS) wird fortgeführt; doppelt unterstreichen; Vorsicht: *et* deutet Fortführung an, doch *si* unterbricht sie sofort (häufiges Auftreten dieser Erscheinung in lateinischen Sätzen!);
•Signal: *si*; subordinierende Konjunktion; neuer Satz (NS) beginnt: Kästchen und neue Farbe; merke jedoch: eine Fortführung des Satzes vor dem *si* muss noch folgen!
•Signal: *conveniret*; Verbum als Einschnitt, Ende des *si*-Satzes; der durch *si* unterbrochene Satz (hier: HS) muss fortgeführt werden; Wiederaufnahme der vorhergehenden Farbe;
•Signal: *necare*; Einschnitt im HS, der durch *–que* (koordinierende Konjunktion) fortgeführt wird: doppelt unterstreichen, mit gleicher Farbe weiter fortsetzen;
•Signal: *quoniam*; subordinierende Konjunktion, neuer NS: andere Farbe, Kästchen und unterstreichen in neuer Farbe.

Es handelt sich also um einen viergliedrigen Nebensatz und einen ebenso viergliedrigen Hauptsatz, in den zwei Nebensätze eingebunden sind.

Bei längeren Nebensätzen ist es empfehlenswert, zu Beginn jeden Gliedes die Konjunktion zu wiederholen, damit die Konstruktion gewahrt bleibt (also: Als König Pyrrhus ... weilte **und als** ... **und als** ...)

Übersetze nun jeden Satz für sich; beginne jeweils mit dem Verbum und dem Subjekt (damit du z. B. einen Subjektswechsel nicht übersiehst)! Füge dann die gesamte Satzperiode zusammen!

Römische Fairness

Cum Pyrrhus rex in terra Italia esset et unum atque alterum proelium prospere pugnasset[1] satisque agerent[2] Romani et pleraque Italia ad regem descivisset[3], tum Ambraciensis[4] quidam Timochares, regis Pyrrhi amicus, ad C. Fabricium consulem furtim[5] venit ac praemium petivit et, si de praemio conveniret[6], promisit regem venenis[7] necare idque facile esse factu[8] dixit, quoniam filii sui pocula in convivio[9] ministrarent[10].

Eam rem Fabricius ad senatum scripsit. Senatus ad regem legatos misit mandavitque, ut de Timochare nihil proderent, sed monerent, ut rex circumspectius[11] ageret atque a proximorum insidiis salutem tutaretur.

Hoc ita, ut diximus, in Valeri Antiatis historia[12] scriptum est. Quadrigarius autem in libro tertio non Timocharem, sed Niciam adisse ad consulem scripsit neque legatos a senatu missos (esse), sed a consulibus, et Pyrrhum populo Romano laudes atque gratias scripsisse captivosque[13] omnes, quos tum habuit, vestivisse[14] et reddidisse.

Consules tum fuerunt C. Fabricius et Q. Aemilius. Litteras, quas ad regem Pyrrhum de ea causa miserunt, Claudius Quadrigarius scripsit fuisse hoc exemplo[15]:

„Consules Romani salutem dicunt Pyrrho regi. Nos pro tuis iniuriis continuis animo tenus[16] commoti acriter tecum bellare studemus. Sed communis exempli et fidei est visum[17], ut te salvum (esse) velimus, ut (aliquis) esset, quem armis vincere possimus. Ad nos venit Nicias, familiaris tuus, qui sibi praemium a nobis peteret, si te clam interfecisset. Quia id nos negavimus velle, ei consilium dedimus, ne ob eam rem quicquam commodi exspectaret, et simul visum est, ut te certiorem faceremus, ne quid eiusmodi, si accidisset, nostro consilio civitates putarent factum (esse), quod nobis non placet pretio aut praemio aut dolis pugnare. Tu nisi caves, iacebis!"

[1] *pugnasset = pugnavisset* [2] *satis agere* in Bedrängnis sein [3] *desciscere – descivi* abfallen [4] *Ambraciensis* aus Ambrakia [5] *furtim* heimlich [6] *convenit* eine Einigung kommt zustande [7] *venenum, -i* das Gift [8] *factu* zu tun [9] *convivium, -i* das Gastmahl [10] *ministrare* hier: reichen [11] *circum-spectius* Adv. umsichtiger [12] *historia, -ae* das Geschichtswerk [13] *captivus, -i* der Kriegsgefangene [14] *vestire* bekleiden [15] *exemplum, -i* hier: der Wortlaut [16] *tenus* hier mit Ablativ: bis in [17] *videtur* mit Genitiv es scheint ein Zeichen zu sein von

Cum Pyrrhus rex in terra Italia esset et unam atque alteram pugnam prospere pugnasset satisque agerent Romani et pleraque Italia ad regem descivisset, tum Ambraciensis quidam Timochares, regis Pyrrhi amicus, ad C. Fabricium consulem furtim venit ac praemium petivit et, si de praemio conveniret, promisit regem venenis necare idque facile esse factu dixit, quoniam filii sui pocula in convivio ministrarent.

Analysiere nun die restlichen blauen Sätze der Vorlage! Schreibe sie dazu auf ein Arbeitsblatt und gehe langsam vor. Vergleiche dann dein Ergebnis jeweils mit der Lösung, die du unten findest!

Senatus ad regem legatos misit mandavitque, ut de Timochare nihil proderent, sed monerent, ut rex circumspectius ageret atque a proximorum insidiis salutem tutaretur.

Quadrigarius autem in libro tertio non Timocharem, sed Niciam adisse ad consulem scripsit neque legatos a senatu missos (esse), sed a consulibus, et Pyrrhum populo Romano laudes atque gratias scripsisse captivosque omnes, quos tum habuit, vestivisse et reddidisse.

Quia id nos negavimus velle, ei consilium dedimus, ne ob eam rem quicquam commodi exspectaret, et simul visum est, ut te certiorem faceremus, ne quid eiusmodi, si accidisset, nostro consilio civitates putarent factum (esse), quod nobis non placet pretio aut praemio aut dolis pugnare.

K 47 Anhang: Satzanalyse 2

Ein Bub bleibt standhaft

Mos antea senatoribus Romae fuit in curiam cum praetextatis[1] filiis introire. Tum, cum in senatu aliqua res maior consultata[2] eaque in diem posterum prolata[3] est placuitque, ne quis eam rem, super qua tractavissent, enuntiaret[4], priusquam decreta esset, mater Papirii pueri, qui cum patre suo in curia fuerat, percontata[5] est filium, quid-nam in senatu patres egissent. Puer respondit tacendum esse neque id dici licere. Mulier fit audiendi cupidior; silentium pueri animum eius ad inquirendum[6] everberat[7]. Quaerit igitur acrius. Tum puer matre urgente[8] lepidi[9] mendacii[10] consilium capit: Actum in senatu esse dixit, utrum videretur utilius esse, ut unus vir duas uxores haberet an ut una femina apud duos viros nupta[11] esset.

Hoc illa ubi audivit, animus compavescit[12], domo timida egreditur ad ceteras matronas[13]. Undique pervenit ad senatum postridie matrum familiae multitudo. Lacrimantes[14] atque obsecrantes[15] orant, ut una potius duobus nupta[11] fieret quam ut uni duae. Senatores ingredientes in curiam, quae illa mulierum intemperies[16] et quid sibi postulatio ista vellet[17], mirabantur.

Puer Papirius in medium curiae progressus, quid mater audire institisset[18], quid ipse matri dixisset, rem, sicut fuerat, de-narrat. Senatus fidem atque ingenium pueri laudibus effert, consultum facit, ne postea pueri cum patribus in curiam introeant nisi ille unus Papirius, atque puero postea cognomen honoris causa datum est „Praetextatus" ob[19] tacendi lo quendique in aetate praetextae[1] prudentiam.

[1] *praetextatus* derjenige, der mit der *praetexta* (*toga*), der Toga mit dem Purpursaum, bekleidet ist; sie trugen die höheren Magistrate und die freigeborenen Knaben bis zum Eintritt ins Erwachsenenalter [2] *consultare* beraten [3] *proferre* verschieben [4] *enuntiare* ausplaudern [5] *percontari* ausforschen [6] *inquirere* weiter nachfragen [7] *everberare* reizen, anstacheln [8] *urgere* bedrängen [9] *lepidus, -a, -um* fein, hübsch [10] *mendacium, -i* die Lüge [11] *nupta,-ae* (mit *apud* oder mit Dativ) verheiratet mit [12] *compavescere* ängstlich werden [13] *matrona, -ae* die würdevolle (verheiratete) Frau, die Ehefrau des *pater familias* [14] *lacrimare* weinen [15] *obsecrare* beschwören [16] *intemperies, -ei* das ungebührliche Verhalten [17] *sibi velle* zu bedeuten haben [18] *insistere* drängen, bestehen auf [19] *ob* mit Akkusativ: wegen

2. Die Einrückmethode

Die Einrückmethode geht ebenso wie die Unterstreichmethode davon aus, dass man in den Satz langsam hineinliest und die einzelnen Signale erkennt. Von links nach rechts wird dann pro Satz eine Spalte eingerückt.

- Signal: *tum*: keine subordinierende Konjunktion, kein Relativpronomen; leitet demnach HS ein; 1. Spalte;

- Signal: *cum*; subordinierende Konjunktion; der HS ist unterbrochen, NS beginnt: einrücken;

- Signal: *consultata*; Verbum als Einschnitt;

- Signal: -*que*; Gleiches (NS) wird fortgesetzt; Spalte beibehalten;

- Signal: *placuit-que*: Verbum als Einschnitt; -que als Fortsetzung: Spalte beibehalten;

- Signal: *ne*: Subjunktion; neuer NS; Spalte einrücken;

- Signal: *qua*: Einschub Relativsatz; Spalte einrücken; *ne*-Satz hat noch kein Verbum, ist also noch nicht vollständig;

- Signal: *enuntiaret*; Relativsatz war Einschub; jetzt geht der *ne*-Satz weiter;

- Signal: *priusquam*: subordinierende Konjunktion: neuer NS; Spalte einrücken; *esset*: Ende des NS;

- Signal: fehlt; keine Konjunktion, kein Relativpronomen: ergo muss es HS sein; ausrücken;

- Signal: *qui*; Relativpronomen; NS; Spalte einrücken;

- Signal: *percontata est*: Einschub (Relativsatz) zu Ende; Fortsetzung … *pueri*;

- Signal: *quid-nam*; indirekter Fragesatz; neuer NS; Spalte einrücken.

HS	1. NS	2. NS	3. NS
Tum			
	cum … consultata		
	eaque … est		
	placuitque,		
		ne quis … rem,	
			super qua tractavissent,
		enuntiaret,	
			priusquam … esset,
mater … pueri …			
	qui … fuerat		
est filium,			
	quidnam … egissent,		
Actum … dixit,			
	utrum … esse,		
		ut … haberet	
		an ut … esset.	
Senatus … effert,			
consultum facit,			
	ne … Papirius,		
atque puero … prudentiam,			

3. Die Stufenmethode

Die Stufenmethode ist mit der Einrückmethode nahe verwandt. Die einzelnen Sätze werden wiederum nach ihrer Wertigkeit differenziert, aber nicht von links nach rechts in Spalten, sondern von oben nach unten in Stufen aufgelistet. Die oberste Stufe ist dem Hauptsatz vorbehalten, die weiteren Nebensätze stehen je nach Grad eine Stufe tiefer. Die Stufenmethode hat den Vorteil, dass man die Ebenen und die Zusammengehörigkeit der einzelnen Sätze besser sieht als bei der Einrückmethode; sie hat aber den Nachteil, dass sie viel Platz in die Breite benötigt. Es ist deshalb ratsam, das Arbeitsblatt quer zu verwenden.

Wie sind Diebe zu bestrafen?

(Nach den Gesetzen, die Drakon um das Jahr 621 v. Chr. in Athen gab, stand auf Diebstahl die Todesstrafe. Solon milderte in seinen Gesetzen von ca. 594/93 v. Chr. dies ab und setzte fest, der Dieb müsse den doppelten Betrag dessen zahlen, was die Beute wert war. Die römischen Decemvirn, die nach dem Vorbild der Athener das 12-Tafel-Gesetz schufen, differenzierten bei Diebstahl folgendermaßen:)

Nam furem[1], qui manifesto[2] furto prensus[3] esset, tum occidi permiserunt[4], si aut, cum faceret furtum, nox esset, aut interdiu[5] telo[6] se, cum prenderetur, defenderet. Ex ceteris autem manifestis furibus[1] liberos verberari[7] addicique[8] iusserunt ei, cui furtum factum esset, si modo id luce fecissent neque se telo defendissent, servos autem furti manifesti[2] prensos[3] verberibus[9] adfici et e saxo praecipitari[10], sed pueros impuberes[11] praetoris arbitratu[12] verberari[7] voluerunt noxiamque[13] ab his factam sarciri[14].

[1] *fur, furis* der Dieb [2] *manifestus, -a, -um* offenkundig, auf frischer Tat [3] *prendere = prehendere* ergreifen, überraschen [4] *permiserunt* Subjekt sind *decemviri*, die das 12-Tafel-Gesetz erarbeitet haben [5] *interdiu* untertags [6] *telum, -i* die Waffe [7] *verberare* schlagen, die Prügelstrafe an jemandem vollziehen [8] *addicere* zusprechen, als Schuldknecht übereignen [9] *verbera, -um* die Schläge, Prügelstrafe [10] *praecipitare* stürzen (vom tarpeischen Felsen, einer Hinrichtungsstätte am Abhang des Kapitols) [11] *impubes, -eris* unerwachsen [12] *arbitratus, -us* das Ermessen [13] *noxia, -ae* der Schaden [14] *sarcire* wieder gutmachen

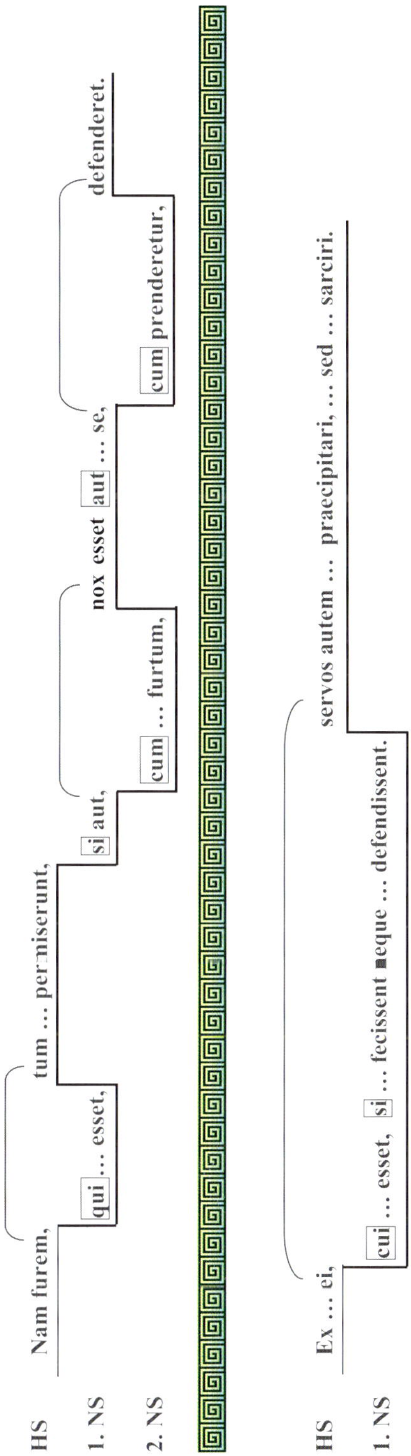

- **Signal:** nam: keine subordinierende Konjunktion, kein Relativpronomen: HS;
- **Signal:** qui: Relativpronomen: NS, dem HS zugeordnet: eine Stufe tiefer (NS ersten Grades);
- **Signal:** tum: keine subordinierende Konjunktion, kein Relativpronomen: HS wird fortgeführt; oberste Stufe;
- **Signal:** permiserunt: Verbum als Einschnitt;
- **Signal:** si: subordinierende Konjunktion: NS, zugeordnet dem Hauptsatz (unter welcher Bedingung?): Fortsetzung auf Stufe 1;
- **Signal:** cum: unterordnende Konjunktion: NS; zugeordnet dem si-Satz (wann?): eine Stufe tiefer (NS zweiten Grades); der si-Satz ist unterbrochen, da er noch kein Verbum hat;
- **Signal:** esset: Verbum als Einschnitt; si-Satz ist zu Ende;
- **Signal:** aut: koordinierende Konjunktion; si-Satz wird fortgeführt; Fortsetzung auf Stufe 1;
- **Signal:** cum: koordinierende Konjunktion: neuer NS, dem si-Satz zu geordnet (wann?); Fortsetzung auf Stufe 2;
- **Signal:** prenderetur: Verbum als Einschnitt; cum-Satz zu Ende;
- **Signal:** defenderet; Verbum als Abschluss des si-Satzes; Fortsetzung auf Stufe 1.

K 49 Anhang: Oratio obliqua

Eine zweideutige Antwort

In libris veteris cuiusdam scriptoris de Hannibale et Antiocho, Syriae rege, res memorabilis scripta est: Antiochum regem Hannibali, qui apud eum fuisset, aliquando in campo ingentes copias ostendisse, quas bellum populo Romano facturus comparavisset. Signa exercitus et insignia[1] militum auro et argento fulsisse[2]. Tum regem, cum etiam currus cum falcibus[3] et elephantos (!) produci iussisset, ex Hannibale quaesivisse, quis aspectum talis exercitus tolerare posset. Se certiorem faceret de fortitudine Romanorum, nam eum Romanos melius quam omnes alios imperatores novisse. Num quemquam cum Romanis saepius bella gessisse eosque vicisse quam illum? Itaque sibi consilia utilia daret, quomodo Romani vinci possent, nam eis victis omnes Asiae et Europae gentes libertatem adepturos esse et felices fore. Ad haec verba Hannibalem tantum ac tam ornatum exercitum aspexisse et secum deliberavisse, quid Antiocho tam superbo responderet. Antiochum, cum cogitationes Hannibalis animadvertisset, exclamavisse, ne Poenus se suosque despiceret. Num eum putare solum milites Romanos ad pugnandum aptos aut paratos esse? Denique Antiochum interrogavisse, num Hannibal putaret talem exercitum cum copiis alii populi comparari posse et haec omnia, quae videret, Romanis satis esse. Responderet, quid vere sentiret. Tunc Hannibalem risisse et dixisse se credere haec omnia satis, plane[4] satis Romanis esse, etiamsi avarissimi essent. Antiochum autem verba Hannibalis non intellexisse; illum enim de numero exercitus ac de aestimanda aequiperatione[5] quaesivisse, hunc autem de praeda[6] respondisse.

[1] *insigne, -is* n. das Abzeichen [2] *fulgere – fulsi* blitzen [3] *currus cum falcibus* Sichelwagen [4] *plane* allerdings, ganz und gar [5] *aequiperatio, -onis* die Vergleichbarkeit [6] *praeda, -ae* die Beute

Außenansicht des Amphitheaters im Archäologischen Park zu Xanten. Photo: lvr.

K 1a fíĕrī

WS

fíerī	werden, geschehen; entstehen; gemacht werden		
pueritia, -ae (puer)	die Kindheit		
campus, -ī	die Ebene, das Feld	*camp*	*Camping*
mercátor, -óris	der Kaufmann		*merkantil*
portus, -ūs	der Hafen	*port*	*Port*
opportúnus, -a, -um (portus)	günstig; günstig gelegen		*Opportunist*
praecípuus, -a, -um (capere)	hervorragend, vortrefflich		
rārus, -a, -um (Adv. rārō)	selten		*rar, Rarität*
véhemēns, -éntis	heftig		*vehement*
assuē-fácere	gewöhnen		

Merke:

quō fit (factum est), ut — so kommt (kam) es, dass

ā púerīs, ā prīmā pueritiā — von frühester Kindheit an

FL Das Verbum *fíĕrī* „werden, geschehen, entstehen; gemacht werden" bildet im Präsensstamm die meisten Formen analog zu *audíre*. Allerdings bleibt das *i* (außer bei *fíĕrī* und *fíĕrem*) auch vor Vokalen lang.

Der Infinitiv Präsens *fíĕrī* wird passivisch gebildet, die anderen Formen des Präsensstammes sind aktivisch.

Präs. Ind.		Präs. Konj.		Impf. Ind.	
fī-ō	ich werde	fī-a-m	ich möge werden	fi-ḗba-m	ich wurde
fī-s	du wirst	fī-a-s	du mögest werden	fi-ḗbā-s	du wurdest
fi-t	er ... wird	fī-a-t	er... möge werden	fi-ḗba-t	er ... wurde
		Futur I		**Impf. Konj.**	
fī-mus	wir werden	fī-a-m	ich werde werden	fí-e-rem	ich würde
fī-tis	ihr werdet	fī-ē-s	du wirst werden	fí-e-rēs	du würdest
fī-unt	sie werden	fī-e-t	er ... wird werden	fí-e-ret	er ... würde

Im **Perfektstamm** wird *fĭĕrī* konjugiert wie das Passiv von *fácere*:

factus sum	ich bin geworden (gemacht worden)
factus eram	ich war geworden (gemacht worden)
factus essem	ich wäre geworden (gemacht worden)
factus ĕro	ich bin geworden (gem. worden) (Fut. II)

fĭĕrī ersetzt im **Präsensstamm** das Passiv zu ***fácere***:

fīō	ich werde gemacht
assuēfī́ō	ich werde gewöhnt

Komposita mit ***-fícere*** bilden dagegen das **Passiv normal**: *interficitur* er wird getötet

SF				
assuēfácere	assuēfáciō	assuēfḗcī	assuēfáctum	gewöhnen

K 2a Deponentia der ā-Konjugation

WS

arbitrā́rī	glauben, meinen	*arbitrate*	
cōnā́rī	versuchen		
imitā́rī	nachahmen	*imitation*	*imitieren*
hortā́rī	ermahnen, ermuntern		*Hortativ*
(ad)mīrā́rī (mīrus)	bewundern, sich wundern	*miracle*	*Mirakel*
morā́rī (mora)	aufhalten; sich aufhalten		*Moratorium*
precā́rī	bitten		*prekär*
versā́rī (vértere)	verweilen; sich beschäftigen		*versiert*
admīrā́tiō, -ṓnis (admīrā́rī)	die Bewunderung		
forum, -ī	der Marktplatz, das Forum		

Merke:

mīror artēs Graecṓrum	ich bewundere die Künste der Griechen
mīror errṓrem aliṓrum	ich wundere mich über den Irrtum der anderen
apud amī́cum moror	ich halte mich beim Freund auf
amī́cum moror	ich halte den Freund auf
in rē pū́blicā versā́rī	sich mit Politik beschäftigen, sich politisch betätigen

FB **Deponens** Verbum, das im Lateinischen außer dem Partizip Präsens nur passive Formen aufweist

FL Mit *verba deponentia* bezeichnet man eine Gruppe von Verben, die im Lateinischen das Aktiv ablegen (*dēpónere*) und passive Formen bilden, die im Deutschen als Aktiv übersetzt werden:

imitā́tur er ahmt nach; *versā́mini* ihr verweilt.

Entstanden sind sie wohl aus den sog. reflexiven Verben (z. B. ich ärgere mich), die eine Handlung ausdrücken, die das Subjekt an sich selbst vollzieht.

Deponentia sind demnach Verben, die im Lateinischen passive Formen aufweisen, die aber im Deutschen aktiv wiedergegeben werden müssen:

Wiederhole das Passiv der a-Konjugation; GA S. 238

	Präsens Indikativ		**Präsens Konjunktiv**	
1.P.Sg.	cṓnor	ich versuche	cōner	ich möge versuchen
2.P.Sg.	cōnā́ris	du versuchst	cōnḗris	du mögest versuchen
3.P.Sg.	cōnā́tur	er, sie, es versucht	cōnḗtur	er, sie, es möge versuchen
1.P.Pl.	cōnā́mur	wir versuchen	cōnḗmur	wir mögen versuchen
2.P.Pl.	cōnā́minī	ihr versucht	cōnḗminī	ihr möget versuchen
3.P.Pl.	cōnántur	sie versuchen	cōnéntur	sie mögen versuchen

Beachte den Imperativ und das Partizip:

Imperativ *cōnā́re* versuche! *cōnā́minī* versucht!
Präsens: Die Form *cōnā́minī* ist doppeldeutig; der Sinn muss ergeben, ob sie Indikativ oder Imperativ ist

Das **Partizip Präsens** wird mit aktiven Formen gebildet.
Das **Partizip Perfekt** hat passive Formen, aber aktive Bedeutung.
cōnāns, -ntis versuchend; einer, der versucht
cōnā́tus, -a, -um versucht habend; einer, der versucht hat

Beachte: Deponentia können kein Passiv bilden; sie haben immer aktive Bedeutung.
Wenn der Inhalt passiven Sinn erfordert, ist ein anderes Verbum oder eine andere Konstruktion zu wählen:
z. B. <u>statt</u> *hortā́rī*: *monḗre*
<u>oder</u> *admīratiṓnī esse:* zur Bewunderung sein; bewundert werden

K 3a Deponentia der ē-Konjugation

WS

fatḗrī,	gestehen;		
cōn-fitḗrī	bekennen	*to confess*	*Konfession*
pollicḗrī	versprechen		
rērī	rechnen;	*rational*	*Ratio*
(ratio)	meinen		
tuḗrī	im Auge haben;	*tutor*	*Tutor*
(tūtus)	schützen		
in-tuḗrī	betrachten		*intuitiv*
tutā́ri	schützen		
verḗrī	(sich) scheuen; verehren; fürchten		
vidḗrī	scheinen		
(vidḗre)			
āra, -ae	der Altar		
multitū́dō, -inis	die Menge, große Zahl		

Merke:

ratus (mit AcI)	in der Meinung, (dass)
véreor deum	ich verehre Gott
véreor fatḗrī	ich scheue mich zu gestehen
véreor, nē cadās	ich fürchte, dass du fällst
véritus (ne)	(fürchtend), aus Furcht (dass)

Wiederhole das Passiv der e-Konjugation; GA S. 240

SF

pollicḗrī	pollíceor	pollícitus sum	versprechen
verḗrī	véreor	véritus sum	(sich) scheuen, verehren; fürchten
fatḗrī	fáteor	fassus sum	gestehen
cōnfitḗrī	cōnfíteor	cōnféssus sum	bekennen
vidḗrī	vídeor	vīsus sum	scheinen
rērī	reor	ratus sum	rechnen; meinen
tuḗrī	túeor	-----	im Auge haben; schützen
intuḗrī	intúeor	-----	betrachten

K 4a Steigerung der Adjektive

WS

húmilis, -e	niedrig, gering	*humility*	
potēns, poténtis (posse)	mächtig	*potency*	*Potenz*
saevus, -a, -um	wild, wütend		
sanctus, -a, -um	heilig	*sanctuary*	*Sankt*
recēns, -éntis	neu, frisch	*recent, recently*	
cārus, -a, -um	lieb; teuer		*Caritas*

Merke:

rēs secúndae	das Glück
in rēbus secúndīs	im Glück

FB

Positiv	die Grundform eines Adjektivs (*pṓnere*)
Komparativ	die erste Steigerungsform (*compará̄re*)
Superlativ	die zweite Steigerungsform, höchste Steigerungsstufe (*super-férre*)
Elativ	„herausgehobene" (*efférre*), nicht höchste Steigerungsform, ein sehr hoher Grad der Steigerung

FL

Adjektive werden gesteigert, indem an den Wortstock (Genitiv Singular ohne Ausgang) folgende Ausgänge angefügt werden:
im **Komparativ:** *-ior* für Maskulinum und Femininum, *-ius* für Neutrum;
im **Superlativ:** *-íssimus, -a, -um*.

Bei den Adjektiven *fácilis, difficilis, (dis-)símilis, húmilis* wird im Superlativ an den Wortstock *-limus, -a, -um* angehängt, bei den Adjektiven auf *-er* an den Nominativ des Maskulinums *-rimus, -a, -um*.

Beispiele:

longus:	*lóng-ior, -ius*	*long-íssimus, -a, -um*	lang, länger, der längste
prūdēns:	*prūdént-ior, -ius*	*prūdent-íssimus, -a, -um*	klug, klüger, der klügste
audāx:	*audā́c-ior, -ius*	*audāc-íssimus, -a, -um*	kühn, kühner, der kühnste
gravis:	*gráv-ior, -ius*	*grav-íssimus, -a, -um*	schwer, schwerer, der schwerste

fácilis:	*facíl-ior, -ius*	*facíl-limus, -a, -um*	leicht, leichter, der leichteste
símilis:	*simíl-ior, -ius*	*simíl-limus, -a, -um*	ähnlich, ähnlicher, der ähnlichste
asper:	*aspér-ior, -ius*	*aspér-rimus, -a, -um*	rau, rauer, der raueste
celer:	*celér-ior, -ius*	*celér-rimus, -a, -um*	schnell, schneller, der schnellste
ācer:	*ā́cr-ior, -ius*	*ācér-rimus, -a, -um*	scharf, schärfer, der schärfste

Im Komparativ werden die Adjektive dekliniert wie die Konsonantenstämme der 3. Deklination; die Ausgänge lauten also:

lóng-ior	lóng-ius	long-iṓres	long-iṓr**a**
long-iṓris		long-iṓr**um**	
long-iṓri		long-iṓribus	
long-iṓrem	lóng-ius	long-iṓres	long-iṓr**a**
long-iṓr**e**		long-iṓribus	

ÜS Wenn kein Vergleich vorliegt, kann der Komparativ im Deutschen wiedergegeben werden mit: (all)zu, ziemlich:

ópera faciliṓra	ziemlich, (all)zu leichte Werke
ventus aspérior	ein ziemlich, allzu rauer Wind

Der Superlativ bedeutet im Lateinischen nicht immer den höchsten, sondern auch einen sehr hohen Grad (**Elativ**); deutsche Wiedergabe: sehr, äußerst oder dgl.:

unda altíssima	eine sehr, äußerst hohe Welle; eine haushohe Welle
equus celérrimus	ein sehr, äußerst schnelles, pfeilschnelles Pferd

K 5a Unregelmäßige Steigerung der Adjektive

WS

invídia, -ae (invidḗre)	der Neid, die Missgunst	
supérbia, -ae (supérbus)	der Stolz, der Hochmut	*superb*
vínculum, -i	das Band, die Fessel	
dḗgere (ágere)	verbringen; leben	
in-ū́tilis, -e (ū́tilis, ūsus)	nutzlos, unnütz	*Utilitarist*

Merke:

(vītam) dḗgere das Leben verbringen; leben

FL

Folgende Adjektive weisen eine unregelmäßige Steigerung auf:

bonus	gut	***mélior, melius***	besser	***óptimus***	der beste
malus	schlecht	***péior, peius***	schlechter	***péssimus***	der schlechteste
parvus	klein	***minor, minus***	kleiner	***mínimus***	der kleinste
magnus	groß	***māior, māius***	größer	***máximus***	der größte
multum	viel	***plūs***	mehr	***plúrimum***	am meisten
multī	viele	***plūrēs, plúrium***	mehr	***plúrimī***	die meisten

Beachte den **Plural von plūs**: ***plūrēs*** **(m. + f.)** ***plūra*** **n.; Genitiv:** ***plúrium***

aber: ***māiṓrēs*** ***māiṓra*** ***māiṓrum***

Unterscheide:

plūrēs, -ium mehr (Leute)

com-plúrēs, -ium mehrere

Zusätze zum Superlativ:

quam	möglichst;	*quam máximus*	möglichst groß;	*quam óptimus*	möglichst gut
vel	sogar;	*vel máximus*	sogar der Größte;	*vel óptimus*	sogar der Beste
longē	bei weitem, weitaus;	*longē máximus*	bei weitem der Größte;	*longē óptimus*	weitaus der Beste

SF

dḗgere	dēgō	dēgī	-----	verbringen; leben

K 6a Unvollständige Steigerung

WS

pósterus, -a, -um (post)	der nächste, folgende		
exstrúere (īnstrúere)	erbauen, errichten		
suprā (+ Akk.)	oberhalb, über hinaus	*supervision*	*Superlativ*
ultrā (+ Akk.)	jenseits	*ultra*	*Ultimatum*
prope (+ Akk.)	nahe bei		
prae (+ Abl.)	vor; im Vergleich zu	*prefix*	*Präposition*

Merke:

pósterō diē	am nächsten Tag
suprā caput	über dem Kopf
suprā vīrēs	über die Kräfte (hinaus)
ultrā Alpēs	jenseits der Alpen
prope urbem	nahe bei der Stadt
prae nōbīs	im Vergleich zu uns
prae metū	vor (aus) Angst

FL Bei einigen Komparativen oder Superlativen fehlt ein Adjektiv als Positiv; sie sind meist von Orts- oder Zeitadverbien abgeleitet.

intrā	innerhalb	***intérior, -ius***	der innere	***íntimus***	der innerste
extrā	außerhalb	***extérior, -ius***	der äußere	***extrémus***	der äußerste
suprā	oberhalb	***supérior, -ius***	der obere, frühere	***suprémus***	der letzte
				summus	der höchste
ultrā	jenseits	***ultérior, -ius***	der jenseitige	***últimus***	der entfernteste, letzte
(*pro*)	vor	***prior, -ius***	der frühere	***prīmus***	der erste
post	nach	***postérior, -ius***	der spätere	***postrémus***	der letzte
prope	nahe bei	***própior, -ius***	der nähere	***próximus***	der nächste

Auch in diesen Fällen wird der Komparativ nach den Konsonantenstämmen der 3. Deklination gebildet; also:

Ablativ Singular: *-e;*	*interióre, superióre*
Nominativ und Akkusativ Plural im Neutrum: *-a;*	*ulterióra, prióra*
Genitiv Plural: ***-um;***	*posteriórum, propiórum*

SF **exstrúere** éxstruō exstrúxī exstrúctum errichten, erbauen

K 7a Steigerung der Adverbien

WS

artifícium, -ī (ars, fácere)	das Kunstwerk	
magis (Adv.)	mehr	*Magister*
nimis (Adv.)	zu viel, zu sehr	
parum (parvus)	zu wenig	
quō	wohin?	

FL Erinnere dich an die regelmäßige Bildung der Adverbien:
Bei den Adjektiven der ā- und o-Deklination wird an den Wortstock *-ē* angefügt:
longus – longē; lātus – lātē; līber – lībere; pulcher – pulchrē

Bei den Adjektiven der 3. Deklination wird an den Wortstock *-iter* (bei den Adjektiven auf *-ns* nur *-er*) angehängt:
celer – celér-iter; ācer – ácr-iter; brevis – brév-iter; sápiēns – sapiént-er.

Die Adverbien können gesteigert werden:
Im **Komparativ** dient dazu die Form des **Neutrums Singular**: *lóng-ius, ácr-ius.*
Im **Superlativ** wird als Ausgang ***-ē*** verwendet: *longíssim-ē, acérrim-ē.*

Auch Adverbien, die nicht von Adjektiven gebildet werden, können gesteigert werden:

saepe	oft	*sáepius*	öfter	*saepissimē*	am öftesten/häufigsten
citō	schnell	*cítius*	schneller	*citissimē*	am schnellsten
diū	lange	*diūtius*	länger	*diūtíssimē*	am längsten
libénter	gerne	*libéntius*	lieber	*libentíssimē*	am liebsten
(*valdē*)	sehr	*magis*	mehr	*máximē*	am meisten
(*potis*)		*potius*	vorzüglicher, lieber	***potíssimum***	am liebsten, ehesten

Auch bei der Steigerung des Adverbs sind die in Kap. **4a** und **5a** gelernten Übersetzungen möglich:

beim **Komparativ:**	(all)zu, ziemlich;	*sáepius:*	(all)zu oft, ziemlich oft
beim **Superlativ:**	sehr, äußerst usw.;	*citíssime:*	sehr schnell, äußerst schnell, pfeilschnell

K 8a Deponentia der ī-Konjugation

WS

mētī́rī	messen	*metre*	*Di-mension, immens*
mentī́rī (mēns)	lügen, ersinnen		
assentī́rī (sentī́re)	beistimmen	*assent*	
ōrdī́rī (ōrdō)	anfangen	*order*	*Ordnung*
sortī́rī (sors)	erlosen, erlangen	*sort*	*sortieren*
largī́rī	schenken		*Largo*
experī́rī	versuchen, erproben	*experiment*	*Experte*
potī́rī (+ Abl.) (potēns)	in seine Gewalt bringen		*Potenz*

ōráculum, -ī (ōrā́re)	das Orakel, die Orakelstätte		
volúntaš, -ā́tis (velle)	der Wille	*volunteer*	*Volontär*

Merke:

urbe potī́rī	eine Stadt in seine Gewalt bringen
ómnia ūtilitā́te mētī́rī	alles nach dem Nutzen bemessen

FL Die Tempora und Modi der Deponentia der ī- Konjugation werden gebildet wie das Passiv dieser Konjugation. Wiederhole diese Formen im GA S. 242!

SF

mentī́rī	méntior	mentī́tus sum	lügen, ersinnen
sortī́rī	sórtior	sortī́tus sum	erlosen, erlangen
largī́rī	lárgior	largī́tus sum	schenken
potī́rī (+ Abl.)	pótior	potī́tus sum	in seine Gewalt bringen
mētī́rī	mḗtior	mēnsus sum	messen
assentī́ri	asséntior	assḗnsus sum	beistimmen
ōrdī́rī	ṓrdior	ōrsus sum	anfangen
experī́rī	expérior	expértus sum	versuchen, erproben

K 9a Deponentia der 3. Konjugation 1

WS

sequī (+ Akk.)	folgen		*Sequenz*
cṓn-sequī	folgen, erreichen	*consequence*	*Konsequenz*
ī́n-sequī	(unmittelbar) folgen		
pér-sequī	verfolgen	*to persecute*	
éx-sequī	ausführen	*execute*	*Exekution*
compléctī	umfassen	*complex*	*Komplex*
nancī́scī	erhalten		
nāscī (*re-nā́scī*)	entstehen, geboren werden	*natal*	*Renaissance*
proficī́scī	aufbrechen, marschieren, reisen		
dīvī́nus, -a, -um	göttlich		

Merke:

nṓbilī génere nātus	aus einem adeligen Geschlecht stammend
(cōn)séquere mē!	folge mir!
Iove natus	von Jupiter abstammend, der Sohn des Jupiter

FL

Die Deponentia der 3. Konjugation werden ebenso gebeugt wie das Passiv dieser Verben. Wiederhole die Formen im GA S. 244!

Beachte dabei, dass die 2. Person Singular Präsens sich von der zweiten Person Singular Futur nur dadurch unterscheidet, dass das *e* zwischen Stamm und Endung im **Präsens** Erweiterungsvokal und **kurz**, im **Futur** Tempuszeichen und **lang** ist. Das wirkt sich auf die Betonung aus:

2. P. Sg. Präs.:	*séqu-ĕ-ris*	du folgst
2. P. Sg. Fut.:	*sequ-ḗ-ris*	du wirst folgen

SF

sequī	sequor	secū́tus sum	folgen
cṓnsequī	cṓnsequor	cōnsecū́tus sum	folgen, erreichen
ī́nsequī	ī́nsequor	īnsecū́tus sum	(unmittelbar) folgen
pérsequī	pérsequor	persecū́tus sum	verfolgen
éxsequī	éxsequor	exsecū́tus sum	ausführen
compléctī	compléctor	compléxus sum	umfassen
nancī́scī	nancī́scor	na(n)ctus sum	erhalten
nāscī	nāscor	nātus sum	entstehen, geboren werden
proficī́scī	proficī́scor	proféctus sum	aufbrechen, marschieren, reisen

K 10a Deponentia der 3. Konjugation 2

WS

fruī (+Abl.) (frūctus)	genießen		
fungī (+ Abl.)	verwalten, verrichten	*function*	*Funktion*
querī	klagen, beklagen		
loquī	sprechen, reden		*eloquent*
cólloquī	sich unterhalten	*colloquy*	*Kolloquium*
ūtī (+ Abl.) (ūsus, ū́tilis)	gebrauchen, benützen		*Utilitarist*
nītī (+ Abl.)	sich stützen auf		
lābī	(nieder)gleiten, hinfallen		*labil, Lawine*
oblīvī́scī (+ Gen.)	vergessen		
quoque (nachgest.)	auch		

Merke:

mū́nere fungī	ein Amt verwalten/ausüben
vītā fruī	das Leben genießen
dolō ūsus	eine List anwendend, mit einer List
cōnsíliō nītī	sich auf einen Rat stützen
amīcṓrum oblīvī́scī	die Freunde vergessen

SF

fungī	fungor	fūnctus sum	verwalten, verrichten
querī	queror	questus sum	klagen, beklagen
loquī	loquor	locū́tus sum	sprechen, reden
cólloquī	cólloquor	collocū́tus sum	sich unterhalten
fruī	fruor	(ūsus sum)	genießen
lābī	labor	lāpsus sum	(nieder)gleiten, hinfallen
nītī	nītor	nīsus (nīxus) sum	sich stützen auf
utī	utor	ūsus sum	gebrauchen, benützen
oblīvī́scī	oblīvī́scor	oblī́tus sum	vergessen

K 11a Deponentia der 3. Konjugation 3

WS

gradī	schreiten, gehen		*Grad*
ág-gredī	angreifen	*aggression*	*Aggression*
ḗ-gredī	heraus-, hinausgehen		
morī (mors)	sterben		
patī	leiden, (er)dulden; zulassen	*patience*	*Passion, Patient*
orī́rī	entstehen		*Orient*
paene	beinahe, fast		
respṓnsum, -ī (respondḗre)	die Antwort		*Korrespondenz*

FL

Die kurzvokalischen i-Stämme der Deponentia der 3. Konjugation werden gebeugt wie das Passiv dieser Verben. Wiederhole dieses Passiv im GA S. 246!

Beachte, dass folgende Formen ohne *i* gebildet werden:

2. P. Sg. Präs. Ind.:	*páteris*	du lässt zu
2. P. Imp. Präs.:	*pátere!*	lass zu!
Konj. Impf:	*páterer*	ich würde zulassen

Das Verbum ***orī́rī*** bildet nur den Infinitiv Präsens nach der 4. Konjugation (cf. *audī́rī*). Alle anderen Formen richten sich nach dem Passiv der kurzvokalischen i-Stämme der 3. Konjugation:

orī́rī; aber: *órior, óreris, óritur* usw.

SF

gradī	grádior	gressus sum	schreiten, gehen
ággredī	aggrédior	aggréssus sum	angreifen
égredī	ēgrédior	ēgréssus sum	heraus-, hinausgehen
mori	mórior	mórtuus sum	sterben
patī	pátior	passus sum	(er)dulden, zulassen, leiden
orī́rī	órior	ortus sum	entstehen

K 12a Semideponentia

WS

gaudḗre (gáudium)	sich freuen		*Gaudi(um)*
audēre (audā́cia)	wagen	*audacious*	
solḗre	gewohnt sein, pflegen		
cōnfī́dere (fidēs)	vertrauen	*confidence*	
re-vértī (vértere)	zurückkehren	*reverse*	*Revers*

Merke:
vī́ribus suīs cōnfī́sus im Vertrauen auf seine Kräfte

FB **Semideponentia** (Halb-Deponentia): Verben, die den Präsensstamm im Aktiv, den Perfektstamm im Passiv bilden (oder umgekehrt). Zu ihnen gehören:

FL

Präsensstamm im Aktiv – Perfektstamm im Passiv:

e-Konjugation:

gáudeō	*gavī́sus sum*
áudeō	*ausus sum*
sóleō	*sólitus sum*

3. Konjugation:

cōnfī́dō	*cōnfī́sus sum*

Präsensstamm im Passiv – Perfektstamm im Aktiv

revértī, revértor	revértī

SF

gaudḗre	gáudeō	gāvī́sus sum	sich freuen
audḗre	áudeō	ausus sum	wagen
solḗre	sóleō	sólitus sum	gewohnt sein, pflegen
cōnfī́dere	cōnfī́dō	cōnfī́sus sum	vertrauen
revértī	revértor	revértī	zurückkehren

K 13a cum-Sätze 1: Wiederholung und Ergänzung

WS

epístula, -ae	der Brief	*epistolary*	*Epistel*
certā́men, -inis (certā́re)	der Wettkampf, Streit		*Konzert*
inítium, -ī (inī́re)	der Anfang	*initiative*	*Initiale, Initiative*
spectā́tor, -ōris (spectā́re)	der Zuschauer	*spectator*	*Spektakel*
stádium, -i	das Stadion (Sportstätte und Längenmaß)	*stadium*	*Stadion, Stadium*
iū́dex, -icis (iūdicā́re)	der Richter	*judge*	*Judikative, Jurist*
hīc	hier		
vix	kaum		

Merke:

Olýmpia víncere	in (bei) den Olympischen Spielen siegen
lēgem ferre	ein Gesetz einbringen, beantragen

ÜS Die Konjunktion *cum* kann verschiedene Bedeutungen haben. Zunächst ist zu unterscheiden, ob *cum* mit dem Indikativ oder mit dem Konjunktiv verwendet wird.

cum mit Indikativ

(damals) **als**; **seitdem** (gerade …), **als** (plötzlich)	(immer) **wenn; sooft**	**dadurch, dass; indem**

Beachte, dass *cum* (wie auch jede andere einen Nebensatz einleitende Konjunktion) oft nicht an erster Stelle steht (z. B. bei gemeinsamem Subjekt)! Im Deutschen muss die Konjunktion vorgezogen werden:

Athlḗtae cum Olýmpiam veniḗbant, córpora ante lūdōs ibī exercḗbant.	(Immer) Wenn (sooft) Athleten nach Olympia kamen, übten sie dort vor den Spielen ihren Körper.

GR Bei den Verwendungsweisen von ***cum*** mit **Indikativ** liegen folgende Unterschiede vor:

a) *cum temporale*: Es gibt den bloßen Zeitpunkt an, oft mit Zusatz *eō témpore, tum* etc., oder *diū est, cum*:

Eō témpore vēnī, cum auxíliō eguístī.	Ich kam zu der Zeit, **als** du Hilfe brauchtest.
Sex mēnsēs sunt, cum tē vīsitā́vī.	Es ist sechs Monate her, **seitdem** ich dich besucht habe.

***cum inversum*:** Im *cum*-Satz steht ein plötzlich eintretendes, überraschendes Ereignis, das von der Aussage her den Schwerpunkt bildet:

Egrediḗbar ē domō, cum lítterās accḗpī.	Ich ging gerade aus dem Haus, **als** ich plötzlich einen Brief erhielt.

b) *cum iterativum*: Es gibt eine wiederholte Handlung an:

Cum lūdī Olympiacī erant, Graecī pācem servā́bant.	**Wenn (sooft)** Olympische Spiele waren, hielten die Griechen Frieden.

c) *cum explicativum (coincidens)*: Die Handlung des *cum*-Satzes ist mit der des übergeordneten Satzes identisch:

Mē dolṓre ácficis, cum mentī́ris.	Du tust mir weh, dadurch **dass (indem)** du lügst. (Das Wehtun besteht im Lügen).

K 14a cum-Sätze 2: Wiederholung und Ergänzung

WS

arḗna, -ae	der Sand; Kampfplatz		*Arena*
ferrum, -ī	das Eisen, Schwert		
perīculṓsus, -a, -um (perī́culum)	gefährlich		
dē-spērā́re (spēs)	verzweifeln, die Hoffnung aufgeben	*desperate*	*Desperado*

Merke:

dē salū́te dēspērā́re — an der Rettung verzweifeln, die Hoffnung auf Rettung aufgeben

ÜS

cum mit Konjunktiv

→ **als** | **da, weil** | **obwohl** | **während (dagegen)**

GR Bei den Verwendungsweisen von ***cum*** mit **Konjunktiv** liegen folgende Unterschiede vor:

a) ***cum historicum*:** Es wird bei Erzählung geschichtlicher (vergangener) Vorgänge verwendet (die Hauptaussage liegt im übergeordneten Satz):

Múlier cum lūdōs Olympíacōs spectáre vellet, dē-técta et ad iúdices ducta est.	**Als** eine Frau bei den Olympischen Spielen zuschauen wollte, wurde sie entdeckt und zu den Richtern geführt.

b) ***cum causale*:** Es gibt den Grund an:

Cum lūdī Olympíacī sint, tōtā Gráeciā pāx servátur.	**Weil** Olympische Spiele sind, wird in ganz Griechenland Friede gehalten.

c) ***cum concessivum*** **(„einräumend, zugestehend"):** Eine Tatsache wird zugestanden; dennoch geschieht etwas, was dazu im Widerspruch steht:

Cum legēs nōn sínerent féminās Olýmpiae spectātórēs esse, aliquándō mulier ausa est ad lúdōs veníre.	**Obwohl** die Gesetze nicht zuließen, dass Frauen in Olympia Zuschauer waren, wagte es einmal eine Frau zu den Spielen zu kommen.

d) ***cum adversativum*:** Es gibt eine gegenteilige Tatsache an.

Sōlum virī lūdīs Olympíacīs intérerant, cum féminīs nōn licéret Olýmpiae versārī.	Nur Männer nahmen an den Olympischen Spielen teil, **während** es Frauen nicht erlaubt war, in Olympia sich aufzuhalten.

K 15a Pronomina 1: Indefinitpronomina

WS

misericórdia, -ae (miser, cor)	das Mitleid		
poténtia, -ae	die Macht	*potency*	*Potenz*
opēs, -um	die Schätze; die Macht; die Streitkräfte		
tot (undeklinierbar)	so viele		
quō … eō	je … desto		
quantō … tantō	je … desto		

Merke:

nē quis	dass (damit) niemand
nē quid	dass (damit) nichts

Quō (quantō) quis dīvítior est, eō (tantō) poténtior esse solet.
Je reicher einer ist, desto mächtiger pflegt er zu sein.

FB **Indefinitpronomen** das unbestimmte Fürwort

FL

Für das Indefinitpronomen „irgendein(er)“, „jemand“, „(irgend)etwas“ gibt es im Lateinischen vier Wörter:

a) *áliquis – áliquid*
b) *quisquam, quicquam*
c) *áliquī – áliqua – áliquod*
d) *ūllus, -a, -um*

Alle diese vier Wörter werden im Deutschen gleich übersetzt: irgendein(er), (irgend)jemand, [im Neutrum] (irgend)etwas

Deklination substantivisch				
Nom.	áli-quis	áli-quid	quis-quam	quic-quam
Gen.	ali-cúius		cuiús-quam	
Dat.	ali-cúi		cuí-quam	
Akk.	áli-quem	áli-quid	quem-quam	quic-quam
Abl.	áli-quō		quō-quam	

Deklination adjektivisch						
Nom.	áli-quī	áli-qua	áli-quod	ūllus	ūlla	ūllum
Gen.		ali-cúius			ūllíus	
Dat.		ali-cúi			ūllī	
Akk.	áli-quem	áli-quam	áli-quod	ūllum	ūllam	ūllum
Abl.	áli-quō	áli-quā	áli quō	ūllō	ūllā	ūllō
Nom.	áli-quī	áli-quae	áli-qua	ūllī	ūllae	ūlla
Gen.	ali-quṓrum	ali-quā́rum	ali-quṓrum	ūllṓrum	ūllā́rum	ūllṓrum
Dat.		alí-quibus			ūllīs	
Akk.	áli-quōs	áli-quās	áli-qua	ūllōs	ūllās	ūlla
Abl.		alí-quibus			ūllīs	

GR Zum Verständnis im Lateinischen:

	substantivisch	adjektivisch
Sätze (Ausdrücke) mit bejahendem Inhalt	*áliquis vēnit*: irgendjemand kam	*áliquī vir vēnit*: irgendein Mann kam
Sätze (Ausdrücke) mit verneinendem Inhalt	*vix quisquam áderat:* kaum jemand war anwesend	*sine ūllā spē:* ohne irgendeine (jede) Hoffnung

Merke: Für alle mit *ali-* zusammengesetzten Pronomina gilt folgende Regel:

Nach *sī, nisī, nē, num, quō, quantō, ubi, cum* fällt das *ali* um.

Sī quis venit	Wenn irgendjemand kommt
Orō, nē quis véniat.	Ich bitte, dass niemand (nicht irgendjemand) kommt.

K 16a Partizip Futur/coniugatio periphrastica activa

WS

moléstus, -a, -um	beschwerlich, lästig	*molest*	
necessárius, -a, -um	notwendig	*necessary*	*Necessaire*
sēcúrus, -a, -um (cūra)	sorglos, sicher	*security*	
plērí-que, plēráe-que, plērá-que	die meisten		
símplex, -icis	einfach	*simple*	*Simplizität, Simpel*

FB **coniugátiō periphrástica āctíva** umschreibende Konjugation im Aktiv

Partizip Futur

Das Partizip Futur (PFA) wird gebildet, indem der Ausgang *-us, -a, -um* des Partizips Perfekt Passiv (PPP) durch *-ū́rus, -ū́ra, -ū́rum* ersetzt wird:

laudātū́rus, -a, -um	(loben werdend); einer, der loben wird
monitū́rus, -a, -um	(mahnen werdend); einer, der mahnen wird
sepultū́rus, -a, -um	(bestatten werdend); einer, der bestatten wird
dictū́rus, -a, -um	(sagen werdend); einer, der sagen wird
lātū́rus, -a, -um	(bringen werdend); einer, der bringen wird

Die Deponentia bilden das Partizip Futur ebenso:

imitātū́rus, -a, -um	(nachahmen werdend); einer, der nachahmen wird
cōnfessū́rus, -a, -um	(bekennen werdend); einer, der bekennen wird
ūsū́rus, -a, -um	(gebrauchen werdend); einer, der gebrauchen wird

FL Die *coniugatio periphrastica activa* ist eine Verbindung des Partizips Futur mit dem Hilfszeitwort *esse*.

GR ÜS

In der Verbindung mit *esse* wird das Partizip Futur übersetzt mit: wollen, dabei sein, entschlossen sein, vorhaben:

scrīptū́rus sum	ich will schreiben; bin dabei, habe vor, bin entschlossen zu schreiben (bin also unmittelbar davor)

Im Gegensatz dazu bedeutet das normale Futur: ich werde (irgendwann einmal)

scrībam	ich werde (irgendwann einmal in der Zukunft) schreiben
scrī́bere volō	ich will schreiben; ich habe den Wunsch oder den Willen zu schreiben (es ist nicht sicher, ob ich schreiben werde)

SF

Manche Verben, die **kein PPP** bilden, können trotzdem ein **Partizip Futur** haben:

vīvere	vīvō	vīxī	vīctū́rus	leben
cádere	cadō	cécidī	cāsū́rus	fallen
stāre	stō	stetī	stātū́rus	stehen
manḗre	máneō	mānsī	mānsū́rus	bleiben
revértī	revértōr	revértī	reversū́rus	zurückkehren
mori	mórior	mórtuus sum	moritū́rus	sterben

K 17a Infinitiv und Partizip Futur

WS

doctrī́na, -ae (docḗre)	die Lehre, der Unterricht	*doctrine*	*Doktrin, doktrinär*
assíduus, -a, -um (ad, sedēre)	beständig, eifrig, beharrlich	*assiduous*	
aetérnus, -a, -um (aetās)	immerwährend, ewig		
trīstis, -e	traurig		*trist, Tristess*
spērā́re (spēs, dēspērā́rē)	hoffen		
praedicā́re (dīcere)	verkündigen, predigen		*predigen*
minā́rī	drohen, androhen		

GR

Das **Partizip Futur** wird fast immer adverbial gebraucht. Es hat **finale Sinnrichtung**, drückt also die Absicht, das Ziel des Handlungsträgers aus; das Zeitverhältnis ist nachzeitig. Deutsche Wiedergabe: **damit, um ...zu.**

Paulus Corínthum (nach Korinth) vēnit doctrínam Chrīstiānam praedicātū́rus.	Paulus kam nach Korinth, um die christliche Lehre zu predigen.

Der **Infinitiv Futur Aktiv** wird gebildet durch das Partizip Futur + esse. Im **AcI** wird damit die **Nachzeitigkeit** ausgedrückt.

Spērō vōs ventū́rōs esse.	Ich hoffe, dass ihr kommen **werdet** (kommt).

Bei AcI Futur darf das Partizip in Verbindung mit *esse* nicht mit „wollen, im Begriffe sein, usw." übersetzt werden; es muss mit „werden" wiedergegeben werden.
Nach Wörtern wie „hoffen, drohen, versprechen, schwören" usw. steht im Lateinischen meist AcI Futur, im Deutschen jedoch Präsens.

FL Das Partizip Futur von ***esse*** lautet: ***futū́rus, -a, -um***.

Spērō mē mox (bald) *beā́tum futū́rum esse.*	Ich hoffe, dass ich bald glücklich sein werde.

Im Akkusativ kann *futū́rum (-am, -ōs, -ās, -a) esse* durch das undeklinierbare ***fore*** ersetzt werden.

Spērō mē (fíliam, amī́cōs, sorṓrēs) mox (bald) *beā́tum (-am, -ōs, -ās) fore.*	Ich hoffe, dass ich (die Tochter, die Freunde, die Schwestern) bald glücklich bin (ist, sind)/ sein werde (sein wird, sein werden).

K 18a Relativsätze: Wiederholung und Ergänzung

WS

iūdícium, -ī (iūs, iūdicāre)	das Gericht, das Urteil, der Prozess	*judgement*	*Justiz*
tribū́nal, -ālis n.	der Richterstuhl, das Gericht	*tribunal*	*Tribunal*
in-violā́tus, -a, -um	unverletzt, unverletzlich		
violā́re (vīs)	verletzen, schänden	*violate*	*violent*
rúmpere	brechen, zerbrechen	*rupture*	*abrupt*
quantópere (quantus, opus)	wie sehr		
quam (bei Adjektiven und Adverbien)	wie		

GR Ein Relativpronomen bezieht sich auf ein **Nomen des übergeordneten Satzes** (der, die, das: *quī, quae, quod*) oder auch auf den ganzen Satz (was: *(id) quod – (ea) quae)*.

Deus est, quī mundum regit.	Es gibt einen Gott, der die Welt lenkt.
Pollícitus sum, quod (quae) praestāre non pótuī.	Ich versprach, was ich nicht halten konnte.

Der Relativsatz ist meist ein **Attribut**; er steht im Lateinischen wie im Deutschen gewöhnlich im Indikativ.

Im Lateinischen kann der Relativsatz mit einer **Infinitivkonstruktion** oder einem von ihm **abhängigen Nebensatz** (meist mit einem indirekten Fragesatz) **verschränkt** werden: Im Deutschen ist eine freiere Wiedergabe nötig:

Verschränkung mit AcI

Paulus, quem magna itínera fēcísse scīmus (cōnstat), apóstolus populórum nominātur.

Lasse zunächst den Relativsatz weg und übersetze den Rest: Paulus wird Völkerapostel genannt.

Übersetze nun den Relativsatz und denke dir statt des Relativpronomens (*quem*) ein Demonstrativpronomen (*eum*): Wir wissen (es ist bekannt), dass er weite Reisen unternommen hat.

Bilde nun aus dem AcI (*quem magna itínera fēcísse*) den eigentlichen Relativsatz: der weite Reisen unternommen hat.

Gib nun das Verbum des Relativsatzes (*scīmus – cōnstat*) durch einen Einschub wieder: a) wie wir wissen – wie bekannt ist, feststeht
b) unserem Wissen nach – bekanntlich.

Paulus, der unserem Wissen nach (wie wir wissen – bekanntlich – wie bekannt ist) weite Reisen unternommen hat, wird Völkerapostel genannt.

Verschränkung mit indirektem Fragesatz

Paulus, quī quam bene dē Chrīstiānīs méritus sit, scīmus, Nerōne imperatōre necātus est.

Lasse zunächst den indirekten Fragesatz weg (*quī ... scīmus*) und übersetze den Rest: Paulus wurde unter der Herrschaft des Nero hingerichtet.

Ersetze nun das Relativpronomen (*quī*) durch ein Demonstrativpronomen (*is*) und übersetze den indirekten Fragesatz: Wir wissen, wie sehr er sich um die Christen verdient gemacht hat.

Baue nun die beiden Sätze zusammen: Paulus wurde … hingerichtet; wir wissen, wie sehr er sich … verdient gemacht hat. Oder: Paulus – wir wissen, wie sehr er sich … verdient gemacht hat – wurde … hingerichtet.

SF	**rúmpere**	rumpō	rūpī	ruptum	(zer)brechen (transitiv)

K 19a Konjunktivische Relativsätze 1

WS

custṓdia, -ae (custōs)	die (Nacht)Wache, Haft		*Küster*
centúriō, -ṓnis (centum)	der Hauptmann (*Führer einer Hundertschaft*)		
aptus, -a, -um	geeignet, passend	*apt*	*Adapter*
exíguus, -a, -um	klein, gering		
comitā́rī (comes)	begleiten		
cotī́diē (diēs)	täglich		
tunc	da, damals		

Merke:
custṓdiā tenḗre in Bewachung (Haft) halten

GR Relativsätze können im Lateinischen auch im **Konjunktiv** stehen. Meist wird dadurch eine **bestimmte Sinnrichtung** des Relativsatzes ausgedrückt. Im Deutschen besteht diese Möglichkeit nicht. Hier muss der lateinische Konjunktiv wiedergegeben werden:

a) durch Ersatz des Relativpronomens durch eine entsprechende Konjunktion;

b) durch einen Zusatz oder eine Umschreibung.

Die wichtigsten Sinnrichtungen sind:

1. final: Der Relativsatz gibt eine Absicht an.

Cōnsul núntium mīsit, quī dī́ceret.	Der Konsul schickte einen Boten, **damit** er sag(t)e. (**der** sagen **sollte**.)

2. konsekutiv: Der Relativsatz gibt eine Folge an.

Quae cīvitās tam firma est, quae dis-córdiā dēlērī nōn possit?	Welcher Staat ist **so** stark, **dass** er nicht durch Zwietracht zerstört werden kann?
Secūtae sunt tempestātēs, quae multās domōs dēlērent.	Es folgten **so starke (solche)** Stürme, **dass** sie viele Häuser zerstörten.

Hierher gehören auch folgende Ausdrücke, bei denen der Lateiner eine konsekutive Sinnrichtung sieht, die im Deutschen nicht ausgedrückt wird:

sunt (reperiúntur), quī...	es gibt (finden sich) Leute, die...
nēmō est, quī...	es gibt niemanden, der...
quis est, quī...	wen gibt es, der...
nōn dēsunt, quī...	es fehlt nicht an Leuten, die...
dīgnus, indīgnus est, quī...	er ist würdig, unwürdig, dass; er verdient es..., dass...
aptus, idōneus, quī...	geeignet, dass er ...
z. B.: *Sunt, quī dīcant...*	Es gibt Leute, die sagen...
Dīgnus est, quī laudētur.	Er verdient es, gelobt zu werden.

3. kausal: Der Relativsatz gibt einen Grund an.

Tum dux, quī ánteā nihil prōvīdísset, timēre coepit.	Da begann der Feldherr sich zu fürchten, **da** er vorher sich um nichts gekümmert hatte.

K 20a Konjunktivische Relativsätze 2

WS

móenia, -ium n. (mūnīre)	die Stadtmauern		
peccāre	einen Fehler begehen; sündigen		
effúgere (+ Akk.) (fúgere)	entfliehen, entkommen	*fugitive*	
dē-tégere (tégere)	entdecken	*detect*	*Detektiv*
tímidus, -a, -um (timor, timēre)	ängstlich, furchtsam	*timid*	
illīc	dort		

Merke:

hostēs effúgere	den Feinden entkommen, entfliehen
ex urbe effúgere	aus der Stadt entkommen, entfliehen

GR Relativsätze können im Lateinischen auch im **Konjunktiv** erscheinen, wenn sie

a) innerhalb einer **Infinitivkonstruktion** oder eines **konjunktivischen Nebensatzes** stehen (sog. *attractio modi*: Modusangleichung); im Deutschen hat dies keine Auswirkung: Übersetzung mit Indikativ:

Bonī rēgis est ūtilitātī eōrum, <u>quibus praesit</u>, servīre.	Es ist Aufgabe eines guten Königs, dem Nutzen derer zu dienen, <u>die er regiert</u>.
Vix quisquam invéntus est, cui, <u>quod habēret</u>, satis esset.	Kaum jemand wurde gefunden, dem das genügte, <u>was er hatte</u> (Modus - Angleichung).

b) keine Tatsache, sondern die **Meinung des Subjekts des übergeordneten Satzes** enthalten. Im Deutschen muss dies ausgedrückt werden (Einschub: meiner seiner etc. Meinung nach, wie ich er, sie etc. glaubte usw.; sog. innerliche Abhängigkeit.)

Zēnōn appéllat vītam beātam eam sōlam, quae cum virtūte degātur.	Zenon nennt nur das ein glückliches Leben, das (wie er glaubte, seiner Meinung nach) tugendhaft geführt wird.

ÜS Wenn du einen konjunktivischen Relativsatz findest, dann gehe folgendermaßen vor:

a) Prüfe zunächst, ob er innerhalb einer Infinitivkonstruktion oder eines konjunktivischen Gliedsatzes steht; dann kannst du mit Indikativ übersetzen;

b) Wenn dies nicht zutrifft, prüfe, ob folgende Sinnrichtungen ausgedrückt werden (in dieser Reihenfolge): final – konsekutiv – kausal – notfalls eine andere adverbiale Sinnrichtung;

c) Wenn dies nicht der Fall ist, liegt gewöhnlich eine Meinung des übergeordneten Subjekts vor.

SF

effúgere	effúgiō	effūgī	effugitūrus	entfliehen
dētégere	dētegō	dētēxī	dētēctum	entdecken

K 21a Relativer Satzanschluss

WS

avārítia, -ae	die Habsucht; der Geiz	*avarice*	
fortitū́dō, -inis (fortis)	die Tapferkeit		
contínuus, -a, -um (continḗre)	zusammenhängend, beständig, fortwährend	*continue*	*kontinuierlich*
Adv. **contínuō**	fortlaufend, fort und fort		
ím-probus, -a, -um (probus)	schlecht, unredlich		
īn-sī́gnis, -e (sīgnum)	ausgezeichnet, hervorragend		*Insignien*
mīlitā́ris, -e (mīles)	militärisch, zum Militär gehörend	*military*	*militärisch*
adipíscī	erlangen, erreichen		

Merke:

quae cum ita sint (essent)	da dies so ist (war); unter diesen Umständen
quō fit (factum est), ut	so kommt (kam) es, dass
quā dē causā	aus diesem Grund, deshalb
quā rē; quārē	deshalb
rēs mīlitā́ris	das Kriegswesen
rērum scrīptor	der Geschichtsschreiber

GR Im Lateinischen werden Sätze gerne eng miteinander verbunden. Eine Möglichkeit dazu ist der **relative Satzanschluss**; das bedeutet, dass am Satzanfang ein Demonstrativpronomen durch ein Relativpronomen ersetzt wird. Eine weitere Verbindung durch eine beiordnende Konjunktion (z. B. denn, nämlich, aber, auch usw.) fällt dann weg; im Deutschen muss sie bei Bedarf ergänzt werden.

Sallústius rēs Rōmā́nās scrīpsit. ***Quī*** *dēmōnstrā́re vóluit, cūr rēs pū́blica magna facta sit.*	Sallust schrieb römische Geschichte. **Dieser nämlich** (denn dieser) wollte darlegen, warum der Staat groß geworden ist.

Der relative Satzanschluss kann in Haupt- oder Nebensätzen verwendet werden. Das Relativpronomen steht dabei immer an erster Stelle.

Sallústius prīmō ad rem pū́blicam accéssit. ***Quī cum*** *animadvertísset ibi magna perī́cula īnstā́re, ad históriam sē cóntulit.*	Zunächst betätigte sich Sallust politisch. **Als dieser aber** gemerkt hatte, dass dort viele Gefahren drohten, wandte er sich der Geschichtsschreibung zu.
Sallústius timḗbat, nē cīvēs mōrum maiṓrum oblīvisceréntur. ***Quā rē (quā de causā)*** *Rōmā́nōs admṓnuit, ut mōrēs véterēs renovaréntur.*	Sallust fürchtete, dass die Bürger die Sitten der Vorfahren vergäßen. Deshalb ermahnte er die Römer, dass die alten Sitten wieder neu belebt würden.

ÜS Wenn du einen relativen Satzanschluss feststellst, dann ersetze im Deutschen zuerst das Relativ- durch ein Demonstrativpronomen. Überlege dann, ob eine Sinn erhellende Konjunktion nötig ist.

SF

adipíscī	adipíscor	adéptus sum	erlangen, erreichen

K 22a Der Genitiv 1: Wiederholung und Ergänzung

WS

fundāméntum, -ī	die Grundlage	*fundamental*	*Fundament*
altitū́dō, -inis (altus)	die Höhe, Tiefe		*Alt(stimme)*
iūcúndus, -a, -um (iuvā́re)	angenehm, erfreulich		
prīscus, -a, -um (prius)	alt, altehrwürdig		
ūnivérsus, -a, -um	all, ganz	*universal*	*Universität*
ūnivérsum, -ī (ūnus, vértere)	das Weltall	*universality*	*Universum*
grandis, -e	groß, alt, großartig	*grand*	*Grand, grandios*
anteā (ante)	vorher		

GR Der Genitiv wird oft als **Attribut** verwendet. Dazu gehören folgende Gruppen, die du schon kennst:

genitivus

possessivus	**subiectivus**	**obiectivus**	**qualitatis**
domus patris	*amor patris*	*amor patris*	*puer novem annorum*
das Haus des Vaters	die Liebe des Vaters	die Liebe zum Vater	ein neunjähriger Bub

K 23a Der Genitiv 2: Wiederholung und Ergänzung

WS

iūstítia, -ae (iūstus)	die Gerechtigkeit	*justice*	*Justiz*
luxúria, -ae	die Verschwendungssucht, der Luxus	*luxury*	*Luxus*
quáestiō, -ṓnis (quáerere)	die Untersuchung, Erforschung		
saevíre (saevus)	wüten		
nímius, -a, -um (nímium)	zu viel, zu groß		
aliquántum	beträchtlich viel		
satis	genug		
atque (ac)	und; wie (bei Wörtern der Gleichheit und Ungleichheit)		

Merke:

prae sē ferre	zeigen, an den Tag legen
aequē atque (ac)	gleich wie

FB ***genitivus partitivus (totius)*** Genitiv des Teils bzw. des geteilten Ganzen

GR Der ***genitivus partitivus*** bezeichnet das Ganze, von dem ein Teil angesprochen wird. Er steht in folgenden Fällen:

genitivus partitivus

Substantive (Maß/Menge)	Adjektive (Neutr.) (Maß/Menge)	Pronomina	Adverbien (Maß/Menge)	Komp./Superlativ
pars	*multum*	*quis?*	*parum*	*māior*
cṓpia	*minus*	*nēmō*	*satis*	*fortíssimus*

Im Deutschen wird dieser Genitiv oft nicht ausgedrückt.

Beispiele:

pars hóminum	ein Teil der Menschen	*cṓpia aurī*	eine Menge Gold
multum labṓris	viel Mühe	*minus témporis*	weniger Zeit
quis amīcṓrum?	welcher Freund?	*nēmō nostrum*	keiner von uns
parum auxíliī	zu wenig Hilfe	*satis prǽmiī*	genügend Belohnung
maior frātrum	der ältere Bruder	*fortíssimus ómnium*	der Allertapferste
decem milia passuum	zehn Meilen	*id témporis*	zu dieser Zeit

K 24a Der Genitiv 3: Wiederholung und Ergänzung

WS

dēnā́rius, -ī	der Denar (röm. Silbermünze)		
frūméntum, -ī (fruī)	das Getreide		
senéctūs, -ū́tis (senātus)	das Greisenalter	*seniority*	*Senior*
véndere (dare)	verkaufen		
rūrī	auf dem Land	*rustic*	*rustikal*
rūre	vom Land		
rūs	auf das Land		

FB ***genitivus pretii*** Genitiv der Wert- oder Preisangabe

GR Der Genitiv kann auch **prädikativ** verwendet werden.

Prädikativer Gebrauch als ***genitivus***

possessivus	***qualitatis***	***pretii***
domus patris est	*puer est novem annṓrum*	*aurum magnī est*

1. Beispiele für *genitivus possessivus* und *qualitatis*:

Domus patris est.	Das Haus gehört dem Vater (auch: patrī est).
Cṓnsulis est cī́vibus prōvidḗre.	Es ist Aufgabe des Konsuls, für die Bürger zu sorgen.
Stultī (stultítiae, stultítia, stultum) est in errṓre manḗre.	Es ist töricht (es ist ein Zeichen von Torheit, es zeugt von Torheit) im Irrtum zu verharren.
Amī́cus erat córporis parvī.	Der Freund (war von) besaß einen kleinen Körperbau.

2. Der *genitivus pretii* steht bei folgenden Verben:

a) *esse* : wert sein, gelten

magnī	viel wert sein
plūris	mehr wert sein
parvī	wenig wert sein
mínimī	sehr wenig wert sein
tantī	so viel wert sein
níhilī	nichts wert sein

b) *aestimā́re, fácere, putā́re, dū́cere* } für wert halten, achten, schätzen, ansehen

magnī	für wertvoll achten
plūris	für wertvoller halten
parvī	für wenig wert ansehen
mínimī	für sehr wenig wert halten
tantī	so sehr schätzen
níhilī	für nichts achten

3. Bei den Verben des geschäftlichen Verkehrs steht die Preisangabe gewöhnlich im *Ablativ:*

véndere	***émere***	***cōnstā́re***
verkaufen	kaufen	kosten

magnō	teuer
parvō	billig
magnā pecū́niā	um viel Geld
denáriō	um einen Denar

SF **véndere** vendō véndidī vénditum verkaufen

K 25a Der Genitiv 4: Wiederholung und Ergänzung

WS

reus, -ī	der Angeklagte		
fūrtum, -ī (ferre)	der Diebstahl		
caedēs, -is (cáedere)	der Mord	*suicide*	*Suizid*
prōditiō, -ṓnis (prṓdere)	der (Hoch)Verrat		
accūsā́re (causa)	anklagen	*accusation*	*Akkusativ*
con-víncere (víncere)	überführen (vor Gericht)		
damnā́re	verurteilen	*damn*	
vel (velle)	oder		

GR Nach folgenden Verben steht der **Genitiv** als **Objekt:**

a) *oblīvī́scī* vergessen

Nē oblī́tus sīs amīcṓrum!	Vergiss die Freunde nicht!

b) Verben der **Gerichtssprache**

accūsā́re, reum fácere	anklagen	*iniū́riae*	wegen eines Unrechts
arcéssere, in iūs vocā́re	vor Gericht fordern	*fūrtī*	wegen Diebstahls
convíncere	überführen	*scéleris, facínoris*	wegen eines Verbrechens
damnā́re	verurteilen	*caedis*	wegen Mordes
		prōditiṓnis	wegen Hochverrats
		māiestā́tis	wegen Majestätsbeleidigung

Merke:

cápitis	*damnā́re*	zum Tod verurteilen
	accūsā́re	auf Leben und Tod anklagen
	absólvere	von der Anklage auf Leben oder Tod freisprechen

Die **Strafe** steht sonst gewöhnlich im **Ablativ**:

damnā́re	*morte*	zum Tod verurteilen
	exíliō	zur Verbannung verurteilen
	pecū́niā	zu einer Geldstrafe verurteilen

K 26a Der Genitiv 5: Wiederholung und Ergänzung

WS

argéntum, -ī (argénteus)	das Silber		*Argentinien*
cúpidus, -a, -um (cúpere, cupíditās)	begierig		
perītus, -a, -um (experīrī)	kundig, erfahren		
memor, mémoris (memória)	denkend an, sich erinnernd	*memorial*	*Memoiren*
párticeps, partícipis (pars, cápere)	teilhaftig, beteiligt an, im Besitz von		
ita	so		

GR Wenn auf die Adjektive „begierig, kundig, eingedenk, teilhaftig, mächtig, voll" eine Ergänzung folgt, steht diese im Genitiv.

Beispiele:

Multī hóminēs sunt cúpidī pecūniae.	Viele Menschen sind begierig nach Geld.
Catō erat iūris perītus.	Cato war rechtskundig (erfahren im Recht).
Raro hóminēs beneficiōrum mémorēs sunt.	Selten denken Menschen an Wohltaten.
Quis húius factī párticeps erat?	Wer war an dieser Tat beteiligt?
Homō ratiōnis párticeps est.	Der Mensch ist im Besitz der Vernunft.
Nōn semper hóminēs suī poténtēs sunt.	Nicht immer sind Menschen ihrer mächtig.
Bella sunt plēna perīculōrum.	Kriege sind voller Gefahren.

K 27a	Ortsangaben

WS

autúmnus, -ī	der Herbst	*autumn*	
aestās, aestā́tis	der Sommer		
fréquēns, -éntis	zahlreich, häufig	*frequency*	*Frequenz, frequentieren*
vehī (intr.)	fahren	*vehicle*	*Vehikel*
domum (domus)	nach Hause		
domō	von Zuhause		

GR

Bei **Ortsangaben** muss man im Lateinischen unterscheiden, ob es sich um Städte und kleine Inseln oder um Länder und große Inseln (in der Regel Britannia, Sicilia, Sardinia, Creta, Euboea) handelt.

Länder und große Inseln werden wie im Deutschen mit **Präpositionen** verwendet,

z. B.: *in Itáliā* in Italien; *in Itáliam* nach Italien; *ex Itáliā* aus Italien.

Bei **Städten und kleinen Inseln** werden **keine** Präpositionen gesetzt. Der Kasus richtet sich meist nach der Funktion, die ein Fall hat.

Akkusativ: Funktion: Hinblick, Richtung; Frage: **wohin?**
Rōmam nach Rom; *Corínthum* nach Korinth;
Delphōs nach Delphi; *Rhodum* nach Rhodos

Ablativ: Funktion: Trennung und Ort; Fragen: **woher?; wo?**
Athḗnīs aus Athen; in Athen;
Carthā́gine aus Karthago; in Karthago

Der Lokativ, ursprünglich ein eigener Kasus für Ortsbestimmungen auf die Frage **wo?**, hatte die Endung *-ī* (vgl. *rūr-ī*, *dom-ī*). Er wirkt noch nach bei den **Städten und kleinen Inseln der ā- und o-Deklination auf** ***-a, -us, -um***:
Rōmae in Rom; *Corínthī* in Korinth; *Rhodi* in Rhodos

SF

vehī	vehor	vectus sum	fahren (intrans.)

K 28a Gerundium

WS

benefícium, -ī (bene, fácere)	die Wohltat	*benefaction*	*Benefiz-veranstaltung*
necéssitās, -ā́tis (necessā́rius)	die Not; Notwendigkeit	*necessary*	
dif-ficúltas, -ā́tis (difficilis)	die Schwierigkeit	*difficult*	
administrā́re (minístor)	verwalten	*administration*	*Administration*
vigilā́re	wachsam sein, wachen	*vigilance*	*Vigil*
ērípere (rápere)	entreißen		
praetermíttere (míttere)	vorübergehen lassen		

FB **Gerundium** der deklinierte Infinitiv

FL Im Lateinischen besteht – ähnlich wie im Deutschen – die Möglichkeit, den Infinitiv Präsens Aktiv zu substantivieren und zu deklinieren. Dabei wird zwischen Verbalstamm und Endung das Infix ***nd*** (in der 3. und 4. Konjugation ***end***) eingefügt.

Unterscheide: *laudāns, laudántis, laudántī* etc.: lobend: Partizip (beide Male hartes **t**)
laudā́re, laudándī, laudándō: Ger**undium** (beide Male **nd**)

Gerundium – deklinierter Infinitiv

laudā́-re	loben	monḗ-re	mahnen	lég-e-re	lesen
laudá-**nd**-ī	des Lobens	moné-**nd**-ī	des Mahnens	leg-**énd**-ī	des Lesens
laudá-**nd**-ō	dem Loben				
(ad) laudá-**nd**-um	(zum) Loben	audī́-re	hören	cápe-re	fangen
laudá-**nd**-ō	durch Loben	audi-**énd**-ī	des Hörens	capi-**énd**-ī	des Fangens

Der Dativ ist dabei selten, der Akkusativ wird meist mit *ad* verbunden; der Ablativ kann mit und ohne Präpositionen stehen.

Die **Deponentia** bilden das Gerundium auf die gleiche Weise: *imitā́-rī – imitá-nd-ī.*
Das Gerundium zu *ī́re* lautet: *e-ú-nd-ī.*

Im Deutschen bestehen folgende Wiedergabemöglichkeiten:

Gerundium
ars ***cantándī***

bloßer Infinitiv:	**substantivierter Infinitiv:**	**(Verbal)Substantiv:**
die Kunst **zu singen**	die Kunst **des Singens**	die Kunst **des Gesangs**

Das Gerundium behält stets seinen verbalen Charakter. Es wird deshalb durch ein **Adverb** näher bestimmt. Deutsche Wiedergabe:

ars ***pulchre*** *cantándī*

bloßer Infinitiv:	**substantivierter Infinitiv:**	**(Verbal)Substantiv:**
die Kunst **schön** zu singen	die Kunst des **schönen** Singens	die Kunst des **schönen** Gesangs

Beim Gerundium bleibt auch die **Kasusrektion** des Verbums erhalten:

ars ***carmen pulchrum*** *cantándī*
(occā́siō ***victṓriā*** *ūténdī)*

bloßer Infinitiv:	**substantivierter Infinitiv:**	**(Verbal)Substantiv:**
die Kunst **ein schönes Lied** zu singen (die Gelegenheit, **den Sieg** auszunützen)	die Kunst des Singens **eines schönen Liedes** (die Gelegenheit des Ausnützens **des Sieges**)	die Kunst des Gesangs **eines schönen Liedes** (die Gelegenheit der Ausnützung **des Sieges**)

im Deutschen schlechte Wiedergabe, da sich ein unzulässiger Nominalstil ergibt.

ÜS Im Ablativ wird im Deutschen das Gerundium nicht selten durch einen Adverbialsatz (dadurch, dass – indem etc.) wiedergegeben:

Iniū́riās feréndō māiṓrem laudem accipiēs quam faciéndō.

Dadurch, dass du Unrecht erträgst, wirst du größeres Lob erhalten als dadurch, dass du es tust.

SF

ērípere	ērípiō	erípuī	ēréptum	entreißen
praetermíttere	praetermíttō	praetermī́sī	praetermíssum	vorübergehen lassen

K 29a Gerundivum 1

WS

sócius, -ī	der Bundesgenosse	*society*	*Sozietät*
facúltās, -ā́tis (fácere)	die Fähigkeit, Möglichkeit	*faculty*	*Fakultät*
volúptās, -ā́tis (velle)	das Vergnügen, die Lust		
prīvā́tus, -a, -um	privat	*private*	*privat*
sceléstus, -a, -um (scelus)	verbrecherisch		
memorā́re (memor)	erwähnen, berichten	*memory*	*memorieren*
ē-vértere	umstürzen, zerstören		
ferē	beinahe, fast		
forīs	draußen, außerhalb		
omnī́nō (omnis)	völlig, gänzlich		

FB **Gerundivum** nd-Form auf *-us, -a, -um*; Verbaladjektiv

FL Das **Gerundium** ist der **deklinierte Infinitiv**; es bildet also die einzelnen Kasus des Infinitivs, der damit substantiviert wird. Das Gerundium ist deshalb ein **Verbalsubstantiv**. Das **Gerundivum** weist ähnliche Bildungselemente auf: Verbalstamm – Infix **(e)nd** – Ausgänge; es handelt sich dabei jedoch um die **Ausgänge eines Adjektivs** *-us, -a, -um der ā- und o-Deklination*; das Gerundivum ist demnach ein **Verbaladjektiv**, das häufig passiven Sinn hat. Eine deutsche Entsprechung, die zu allen Verwendungsweisen des Gerundivs passt, gibt es nicht.

Gerundivum – Verbaladjektiv				
laudā́re	*monḗre*	*audī́re*	*légere*	*cápere*
laudá-nd-us, -a, -um	*moné-nd-us, -a, -um*	*audi-énd-us, -a, -um*	*leg-énd-us, -a, -um*	*capi-énd-us, -a, -um*

Die Formen der Deponentia werden ebenso gebildet (z. B.: *imitá-nd-us, -a, -um*).
Das Gerundiv zu *ī́-re* lautet *e-ú-nd-us, -a, -um.*

Ein Adjektiv kann attributiv (d. h. bezogen auf ein Nomen, meist ein Substantiv) oder prädikativ (Ergänzung des Prädikats) verwendet werden. Beim Gerundivum ist es ähnlich. Es ist also zu unterscheiden, ob es
a) in Kongruenz mit einem Substantiv steht und zu ihm gehört
b) oder als Ergänzung zu einem Verbum verwendet wird.

Wenn ein Gerundiv in Kongruenz zu einem Nomen steht und zu diesem gehört, wird es ähnlich übersetzt wie ein Gerundium.
Im Deutschen bestehen demnach folgende Wiedergabemöglichkeiten:

Gerundivum
occā́siō lībertā́tis servándae

bloßer Infinitiv:	**substantivierter Infinitiv:**	**(Verbal-)Substantiv:**
die Gelegenheit, die Freiheit zu erhalten	die Gelegenheit zum Erhalten der Freiheit	die Gelegenheit zur Erhaltung der Freiheit

ÜS Im Deutschen ist wiederum die stilistisch beste Übersetzung zu wählen. Der bloße Infinitiv ist häufig vorzuziehen; der substantivierte Infinitiv ergibt oft, das Verbalsubstantiv gelegentlich einen unerträglichen Nominalstil.

SF **ēvértere** ēvérto ēvértī ēvérsum umstürzen, zerstören

K 30a Gerundivum 2

WS

patiéntia, -ae (patī)	die Geduld, Duldsamkeit	*patience*	*Patient*
īnstitū́tum, -ī (īnstitúere)	die Einrichtung	*institute*	*Institution* *Institut*
sub-sídium, -ī (sedḗre)	der Schutz, die Hilfe	*subsidiary*	*Subsidiaritätsprinzip*
póntifex, pontíficis (pōns, fácere)	der Priester	*pontiff*	*Pontifikat*
vātēs, -is	der Seher, Priester		
commū́nis, -e (mūnus)	gemeinsam	*community*	*Kommune*

probáre (probus)	prüfen, billigen	*probation*	*probieren*
vindicáre	beanspruchen; strafen; retten, schützen	*vindicate*	
impetráre	(durch Bitten) erlangen, erreichen		
ad-ímere (émere)	wegnehmen		

GR **Das Gerundivum als Verbaladjektiv kann auch prädikativ verwendet werden. Im Lateinischen trifft dies in folgenden Fällen zu:**

1. Nur in Verbindung mit *esse* erhält das Gerundivum Notwendigkeitsbedeutung:

scrībéndum est	man muss schreiben (es ist zu schreiben)
epístula scrībénda est	ein Brief muss geschrieben werden (ist zu schreiben); man muss einen Brief schreiben

Die Person, die etwas tun muss, erscheint im Dativ:

mihi scrībéndum est	ich muss schreiben (mir ist zu schreiben)
mihi epístula scrībénda est	ich muss einen Brief schreiben (mir ist ... zu schreiben)

Liegt eine Verneinung vor, dann wird das Gerundiv meistens mit dürfen (seltener mit müssen) übersetzt.

scrībéndum nōn est	man darf nicht schreiben
mihi epístula scrībénda nōn est	ich darf den Brief nicht schreiben
Néstori veréndum nōn erat, nē loquax putārḗtur.	Nestor musste nicht fürchten, dass er für geschwätzig gehalten werde.

2. In Verbindung mit Verben wie *dare, trádere, accípere, permíttere, curáre* usw. gibt das Gerundiv den Zweck an. Eine Übersetzung mit „müssen" wäre falsch.
(deutsch: substantivierter Infinitiv oder Substantiv oder damit-Satz)

do tibi librum legéndum	ich gebe dir ein Buch zum Lesen (zur Lektüre)
tradō tibi fílium ex-coléndum	ich übergebe dir meinen Sohn zum Ausbilden (zur Ausbildung; damit du ihn ausbildest)
Caesar pontem faciéndum curávit.	Cäsar ließ eine Brücke bauen (trug Sorge, eine Brücke zu bauen; trug Sorge um den Bau…)

In einigen Fällen kann das Gerundiv als attributives Adjektiv gebraucht werden.

indústria laudánda	ein lobenswerter Fleiß
exémplum imitándum	ein nachahmenswertes Beispiel
deus venerándus	ein verehrungswürdiger Gott

SF

adímere	ádimō	adḗmī	adémptum	wegnehmen

Pronomina 2

WS

uter, utra, utrum?	wer (von beiden)?		
alter, áltera, álterum	der eine (andere) von beiden	*alternate*	*Alternative*
néuter, -tra, -trum	keiner von beiden	*neutrality*	*Neutrum, neutral*
utér-que, utrá-que, utrúm-que	jeder von beiden, beide		
inimīcítiae, -arum (in, amīcus)	die Feindschaft		
avus, -ī	der Großvater		
népōs, -ōtis	der Enkel	*nephew*	*Neffe*
sevēritās, -ātis	die Strenge	*severe*	
intégritās, -ātis (ínteger)	die Reinheit, Unversehrtheit		*Integrität*
creāre	wählen; erschaffen	*creation*	*Kreativität*

Merke:

pósterī, -orum / **postéritās, -ātis** } die Nachwelt

FL Im Lateinischen spielt nicht selten die Zweizahl eine gewisse Rolle. Dies zeigt sich auch an einigen Wörtern:

a) **Fragepronomen**

uter – utra – utrum?	wer von beiden?	(aber: *quis*: wer? – ganz allgemein)

b) **Pronominaladjektive**

alter, áltera, álterum	einer von beiden, der eine – der andere	(aber: *alius*: irgendein anderer)
néuter, néutra, néutrum	keiner (von beiden)	(aber: *nullus* keiner)

c) **Indefinitpronomen**

utérque, utráque, utrúmque	jeder von beiden	(aber: *omnis* jeder)
utérque bedeutet	im Singular:	jeder einzelne von beiden
	im Plural:	beide zusammen

uter			utérque		
uter	utr-a	utr-um	utér-que	utr-á-que	utr-úm-que
	utr-ī́us			utr-īús-que	
	utr-ī			utr-ī́-que	
utr-um	utr-am	utr-um	utr-úm-que	utr-ám-que	utr-úm-que
utr-ō	utr-ā	utr-ō	utr-ṓ-que	utr-ā-que	utr-ṓ-que

alter			néuter		
alter	álter-a	álter-um	néuter	néutr-a	néutr-um
	alter-ī́us			neutr-ī́us	
	álter-ī			néutr-ī	
álter-um	álter-am	álter-um	néutr-um	néutr-am	néutr-um
álter-ō	álter-ā	álter-ō	néutr-ō	néutr-ā	néutr-ō

K 32a Pronomina 3

WS			
lingua, -ae	die Sprache		*Linguistik*
pécus, -ŏris n. (pecúnia)	das Vieh		
cōn-firmā́re	stärken, bekräftigen; behaupten	*confirmation*	*Firmung, Konfirmation*
ergō	also		

FL Ein Indefinitpronomen ist auch ***quīdam – quaedam – quiddam*** (substantivisch)
quīdam – quaedam – quoddam (adjektivisch).

Es nennt eine Person oder einen Gegenstand, deren genaue Bezeichnung nicht wichtig ist. Deutsche Wiedergabe: **ein gewisser, ein bestimmter, eine Art von**; es kann im Singular auch **unübersetzt** bleiben. Neben einem Adjektiv ist *quidam* oft steigernd (**ganz, geradezu**).

fuit tempus quoddam	es gab eine Zeit …
rēx quīdam dīves erat	ein (gewisser) König war reich
Mārcus quīdam	ein Mann namens Markus
ars quaedam	gewissermaßen eine Kunst, eine Art von Kunst
admīrábilis quaedam virtūs	eine geradezu erstaunliche Tüchtigkeit

Der Plural von *quīdam* bedeutet gewöhnlich „einige".

hóminēs quīdam	(gewisse) einige Menschen

Ein verallgemeinerndes Relativpronomen ist
quīcúmque – quaecúmque – quodcúmque der (wer) auch immer; jeder, der
quaecúmque alles, was

	quīdam			quīcúmque		
Singular	quī-dam	quae-dam	quid(quod)-dam	quī-cúmque	quae-cúmque	quod-cúmque
		cuiús-dam			cuius-cúmque	
		cúi-dam			cui-cúmque	
	que**n**-dam	qua**n**-dam	quid(quod)-dam	quem-cúmque	quam-cúmque	quod-cúmque
	quō-dam	quā-dam	quō-dam	quō-cúmque	quā-cúmque	quō-cúmque
Plural	quī-dam	quae-dam	quae-dam	quī-cúmque	quae-cúmque	quae-cúmque
	quōrú**n**-dam	quārú**n**-dam	quōrú**n**-dam	quōrum-cúmque	quārum-cúmque	quōrum-cúmque
		quibús-dam			quibus-cúmque	
	quōs-dam	quās-dam	quae-dam	quōs-cúmque	quās-cúmque	quae-cúmque
		quibús-dam			quibus-cúmque	

K 33a Pronomina 4

WS

poena, -ae	die Strafe	*Pein*
humus, -ī f.	der Boden, Erdboden	*Humus*
(humilis)		
humī (Lokativ)	auf dem Boden	
pūníre	bestrafen	*punish*
(poena)		
ab-ícere	wegwerfen	
quodsī	denn wenn, wenn nun, wenn aber	
sīve … sīve	wenn … wenn aber; sei es dass … oder dass	
sīn	wenn aber	

Merke:

necésse est	es ist notwendig
poenās dare	bestraft werden (Strafgeld zahlen)
īdem atque	derselbe wie
óptimus quisque	gerade die Besten; jeweils der Beste

FL Ein Indefinitpronomen ist auch:

ūnusquísque – ūnumquídque (substantivisch – nur Singular) } jeder
ūnusquísque – ūnaquáeque – ūnumquódque (adjektivisch) } (einzelne)

In den meisten Fällen (nach Relativ-, Reflexiv-, Interrogativpronomen, Superlativ und Ordinalzahlen) fällt *ūnus* weg; es steht nur die Kurzform **quis-que** etc.

Suum cúique!	Jedem das Seine!
Sē quisque amat.	Jeder liebt sich selbst.

Ein Demonstrativpronomen ist
īdem – éa-dem – i-dem derselbe – dieselbe – dasselbe
(Beachte dabei jeweils Längen und Kürzen und damit die Betonung!)

	īdem			**quisque**		
Singular	ī-dem	éa-dem	i-dem	quis-que	quae-que	quod-que
		eiús-dem			cuiús-que	
		eī́-dem			cúi-que	
	eú**n**-dem	eá**n**-dem	i-dem	quem-que	quam-que	quod-que
	eṓ-dem	eā́-dem	eṓ-dem	quō-que	quā-que	quō-que
Plural	iī́-dem (īdem)	eáe-dem	éa-dem	quī-que	quae-que	quae-que
	eōrú**n**-dem	eārú**n**-dem	eōrú**n**-dem	quōrúm-que	quārúm-que	quōrúm-que
		eīs(iīs)-dem			quibús-que	
	eṓs-dem	eā́s-dem	éa-dem	quōs-que	quās-que	quae-que
		eīs(iīs)-dem			quibús-que	

Wenn *unus-quis-que* in der vollen Form erscheint, werden die beiden ersten Bestandteile dekliniert:
ūnus-quis-que – ūna-quáe-que – ūnum-quód-que; ūnīus-cuiús-que; ūnī-cui-que usw.

SF				
pūnī́re	pūniō	pūnī́vī	pūnī́tum	bestrafen
abícere	abíciō	abiḗcī	abiéctum	wegwerfen

K 34a Der Ablativ 1: Wiederholung und Ergänzung

WS

pretiṓsus, -a, -um (prétium)	wertvoll	*precious*	*preziös, Preziosen*
equéster, -ris, -re (equus)	zum Reiter/Ritter gehörig		
senātṓrius, -a, -um	zum Senator gehörig	*senator*	
exspectā́tiō, -ṓnis (exspectā́re)	die Erwartung	*expectation*	

Merke:

nṓbilī génere nātus	aus vornehmem Geschlecht stammend
equéstrī locō ortus	aus dem Ritterstand stammend
ṓrdine senātṓriō nātus	aus dem Senatorenstand stammend
aequō plūs	mehr als billig; ungebührlich viel
sólitō māior	ungewöhnlich groß
exspectātiṓne prius	unerwartet früh
saxō dūrior	steinhart

GR Der Ablativ ist ein Kasus, der im Lateinischen sehr differenziert gesehen werden kann. Dies kommt nicht zuletzt dadurch zustande, dass im Ablativ drei ehemalige Kasus verschmolzen sind, was dadurch ermöglicht wurde, dass sie alle die Funktion eines Adverbiales hatten. Der ursprüngliche Ablativ ist der Ablativ der Trennung (*ablā́tivus sēparātionis; ablativus* von *auférre – ábstulī – ablā́tum* wegtragen; *sēparatiṓnis* von *sē-parā́re* trennen).

Ablativ

ablativus separationis	*ablativus instrumentalis*	*ablativus loci/ temporis*
Ablativ der Trennung	Ablativ des Mittels	Ablativ des Ortes/ der Zeit
Frage: **wovon?**	Frage: **womit/wodurch?**	Frage: **wo/wann?**

Der **Ablativ der Trennung** lässt sich noch einmal untergliedern:

ablativus separationis

Ablativ bei Verben der Trennung; z. B.	**Ablativ der Abstammung; z. B.**	**Ablativ des Vergleichs**

līberā́re	befreien von	*nṓbilī génere nātus*
spoliā́re	berauben (einer Sache)	aus dem Adel stammend
egḗre	etwas brauchen	
carḗre	etwas nicht haben	*equéstri locō ortus*
vacā́re	leer, frei sein von	aus dem Ritterstand stammend

Der **Ablativ des Vergleichs (*ablativus comparationis*)** wird zum Ablativ der Trennung gerechnet, weil von einem Ausgangspunkt aus gesehen die Größe, Qualität etc. verschiedener Objekte beurteilt und verglichen werden kann.
In **Vergleichen mit Komparativ** wird im Lateinischen meist ***quam*** verwendet:

Nulla urbs púlchrior est quam Rōma.	Keine Stadt ist schöner als Rom.
Nullam urbem pulchriṓrem vī́dimus quam Rōmam.	Wir sahen keine schönere Stadt als Rom.

Wenn der Vergleichsgegenstand, der auf *quam* folgt, im **Nominativ** oder **Akkusativ** steht, kann er durch den **Ablativ** (ohne *quam*) ersetzt werden:

Nulla urbs púlchrior est Rōmā.	Keine Stadt ist schöner als Rom.
Nullam urbem pulchriṓrem vī́dimus Rōmā.	Wir sahen keine schönere Stadt als Rom.

ÜS Wenn du in einem lateinischen Text einen Komparativ siehst, dann
a) suche zuerst *quam*;
b) findest du kein *quam*, suche einen Ablativ und übersetze als *abl. comparationis*;
c) findest du weder *quam* noch einen Ablativ, dann gib den Komparativ mit „ziemlich, (all)zu“ wieder!

K 35a Der Ablativ 2: Wiederholung und Ergänzung

WS

instruméntum, -ī (instrúere)	das Werkzeug	*instrument*	*Instrument*
gubernā́tor, -ṓris	der Steuermann	*government*	*Gouverneur*
flūctus, -ūs (flú-vius)	die F l u t	*fleet*	
levā́re (levis)	erleichtern, lindern		*Levante* *relevant*

GR Den größten Umfang innerhalb des Ablativ nimmt der ***ablativus instrumentalis*** ein. Er lässt sich grob in drei Abteilungen untergliedern:

ablativus instrumentalis

Ablativ des Mittels/ des Werkzeugs | **Ablativ des Grundes** | **Ablativ der Art und Weise**

Für die Übersetzung aus dem Lateinischen bereitet der **Instrumentalis** (Abl. des Mittels) meist keine größeren Schwierigkeiten. Da der Ablativ in der Regel ein Adverbiale ist, das im Deutschen fast immer durch Präpositionen wiedergegeben werden kann, ist es ratsam, notfalls zu probieren, welche Präposition in den Zusammenhang passt.

Empfehlenswert ist es ferner, sich einige **Wendungen** oder **Wörter** einzuprägen, bei denen man im Deutschen anders denkt (z. B: Ort statt Mittel) bzw. die im Lateinischen den Ablativ nach sich haben (im Deutschen meist den Akkusativ – im Lateinischen sieht man das Mittel: *uti* Gebrauch machen von; *frui* Genuss haben durch).

Wendungen:		Wörter:	
pédibus īre	zu Fuß gehen	*īnstrūméntō ūtī*	ein Gerät benutzen
pugnā vincere	in einer Schlacht besiegen	*mūnere fungī*	ein Amt verwalten
manū tenēre	in der Hand halten	*vītā fruī*	das Leben genießen
memóriā tenēre	im Gedächtnis behalten	*cōnsiliō nītī*	sich auf einen Rat stützen
tēctō recipere	in sein Haus aufnehmen		
labōre assuēscere	sich an Mühe gewöhnen	*urbe potīrī*	eine Stadt in seine Gewalt bringen

K 36a Der Ablativ 3: Wiederholung und Ergänzung

WS

lácrima, -ae	die Träne		
siléntium, -ī	das Schweigen	*silence*	*Silentium*
quotánnīs (annus)	jährlich		
causa (+ Gen.) (nachgestellt)	wegen, um … willen; um – zu (nd-Formen!)		

Merke:

amīcōrum causā wegen der Freunde, um der Freunde willen
lūdéndī causā um zu spielen

GR Beim **Ablativ des Maßes** (***mensurae***) und dem damit eng zusammenhängenden **Ablativ der Beziehung** (***limitationis***), **des Grundes** (***causae***) und **der Art und Weise** (***modi***) genügt es ebenfalls, sich einige Ausdrücke einzuprägen, die häufig vorkommen:

ablativus mensurae/limitationis		ablativus causae	
multō māior	viel (um vieles) größer	*mōre*	nach Sitte, Art
paulō post	ein wenig später	*méritō*	nach Verdienst
níhilō minus (sētius)	nichtsdestoweniger	*iussū*	auf Befehl
		meā (tuā ...) sponte	freiwillig
multō praestāre	weit überlegen sein	*hoc fēcī meā sponte*	dies tat ich freiwillig
duōbus annīs ante	zwei Jahre vorher		
alícui cēdere virtūte	jmd. an Leistung nachstehen	*hoc fēcistī tuā sponte*	dies tatest du freiwillig

ablativus modi			
iū́re	mit Recht	*impériō*	unter jmds. Oberbefehl
ṓrdine	der Reihe nach	*hāc rātione*	auf diese Weise
cāsū	zufällig	*hōc consī́liō*	in der Absicht
voluntā́te	mit Einwilligung	*hāc mente*	in der Absicht

GR Die Präposition „wegen“ kann im Lateinischen auf unterschiedliche Weise wiedergegeben werden:

propter + Akk.:	tatsächlicher Grund:	*propter tempestā́tēs* wegen der Stürme
prae + Ablativ:	hindernder Grund:	*prae lácrimīs loquī nōn possum* wegen/vor Tränen kann ich nicht reden
causā + Genitiv:	beabsichtigter Grund:	*pecū́niae causā* um des Geldes willen, wegen des Geldes

K 37a Der Ablativ 4: Wiederholung und Ergänzung

WS

prīncípium, -ī (prīmus, cápere)	der Anfang	*principle*	*Prinzip*
óbses, -idis (sedḗre)	die Geisel		
advéntus, -ūs (advenī́re)	die Ankunft	*adventure*	*Advent*
occā́sus, -ūs (oc-cídere)	der Untergang (der Sonne)	*occident*	*Okzident*
ortus, ortūs (orī́rī)	der Aufgang	*orient*	*Orient*
apértus, -a, -um (aperī́re)	offen		
inī́quus, -a, -um (aequus)	ungleich, ungerecht; uneben		
ín-gredī (gradī)	hineingehen, eintreten		*ingressiv*

GR Der (bloße) **Ablativ des Ortes (*loci*)** und **der Zeit (*temporis*):**

a) Ablativ des Ortes: Ortsangaben auf die Frage wo?

- bei Substantiven mit dem Attribut *tótus, -a, -um*:

tōtō orbe terrárum	auf dem ganzen Erdkreis
tōtā urbe	in der ganzen Stadt

- bei *locus* (auch mit *in*)

(in) apértō locō	in offenem Gelände
locō iníquō	an einem ungünstigen (ungleichen) Platz

b) Ablativ der Zeit: Zeitbestimmungen auf die Frage wann?

lūce	am hellen Tag	*diē ac nocte*	bei Tag und Nacht
prīmā lūce	beim Morgengrauen	*sōlis ortū*	bei Sonnenaufgang
vēre	im Frühling	*lūdīs*	zur Zeit der Spiele
véspere/vésperī	am Abend	*patrum memóriā*	zur Zeit der Väter
vēre ineúnte	bei Frühlingsbeginn	*brevī*	bald, in Kürze
multō diē	spät am Tag		

SF **íngredī** ingrédior ingréssus sum eintreten

K 38a Fragesätze: Wiederholung und Ergänzung

WS

quemádmodum? (modus)	wie?		
quṓmodo? (modus)	wie?		
miséria, -ae (miser)	das Unglück	*misery*	*Misere*
cupī́dō, -inis (cúpere, cupíditās)	die Begierde	*cupidity*	
tranquíllitās, -ā́tis	die Ruhe, Stille	*tranquillity*	*Tranquilizer*
torquḗre	drehen, foltern	*torture*	*Tortur, Torte*
con-cútere, -io	erschüttern		
tranquíllus, -a, -um (tranquíllitās)	ruhig, still		
vácuus, -a, -um (vacā́re)	leer, frei von	*vacant*	*Vakuum, Vakanz*
vānus, -a, -um	leer, eitel, nichtig	*vanity*	
quondam	einmal, einst		
herī	gestern		

FB **Rhetorische Frage** — Aussage, die in eine Frageform gekleidet ist; der Fragende erwartet eine bestimmte Aussage.

GR Im Lateinischen unterscheiden wir wie im Deutschen zwischen **Wort- und Satzfragen**.

Wortfragen werden durch ein Fragewort (*quis?, quid?, quandō? quōmodo?* usw.) eingeleitet.

Bei **Satzfragen** ist der ganze Satz in Frageform gestellt. Dabei gibt es echte Fragen oder rhetorische Fragen, bei denen der Fragende dem Gesprächspartner eine Antwort in den Mund legt.

Satzfragen

echte Frage
Warst du gestern im Theater?
Antwort: ja oder nein!

rhetorische Frage
Warst du gestern etwa im Theater?
Erwartete Antwort: nein!
Warst du gestern (etwa) nicht im Theater?
Erwartete Antwort: doch, ja!

Im Deutschen wird eine Satzfrage dadurch gebildet, dass das Verbum am Anfang des Satzes steht. Da die Stellung im Lateinischen eine andere Funktion hat, muss eine Fragepartikel eingefügt werden, damit ein Satz als Satzfrage erkannt wird:

Art der Frage	**Antwort**	**Fragepartikel**
Echte Frage Warst du gestern im Theater? *Fuistīne herī in theātrō?*	Ja oder nein	***-ne*** (an erstes Wort angefügt)
Rhetorische Frage Warst du gestern etwa im Theater? *Num herī in theātrō fuistī?*	Nein	***Num***
Rhetorische Frage Warst du gestern (etwa) nicht im Theater? *Nōnne herī in theātrō fuistī?*	Ja, doch	***Nōnne***

Zu den Satzfragen zählen auch die **Doppelfragen**; sie sind echte Fragen und werden eingeleitet durch: *utrum ... an; -ne ... an; — ... an*

Einleitung	Beispiel	Übersetzung
utrum ... an	*Utrum herī in theátro fuístī an nōn?*	Warst du gestern im Theater oder nicht?
-ne ... an	*Fuistíne herī in theátrō an nōn?*	
— ... an	*Herī in theátrō fuístī an in circō?*	Warst du gestern im Theater oder im Zirkus?

Erinnere dich:
Indirekte Fragesätze, die von einem *verbum dicendi* oder *sentiendi* abhängig sind, stehen im Lateinischen im Konjunktiv (im Deutschen meist Indikativ). Eingeleitet werden sie mit *num* oder *–ne* bzw. *utrum*).

Quaerō ex tē, num in theátrō fúeris (fuerísne in theátrō).	Ich frage dich, ob du im Theater gewesen bist.
Quaerō ex tē, utrum in theátrō fúeris nec-ne (fuerísne in theátrō an nōn).	Ich frage dich, ob du im Theater gewesen bist oder nicht.

SF

torquére	tórqueō	torsī	tortum	drehen, foltern
concútere	concútiō	concússī	concússum	erschüttern

K 39a Konjunktiv im Hauptsatz 1: Wiederholung und Ergänzung

WS

posséssiō, -ṓnis (possidére)	der Besitz	*possession*	*Possessivpronomen*
valētū́dō, -inis (valḗre)	die Gesundheit		
perpétuus, -a, -um	ewig, immerwährend	*perpetual*	*perpetuum Mobile*
sānus, -a, -um (sānā́re)	gesund	*sanitary*	*sanieren, Sanatorium*
tālis, -e	so (beschaffen), solch		

quālis, -e	wie (beschaffen)	*quality*	*Qualität*
dē-spícere (a-spícere, spectāre)	herabschauen, verachten		*despektierlich*
dē-tráhere (tráhere)	wegnehmen, wegziehen		
prīmum (prīmus)	zuerst, zum ersten Mal		
ígitur	also		
etiám-sī	auch wenn		

GR Die Verwendungsweisen des lateinischen und des deutschen Konjunktivs sind voneinander sehr verschieden. Der lateinische Konjunktiv muss im Deutschen meist durch Umschreibung wiedergegeben werden.
Eine grobe Einteilung ergibt für den lateinischen Konjunktiv drei Verwendungsweisen:

Konjunktiv

Möglichkeit — Nichtwirklichkeit — Wunsch

Die Verwendung des lateinischen Konjunktivs als Irrealis (Nichtwirklichkeit) wurde bereits in Auspicia II behandelt. Weitere Verwendungsweisen des Konjunktivs sind:

Konjunktiv

als Hortativ:	**als Prohibitiv:**	**als Jussiv:**	**als Optativ:**
1. P. Pl.:	2. P. Sg./Pl.:	oft: 3. P. Sg./Pl.:	alle Pers.:
Aufforderung:	verneinter Imperativ:	Aufforderung:	Wunsch:
Konj. Präs.	**nē + Konj. Perf.**	**Konj. Präs.**	**Konj. Präs.**
Orēmus!	*Nē timúeris!*	*Eat!*	*Beātus sim (sīs...)!*
Lasst uns beten!	Fürchte nicht!	Er soll gehen!	Möge ich
Wollen wir beten!		Er gehe!	(Mögest du ...)
	Nē timuéritis!	*Eant!*	glücklich sein!
	Fürchtet nicht!	Sie sollen gehen!	

Der **Prohibitiv** kann ersetzt werden durch *nōlī* (*nōlīte*) + Infinitiv Präsens:
Nōlī timēre! (*Nōlīte timēre*!) Fürchte dich nicht! (Fürchtet euch nicht!).

Merke: Wenn der Konjunktiv einen Wunsch oder eine Aufforderung enthält, wird er mit ***nē*** verneint.

Der **Optativ** drückt im Präsens einen erfüllbaren, im Imperfekt einen unerfüllbaren Wunsch der Gegenwart aus (Plusquamperfekt: unerfüllbarer Wunsch der Vergangenheit). Als Zusätze sind im Präsens *útinam* oder *velim* möglich, im Imperfekt bzw. Plusquamperfekt sind *útinam* oder *vellem* nötig:

(Utinam/velim) mē vīsítēs!	Mögest du mich besuchen! Dass du mich doch besuchst! Hoffentlich besuchst du mich!
Utinam/(vellem) pater vī́veret!	Dass doch der Vater noch lebte!
Utinam/(vellem) pater vīxísset!	Dass doch der Vater noch gelebt hätte!

Der Konjunktiv kann auch als **Konzessiv** verwendet werden; er drückt dann ein Zugeständnis aus; *sānē* kann beigefügt werden:

dīcat (sānē)	mag er (immerhin) sagen
dī́xerit (sānē)	mag er (immerhin) gesagt haben

SF

dēspícere	dēspíciō	dēspéxī	dēspéctum	herabschauen, verachten
dētráhere	dḗtraho	dētrā́xī	dētrā́ctum	wegziehen, wegnehmen

K 40a Konjunktiv im Hauptsatz 2: Wiederholung und Ergänzung

WS

crūdḗlitās, -ā́tis (crudḗlis)	die Grausamkeit	
éxitus, -ūs (exī́re)	der Ausgang	*exit*
caecus, -a, -um	blind	
co-hibḗre (habḗre)	zurückhalten, festhalten	
verberā́re	schlagen	
ídeō	deshalb	

FB

Potentialis	Konjunktiv, der eine Aussage als Annahme oder gemilderte Behauptung ausdrückt
Deliberativ	überlegende Frage

GR Der Konjunktiv kann im Lateinischen auch als **Potentialis** verwendet werden. Es handelt sich dabei um eine abgemilderte Form der Aussage, die nur als möglich gedacht oder als Annahme formuliert wird. Im Deutschen muss der lateinische Konjunktiv umschrieben werden:

dīcat aliquis	es könnte (dürfte, wird wohl) einer sagen, vermutlich sagt einer
Quis nōn fateātur?	Wer könnte (dürfte, wird wohl) nicht zugeben?

Für den Potentialis der Gegenwart kann im Lateinischen gleichbedeutend auch Konjunktiv Perfekt stehen:

dīxerit áliquis	es könnte (dürfte, wird wohl) einer sagen, vermutlich sagt einer
Quis hoc credíderit?	Wer könnte (wird wohl, dürfte, möchte) dies glauben?

Der **Potentialis der Vergangenheit** ist auf wenige Ausdrücke im Konjunktiv Imperfekt beschränkt; z. B.:

crēderēs, putārēs	man hätte glauben können
dīcerēs	man hätte sagen können
vidērēs	man hätte sehen können
vix intellégerēs	man hätte wohl kaum verstanden

Der Konjunktiv kann im Lateinischen auch eine überlegende Frage (**Deliberativ**) ausdrücken, die meist an die 1. Person gerichtet ist.

Quō mē vertam?	Wohin soll ich mich wenden?
Quid fáciam?	Was soll ich tun?

Für den **Deliberativ der Vergangenheit** wird der Konjunktiv Imperfekt verwendet.

Quō mē vérterem?	Wohin hätte ich mich wenden sollen?
Quid fácerem?	Was hätte ich tun sollen?

K 41a Nominativ mit Infinitiv

WS

ópera, -ae (opus)	die Arbeit, Mühe	*operation*	*operieren*
disciplī́na, -ae	die Zucht; der Unterricht; die Lehre; die Philosophieschule	*discipline*	*Disziplin*
discípulus, -ī	der Schüler		
prō-pósitum, -ī (prōpṓnere)	der Vorsatz, Grundsatz	*proposition*	
prae-céptum, -ī (praecípere)	die Vorschrift	*praecept*	
quiēs, quiḗtis	die Ruhe	*quiet*	*Requiem*
ōtiṓsus, -a, -um (ṓtium)	ruhig, müßig		
dis-símilis, -e	unähnlich		
quidem	gewiss, freilich, zwar		
é-quidem	ich wenigstens, ich für meine Person		
nōn … nisī	nicht … außer; nur		

Merke:

óperam dare litterīs	sich um die Wissenschaften bemühen
nōn véniam nisī invitā́tus	ich komme nicht, außer wenn ich eingeladen bin ich komme nur, wenn ich eingeladen bin

FB **NcI (Nominativus cum Infinitivo)** Nominativ mit Infinitiv

GR Neben dem Akkusativ mit Infinitiv (AcI) gibt es im Lateinischen auch einen **Nominativ mit Infinitiv (NcI)**. Es handelt sich dabei um eine persönliche Konstruktion. Im Deutschen wird sie meist unpersönlich wiedergegeben.

Nach folgenden Verben steht oft NcI

a) *dīcitur*	es wird gesagt; man sagt; wie man sagt; er, sie, es soll
b) *fertur, trāditur*	es wird überliefert; man überliefert; wie man überliefert; nach der Überlieferung; er, sie, es soll
c) *vídeor; vidēris; vidētur ...*	ich scheine, du scheinst, er (sie, es) scheint; wie es scheint; dem Anschein nach
d) *negātur*	es wird gesagt, dass nicht; man sagt, dass nicht
e) *putātur, audītur, iūdicātur*	man glaubt (hört, urteilt), dass; wie man glaubt (hört, urteilt)
f) *iúbeor, vetor, sinor*	man befiehlt (verbietet, lässt zu), dass ich

Beispiele

Homērus *caecus fuisse* ***dīcitur***.	**Es** wird gesagt, **dass Homer** blind gewesen ist. **Man** sagt, **dass Homer** blind gewesen ist. **Homer** war, **wie man sagt**, blind. **Homer soll** blind gewesen sein.
Graeci primi philósophi fuisse ***ferúntur (trādúntur)***.	**Es** wird überliefert (man überliefert), **dass die Griechen** die ersten Philosophen waren. **Die Griechen waren nach der Überlieferung** (wie man überliefert) die ersten Philosophen (sollen ... gewesen sein).
Vōs affuisse ***negābāminī***.	**Es** wurde gesagt, **dass ihr** nicht dabei gewesen seid. **Man** sagte, **dass ihr** nicht dabei gewesen seid. **Ihr** seid, **wie man sagte**, nicht dabei gewesen. **Ihr seid angeblich** nicht dabei gewesen.
Mīlitēs iubéntur *pontem fácere*.	**Man befiehlt den Soldaten**, eine Brücke zu bauen.
Pōns *fierī* ***iubētur***.	**Man befiehlt**, eine Brücke zu bauen.
Ad mē venīre ***iubēris***.	**Man befiehlt dir** zu mir zu kommen. **Du erhältst den Befehl**, zu mir zu kommen.

K 42a ut-Sätze 1: Wiederholung und Ergänzung

WS

ministérium, -ī (administrā́re)	der Dienst, die Aufgabe	*ministry*	*Ministerium*
cū́ria, -ae	die Kurie, das Rathaus		*Kurie*
sēmen, -inis	der S a m e		*Seminar*
aequā́lis, -e (aequus)	gleichaltrig; Subst: der Zeitgenosse, Kamerad		
īn-fḗlīx, -īcis (fēlīx)	unglücklich		
aiō (meist Einschub)	ich sage		
īn-spícere (spectā́re, a-spícere)	anschauen, prüfen	*inspect*	*Inspektor, Inspektion*
ínterim	inzwischen	*interim*	*Interimslö-sung*
nē … quidem	nicht einmal		
Merke:			
nē servus quidem	nicht einmal ein Sklave		
ut ait Séneca	wie Seneca sagt		

FL Das Verbum ***aiō*** bildet im Präsens nur die Formen *aiō, aīs, ait, aiunt*. Das Imperfekt ist regelmäßig (*aiébam* …); im Perfekt lautet die dritte Person Singular *ait*; weitere Formen gibt es nicht.

GR Eine vielschichtige Konjunktion wie *cum* (vgl. K13 und K 14) ist auch ***ut***. Die Grundbedeutung ist „wie". *Ut* kann ebenfalls mit Indikativ und Konjunktiv verbunden werden.

ut **mit Indikativ**

→ aller Tempora
- **Einschub**
  ut
  „wie"
- **Vergleich**
  ut … sīc
  „wie … so";
  „zwar … aber"

→ Vergangenheit, meist Perfekt
- **Zeitangabe**
  ut (prīmum), ubi (prīmum);
  (Perfekt: sobald - einmalig)
  ut, ubi
  (Plusquamperfekt: sooft - wiederholt)

Homō, ut ait Platō, ex ánimō et córpore cōnstat.
Der Mensch besteht, wie Platon sagt, aus Geist und Körper.
Ut pater līberīs cōnsulit, sic rēx salūtī cīvium prōvidet.
Wie der Vater für die Kinder (sorgt), so sorgt der König für das Wohl der Bürger.
Ut nōn iniūstē iūdicāvistī, sīc sevēre (sevērus, -a, -um streng).
Du hast zwar nicht ungerecht geurteilt, aber streng.
Ut (ubī – ut/ubī prīmum) Caesar in Gálliam vēnit, gentēs Gállicae eī restitērunt.
Sobald Cäsar nach Gallien kam, widersetzten sich ihm die gallischen Stämme.

SF **īnspícere** īnspíciō īnspéxī īnspéctum anschauen, prüfen

K 43a ut-Sätze 2: Wiederholung und Ergänzung

WS

simulācrum, -ī (símilis)	das Ab-, Trug-, Götterbild		
auris, -is	das O h r		*Aurikel*
spīritus, -ūs	der Geist; Hauch, Atem; die Gesinnung	*spirit*	*Spiritismus*
magníficus, -a, -um (magnus)	prächtig, herrlich	*magnificent*	*Magnifizenz*
incértus, -a, -um (certus)	ungewiss		
ratiōnālis, -e (rátiō)	vernünftig, vernunftbegabt		*rational*
trānsgredī (gradī)	hinübergehen, überschreiten		

GR Auch in Verbindung mit dem Konjunktiv kann *ut* verschiedene Bedeutungen haben.

***ut* mit Konjunktiv**

Konsekutivsätze		Finalsätze		nach den Verben *timēndī* und *impediēndī*	
ut	dass	*ut*	dass (damit)	*ne*	dass
ut nōn	dass nicht	*nē*	dass (damit) nicht	*nē nōn*	dass nicht
ut nēmō	dass niemand	*nē quis*	dass (damit) niemand	*nē nēmō*	dass niemand

Bei den *verba impediéndī* kann *ne* durch *quōminus* ersetzt werden.

Dolṓre impédior, ne (quōminus) plūra dīcam.
Von Schmerz werde ich gehindert, mehr zu sagen.

In **Konsekutivsätzen** heißt *ut* im Deutschen immer (**so**) **dass**.

In **finalen Objektsätzen** heißt *ut* stets **dass** (bzw. ein verkürzter dass-Satz mit **zu**).

Imperō tibi, ut véniās.	Ich befehle dir (wen/was? => Objekt; Objektsatz)	**dass** du kommst. (zu mir zu kommen)
Optō, nē quis mē vísitet.	Ich wünsche (wen/was? => Objekt; Objektsatz)	**dass** mich **niemand** besucht.

In **finalen Adverbialsätzen** heißt *ut* **damit** (bzw. es steht ein verkürzter dass-Satz mit **um zu**).

Veniō, ut tē ádiuvem.	Ich komme (zu welchem Zweck? => Adverbiale; Adverbialsatz)	**damit** ich dir helfe. (um dir zu helfen).

SF **trānsgredī** trānsgrédior trānsgréssus sum hinübergehen, überschreiten

K 44a Temporalsätze: Wiederholung und Ergänzung

WS

prōvíncia, -ae	die Provinz *(röm. Herrschaftsbereich außerhalb Italiens)*	*province*	*Provence*
līmes, -itis m.	der Grenzwall	*limit*	*limitieren*
cohors, cohórtis f.	die Kohorte *(10. Teil der Legion, bis zu 600 Soldaten)*		
faber, fabrī	der Handwerker, Zimmermann	*fabricate*	*Fabrik, fabrizieren*

īn-fírmus, -a, -um (firmus)	schwach		
exōrnā́re (ōrnā́re)	ausstatten	*ornament*	*Ornat*
per-fríngere (frángere)	durchbrechen	*fragile*	*Fragment*

GR Zur Einleitung von Temporalsätzen kennt das Lateinische verschiedene Konjunktionen, die im Folgenden zusammengefasst und ergänzt werden sollen. (Auf *cum* wird verzichtet, da diese Konjunktion eigens in zwei Kapiteln behandelt wird – vgl. K 13 und K 14).

	Konjunktion	Modus	Tempus	Bedeutung
1	**dum, quoad, dōnec, quámdiu**	Indikativ	alle Tempora	solange als, solange
2	**dum**	Indikativ	Präsens	während
3	**postquam**	Indikativ	Perfekt	nachdem
4	**ut (prīmum), ubī (prīmum), cum prīmum, simul(átque)**	Indikativ	Perfekt	sobald als
5	**ut, ubī, simulátque**	Indikativ	Plusquamperfekt	sooft
6	**ántequam, priúsquam**	Indikativ	Präsens, Futur II, Perfekt;	ehe, bevor
7	**ántequam, priúsquam**	Konjunktiv	Präsens, Imperfekt, Plusquamperfekt	ehe, bevor
8	**dum, quoad**	Konjunktiv	Präsens, Imperfekt	solange bis

1. *Catō* ***quoad vīxit****, numquam désiit ad rem pū́blicam accḗdere.*
   Solange Cato lebte, hörte er nie auf, politisch tätig zu sein.
2. *Séneca* ***dum*** *mortem* ***obit****, dolṓrem nōn sēnsit.*
   Während Seneca **starb**, spürte er keinen Schmerz.
3. ***Postquam*** *Caesar Rubicṓnem trā́nsiit, bellum civile ortum est.*
   Nachdem Cäsar den Rubico überschritten **hatte**, begann der Bürgerkrieg.
4. ***Ubī*** *Caesar Gálliam ingréssus est, ibī bella Rōmānṓrum orta sunt.*
   Sobald Cäsar Gallien **betreten hatte**, begannen dort Kriege gegen die Römer.

5. *Gentēs Gállicae simulátque victae erant, ā Cáesare pācem petēbant.*
Sooft gallische Stämme besiegt waren, baten sie Cäsar um Frieden.
6. *Nōn tē adiuvā́bō, priusquam auxílium ā mē petī́veris.*
Ich werde dir nicht helfen, bevor du mich um Hilfe bittest.
7. *Athēniḗnsēs contrā Persās pugnā́re nōluḗrunt, priúsquam Spartiātae venī́rent.*
Die Athener wollten nicht gegen die Perser kämpfen, bevor die Spartaner kämen (= kommen könnten, damit sie zuvor kämen).
8. *Exspectā́vī, dum amī́cī venī́rent.*
Ich wartete, bis die Freunde kämen (= kommen konnten; damit sie kämen).

SF **perfríngere** perfríngō perfrḗgī perfrā́ctum durchbrechen

K 45a Verba defectiva - Imperativ II

WS

meminísse (memória, memor)	sich erinnern, gedenken	*memory*	*memorieren*
ōdísse (ódium)	hassen		
ī́nfimus, -a, -um (īnfrā)	der unterste, niedrigste		*Infrarot*
médius, -a, -um	der mittlere	*medial*	*Medium*
lēgā́tus, -ī	der Gesandte; Unterfeldherr		*Legat*
potéstās, -ā́tis (potēns)	die Gewalt; Fähigkeit	*potency*	*Potestat*
cḗleber, cḗlebris, cḗlebre	gefeiert; viel besucht, volkreich	*celebrate*	*zelebrieren*
niger, -gra, -grum	schwarz		*Neger*
flúere (flúvius)	fließen		*Flut*
círciter (circā)	ungefähr		*zirka*

Merke:

amicṓrum mémini ich denke an die Freunde

FB **verba defectiva** Verben, deren Formenbestand nicht vollständig ist (*deficere* fehlen)

FL Erinnere dich an folgende Verben:

nōvī	ich kenne
assuḗvī	ich bin gewöhnt

Der **Perfektstamm** dieser Verben wird **präsentisch** gebraucht:

nṓscere:	kennen lernen:	*nōvī*:	ich habe kennen gelernt = ich kenne
assuḗscere: (*consuḗscere*)	sich gewöhnen:	*assuḗvī*:	ich habe mich gewöhnt = ich bin gewohnt.

Nun gibt es Verben, bei denen der Präsensstamm ganz fehlt: Der **lateinische Perfektstamm** hat im Deutschen **Präsensbedeutung**:

ōdísse	hassen	lat. Perfekt → dt. Präsens
meminísse	sich erinnern	lat. Plusquamperfekt → dt. Imperfekt
		lat. Futur II → dt. Futur

Indikativ Perfekt		Konjunktiv Perfekt		Futur II	
ōd-ī	ich hasse	ṓd-erim	ich möge hassen	ṓd-erō	ich werde hassen
ōd-ístī	du hasst	ṓd-eris	du mögest hassen	ṓd-eris	du wirst hassen
ōd-it	er ... hasst	ṓd-erit	er ... möge hassen	ṓd-erit	er ... wird hassen
ṓd-imus	...			ōd-érimus	...

Indikativ Plusquamperfekt		Konjunktiv Plusquamperfekt	
ṓd-eram	ich hasste	ōd-íssem	ich würde hassen
ṓd-erās	du hasstest	ōd-íssēs	du würdest hassen
ṓd-erat	er ... hasste	ōd-ísset	er ... würde hassen
ōd-erā́mus	...	ōd-issḗmus	...

Neben dem Imperativ I (Präsens) gibt es noch einen **Imperativ II (Imperativ Futur)**. Der Imperativ II richtet sich an die 2. und 3. Person; die Endungen sind:

2. P. Sg.:	***-tō***	2. P. Pl.:	***-tṓte***
3. P. Sg.:	***-tō***	3. P. Pl.:	***-ntō***

Imperativ Futur					
laudā́-tō	du sollst loben	monḗ-tō	du sollst mahnen	audī́-tō	du sollst hören
laudā́-tō	er/sie soll loben	monḗ-tō	er/sie soll mahnen	audī́-tō	er/sie soll hören
laudā-tṓte	ihr sollt loben	monē-tṓte	ihr sollt mahnen	audī-tṓte	ihr sollt hören
laudá-ntō	sie sollen loben	moné-ntō	sie sollen mahnen	audi-ú-ntō	sie sollen hören
lég-i-tō	du sollst lesen	cápi-tō	du sollst fangen	es-tō	du sollst sein
lég-i-tō	er/sie soll lesen	cápi-tō	er/sie soll fangen	es-tō	er/sie soll sein
leg-i-tṓte	ihr sollt lesen	capi-tṓte	ihr sollt fangen	es-tṓte	ihr sollt sein
leg-ú-ntō	sie sollen lesen	capi-ú-ntō	sie sollen fangen	su-ntō	sie sollen sein

Merke:

meminísse bildet nur den Imperativ II: **ebenso:**

meméntō	erinnere dich, gedenke!	*scītō*	wisse!
mementṓte	erinnert euch, gedenkt!	*scītṓte*	wisst!

GR Erinnere dich daran, dass bei der Steigerung der Superlativ als echter **Superlativ** oder als **Elativ** übersetzt werden kann:
mōns altíssimus: der höchste Berg – ein sehr hoher Berg

Folgende Superlative dürfen nicht als Elativ übersetzt werden: sie bedeuten entweder einen **echten Superlativ** oder einen **Teil des Substantivs**, bei dem sie stehen:

summus mōns	der höchste Berg; (der höchste Teil =) der Gipfel des Berges
īnfimus mōns	der niedrigste Berg; (der niedrigste Teil =) der Fuß des Berges
extrēmus annus	das letzte Jahr; (der letzte Teil =) das Ende des Jahres
prīmum vēr	der erste Frühling; (der erste Teil =) der Beginn des Frühlings.

Ähnliches gilt bei *medius, -a, -um*:

média urbs	die mittlere Stadt; (der mittlere Teil =) die Mitte der Stadt
médiam per urbem	durch die mittlere Stadt; durch die Mitte der Stadt; mitten durch die Stadt.

SF				
flúere	fluō	flūxī	flūxum	fließen

K 46a Anhang: Satzanalyse 1

WS

cómmodum, -ī (modus)	der Vorteil		
próelium, -ī	die Schlacht, das Gefecht		
prosper, -a, -um	günstig, erwünscht	*prosperity*	*prosperieren*
mandā́re (manus, dare)	anvertrauen, übergeben	*mandate*	*Mandat*
simul (símilis)	zugleich, gleichzeitig	*simultaneous*	*simultan*

K 47a Anhang: Satzanalyse 2

WS

cōnsúltum, -ī (cōnsúlere)	der Beschluss	*consultation*	*Konsultation*
postulā́tiō, -ṓnis (postulā́re)	die Forderung	*postulate*	*Postulat*
cognṓmen, -inis (nōmen)	der Beiname		
cḗterī, -ae, -a	die Übrigen, das Übrige		
tractā́re (tráhere)	behandeln, verhandeln		*Traktat*
intro-ī́re (intrā, īre)	hineingehen, eintreten		*Introitus*
postrī́diē (post, diēs)	am Tag darauf		
úndique	von allen Seiten		

K 48a Anhang: Satzanalyse 3

dis-córdia, -ae (dis, cor)	die Zwietracht		
sēdítiō, -ṓnis (se-, īre)	der Aufstand, die innenpolitischen Wirren	*sedition*	
sempitérnus, -a, -um (semper)	immerwährend, ewig		
práe-ditus, -a, -um (dare)	begabt, ausgestattet mit		
ā-mēns, āméntis (ā, mēns)	töricht, wahnsinnig		
sē-parā́re (sē, parā́re)	trennen	*separate*	*separat*
coercḗre (arcḗre)	zügeln, in Schranken halten		
utrímque	von beiden Seiten		
procul ā	fern von		

K 49a Anhang: Oratio obliqua

cōgitā́tiō, -ṓnis (cōgitā́re)	das Denken, der Gedanke		
aspéctus, -ūs (aspícere)	der Anblick	*aspect*	*Aspekt*
avā́rus, -a, -um	habgierig, geizig	*avaricious*	
memorā́bilis, -e (memória)	denkwürdig	*memorable*	*Memorabilien*
comparā́re (parā́re; pār)	zusammentragen; vergleichen	*comparable* *compare*	*Komparativ*
dēlīberā́re	überlegen	*deliberate*	*Deliberativ*
tolerā́re	ertragen	*tolerable*	*tolerieren*
dḗnique	schließlich, endlich		

FB **oratio obliqua** indirekte Rede

Im Lateinischen kann wie im Deutschen eine Rede „wörtlich“ (direkt) oder „nicht wörtlich“ (indirekt) wiedergegeben werden.

Im Deutschen steht die *oratio obliqua* grundsätzlich im Konjunktiv.

Im Lateinischen lassen sich alle Regeln der *oratio obliqua* vom AcI ableiten:

1. Alle **Hauptsätze**, die eine **Aussage** enthalten - auch die rhetorischen Fragen -, erscheinen in einer **AcI-Konstruktion** (wobei der Subjektsakkusativ wegfallen kann, wenn der Sinn klar ist).
2. Die Verben aller Hauptsätze, die einen **Wunsch**, eine **Aufforderung**, einen **Befehl** usw. ausdrücken, stehen im **Konjunktiv**. Das gilt auch für **echte Fragen**, die von direkten zu indirekten Fragen werden, in denen bekanntlich der **Konjunktiv** verwendet wird.
3. Die **Verben aller Nebensätze** stehen unterschiedslos im **Konjunktiv** (*attractio modi*).

ÜS Wenn du eine *oratio obliqua* in einem lateinischen Text feststellst, dann gehe vor wie bei der Satzanalyse: Trenne zuerst Haupt- und Nebensätze. Betrachte dann die Hauptsätze: Stehen sie im AcI, dann enthalten sie eine Aussage, stehen sie im Konjunktiv, dann drücken sie einen Wunsch, eine Aufforderung, einen Befehl usw. aus oder geben eine echte Frage wieder. Eine rhetorische Frage, die eigentlich eine Aussage ist, erscheint folgerichtig im AcI.

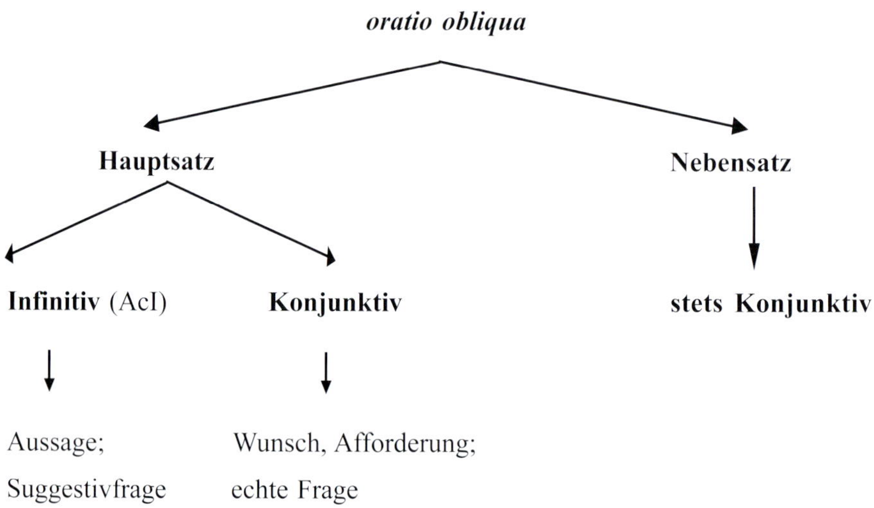

Legati Gallorum Caesari dixerunt:	Gesandte der Gallier sagten zu Cäsar:
Multōs Germā́nōs Rhēnum transísse. Hauptsatz/AcI => Aussage	Viele Germanen hätten den Rhein überschritten.
Sē vim Germānṓrum nōn iam sustinḗre. Hauptsatz/AcI => Aussage	Sie hielten die Gewalt der Germanen nicht mehr aus.
Cáesar statim sibi auxíliō venī́ret. Hauptsatz/Konjunktiv => Aufforderung	Cäsar solle ihnen sofort zu Hilfe kommen.
Nonne ei salū́tem suam cordi esse? Hauptsatz/Frage/AcI => rhetorische Frage	Liege ihm (!) ihre (!) Rettung etwa nicht am Herzen?
Cūr Gallōs Caesar a Germā́nīs nōn defenderet? Hauptsatz/Frage/Konjunktiv => echte Frage	Warum verteidige Cäsar die Gallier nicht gegen die Germanen?
(Se) Orāre, ut statim auxíliō venī́ret. Hauptsatz/AcI => Aussage + Nebensatz => generell Konjunktiv	Sie bäten, dass er sofort zu Hilfe komme.

Zum Gebrauch des deutschen Konjunktivs:

Im Deutschen wird in der *oratio obliqua* grundsätzlich Konjunktiv I (Präsens oder Perfekt) verwendet.
Er **habe** so viele Mittel, dass er uns problemlos helfen **könne**.
Er **habe** so viele Mittel **gehabt**, dass er uns problemlos **habe helfen können**.
(er habe : er hat => verschiedene Formen für Konjunktiv und Indikativ)

Wenn die Form des Konjunktivs I mit der des Indikativs identisch ist, wird Konjunktiv II gebraucht:
Wir **hätten** so viele Mittel, dass wir problemlos helfen **könnten**.
Wir **hätten** so viele Mittel **gehabt**, dass wir problemlos **hätten helfen können**.
(wir haben : wir haben => gleiche Form für Konjunktiv und Indikativ: ergo: hätten!)

SF Stammformen der unregelmäßigen Verben

Das Verzeichnis enthält die Stammformen sämtlicher unregelmäßiger Verben aus AUSPICIA II sowie die Nachträge aus AUSPICIA III (bes. Deponentia) in der Reihenfolge, wie sie dort behandelt werden.

ā-Konjugation

Perfekt mit Dehnung des Stammvokals

1.	**(ad)iŭvāre**	(ád)iŭvō	(ad)iūvī	(ad)iū́tum	helfen, unterstützen

Perfekt auf -u

2.	**domā́re**	domō	dómuī	dómitum	bändigen, zähmen, bezwingen
3.	**secā́re**	secō	sécuī	sectum	schneiden
4.	**sonā́re**	sonō	sónuī	-----	ertönen, klingen
5.	**vetā́re**	vetō	vétuī	vétitum	verbieten

Reduplikationsperfekt

6.	**dăre**	dō	dedī	datum	geben
	circúmdăre	circúmdō	circúmdedī	circúmdatum	umgeben, umzingeln
7.	**stāre**	stō	stetī	stātū́rus	stehen
	cōnstā́re	cōnstō	cṓnstitī	cōnstātū́rus	feststehen, kosten
	instā́re	instō	ínstitī	-----	drohend bevorstehen, bedrängen
	praestā́re	praestō	práestitī	praestātū́rus	übertreffen, leisten
	restā́re	restō	réstitī		übrig bleiben

ē-Konjugation

v-Perfekt

8.	**dēlḗre**	dḗleō	dēlḗvī	dēlētum	zerstören
9.	**flḗre**	fleō	flēvī	flētum	weinen
10.	**complḗre**	cómpleō	complēvī	complētum	anfüllen
	explḗre	éxpleō	explḗvī	explētum	ausfüllen, erfüllen
	implḗre	ímpleō	implḗvī	implētum	anfüllen

u-Perfekt

11.	**habḗre**	hábeō	hábuī	hábitum	haben
	praebḗre	práebeō	praébuī	praébitum	geben, gewähren
	adhibḗre	adhíbeō	adhíbuī	adhíbitum	anwenden
	prohibḗre	prohíbeō	prohíbuī	prohíbitum	hindern
	dēbḗre	dēbeō	dḗbuī	dḗbitum	schulden, müssen
12.	**monḗre**	móneō	mónuī	mónitum	mahnen
	admonḗre	admóneō	admónuī	admónitum	ermahnen, erinnern
13.	**terrḗre**	térreō	térruī	térritum	erschrecken
	perterrḗre	pertérreō	pertérruī	pertérritum	heftig erschrecken
	dēterrḗre	dētérreō	dētérruī	dētérritum	abschrecken
14.	**egḗre**	égeō	éguī	-----	benötigen, brauchen
15.	**iacḗre**	iáceō	iácuī	-----	liegen
16.	**imminḗre**	immíneō	immínuī	-----	drohend bevorstehen
17.	**pārḗre**	pā́reō	pā́ruī	-----	gehorchen
	appārḗre	appā́reō	appā́ruī	-----	sich zeigen, erscheinen

18. **arcḗre**	árceō	árcuī	-----	abwehren
exercḗre	exérceō	exércuī	<exercitā́tus>	üben
19. **carḗre**	cáreō	cáruī	-----	nicht haben, entbehren
20. **dolḗre**	dóleō	dóluī	-----	Schmerz empfinden
21. **nocḗre**	nóceō	nócuī	-----	schaden
22. **patḗre**	páteō	pátuī	-----	offen stehen, sich erstrecken
23. **studḗre**	stúdeō	stúduī	-----	sich bemühen
24. **merḗre**	méreō	méruī	méritum	verdienen
25. **valḗre**	váleō	váluī	-----	gesund sein, vermögen
26. **oportḗre**	opórtet	opórtuit	-----	es gehört sich, man muss
27. **licḗre**	lícet	lícuit	-----	es ist erlaubt, man darf, kann
28. **placḗre**	pláceō	plácuī	plácitum	gefallen
29. **tacḗre**	táceō	tácuī	-----	schweigen
30. **timḗre**	tímeō	tímuī	-----	fürchten
31. **tenḗre**	téneō	ténuī	-----	halten
continḗre	contíneō	contínuī	-----	zusammenhalten
obtinḗre	obtíneō	obtínuī	obténtum	festhalten
retinḗre	retíneō	retínuī	reténtum	zurückhalten, festhalten
sustinḗre	sustíneō	sustínuī	-----	aushalten
32. **docḗre**	dóceō	dócuī	doctum	lehren
33. **cēnsḗre**	cḗnseō	cḗnsuī	cēnsum	schätzen, meinen
34. **miscḗre**	mísceō	míscuī	mixtum	mischen

Reduplikationsperfekt

35. **pendḗre**	péndeō	pepéndī	-----	hängen, abhängen
36. **spondḗre**	spóndeō	spopóndī	spōnsum	versprechen
respondḗre	respóndeō	respóndī	respōnsum	antworten, entsprechen

s-Perfekt

37. **ārdḗre**	ā́rdeō	ārsī	-----	brennen
38. **haerḗre**	háereō	haesī	-----	stecken (bleiben)
39. **persuādḗre**	persuā́deō	persuāsī	persuā́sum	überreden, überzeugen
40. **augḗre**	aúgeō	auxī	auctum	vermehren, fördern
41. **rīdḗre**	rī́deō	rī́sī	rī́sum	lachen
irrīdḗre	irrī́deō	irrī́sī	irrī́sum	verlachen, auslachen
42. **manḗre**	máneō	mansī	mānsū́rus	bleiben
permanḗre	permáneō	permánsī	-----	fortdauern, ausharren
remanḗre	remáneō	remánsī	-----	zurückbleiben

Dehnungsperfekt

43. **cavḗre**	cáveō	cāvī	cautum	sich hüten vor
44. **sedḗre**	sédeō	sēdī	sessum	sitzen
possidḗre	possídeō	possḗdī	posséssum	besitzen
45. **vidḗre**	vídeō	vīdī	vīsum	sehen
invidḗre	invídeō	invī́dī	invī́sum	beneiden
46. **movḗre**	móveō	mōvī	mōtum	bewegen
removḗre	remóveō	remṓvī	remṓtum	entfernen
commovḗre	commóveō	commṓvī	commṓtum	erregen
permovḗre	permóveō	permṓvī	permṓtum	heftig erregen

ī-Konjugation

v-Perfekt

47. **audī́re**	áudiō	audī́vī	audī́tum	hören
oboedī́re	obóediō	oboedī́vī	oboedī́tum	gehorchen
exaudī́re	exáudiō	exaudī́vī	exaudī́tum	erhören
48. **impedī́re**	impédiō	impedī́vī	impedī́tum	hindern
expedī́re	expédiō	expedī́vī	expedī́tum	freimachen, zustandebringen, darlegen
49. **fīnī́re**	fī́niō	fīnī́vī	fīnī́tum	beenden
50. **mūnī́re**	mū́niō	mūnī́vī	mūnī́tum	befestigen
51. **scī́re**	sciō	scī́vī	scī́tum	wissen, kennen
nescī́re	nésciō	nescī́vī	nescī́tum	nicht wissen, nicht kennen
52. **servī́re**	sérviō	servī́vī	servī́tum	dienen
53. **sepelī́re**	sepéliō	sepelī́vī	sepúltum	bestatten

u-, s-, Dehnungs- und Reduplikations-Perfekt

54. **aperī́re**	apériō	apéruī	apértum	aufdecken, öffnen
operī́re	opériō	opéruī	opértum	zudecken
55. **salī́re**	sáliō	sáluī	-----	springen
dēsilī́re	dēsíliō	dēsíluī	-----	herabspringen
56. **sentī́re**	séntiō	sḗnsī	sḗnsum	meinen, fühlen
cōnsentī́re	cōnséntiō	cōnsḗnsī	cōnsḗnsum	übereinstimmen
dissentī́re	disséntiō	dissḗnsī	dissḗnsum	uneins sein
57. **venī́re**	véniō	vḗnī	ventum	kommen
advenī́re	advéniō	advḗnī	advéntum	ankommen
convenī́re	convéniō	convḗnī	convéntum	zusammenkommen
ēvenī́re	ēvéniō	ēvḗnī	ēvéntum	zustande kommen, sich ereignen
pervenī́re	pervéniō	pervḗnī	pervéntum	(ans Ziel) gelangen
invenī́re	invéniō	invḗnī	invéntum	(er)finden
58. **comperī́re**	compériō	cómperī	compértum	erfahren
59. **reperī́re**	repériō	**répperī**	repértum	finden

3. Konjugation

v-Perfekt

60. **pétere**	petō	petī́vī	petī́tum	zu erreichen suchen
appétere	áppetō	appetī́vī	appetī́tum	begehren
repétere	répetō	repetī́vī	repetī́tum	zurückfordern, wiederholen
expétere	éxpetō	expetī́vī	expetī́tum	verlangen, begehren
61. **arcéssere**	arcéssō	arcessī́vī	arcessī́tum	herbeiholen
62. **sínere**	sinō	**sī́vī**	situm	lassen, zulassen
dēsínere	dḗsinō	**dḗsiī**	désitum	aufhören, ablassen
63. **quaérere**	quaerō	quaesī́vī	quaesī́tum	suchen, fragen
acquī́rere	acquī́rō	acquīsī́vī	acquīsī́tum	erwerben
conquī́rere	conquī́rō	conquīsī́vī	conquīsī́tum	zusammensuchen, sammeln
64. **cérnere**	cernō	-----	-----	sehen, sichten
dēcérnere	dēcérnō	dēcrḗvī	dēcrḗtum	beschließen
discérnere	discérnō	discrḗvī	discrḗtum	unterscheiden

u-Perfekt

65. **álere**	alō	áluī	altum	ernähren
66. **cólere**	colō	cóluī	**cu**ltum	bebauen; pflegen; verehren
incólere	íncolō	incóluī	incúltum	bewohnen
67. **cōnsúlere**	cṓnsulō	cōnsúluī	cōnsúltum	um Rat fragen, beraten, sorgen für
68. **gígnere**	gignō	génuī	génitum	hervorbringen
69. **pṓnere**	pōnō	**pósuī**	pó**s**itum	setzen, stellen, legen
compṓnere	compṓnō	compósuī	compósitum	zusammenstellen, ordnen verfassen
dēpṓnere	dēpṓnō	dēpósuī	dēpósitum	ablegen
dispṓnere	dispṓnō	dispósuī	dispósitum	ordnen
impṓnere	impṓnō	impósuī	impósitum	auf etwas setzen, stellen; auferlegen
prōpṓnere	prōpṓnō	própósuī	própósitum	in Aussicht stellen, (sich) vornehmen
70. **sérere**	serō	séruī	sertum	aneinander reihen
dēsérere	dḗserō	dēséruī	dēsértum	im Stich lassen
dissérere	dísserō	disséruī	dissértum	erörtern

s-Perfekt

71. **dī́cere**	dīcō	dīxī	dictum	sagen
indī́cere	indī́cō	indī́xī	indíctum	ansagen, ankündigen
interdī́cere	interdī́cō	interdī́xī	interdíctum	untersagen
72. **cíngere**	cingō	cīnxī	cīnctum	umgürten, umzingeln
73. **cláudere**	claudō	clausī	clausum	schließen
75. **contémnere**	contémnō	contémpsī	contémptum	verachten
76. **láedere**	laedō	laesī	laesum	schlagen, beleidigen
77. **lū́dere**	lūdō	lūsī	lūsum	spielen
illū́dere	illū́dō	illū́sī	illū́sum	verspotten
78. **dū́cere**	dūcō	dūxī	ductum	führen
addū́cere	addū́cō	addū́xī	addúctum	hinführen, veranlassen
dēdū́cere	dēdū́cō	dēdū́xī	dēdúctum	wegführen
ēdū́cere	ēdū́cō	ēdū́xī	ēdúctum	herausführen
indū́cere	indū́cō	indū́xī	indúctum	hineinführen, verleiten
prōdū́cere	prōdū́cō	prōduxī	prōdúctum	vorwärts führen, hervorbringen
redū́cere	redū́cō	redū́xī	redúctum	zurückführen
trādū́cere	trādū́cō	trādū́xī	trādúctum	hinüberführen
79. **cḗdere**	cḗdō	cessī	cessum	gehen, weichen
accḗdere	accḗdō	accéssī	accéssum	heranrücken
concḗdere	concḗdō	concéssī	concéssum	weichen, zugestehen
dēcḗdere	dēcḗdō	dēcéssī	dēcéssum	weggehen, sterben
discḗdere	discḗdō	discéssī	discéssum	auseinander gehen, weggehen
excḗdere	excḗdō	excéssī	excéssum	hinausgehen
incḗdere	incḗdō	incéssī	incéssum	einhergehen, hineingehen
prōcḗdere	prōcḗdō	prōcéssī	prōcéssum	vorwärts gehen
succḗdere	succḗdō	succéssī	succéssum	Nachfolger sein

80. **gérere**	gerō	gessī	gestum	tun, ausführen
81. **invā́dere**	invā́dō	invā́sī	invā́sum	eindringen
82. **exstínguere**	exstínguō	exstī́nxī	exstī́nctum	auslöschen
83. **fī́gere**	figō	fīxī	**fīxum**	befestigen, anheften
84. **fléctere**	flectō	flexī	**flexum**	biegen
85. **īnstrúere**	ī́nstruō	īnstrū́xī	īnstrū́ctum	einrichten, unterrichten
86. **fíngere**	fingō	fīnxī	**fictum**	erdichten, erfinden
87. **míttere**	mittō	mīsī	missum	gehen lassen, schicken
āmíttere	āmíttō	āmī́sī	āmíssum	verlieren
admíttere	admíttō	admī́sī	admíssum	zulassen
committere	committō	commī́sī	commíssum	anvertrauen; zustande bringen, begehen
dēmíttere	dēmíttō	dēmī́sī	dēmíssum	hinablassen
dīmíttere	dīmíttō	dīmī́sī	dīmíssum	entlassen
omíttere	omíttō	omī́sī	omíssum	übergehen
permíttere	permíttō	permī́sī	permíssum	erlauben, gestatten
prōmíttere	prōmíttō	prōmī́sī	prōmíssum	versprechen
remíttere	remíttō	remī́sī	remíssum	zurückschicken, nachlassen
88. **coniúngere**	coniúngō	coniū́nxī	coniū́nctum	verbinden
89. **prémere**	premō	**pressī**	pressum	drücken, pressen
opprímere	ópprimō	oppréssī	oppréssum	unterdrücken
90. **régere**	regō	rēxī	rēctum	lenken, leiten
ērígere	ḗrigō	ērḗxī	ērḗctum	aufrichten, ermutigen
corrígere	córrigō	corrḗxī	corrḗctum	verbessern
pérgere	pergō	perrḗxī	perrḗctum	fortfahren etwas zu tun, fortsetzten
91. **scrī́bere**	scrībō	scrīpsī	scrīptum	schreiben
cōnscrī́bere	cōnscrī́bō	cōnscrī́psī	cōnscrī́ptum	verfassen
īnscrī́bere	īnscrī́bō	īnscrī́psī	īnscrī́ptum	betiteln, einschreiben
92. **spárgere**	spargō	sparsī	sparsum	ausstreuen
93. **ū́rere**	ūrō	ussī	ustum	verbrennen
94. **vī́vere**	vīvō	vīxī	vīctū́rus	leben
95. **dīvídere**	dī́vidō	dīvī́sī	dīvī́sum	teilen

Dehnungs-Perfekt (s-Perfekt)

96. **émere**	emō	ēmī	ēmptum	kaufen
dīrímere	dī́rimō	dīrḗmī	dīrḗmptum	trennen
redímere	rédimō	redḗmī	redḗmptum	loskaufen
dḗmere	dēmō	dēm**psī**	dēmptum	wegnehmen
prṓmere	prōmō	prōm**psī**	prōmptum	hervorholen
sū́mere	sūmō	sūm**psī**	sūmptum	nehmen
cōnsū́mere	cōnsū́mō	cōnsūm**psī**	cōnsū́mptum	verbrauchen
97. **víncere**	vincō	vīcī	victum	siegen
98. **légere**	legō	lēgī	lēctum	sammeln, lesen
collígere	cólligō	collḗgī	collḗctum	sammeln
dēlígere	dḗligō	dēlḗgī	dēlḗctum	auswählen
ēlígere	ḗligō	ēlḗgī	ēlḗctum	auswählen
dīlígere	dī́ligō	dī**lḗxī**	dīlḗctum	lieben, hoch schätzen
intellégere	intéllegō	intel**lḗxī**	intellḗctum	einsehen, verstehen
neglégere	néglegō	neg**lḗxī**	neglḗctum	vernachlässigen

99.	**ágere**	agō	ēgī	āctum	tun, verhandeln, treiben
	perágere	péragō	perēgī	perāctum	durchführen, vollenden
	exígere	éxigō	exēgī	exāctum	hinaustreiben, einfordern; vollenden
	redígere	rédigō	redēgī	redāctum	in einen Zustand versetzen; zurücktreiben
	subígere	súbigō	subēgī	subāctum	unterwerfen
	cōgere	cōgō	coēgī	coāctum	zusammenbringen, zwingen, sammeln
100.	**frángere**	frangō	frēgī	frāctum	brechen
101.	**cōnsīdere**	cōnsīdō	cōnsēdī	-----	sich setzen, sich niederlassen
102.	**fúndere**	fundō	**fūdī**	fūsum	ausgießen, verstreuen
103.	**fúgere**	fúgio	fūgī	fūgitūrus	fliehen

Reduplikations-Perfekt

104.	**cădere**	cădō	cécĭdī	cāsūrus	fallen
	accĭdere	áccĭdō	áccĭdī	-----	sich ereignen, zustoßen
	incĭdere	íncĭdō	íncĭdī	-----	hineinfallen, in etwas geraten
	occĭdere	óccĭdō	óccĭdī	-----	hinfallen, untergehen
105.	**cáedere**	caedō	cecīdī	caesum	fällen, niederhauen
	occīdere	occīdō	occīdī	occīsum	töten
106.	**cúrrere**	currō	cucúrrī	cursum	laufen
	concúrrere	concúrrō	concúrrī	concúrsum	zusammenlaufen
	occúrrere	occúrrō	occúrrī	occúrsum	begegnen
107.	**fállere**	fallō	feféllī	-----	täuschen
108.	**téndere**	tendō	teténdī	tentum	zielen, spannen, strecken
	conténdere	conténdō	conténdī	conténtum	sich anstrengen, eilen; kämpfen; behaupten
	osténdere	osténdō	osténdī	<ostentātum>	zeigen
109.	**párcere**	parcō	pepércī	<temperātum>	schonen, sparen
110.	**péllere**	pellō	pépulī	pulsum	treiben
	impéllere	impéllō	ímpulī	impúlsum	antreiben, veranlassen
111.	**dīscere**	dīscō	dídicī	-----	lernen
112.	**cánere**	canō	cécinī	<cantātum>	singen
113.	**tángere**	tangō	**tétigī**	tāctum	berühren
	contíngere	contíngō	cóntigī	contāctum	berühren, gelingen
114.	**pōscere**	pōscō	popōscī	<postulātum>	fordern
115.	**sístere**	sistō	stitī	-----	hinstellen, zum Stehen bringen
	cōnsístere	cōnsístō	cōnstitī	-----	sich hinstellen, Halt machen
	resístere	resístō	réstitī	-----	Widerstand leisten
116.	**párere**	páriō	péperī	partum (paritūrus)	hervorbringen, gebären
117.	**péndere**	pendō	pepéndī	pēnsum	aufhängen, abwägen, zahlen, einschätzen
	impéndere	impéndō	impéndī	impēnsum	aufwenden
118.	**áddere**	addō	áddidī	ádditum	hinzufügen
	cóndere	condō	cóndidī	cónditum	gründen; verbergen
	crēdere	crēdō	crēdidī	crēditum	anvertrauen, glauben
	dēdere	dēdō	dēdidī	dēditum	ausliefern, übergeben
	ēdere	ēdō	ēdidī	ēditum	herausgeben
	trādere	trādō	trādidī	trāditum	überliefern
	pérdere	perdō	pérdidī	pérditum	zu Grunde richten, verlieren
	prōdere	prōdō	prōdidī	prōditum	verraten; übergeben, überliefern
	réddere	reddō	réddidī	rédditum	zurückgeben, machen zu

Perfekt ohne Veränderung des Stammvokals

119.	**metúere**	métuō	métuī	-----	fürchten
120.	**statúere**	státuō	státuī	statūtum	hinstellen; feststellen; festsetzen
	cōnstitúere	cōnstítuō	cōnstítuī	cōnstitūtum	festsetzen, beschließen
	īnstitúere	īnstítuō	īnstítuī	īnstitūtum	einrichten, unterrichten
121.	**(at)tribúere**	(at)tríbuō	(at)tríbuī	(at)tribūtum	zuteilen
122.	**rúere**	ruō	ruī	-----	stürzen (tr. u. intr.)
123.	**vértere**	vertō	vertī	versum	wenden
	animadvértere	animadvértō	animadvertī	animadvérsum	wahrnehmen
	āvértere	āvértō	āvértī	āvérsum	abwenden
	convértere	convértō	convértī	convérsum	um-, hinwenden
124.	**dēféndere**	dēféndō	dēféndī	dēfēnsum	verteidigen, abwehren
	offéndere	offéndō	offéndī	offēnsum	beleidigen, anstoßen, angreifen
125.	**accéndere**	accéndō	accéndī	accēnsum	anzünden
	incéndere	incéndō	incéndī	incēnsum	anzünden
126.	**dēscéndere**	dēscéndō	dēscéndī	dēscēnsum	herabsteigen
	ascéndere	ascéndō	ascéndī	ascēnsum	hinaufsteigen
127.	**sólvere**	solvō	solvī	**solūtum**	lösen, zahlen
	absólvere	absólvō	absólvī	**absolūtum**	freisprechen
128.	**bíbere**	bibō	bibī	<pōtum>	trinken

Verba incohativa (v-Perfekt)

129.	**assuēscere**	assuēscō	assuēvī	assuētum	(sich) gewöhnen
	cōnsuēscere	cōnsuēscō	cōnsuēvī	cōnsuētum	(sich) gewöhnen
130.	**crēscere**	crēscō	crēvī	-----	wachsen
131.	**nōscere**	nōscō	nōvī	nōtum	kennen lernen
	cognōscere	cognōscō	cognōvī	**cógnitum**	erkennen
132.	**quiēscere**	quiēscō	quiēvī	-----	ruhen

i-Stämme: Dehnungs-Perfekt

133.	**fácere**	fáciō	fēcī	factum	tun, machen
	affícere	affíciō	affēcī	afféctum	versehen mit, behandeln
	cōnfícere	cōnfíciō	cōnfēcī	cōnféctum	vollenden, beenden
	dēfícere	dēfíciō	dēfēcī	dēféctum	fehlen, abfallen
	effícere	effíciō	effēcī	efféctum	bewirken
	interfícere	interfíciō	interfēcī	interféctum	töten
	perfícere	perfíciō	perfēcī	perféctum	vollenden
	praefícere	praefíciō	praefēcī	praeféctum	an die Spitze stellen
	prōfícere	prōfíciō	prōfēcī	prōféctum	Fortschritte machen, dienlich sein, nützen
134.	**cápere**	cápiō	cēpī	captum	nehmen, fangen, ergreifen
	accípere	accípiō	accēpī	accéptum	annehmen, empfangen, vernehmen
	excípere	excípiō	excēpī	excéptum	herausnehmen, eine Ausnahme machen, empfangen
	incípere	incípiō	**coepī**	**coeptum** (incéptum)	anfangen
	praecípere	praecípiō	praecēpī	praecéptum	vorschreiben, vorwegnehmen, vorher bekommen
	recípere	recípiō	recēpī	recéptum	zurücknehmen, aufnehmen
	suscípere	suscípiō	suscēpī	suscéptum	unternehmen, auf sich nehmen

135.	**iácere**	iáciō	iēcī	iactum	werfen
	adícere	adíciō	adiḗcī	adiéctum	hinzufügen
	conícere	coníciō	coniḗcī	coniéctum	hinwerfen; vermuten
	ēícere	ēíciō	ēiḗcī	ēiéctum	hinauswerfen, verstoßen
	inícere	iníciō	iniḗcī	iniéctum	hineinwerfen, einflößen
	obícere	obíciō	obiḗcī	obiéctum	entgegenwerfen, vorwerfen
	subícere	subíciō	subiḗcī	subiéctum	unterwerfen

Nachträge (in Auspicia II)

136.	**relínquere**	relínquō	relī́quī	relíctum	zurücklassen
137.	**tégere**	tegō	tēxī	tēctum	bedecken, schützen
138.	**tráhere**	trahō	trāxī	tractum	ziehen
	contráhere	cóntrahō	contrā́xī	contráctum	zusammenziehen
139.	**aspícere**	aspíciō	aspéxī	aspéctum	anschauen
	cōnspícere	cōnspíciō	cōnspéxī	cōnspéctum	erblicken
	dēspícere	dēspíciō	dēspéxī	dēspéctum	herabschauen, verachten

Stammformen von *ferre* + Komposita

140.	**ferre**	ferō	tulī	latum	tragen, ertragen, bringen
	afférre	ásferō	áttulī	allā́tum	herbeibringen, zufügen
	auférre	áuferō	**ábstulī**	ablā́tum	wegnehmen, wegschaffen
	cōnférre	cṓnferō	cóntulī	collā́tum	zusammentragen, vergleichen
	dēférre	dḗferō	dḗtulī	dēlā́tum	forttragen, überbringen, melden
	differre	dífferō	dístulī	dīlā́tum	sich unterscheiden; aufschieben
	efférre	ḗfferō	éxtulī	ēlā́tum	hinaustragen, bestatten
	īnférre	ī́nferō	íntulī	illā́tum	hineintragen, zufügen
	offérre	ófferō	óbtulī	oblā́tum	anbieten, opfern, entgegenstellen
	perférre	pérferō	pértulī	perlā́tum	ertragen, vollführen, berichten
	prōférre	prṓferō	prṓtulī	prōlā́tum	hervorbringen, aufschieben, ausweiten
	reférre	réferō	**réttulī**	relā́tum	zurückbringen, berichten
	trānsférre	trā́nsferō	trā́nstulī	trānslā́tum	hinüberbringen, übertragen
	tóllere	**tollō**	**sústulī**	**sublā́tum**	emporheben, aufheben, beseitigen

Nachträge zu den unregelmäßigen Verben (in Auspicia III)

ē-Konjugation

141.	**torquḗre**	tórqueō	torsī	tortum	drehen, foltern

ī-Konjugation

142.	**pūnī́re**	pū́niō	pūnī́vī	pūnī́tum	bestrafen

3. Konjugation: Konsonantenstämme

143. **dḗgere**	dēgō	dēgī	-----	verbringen, leben
144. **exstrúere**	éxstruō	exstrū́xī	exstrū́ctum	errichten, erbauen
145. **rúmpere**	rumpō	rūpī	ruptum	(zer)brechen (trans.)
146. **dētégere**	dḗtegō	dētḗxī	dētḗctum	entdecken
147. **véndere**	vendō	véndidī	vénditum	verkaufen
148. **praetermíttere**	praetermíttō	praetermī́sī	praetermíssum	vorübergehen lassen
149. **ēvértere**	ēvértō	ēvértī	ēvérsum	umstürzen, zerstören
150 **adímere**	ádimō	adḗmī	adémptum	wegnehmen
151. **perfríngere**	perfríngō	perfrḗgī	perfrā́ctum	durchbrechen
152. **flúere**	fluō	flūxī	flūxum	fließen
i-Stämme				
153. **effúgere**	effúgiō	effū́gī	effugitū́rus	entfliehen
154. **ērípere**	ērípiō	ēripuī	ēréptum	entreißen
155. **abícere**	abíciō	abiḗcī	abiéctum	wegwerfen
156. **concútere**	concútiō	concússī	concússum	erschüttern
157. **dēspícere**	dēspíciō	dēspéxī	dēspéctum	verachten
158. **īnspícere**	īnspíciō	īnspéxī	īnspéctum	hineinschauen

Deponentia (Auspicia III)

ē-Konjugation

159. **fatḗrī**	fáteor	fassus sum	gestehen
confitḗrī	cōnfíteor	cōnféssus sum	bekennen
160. **pollicḗrī**	pollíceor	pollícitus sum	versprechen
161. **rērī**	reor	ratus sum	rechnen, meinen
162. **tuḗrī**	túeor	----	im Auge haben, schützen
intuḗrī	intúeor	---	betrachten
163. **verḗrī**	véreor	véritus sum	scheuen, verehren, fürchten
164. **vidḗrī**	vídeor	vīsus sum	scheinen

ī-Konjugation

165. **mentī́rī**	méntior	mentī́tus sum	lügen, ersinnen
166. **sortī́rī**	sórtior	sortī́tus sum	erlosen, erlangen
167. **largī́rī**	lárgior	largī́tus sum	schenken
168. **potī́rī** (m. Abl.)	pótior	potī́tus sum	in seine Gewalt bringen
169. **mētī́rī**	mḗtior	mēnsus sum	messen
170. **assentī́rī**	asséntior	assḗnsus sum	beistimmen
171. **ōrdī́rī**	ṓrdior	ōrsus sum	beginnen
172. **experī́rī**	expérior	expértus sum	versuchen, erproben

3. Konjugation

173. **sequī**	sequor	secū́tus sum	folgen
cṓnsequī	cṓnsequor	cōnsecū́tus sum	folgen, erreichen
éxsequī	éxsequor	exsecū́tus sum	ausführen
ī́nsequī	ī́nsequor	īnsecū́tus sum	(unmittelbar) folgen
pérsequī	pérsequor	persecū́tus sum	verfolgen
174. **compléctī**	compléctor	compléxus sum	umfassen
175. **nancī́scī**	nancī́scor	na(n)ctus sum	erhalten

176. **nāscī**	nāscor	nātus sum	entstehen, geboren werden
177. **proficī́scī**	proficī́scor	proféctus sum	aufbrechen, marschieren
178. **fungī**	fungor	fūnctus sum	verwalten, verrichten
179. **querī**	queror	questus sum	klagen, beklagen
180. **loquī**	loquor	locūtus sum	sprechen, reden
cólloquī	cólloquor	collocū́tus sum	sich unterhalten
181. **fruī**	fruor	(ūsus sum)	genießen
182. **lābī**	lābor	lāpsus sum	(nieder)gleiten, hinfallen
183. **nītī**	nītor	nīsus (nīxus) sum	sich stützen auf
184. **ūtī**	ūtor	ūsus sum	gebrauchen, benützen
185. **oblīvīscī**	oblīvī́scor	oblī́tus sum	vergessen
186. **adipīscī**	adipī́scor	adéptus sum	erlangen, erreichen
187. **vehī**	vehor	vectus sum	fahren (intrans.)
188. **gradī**	gradior	gressus sum	schreiten
ággredī	aggrédior	aggréssus sum	angreifen
ḗgredī	ēgrédior	ēgréssus sum	heraus-, hinausgehen
íngredī	ingrédior	ingréssus sum	hineingehen, eintreten
trā́nsgredī	trānsgrédior	trānsgréssus sum	hinübergehen, überschreiten
189. **morī**	mórior	mórtuus sum	sterben
190. **patī**	pátior	passus sum	(er)dulden, lassen
191. **orī́rī**	órior	ortus sum	entstehen

Semideponentia

192. **gaudḗre**	gáudeō	gāvī́sus sum	sich freuen
193. **audére**	áudeō	ausus sum	wagen
194. **solḗre**	sóleō	sólitus sum	gewohnt sein, pflegen
195. **cōnfī́dĕre**	cōnfī́dō	cōnfī́sus sum	vertrauen
196. **revértī**	revértor	revértī	zurückkehren

GA Grammatischer Anhang

Überblick:

I. Nomen (Deklinationen)

1. Substantive

1.1 Substantive der ā-Deklination

Kasus	Singular		Plural	
Nominativ/V.	térr-a	das Land	térr-ae	die Länder
Genitiv	térr-ae	des Landes	terr-ā́**rum**	der Länder
Dativ	térr-ae	dem Land	térr-īs	den Ländern
Akkusativ	térr-a**m**	das Land	térr-ā**s**	die Länder
Ablativ	in térr-ā	in dem Land	térr-īs	in den Ländern

1.2 Substantive der o-Deklination

Substantive auf -us

Kasus	Singular		Plural	
Nominativ	dómin-u**s**	der Herr	dómin-ī	die Herren
Genitiv	dómin-ī	des Herrn	domin-ṓ**rum**	der Herren
Dativ	dómin-ō	dem Herrn	dómin-īs	den Herrn
Akkusativ	dómin-u**m**	den Herrn	dómin-ō**s**	die Herren
Vokativ	**dómin-e**	(o) Herr	dómin-ī	(o) Herren
Ablativ	cum dóminō	mit dem Herrn	dómin-īs	mit den Herrn

Substantive auf -er

Kasus	Singular		Plural	
Nominativ/V.	puer	der Knabe	púer-ī	die Knaben
Genitiv	púer-ī	des Knaben	puer-ṓ**rum**	der Knaben
Dativ	púer-ō	dem Knaben	púer-īs	den Knaben
Akkusativ	púer-u**m**	den Knaben	púer-ō**s**	die Knaben
Ablativ	cum púer-ō	mit dem Knaben	cum púer-īs	mit den Knaben

Kasus	Singular		Plural	
Nominativ/V.	áger	der Acker	ágr-ī	die Äcker
Genitiv	ágr-ī	des Ackers	agr-ṓ**rum**	der Äcker
Dativ	ágr-ō	dem Acker	ágr-īs	den Äckern
Akkusativ	ágr-u**m**	den Acker	ágr-ō**s**	die Äcker
Ablativ	in ágr-ō	auf dem Acker	in ágr-īs	auf den Äckern

Substantive auf -um

Kasus	Singular		Plural	
Nominativ/V.	**vérb-um**	das Wort	**vérb-a**	die Wörter (Worte)
Genitiv	vérb-ī	des Wortes	verb-ṓ**rum**	der Wörter
Dativ	vérb-o	dem Wort	vérb-īs	den Wörtern
Akkusativ	**vérb-um**	das Wort	**vérb-a**	die Wörter
Ablativ	vérb-ō	durch das Wort	vérb-īs	durch die Wörter

1.3 Substantive der gemischten (3.) Deklination

Konsonanten-Stämme

r-Stämme

Kasus	Singular		Plural	
Nominativ/V.	ōrā́tor	der Redner	ōrātṓr-**ēs**	die Redner
Genitiv	ōrātṓr-**is**	des Redners	ōrātṓr-**um**	der Redner
Dativ	ōrātṓr-**ī**	dem Redner	ōrātṓr-**ibus**	den Rednern
Akkusativ	ōrātṓr-**em**	den Redner	ōrātṓr-**ēs**	die Redner
Ablativ	cum ōrātṓr-**e**	mit dem Redner	cum ōrātṓr-**ibus**	mit den Rednern

Kasus	Singular		Plural	
Nominativ/V.	páter	der Vater	pátr-ēs	die Väter
Genitiv	pátr-is	des Vaters	pátr-um	der Väter
Dativ	pátr-ī	dem Vater	pátr-ibus	den Vätern
Akkusativ	pátr-em	den Vater	pátr-ēs	die Väter
Ablativ	cum pátr-e	mit dem Vater	cum pátr-ibus	mit den Vätern

Kasus	Singular		Plural	
Nominativ/V.	hónōs	die Ehre	honṓr-ēs	die Ehren
Genitiv	honṓr-is	der Ehre	honṓr-um	der Ehren
Dativ	honṓr-ī	der Ehre	honṓr-ibus	den Ehren
Akkusativ	honṓr-em	die Ehre	honṓr-ēs	die Ehren
Ablativ	honṓr-e	durch Ehre	honṓr-ibus	durch Ehren

Kasus	Singular		Plural	
Nominativ/V.	**córpus**	der Körper	**córpŏr-a**	die Körper
Genitiv	córpŏr-is	des Körpers	córpŏr-um	der Körper
Dativ	córpŏr-ī	dem Körper	corpŏ́r-ibus	den Körpern
Akkusativ	**córpus**	den Körper	**córpŏr-a**	die Körper
Ablativ	córpŏr-e	mit dem Körper	corpŏ́r-ibus	mit den Körpern

t-Stämme

Kasus	Singular		Plural	
Nominativ/V.	mī́les	der Soldat	mī́lĭt-ēs	die Soldaten
Genitiv	mī́lĭt-is	des Soldaten	mī́lĭt-um	der Soldaten
Dativ	mī́lĭt-ī	dem Soldaten	mīlĭ́t-ibus	den Soldaten
Akkusativ	mī́lĭt-em	den Soldaten	mī́lĭt-ēs	die Soldaten
Ablativ	cum mī́lĭt-e	mit dem Soldaten	mīlĭ́t-ibus	mit den Soldaten

Kasus	Singular		Plural	
Nominativ/V.	cī́vitās	der Staat	cīvitā́t-ēs	die Staaten
Genitiv	cīvitā́t-is	des Staates	cīvitā́t-um	der Staaten
Dativ	cīvitā́t-ī	dem Staat	cīvitā́t-ibus	den Staaten
Akkusativ	cīvitā́t-em	den Staat	cīvitā́t-ēs	die Staaten
Ablativ	cīvitā́t-e	durch den Staat	cīvitā́t-ibus	durch die Staaten

n-Stämme

Kasus	Singular		Plural	
Nominativ/V.	nā́tiō	das Volk	nātiṓn-ēs	die Völker
Genitiv	nātiṓn-is	des Volkes	nātiṓn-um	der Völker
Dativ	nātiṓn-ī	demVolk	nātiṓn-ibus	den Völkern
Akkusativ	nātiṓn-em	das Volk	nātiṓn-ēs	die Völker
Ablativ	nātiṓn-e	durch das Volk	nātiṓn-ibus	durch die Völker

Kasus	Singular		Plural	
Nominativ/V.	imā́gō	das Bild	imā́gĭn-ēs	die Bilder
Genitiv	imā́gĭn-is	des Bildes	imā́gĭn-um	der Bilder
Dativ	imā́gĭn-ī	dem Bild	imāgín-ibus	den Bildern
Akkusativ	imā́gĭn-em	das Bild	imā́gĭn-ēs	die Bilder
Ablativ	imā́gĭn-e	durch das Bild	imāgín-ibus	durch die Bilder

Kasus	Singular		Plural	
Nominativ/V.	**cármen**	das Lied	**cármĭn-a**	die Lieder
Genitiv	cármĭn-is	des Liedes	cármĭn-um	der Lieder
Dativ	cármĭn-ī	dem Lied	carmĭ́n-ibus	den Liedern
Akkusativ	**cármen**	das Lied	**cármĭn-a**	die Lieder
Ablativ	cármĭn-e	durch das Lied	carmĭ́n-ibus	durch die Lieder

c/g-Stämme

Kasus	Singular		Plural	
Nominativ/V.	dux	der Anführer	dúc-ēs	die Anführer
Genitiv	dúc-is	des Anführers	dúc-um	der Anführer
Dativ	dúc-ī	dem Anführer	dúc-ibus	den Anführern
Akkusativ	dúc-em	den Anführer	dúc-ēs	die Anführer
Ablativ	cum dúc-e	mit dem Anführer	cum dúc-ibus	mit den Anführern

l-Stämme und andere Stämme mit einem Konsonanten

Kasus	Singular		Plural	
Nominativ/V.	sōl	die Sonne	sṓl-ēs	die Sonnen
Genitiv	sṓl-is	der Sonne	sṓl-um	der Sonnen
Dativ	sṓl-ī	der Sonne	sṓl-ibus	den Sonnen
Akkusativ	sṓl-em	die Sonne	sṓl-ēs	die Sonnen
Ablativ	sṓl-e	durch die Sonne	sṓl-ibus	durch die Sonnen

Neutra einzelner Konsonanten-Stämme

Kasus	Singular		Plural	
Nominativ/V.	**íter**	der Weg	**itíner-a**	die Wege
Genitiv	itíner-is	des Weges	itíner-um	der Wege
Dativ	itíner-ī	dem Weg	itinér-ibus	denWegen
Akkusativ	**íter**	den Weg	**itíner-a**	die Wege
Ablativ	in itíner-e	auf dem Weg	in itinér-ibus	auf den Wegen

Reine i-Stämme

Kasus	Singular		Plural	
Nominativ/V.	túrr-is	der Turm	túrr-ēs	die Türme
Genitiv	túrr-is	des Turmes	**túrr-ium**	der Türme
Dativ	túrr-ī	dem Turm	túrri-bus	den Türmen
Akkusativ	**túrr-im**	den Turm	túrr-ēs	die Türme
Ablativ	in **túrr-ī**	auf dem Turm	in túrri-bus	auf den Türmen

Kasus	Singular		Plural	
Nominativ/V.	**már-e**	das Meer	**már-ia**	die Meere
Genitiv	már-is	des Meeres	**már-ium**	der Meere
Dativ	már-ī	dem Meer	már-ibus	den Meeren
Akkusativ	**már-e**	das Meer	**már-ia**	die Meere
Ablativ	in **már-ī**	auf dem Meer	in már-ibus	auf den Meeren

Mischklasse

Kasus	Singular		Plural	
Nominativ/V.	nā́v-is	das Schiff	nā́v-ēs	die Schiffe
Genitiv	nā́v-is	des Schiffes	**nā́v-ium**	der Schiffe
Dativ	nā́v-ī	demSchiff	nā́v-ibus	den Schiffen
Akkusativ	nā́v-em	das Schiff	nā́v-ēs	die Schiffe
Ablativ	nā́v-e	mit einem Schiff	nā́v-ibus	mit Schiffen

Kasus	Singular		Plural	
Nominativ/V.	ars	die Kunst	árt-ēs	die Künste
Genitiv	árt-is	der Kunst	**árt-ium**	der Künste
Dativ	árt-ī	der Kunst	árt-ibus	den Künsten
Akkusativ	árt-em	die Kunst	árt-ēs	die Künste
Ablativ	árt-e	durch die Kunst	árt-ibus	durch die Künste

Faustregeln für das Geschlecht in der 3. Deklination

In der 3. Deklination sind ohne Berücksichtigung der Ausnahmen:

Maskulina: Subst. auf *-or (-ōs), -ōris* (ōrā́tor,-ṓris); *-er, -[e]ris* (pater, -tris);
Subst. auf *-es, -ĭtis* (mī́les, -ĭtis); *-l, -is* (sōl, sōlis); *-nis, -is* (fī́nis, -is);
ungleichsilbige Subst. auf *-is, -[id]is* (lapis, -idis);

Feminina: Subst. auf *-ō, -ōnis* (nātiō, -ṓnis); *-ō, -ĭnis* (imā́gō, -ĭnis);
gleichsilbige Subst. auf *-ēs, -is* (clādēs, -is); *-is, -is* (nā́vis, -is);
Subst. auf *-s* mit vorausgehendem Konsonanten (auch auf *-x*) (ars, -tis; lēx, lēgis);
Subst. auf *-ās, -ātis* (cī́vitās, -ātis); *-es, -ētis (-ēdis)* (quiēs, -ētis);
-ūs, -ūtis (-ūdis) (virtūs, -ūtis);

Neutra: Subst. auf *-us, -ŏris (-ur, -ŭris)* (corpus, -oris); *-us, -ĕris* (opus, -eris);
-men, -minis (carmen, -minis)
Subst. auf *-e, -al, -ar* (Gen.: *-is*) (mare, -is; ánimal, -ā́lis);

1.4 Substantive der u-Deklination

Kasus	Singular		Plural	
Nominativ/V.	cā́s-u**s**	der Zufall	cā́s-ū**s**	die Zufälle
Genitiv	cā́s-ū**s**	des Zufalls	cā́s-u**um**	der Zufälle
Dativ	cā́s-u**ī**	dem Zufall	cā́s-i**bus**	den Zufällen
Akkusativ	cā́s-u**m**	den Zufall	cā́s-ū**s**	die Zufälle
Ablativ	cā́s-ū	durch den Zufall	cā́s-i**bus**	durch die Zufälle

Beachte bei ***domus, -ūs:*** drei Kasus häufig nach der o-Deklination:
Abl. Sg.: dom**ō**; Gen. Pl. dom**ṓrum**; Akk. Pl. dom**ōs**

Kasus	Singular		Plural	
Nominativ/V.	**córn-ū**	das Horn	**córn-ua**	die Hörner
Genitiv	córn-ū**s**	des Horns	córn-u**um**	der Hörner
Dativ	córn-ū	dem Horn	córn-i**bus**	den Hörnern
Akkusativ	**córn-ū**	das Horn	**córn-ua**	die Hörner
Ablativ	córn-ū	durch das Horn	córn-i**bus**	durch die Hörner

1.5 Substantive der ē-Deklination

Kasus	Singular		Plural	
Nominativ/V.	dí-ē**s**	der Tag	dí-ē**s**	die Tage
Genitiv	di-ḗ**ī**	des Tages	di-ḗ**rum**	der Tage
Dativ	di-ḗ**ī**	dem Tage	di-ḗ**bus**	denTagen
Akkusativ	dí-e**m**	den Tag	dí-ē**s**	die Tage
Ablativ	dí-ē	durch den Tag	di-ḗ**bus**	durch die Tage

2. Adjektive

2.1 Adjektive der ā - und o-Deklination

Kasus	Singular			Plural		
	Maskulinum	Femininum	Neutrum	Maskulinum	Femininum	Neutrum
Nom.	beā́t-u**s**	beā́t-a	beā́t-u**m**	beā́t-ī	beā́t-ae	beā́t-**a**
Gen.	beā́t-ī	beā́t-ae	beā́t-ī	beāt-ṓ**rum**	beāt-ā́**rum**	beāt-ṓ**rum**
Dat.	beā́t-ō	beā́tae	beā́t-ō	beā́t-īs	beā́t-īs	beā́t-īs
Akk.	beā́t-u**m**	beā́t-a**m**	beā́t-u**m**	beā́t-ō**s**	beā́t-ā**s**	beā́t-**a**
Vok.	**beā́t-e**	beā́t-a	beā́t-u**m**	beā́t-ī	beā́t-ae	beā́t-**a**
Abl.	beā́t-ō	beā́t-ā	beā́t-ō	beā́t-īs	beā́t-īs	beā́t-īs

Kasus	Singular			Plural		
	Maskulinum	Femininum	Neutrum	Maskulinum	Femininum	Neutrum
Nom.	sácer	sácr-a	sácr-u**m**	sácr-ī	sácr-ae	sácr-**a**
Gen.	sácr-ī	sácr-ae	sácr-ī	sacr-ṓ**rum**	sacr-ā́**rum**	sacr-ṓ**rum**
Dat.	sácr-ō	sácr-ae	sácr-ō	sácr-īs	sácr-īs	sácr-īs
Akk.	sácr-u**m**	sácr-a**m**	sácr-u**m**	sácr-ō**s**	sácr-ā**s**	sácr-**a**
Vok.	sácer	sácr-a	sácr-u**m**	sácr-ī	sácr-ae	sácr-**a**
Abl.	sácr-ō	sácr-ā	sácr-ō	sácr-īs	sácr-īs	sácr-īs

2.2 Adjektive der 3. Deklination

Dreiendige Adjektive

Kasus	Singular			Plural		
	Maskulinum	Femininum	Neutrum	Maskulinum	Femininum	Neutrum
N/V.	ā́cer	ā́cr-is	ā́cr-e	ā́cr-ēs	ā́cr-ēs	**ā́cr-ia**
Gen.	ā́cr-is			**ā́cr-ium**		
Dat.	ā́cr-ī			ā́cr-ibus		
Akk.	ā́cr-em	ā́cr-em	ā́cr-e	ā́cr-ēs	ā́cr-ēs	**ā́cr-ia**
Abl.	**ā́cr-ī**			ā́cr-ibus		

Zweiendige Adjektive

Kasus	Singular			Plural		
	Maskulinum	Femininum	Neutrum	Maskulinum	Femininum	Neutrum
N/V.	fácil-is		fácil-e	fácil-ēs		**facíl-ia**
Gen.	fácil-is			**facíl-ium**		
Dat.	fácil-ī			facíl-ibus		
Akk.	fácil-em		fácil-e	fácil-ēs		**facíl-ia**
Abl.	**fácil-ī**			facíl-ibus		

Einendige Adjektive bzw. Partizipien Präsens

Kasus	Singular			Plural		
	Maskulinum	Femininum	Neutrum	Maskulinum	Femininum	Neutrum
N/V.	íngēns			ingént-ēs		**ingént-ia**
Gen.	ingént-is			**ingént-ium**		
Dat.	ingént-ī			ingént-ibus		
Akk.	ingént-em		íngen-s	ingént-ēs		**ingént-ia**
Abl.	**ingént-ī**			ingént-ibus		

Kasus	Singular			Plural		
	Maskulinum	Femininum	Neutrum	Maskulinum	Femininum	Neutrum
N/V.	láudā-ns			laudá-nt-ēs		**laudá-nt-ia**
Gen.	laudá-nt-is			**laudá-nt-ium**		
Dat.	laudá-nt-ī			laudá-nt-ibus		
Akk.	laudá-nt-em		láudān-s	laudá-nt-ēs		**laudá-nt-ia**
Abl.	**laudá-nt-e**			laudá-nt-ibus		

Konsonantenstämme bzw. Komparative

Kasus	Singular			Plural		
	Maskulinum	Femininum	Neutrum	Maskulinum	Femininum	Neutrum
N/V.	vétus			véter-ēs		**véter-a**
Gen.	véter-is			**véter-um**		
Dat.	véter-ī			vetér-ibus		
Akk.	véter-em		vétus	véter-ēs		**véter-a**
Abl.	**véter-e**			vetér-ibus		

Kasus	Singular			Plural		
	Maskulinum	Femininum	Neutrum	Maskulinum	Femininum	Neutrum
N/V.	lóngior		lóngius	longiṓr-ēs		**longiṓr-a**
Gen.	longiṓr-is			**longiṓr-um**		
Dat.	longiṓr- ī			longiṓr-ibus		
Akk.	longiṓr-em		lóngius	longiṓr-ēs		**longiṓr-a**
Abl.	**longiṓr-e**			longiṓr-ibus		

3. Numeralia (Zahlwörter)

arab. Z.	**Grundzahlen**	röm. Z.	**Ordnungszahlen**
1	ūnus, -a, -um	I	prīmus, -a, -um
2	duo, duae, duo	II	secúndus (alter)
3	trēs, tria	III	tértius
4	quáttuor	IV	quārtus
5	quīnque	V	quīntus
6	sex	VI	sextus
7	septem	VII	séptimus
8	octō	VIII	octā́vus
9	novem	IX	nōnus
10	**decem**	**X**	**décimus**
11	ū́n-**decim**	XI	ūn-décimus
12	duṓ-decim	XII	duo-décimus
13	trḗ-decim	XIII	tértius décimus
14	quattuór-decim	XIV	quārtus décimus
15	quī́n-decim	XV	quīntus décimus
16	sḗ-decim	XVI	sextus décimus
17	septén-decim	XVII	séptimus décimus
18	duo-dē-vīgíntī	XVIII	duo-dē-vīcḗsimus
19	ūn-dē-vīgíntī	XIX	ūn-dē-vīcḗsimus
20	**vīgíntī**	**XX**	**vīcḗsimus**
	Suffix für die **Zehner** ↓ **-gínta**		Suffix für die **Zehnten** ↓ **-gḗsimus**
30	trī-gíntā	XXX	trī-cḗsimus
40	quadrā-gíntā	XL	quadrā-gḗsimus
50	quīnquā-gíntā	L	quīnquā-gḗsimus
60	sexā-gíntā	LX	sexā-gḗsimus
70	septuā-gíntā	LXX	septuā-gḗsimus
80	octō-gíntā	LXXX	octō-gḗsimus
90	nōnā-gíntā	XC	nōnā-gḗsimus
100	**centum**	**C**	**centēsimus**
	Suffixe für die **Hunderter** ↓ **-cénti, -génti (-ae, -a)**		Suffixe für die **Hundertsten** ↓ **-centḗsimus, -gentḗsimus**
200	du-céntī, -ae, -a	CC	du-centḗsimus
300	tre-céntī, -ae, -a	CCC	tre-centḗsimus
400	quadrin-géntī, -ae, -a	CD	quadrin-gentḗsimus
500	quīn-géntī, -ae, -a	D	quīn-gentḗsimus
600	ses-céntī, -ae, -a	DC	ses-centḗsimus
700	septin-géntī, -ae, -a	DCC	septin-gentḗsimus
800	octin-géntī, -ae, -a	DCCC	octin-gentḗsimus
900	nōn-géntī, -ae, -a	CM	nōn-gentḗsimus
1000	**mīlle**	**M**	**mīllḗsimus**
2000	duo mī́lia	MM	**bis** mīllḗsimus

Von den Grundzahlen werden **ūnus, duo, trēs** sowie alle **Hunderter** (außer *centum*) dekliniert und stimmen mit dem Beziehungswort überein; ferner wird das Substantiv **mī́lia** gebeugt.

K./G.	Mask.	Fem.	Neutr.	Mask.	Fem.	Neutr.	Mask.	Fem.	Neutr.	Neutr.
Nom.	ūnus	ūna	ūnum	duo	duae	duo	trēs	trēs	tria	mī́lia
Gen.	ūnī́us			duṓrum	duā́rum	duṓrum	trium			mī́lium
Dat.	ūnī			duṓbus	duā́bus	duṓbus	tribus			mī́libus
Akk.	ūnum	ūnam	ūnum	duo(s)	duās	duo	trēs	trēs	tria	mī́lia
Abl.	ūnō	ūnā	ūnō	duṓbus	duā́bus	duṓbus	tribus			mī́libus

4. Pronomina

4.1 Personalpronomina (persönliche Fürwörter)

N.	K./G.	1. Person		2. Person		3. Pers (refl.)		3. Pers. (nicht-refl.)		
Sg.	Nom.	ego	ich	tū	du	---	---	(is)	(ea)	(id)
	Gen.	meī	meiner	tuī	deiner	suī	seiner, ihrer	eius		
	Dat.	mihi	mir	tibi	dir	sibi	sich	eī		
	Akk.	mē	mich	tē	dich	sē	sich	eum	eam	id
	Abl.	ā mē	von mir	ā tē	von dir	ā sē	von sich	ab eō	ab eā	ab eō
		mēcum	mit mir	tēcum	mit dir	sēcum	mit sich	cum eō	cum eā	eō
Pl.	Nom.	nōs	wir	vōs	ihr	---		(iī)	(eae)	(ea)
	Gen.	nostrī	unser	vestrī	euer	suī	ihrer	eōrum	eārum	eōrum
	Dat.	nōbīs	uns	vōbīs	euch	sibi	sich	iīs		
	Akk.	nōs	uns	vōs	euch	sē	sich	eōs	eās	ea
	Abl.	ā nōbīs	von uns	ā vōbīs	von euch	ā sē	von sich	ab eīs		
		nōbīscum	mit uns	vōbīscum	mit euch	sēcum	mit sich	cum iīs		

4.2 Possessivpronomina (besitzanzeigende Fürwörter)

N.	1. Person		2. Person		3. Pers (refl.)		3. Pers. (nicht-refl.)	
Sg.	meus, mea, meum	mein	tuus, tua, tuum	dein	suus, sua, suum	sein	eius	(dessen, deren) sein, ihr
Pl.	noster, nostra, nostrum	unser	vester, vestra, vestrum	euer	suus, sua, suum	ihr	eṓrum, eā́rum, eṓrum	(deren) ihr

4.3 Demonstrativpronomina (hinweisende Fürwörter)

N.	K./G.	Mask.	Fem.	Neutr.	Mask.	Fem.	Neutr.
Sg.	Nom.	hic	haec	hoc	ille	illa	illud
	Gen.	**huius**			illīus		
	Dat.	huic			illī		
	Akk.	hunc	hanc	hoc	illum	illam	illud
	Abl.	hōc	hāc	hōc	illō	illā	illō
Pl.	Nom.	hī	hae	**haec**	illī	illae	illa
	Gen.	hōrum	hārum	hōrum	illṓrum	illā́rum	illṓrum
	Dat.	hīs			illīs		
	Akk.	hōs	hās	**haec**	illōs	illās	illa
	Abl.	hīs			illīs		

Die Pronomina *iste, ista, istud* und *ipse, ipsa, ips**um*** werden wie *ille* dekliniert.

N.	K./G.	Mask.	Fem.	Neutr.	Mask.	Fem.	Neutr.
Sg.	Nom.	is	ea	id	īdem	éadem	idem
	Gen.	eius			eiúsdem		
	Dat.	eī			eī́dem		
	Akk.	eum	eam	id	eú**n**dem	eá**n**dem	idem
	Abl.	eō	eā	eō	eṓdem	eā́dem	eṓdem
Pl.	Nom.	iī (eī)	eae	ea	iī́(eī)dem	eáedem	éadem
	Gen.	eṓrum	eā́rum	eṓrum	eōrú**n**dem	eārú**n**dem	eōrú**n**dem
	Dat.	iīs (eīs)			iī́s(eī́s)dem		
	Akk.	eōs	eās	ea	eṓsdem	eā́sdem	éadem
	Abl.	iīs (eīs)			iī́s(eī́s)dem		

4.4 Relativpronomina (bezügliche Fürwörter)

Das „übliche“ Relativpronomen

Kasus	Singular			Plural		
	Maskulinum	Femininum	Neutrum	Maskulinum	Femininum	Neutrum
Nom.	quī	quae	quod	quī	quae	**quae**
Gen.	cuius			quōrum	quārum	quōrum
Dat.	cui			quibus		
Akk.	quem	quam	quod	quōs	quās	**quae**
Abl.	quō	quā	quō	quibus		

Das verallgemeinernde Relativpronomen

quisquis, quidquid (nur substantivisch)	jeder, der; alles, was; wer auch immer; was auch immer
quīcumque, quaecumque, quodcumque (meist adjektivisch)	wer auch immer, was auch immer

4.5 Interrogativpronomina (fragende Fürwörter)

Substantivische Form

Kasus	Singular	
	Mask. (Fem.)	Neutrum
Nom.	quis	quid
Gen.	cuius	
Dat.	cui	
Akk.	quem	quid
Abl.	ā quō	

Adjektivische Form

qui? quae? quod? welcher? welche? welches?

Das adjektivische Fragepronomen wird **genauso dekliniert** wie das **Relativpronomen**.

4.6 Indefinitpronomina (unbestimmte Fürwörter)

Bedeutungsfeld „jemand“ und Gegenteil

		substantivisch			adjektivisch		
N.	Kasus	Mask.	(Fem.)	Neutr.	Mask.	Fem.	Neutr.
Sg.	Nom.	áliquis		áliquid	áliquī	**áliqua**	áliquod
	Gen.	alicúius		alicúius reī	alicúius		
	Dat.	álicui		álicui reī	álicui		
	Akk.	áliquem		áliquid	áliquem	áliquem	áliquod
	Abl.	áliquō		áliquā rē	áliquō	áliquā	áliquō
Pl.	Nom.				áliquī	áliquae	**áliqua**
	Gen.				aliquṓrum	aliquā́rum	aliquṓrum
	Dat.				alíquibus		
	Akk.				áliquōs	áliquās	**áliqua**
	Abl.				alíquibus		

		substantivisch			adjektivisch		
N.	Kasus	Mask.	(Fem.)	Neutr.	Mask.	Fem.	Neutr.
Sg.	Nom.	quisquam		quicquam	ūllus	ūlla	ūllum
	Gen.	cuiúsquam			ūllius		
	Dat.	cuiquam			ūlli		
	Akk.	quemquam		quicquam	ūllum	ūllam	ūllum
	Abl.	quōquam			ūllō	ūllā	ūllō
Pl.	Nom.				ūlli	ūllae	ūlla
	Gen.				ūllṓrum	ūllā́rum	ūllṓrum
	Dat.				ūllīs		
	Akk.				ūllōs	ūllās	ūlla
	Abl.				ūllīs		

		adjektivisch			substantivisch		adjektivisch
N.	Kasus	Mask.	Fem.	Neutr.	Mask./ Fem.	Neutr.	M./F./N.
Singular	Nom.	quīdam	quaedam	quoddam	nēmō	nihil	nūllus, -a, -um
	Gen.	cuiúsdam			**nūllī́us**	nūllī́us reī	Deklination wie bei *ūllus, -a, -um*
	Dat.	cuidam			nḗminī	nūllī reī	
	Akk.	que**n**dam	qua**n**dam	quoddam	nḗminem	nihil	
	Abl.	quōdam	quādam	quōdam	ā nūllō	nūllā rē	
Plural	Nom.	quīdam	quaedam	quaedam			Deklination wie bei *ūllus, -a, -um*
	Gen.	quōrú**n**dam	quārú**n**dam	quōrú**n**dam			
	Dat.	quibúsdam					
	Akk.	quōsdam	quāsdam	quaedam			
	Abl.	quibúsdam					

Übersicht:

a) (irgend)jemand, (irgend)etwas; (irgend)einer, (irgend)eine, (irgend)ein:
   áli-quis, áli-quid (substantivisch) — im Normalfall
   áli-quī, áli-qua, áli-quod (adjektivisch) — im Normalfall
   quis-quam, quid-quam (substantivisch) — bei **negativ**em Sinn
   ūllus, ūlla, ūllum (adjektivisch) — bei **negativ**em Sinn

b) ein gewisser, bestimmter, etwas; **Pl.** : manche, einige
   quī-dam, quid-dam — substantivisch
   quī-dam, quae-dam, quod-dam — adjektivisch

c) niemand, keiner, nichts
   nēmō, nihil — substantivisch
   nūllus, nūlla, nūllum — adjektivisch

Bedeutungsfeld „jeder"

Kasus	Singular			Plural		
	Maskulinum	Femininum	Neutrum	Maskulinum	Femininum	Neutrum
Nom.	quisque	quaeque	quodque	quīque	quaeque	quaeque
Gen.	cuiúsque			quōrúmque	quārúmque	quōrúmque
Dat.	cuique			quibúsque		
Akk.	quemque	quamque	quodque	quōsque	quāsque	quaeque
Abl.	quōque	quāque	quōque	quibúsque		

Übersicht: **quis-que, quid-que** (subst.) — jeder
quis-que, quae-que, quod-que (adj.) — jeder
ūnus-quís-que, ūnum-quíd-que (subst.) — jeder Einzelne
ūnus-quís-que, ūna-quáe-que, ūnum-quód-que (adj.) — jeder einzelne

4.7 Pronomen: Sonderfälle

Pronomina bei nur zwei Alternativen

Kasus	Singular			Singular		
Genus	Maskulinum	Femininum	Neutrum	Maskulinum	Femininum	Neutrum
Nom.	uter	utr-a	utr-um	alter	álter-a	álter-um
Gen.	utr-ī́us			alter-íus		
Dat.	utr-ī			álter-ī		
Akk.	utr-um	utr-am	utr-um	álter-um	álter-am	álter-um
Abl.	utr-ō	utr-ā	utr-ō	álter-ō	álter-ā	álter-ō

Übersicht: **uter? utra? utrum?** (subst./adjekt.) — welcher, welche, welches (von zweien)?
utér-que, utrá-que, utrúm-que — jeder (von beiden), beide
né-uter, né-utra, né-utrum — keiner (von beiden)
alter, áltera, álterum — der eine, der andere (von beiden)

Pronominaladjektive

ūnus, -a, -um	ein(er), einzig	Gen.: ūn**ī́us** – Dat.: ūn**ī**
sōlus, -a, -um	allein, einzig	Gen.: sōl**ī́us** – Dat.: sōlī
tōtus, -a, -um	ganz	Gen.: tōt**ī́us** – Dat.: tōt**ī**
álius, -a, -ud	ein anderer	Gen.: **alterī́us (!)** – Dat.: áli**ī**

Korrelativpronomina

talis, -e ↔ **qualis, -e**		so beschaffen ↔ wie (beschaffen), ein solcher ↔ wie
tantus, -a, -um ↔ **quantus, -a, -um**		so groß ↔ wie (groß)
tantum (Adv.) ↔ **quantum** (Adv.)		so viel ↔ wie (viel)
tot (indekl.) ↔ **quot** (indekl.)		so viele ↔ wie (viele)

II. Verben (Konjugationen)

1. regelmäßige Konjugatonen

1.1 ā-Konjugation

T./M.	N.	P.	Aktiv		Passiv	
			Präsensstamm			
Ind. Präsens	Sg.	1.	laudō	ich lobe	láudor	ich werde gelobt
		2.	laudā-s	du lobst	laudā́-ris	du wirst gelobt
		3.	lauda-t	er (sie, es) lobt	laudā́-tur	er (...) wird gelobt
	Pl.	1.	laudā́-mus	wir loben	laudā́-mur	wir werden gelobt
		2.	laudā́-tis	ihr lobt	laudā́-minī	ihr werdet gelobt
		3.	laúda-nt	sie loben	laudá-ntur	sie werden gelobt
Konj. Präsens	Sg.	1.	laud**e**-m	ich möge loben	láud**e**-r	ich möge gelobt werden
		2.	laud**ē**-s	du mögest loben	laud**ḗ**-ris	du mögest gelobt werden
		3.	laud**e**-t	er (...) möge loben	laud**ḗ**-tur	er (...) möge gel. werden
	Pl.	1.	laud**ḗ**-mus	wir mögen loben	laud**ḗ**-mur	wir mögen gel. werden
		2.	laud**ḗ**-tis	ihr möget loben	laud**ē**-minī	ihr möget gelobt werden
		3.	laúd**e**-nt	sie mögen loben	laud**é**-ntur	sie mögen gelobt werden
Ind. Imperfekt	Sg.	1.	laudā́-**ba**-m	ich lobte	laudā́-**ba**-r	ich wurde gelobt
		2.	laudā́-**bā**-s	du lobtest	laudā-**bā́**-ris	du wurdest gelobt
		3.	laudā́-**ba**-t	er (sie,es) lobte	laudā-**bā́**-tur	er (...) wurde gelobt
	Pl.	1.	laudā-**bā**-mus	wir lobten	laudā-**bā́**-mur	wir wurden gelobt
		2.	laudā-**bā́**-tis	ihr lobtet	laudā-**bā́**-minī	ihr wurdet gelobt
		3.	laudā́-**ba**-nt	sie lobten	laudā-**bá**-ntur	sie wurden gelobt
Konj. Imperfekt	Sg.	1.	laudā́-**re**-m	ich würde loben	laudā́-**re**-r	ich würde gelobt (werden)
		2.	laudā́-**rē**-s	du würdest loben	laudā-**rḗ**-ris	du würdest gelobt (werden)
		3.	laudā́-**re**-t	er (...) würde loben	laudā-**rḗ**-tur	er würde (...) gel. (werden)
	Pl.	1.	laudā-**rḗ**-mus	wir würden loben	laudā-**rḗ**-mur	wir würden gelobt (werden)
		2.	laudā-**rḗ**-tis	ihr würdet loben	laudā-**rḗ**-minī	ihr würdet gelobt (werden)
		3.	laudā́-**re**-nt	sie würden loben	laudā-**ré**-ntur	sie würden gelobt (werden)
Futur	Sg.	1.	laudā́-**b**-ō	ich werde loben	laudā́-**b**-or	ich werde gelobt werden
		2.	laudā́-**bi**-s	du wirst loben	laudā́-**be**-ris	du wirst gelobt werden
		3.	laudā́-**bi**-t	er wird loben	laudā́-**bi**-tur	er wird gelobt werden
	Pl.	1.	laudā́-**bi**-mus	wir werden loben	laudā́-**bi**-mur	wir werden gel. werden
		2.	laudā́-**bi**-tis	ihr werdet loben	laudā-**bí**-minī	ihr werdet gelobt werden
		3.	laudā́-**bu**-nt	sie werden loben	laudā-**bú**-ntur	sie werden gel. werden
Imp.I	Sg.	2.	láudā	lobe!	-----	
	Pl.	2.	laudā́-te	lobt!	-----	
Imp.II	Sg.	2.	laudā́-tō	du sollst loben	ungebräuchlich	
		3.	laudā́-tō	er (sie,es) soll loben		
	Pl.	2.	laudā-tōte	ihr sollt loben		
		3.	laudá-ntō	sie sollen loben		
Infinitiv			laudā́-re	(zu) loben	laudā́-rī	gelobt (zu) werden
Partizip			láudā-ns, -á**nt**is	lobend	-----	
Gerundiv			laudá-**nd**-us, -a, -um (ein zu lobender)			

T./ M.	Perfektstamm						
	N.	P.	Aktiv		Passiv		
Ind. Perfekt	Sg.	1.	laudā́**v**-ī	ich habe gelobt	laudā́**tus**, -a, -um	sum	ich bin gelobt worden
		2.	laudā**v**-ístī	du hast gel.		es	du bist gel. worden
		3.	laudā́**v**-it	er (...) hat gel.		est	er (...) ist gel. worden
	Pl.	1.	laudā́**v**-imus	wir haben gel.	laudā́**tī**, -ae, -a	sumus	wir sind gel. worden
		2.	laudā**v**-ístis	ihr habt gel.		estis	ihr seid gel. worden
		3.	laudā**v**-ḗrunt	sie haben gel.		sunt	sie sind gel. worden
Konj. Perfekt	Sg.	1.	laudā́**v**-erim	ich habe gelobt	laudā́**tus**, -a, -um	sim	ich sei gelobt worden
		2.	laudā́**v**-eris	du habest gel.		sīs	du seiest gel. worden
		3.	laudā́**v**-erit	er (...) habe gel.		sit	er (...) sei gel. worden
	Pl.	1.	laudā**v**-érimus	wir haben gel.	laudā́**tī**, -ae, -a	sīmus	wir seien gel. worden
		2.	laudā**v**-éritis	ihr habet gel.		sītis	ihr seiet gel. worden
		3.	laudā́**v**-erint	sie haben gel.		sint	sie seien gel. worden
Ind. Plusquamperf.	Sg.	1.	laudā́**v**-eram	ich hatte gelobt	laudā́**tus**, -a, -um	eram	ich war gelobt worden
		2.	laudā́**v**-erās	du hattest gel.		erās	du warst gel. worden
		3.	laudā́**v**-erat	er (...) hatte gel.		erat	er (...) war gel. worden
	Pl.	1.	laudā**v**-erā́mus	wir hatten gel.	laudā́**tī**, -ae, -a	erā́mus	wir waren gel. worden
		2.	laudā**v**-erā́tis	ihr hattet gel.		erā́tis	ihr wart gel. worden
		3.	laudā́**v**-erant	sie hatten gel.		érant	sie waren gel. worden
Konj. Plusquamperf.	Sg.	1.	laudā**v**-íssem	ich hätte gelobt	laudā́**tus**, -a, -um	essem	ich wäre gelobt worden
		2.	laudā**v**-íssēs	du hättest gel.		essēs	du wärst gel. worden
		3.	laudā**v**-ísset	er hätte gel.		esset	er (..) wäre gel. worden
	Pl.	1.	laudā**v**-issḗmus	wir hätten gel.	laudā́**tī**, -ae, -a	essḗmus	wir wären gel. worden
		2.	laudā**v**-issḗtis	ihr hättet gel.		essḗtis	ihr wärt gel. worden
		3.	laudā**v**-íssent	sie hätten gel.		éssent	sie wären gel. worden
Futur II	Sg.	1.	laudā́**v**-erō	(meist Präsens oder Perfekt)	laudā́**tus**, -a, -um	erō	(meist Präsens oder Perfekt)
		2.	laudā́**v**-eris			eris	
		3.	laudā́**v**-erit			erit	
	Pl.	1.	laudā**v**-érimus		laudā́**tī**, -ae, -a	érimus	
		2.	laudā**v**-éritis			éritis	
		3.	laudā́**v**-erint			érunt	
Part. Perf.			-----		laudā́**tus**, -a, -um		gelobt
Part. **Futur**			laudā**tū́rus**, -a, -um	(der loben wird)	-----		
Infin. Perf.			laudav-ísse	gelobt (zu) haben	laudā́**tum** esse		gel. worden (zu) sein
Infin. **Futur**			laudā**tū́rum** esse	(loben werden)	(laudā**tum** īrī)		(im Dt. ungebräuchlich)

1.2 ē-Konjugation

T./M.	N.	P.	Präsensstamm: Aktiv		Passiv	
Ind. Präsens	Sg.	1.	móne-o	ich mahne	móne-or	ich werde gemahnt
		2.	mónē-s	du mahnst	monḗ-ris	du wirst gemahnt
		3.	móne-t	er (sie, es) mahnt	monḗ-tur	er (...) wird gemahnt
	Pl.	1.	monḗ-mus	wir mahnen	monḗ-mur	wir werden gemahnt
		2.	monḗ-tis	ihr mahnt	monḗ-minī	ihr werdet gemahnt
		3.	móne-nt	sie mahnen	moné-ntur	sie werden gemahnt
Konj. Präsens	Sg.	1.	móne-**a**-m	ich möge mahnen	móne-**a**-r	ich möge gemahnt werden
		2.	mónē-**ā**-s	du mögest mahnen	mone-**ā́**-ris	du mögest gemahnt werden
		3.	móne-**a**-t	er (...) möge mahnen	mone-**ā́**-tur	er (...) möge gem. werden
	Pl.	1.	mone-**ā́**-mus	wir mögen mahnen	mone-**ā́**-mur	wir mögen gem. werden
		2.	mone-**ā́**-tis	ihr möget mahnen	mone-**ā́**-minī	ihr möget gemahnt werden
		3.	móne-**a**-nt	sie mögen mahnen	mone-**á**-ntur	sie mögen gemahnt werden
Ind. Imperfekt	Sg.	1.	monḗ-**ba**-m	ich mahnte	monḗ-**ba**-r	ich wurde gemahnt
		2.	monḗ-**bā**-s	du mahntest	monē-**bā́**-ris	du wurdest gemahnt
		3.	monḗ-**ba**-t	er (…) mahnte	monē-**bā́**-tur	er (...) wurde gemahnt
	Pl.	1.	monē-**bā́**-mus	wir mahnten	monē-**bā́**-mur	wir wurden gemahnt
		2.	monē-**bā́**-tis	ihr mahntet	monē-**bā́**-minī	ihr wurdet gemahnt
		3.	monḗ-**ba**-nt	sie mahnten	monē-**bá**-ntur	sie wurden gemahnt
Konj. Imperfekt	Sg.	1.	monḗ-**re**-m	ich würde mahnen	monḗ-**re**-r	ich würde gemahnt (werden)
		2.	monḗ-**rē**-s	du würdest mahnen	monē-**rḗ**-ris	du würdest gem. (werden)
		3.	monḗ-**re**-t	er (...) würde mahnen	monē-**rḗ**-tur	er würde (...) gem. (werden)
	Pl.	1.	monē-**rḗ**-mus	wir würden mahnen	monē-**rḗ**-mur	wir würden gem. (werden)
		2.	monē-**rḗ**-tis	ihr würdet mahnen	monē-**rḗ**-minī	ihr würdet gem. (werden)
		3.	monḗ-**re**-nt	sie würden mahnen	monē-**ré**-ntur	sie würden gem. (werden)
Futur	Sg.	1.	monḗ-**b**-ō	ich werde mahnen	monḗ-**b**-or	ich werde gemahnt werden
		2.	monḗ-**bi**-s	du wirst mahnen	monḗ-**be**-ris	du wirst gemahnt werden
		3.	monḗ-**bi**-t	er wird mahnen	monḗ-**bi**-tur	er wird gemahnt werden
	Pl.	1.	monḗ-**bi**-mus	wir werden mahnen	monḗ-**bi**-mur	wir werden gem. werden
		2.	monḗ-**bi**-tis	ihr werdet mahnen	monē-**bí**-minī	ihr werdet gemahnt werden
		3.	monḗ-**bu**-nt	sie werden mahnen	monē-**bú**-ntur	sie werden gem. werden
Imp. I	Sg.	2.	mónē	mahne!	-----	
	Pl.	2.	monḗ-te	mahnt!	-----	
Imp. II	Sg.	2.	monḗ-tō	du sollst mahnen	ungebräuchlich	
		3.	monḗ-tō	er (sie,es) soll mahnen		
	Pl.	2.	monē-tṓte	ihr sollt mahnen		
		3.	moné-ntō	sie sollen mahnen		
Infinitiv			monḗ-re	(zu) mahnen	monē-rī	gemahnt (zu) werden
Partizip			mónē-ns, -é**nt**is	mahnend	-----	
Gerundiv			moné-**nd**-us, -a, -um (ein zu mahnender)			

T./ M.	Perfektstamm						
	N.	P.	Aktiv		Passiv		
Ind. Perfekt	Sg.	1.	mónu**u**-ī	ich habe gemahnt	móni**tus**, -a, -um	sum	ich bin gemahnt worden
		2.	mon**u**-ístī	du hast gem.		es	du bist gem. worden
		3.	món**u**-it	er (...) hat gem.		est	er (...) ist gem. worden
	Pl.	1.	mon**ú**-imus	wir haben gem.	móni**tī**, -ae, -a	sumus	wir sind gem. worden
		2.	mon**u**-ístis	ihr habt gem.		estis	ihr seid gem. worden
		3.	mon**u**-ḗrunt	sie haben gem.		sunt	sie sind gem. worden
Konj. Perfekt	Sg.	1.	mon**ú**-erim	ich habe gemahnt	móni**tus**, -a, -um	sim	ich sei gemahnt worden
		2.	mon**ú**-eris	du habest gem.		sīs	du seiest gem. worden
		3.	mon**ú**-erit	er (...) habe gem.		sit	er (...) sei gem. worden
	Pl.	1.	mon**u**-érimus	wir haben gem.	móni**tī**, -ae, -a	sīmus	wir seien gem. worden
		2.	mon**u**-éritis	ihr habet gem.		sītis	ihr seiet gem. worden
		3.	mon**ú**-erint	sie haben gem.		sint	sie seien gem. worden
Ind. Plusquamperf.	Sg.	1.	mon**ú**-eram	ich hatte gemahnt	móni**tus**, -a, -um	eram	ich war gemahnt worden
		2.	mon**ú**-erās	du hattest gem.		erās	du warst gem. worden
		3.	mon**ú**-erat	er (...) hatte gem.		erat	er (...) war gem. worden
	Pl.	1.	mon**u**-erā́mus	wir hatten gem.	móni**tī**, -ae, -a	erā́mus	wir waren gem. worden
		2.	mon**u**-erā́tis	ihr hattet gem.		erā́tis	ihr wart gem. worden
		3.	mon**ú**-erant	sie hatten gem.		érant	sie waren gem. worden
Konj. Plusquamperf.	Sg.	1.	mon**u**-íssem	ich hätte gemahnt	móni**tus**, -a, -um	essem	ich wäre gemahnt worden
		2.	mon**u**-íssēs	du hättest gem.		essēs	du wärst gem. worden
		3.	mon**u**-ísset	er hätte gem.		esset	er (..) wäre gem. worden
	Pl.	1.	mon**u**-issḗmus	wir hätten gem.	móni**tī**, -ae, -a	essḗmus	wir wären gem. worden
		2.	mon**u**-issḗtis	ihr hättet gem.		essḗtis	ihr wärt gem. worden
		3.	mon**u**-íssent	sie hätten gem.		éssent	sie wären gem. worden
Futur II	Sg.	1.	mon**ú**-erō	(meist Präsens oder Perfekt)	móni**tus**, -a, -um	erō	(meist Präsens oder Perfekt)
		2.	mon**ú**-eris			eris	
		3.	mon**ú**-erit			erit	
	Pl.	1.	mon**u**-érimus		móni**tī**, -ae, -a	érimus	
		2.	mon**u**-éritis			éritis	
		3.	mon**ú**-erint			érunt	
Part. Perf.			-----		móni**tus**, -a, -um		gemahnt
Part. **Futur**			moni**tū́rus**, -a, -um	(der mahnen wird)	-----		
Infin. Perf.			mon**u**-ísse	gemahnt (zu) haben	móni**tum** esse		gem. worden (zu) sein
Infin. **Futur**			moni**tū́rum** esse	(mahnen werden)	(móni**tum** īrī)		(im Dt. ungebräuchlich)

1.3 ī-Konjugation

T./M.	N.	P.	Präsensstamm: Aktiv		Passiv	
Ind. Präsens	Sg.	1.	aúdi-ō	ich höre	aúdi-or	ich werde gehört
		2.	aúdī-s	du hörst	audī́-ris	du wirst gehört
		3.	aúdi-t	er (sie, es) hört	audī́-tur	er (...) wird gehört
	Pl.	1.	audī́-mus	wir hören	audī́-mur	wir werden gehört
		2.	audī́-tis	ihr hört	audī́-minī	ihr werdet gehört
		3.	aúdi-u-nt	sie hören	audi-ú-ntur	sie werden gehört
Konj. Präsens	Sg.	1.	aúdi-**a**-m	ich möge hören	aúdi-**a**-r	ich möge gehört werden
		2.	aúdi-**ā**-s	du mögest hören	audi-**ā́**-ris	du mögest gehört werden
		3.	aúdi-**a**-t	er (...) möge hören	audi-**ā́**-tur	er (...) möge geh. werden
	Pl.	1.	audi-**ā́**-mus	wir mögen hören	audi-**ā́**-mur	wir mögen geh. werden
		2.	audi-**ā́**-tis	ihr möget hören	audi-**ā́**-minī	ihr möget gehört werden
		3.	aúdi-**a**-nt	sie mögen hören	audi-**á**-ntur	sie mögen gehört werden
Ind. Imperfekt	Sg.	1.	audi-**ḗba**-m	ich hörte	audi-**ḗba**-r	ich wurde gehört
		2.	audi-**ḗbā**-s	du hörtest	audi-**ēbā́**-ris	du wurdest gehört
		3.	audi-**ḗba**-t	er (sie,es) hörte	audi-**ēbā́**-tur	er (...) wurde gehört
	Pl.	1.	audi-**ēbā́**-mus	wir hörten	audi-**ēbā́**-mur	wir wurden gehört
		2.	audi-**ēbā́**-tis	ihr hörtet	audi-**ēbā́**-minī	ihr wurdet gehört
		3.	audi-**ḗba**-nt	sie hörten	audi-**ēbá**-ntur	sie wurden gehört
Konj. Imperfekt	Sg.	1.	audī́-**re**-m	ich würde hören	audī́-**re**-r	ich würde gehört (werden)
		2.	audī́-**rē**-s	du würdest hören	audī-**rḗ**-ris	du würdest geh. (werden)
		3.	audī́-**re**-t	er (...) würde hören	audī-**rḗ**-tur	er würde (...) geh. (werden)
	Pl.	1.	audī-**rḗ**-mus	wir würden hören	audī-**rḗ**-mur	wir würden geh. (werden)
		2.	audī-**rḗ**-tis	ihr würdet hören	audī-**rḗ**-minī	ihr würdet geh. (werden)
		3.	audī́-**re**-nt	sie würden hören	audī-**ré**-ntur	sie würden geh. (werden)
Futur	Sg.	1.	aúdi-**a**-m	ich werde hören	aúdi-**a**-r	ich werde gehört werden
		2.	aúdi-**ē**-s	du wirst hören	audi-**ḗ**-ris	du wirst gehört werden
		3.	aúdi-**e**-t	er wird hören	audi-**ḗ**-tur	er wird gehört werden
	Pl.	1.	audi-**ḗ**-mus	wir werden hören	audi-**ḗ**-mur	wir werden geh. werden
		2.	audi-**ḗ**-tis	ihr werdet hören	audi-**ḗ**-minī	ihr werdet gehört werden
		3.	aúdi-**e**-nt	sie werden hören	audi-**ḗ**-ntur	sie werden geh. werden
Imp. I	Sg.	2.	áudī	höre!	-----	
	Pl.	2.	audī́-te	hört!	-----	
Imp. II	Sg.	2.	audī́-tō	du sollst hören	ungebräuchlich	
		3.	audī́-tō	er (sie,es) soll hören		
	Pl.	2.	audi-tṓte	ihr sollt hören		
		3.	audi-ú-ntō	sie sollen hören		
Infinitiv			audī́-re	(zu) hören	audī́-rī	gehört (zu) werden
Partizip			áudi-ē-ns, -é**nt**is	hörend	-----	
Gerundiv			audi-é**nd**-us, -a, -um (ein zu hörender)			

T./ M.	N.	P.	Perfektstamm				
			Aktiv		**Passiv**		
Ind. Perfekt	Sg.	1.	audī**v**-ī	ich habe gehört	audī́**tus**, -a, -um	sum	ich bin gehört worden
		2.	audī**v**-ístī	du hast geh.		es	du bist geh. worden
		3.	audī́**v**-it	er (...) hat geh.		est	er (...) ist geh. worden
	Pl.	1.	audī**v**-imus	wir haben geh.	audī́**tī**, -ae, -a	sumus	wir sind geh. worden
		2.	audī**v**-ístis	ihr habt geh.		estis	ihr seid geh. worden
		3.	audī**v**-ḗrunt	sie haben geh.		sunt	sie sind geh. worden
Konj. Perfekt	Sg.	1.	audī́**v**-erim	ich habe gehört	audī́**tus**, -a, -um	sim	ich sei gehört worden
		2.	audī́**v**-eris	du habest geh.		sīs	du seiest geh. worden
		3.	audī́**v**-erit	er (...) habe geh.		sit	er (...) sei geh. worden
	Pl.	1.	audī**v**-érimus	wir haben geh.	audī́**tī**, -ae, -a	sīmus	wir seien geh. worden
		2.	audī**v**-éritis	ihr habet geh.		sītis	ihr seiet geh. worden
		3.	audī́**v**-erint	sie haben geh.		sint	sie seien geh. worden
Ind. Plusquamperf.	Sg.	1.	audī́**v**-eram	ich hatte gehört	audī́**tus**, -a, -um	eram	ich war gehört worden
		2.	audī́**v**-erās	du hattest geh.		erās	du warst geh. worden
		3.	audī́**v**-erat	er (...) hatte geh.		erat	er (...) war geh. worden
	Pl.	1.	audī**v**-erā́mus	wir hatten geh.	audī́**tī**, -ae, -a	erā́mus	wir waren geh. worden
		2.	audī**v**-erā́tis	ihr hattet geh.		erā́tis	ihr wart geh. worden
		3.	audī́**v**-erant	sie hatten geh.		érant	sie waren geh. worden
Konj. Plusquamperf.	Sg.	1.	audī**v**-íssem	ich hätte gehört	audī́**tus**, -a, -um	essem	ich wäre gehört worden
		2.	audī**v**-íssēs	du hättest geh.		essēs	du wärst geh. worden
		3.	audī**v**-ísset	er (...) hätte geh.		esset	er (...) wäre geh. worden
	Pl.	1.	audī**v**-issḗmus	wir hätten geh.	audī́**tī**, -ae, -a	essḗmus	wir wären geh. worden
		2.	audī**v**-issḗtis	ihr hättet geh.		essḗtis	ihr wärt geh. worden
		3.	audī**v**-íssent	sie hätten geh.		éssent	sie wären geh. worden
Futur II	Sg.	1.	audī́**v**-erō	(meist Präsens oder Perfekt)	audī́**tus**, -a, -um	erō	(meist Präsens oder Perfekt)
		2.	audī́**v**-eris			eris	
		3.	audī́**v**-erit			erit	
	Pl.	1.	audī**v**-érimus		audī́**tī**, -ae, -a	érimus	
		2.	audī**v**-éritis			éritis	
		3.	audī́**v**-erint			érunt	
Part. Perf.			-----		audī́**tus**, -a, -um		gehört
Part. **Futur**			audī**tū́rus**, -a, -um	(der hören wird)	-----		
Infin. Perf.			audī**v**-ísse	gehört (zu) haben	audī́**tum** esse		geh. worden (zu) sein
Infin. **Futur**			audī**tū́rum** esse	(hören werden)	(audī́**tum** īrī)		(im Dt. ungebräuchlich)

1.4 gemischte (3.) Konjugation:

T./M.	N.	P.	Konsonantenstämme: Präsensstamm			
			Aktiv		**Passiv**	
Ind. Präsens	Sg.	1.	cól-ō	ich pflege	cól-or	ich werde gepflegt
		2.	cól-ĭ-s	du pflegst	cól-ĕ-ris	du wirst gepflegt
		3.	cól-ĭ-t	er (sie, es) pflegt	cól-ĭ-tur	er (...) wird gepflegt
	Pl.	1.	cól-ĭ-mus	wir pflegen	cól-ĭ-mur	wir werden gepflegt
		2.	cól-ĭ-tis	ihr pflegt	col-ĭ́-minī	ihr werdet gepflegt
		3.	cól-ŭ-nt	sie pflegen	col-ú-ntur	sie werden gepflegt
Konj. Präsens	Sg.	1.	col-**a**-m	ich möge pflegen	cól-**a**-r	ich möge gepflegt werden
		2.	col-**ā**-s	du mögest pflegen	col-**ā́**-ris	du mögest gepfl. werden
		3.	col-**a**-t	er (...) möge pflegen	col-**ā́**-tur	er (...) möge gepfl. werden
	Pl.	1.	col-**ā́**-mus	wir mögen pflegen	col-**ā́**-mur	wir mögen gepfl. werden
		2.	col-**ā́**-tis	ihr möget pflegen	col-**ā́**-minī	ihr möget gepfl. werden
		3.	cól-**a**-nt	sie mögen pflegen	col-**á**-ntur	sie mögen gepfl. werden
Ind. Imperfekt	Sg.	1.	col-**ḗba**-m	ich pflegte	col-**ḗba**-r	ich wurde gepflegt
		2.	col-**ḗbā**-s	du pflegtest	col-**ēbā́**-ris	du wurdest gepflegt
		3.	col-**ḗba**-t	er (sie,es) pflegte	col-**ēbā́**-tur	er (...) wurde gepflegt
	Pl.	1.	col-**ēbā́**-mus	wir pflegten	col-**ēbā́**-mur	wir wurden gepflegt
		2.	col-**ēbā́**-tis	ihr pflegtet	col-**ēbā́**-minī	ihr wurdet gepflegt
		3.	col-**ḗba**-nt	sie pflegten	col-**ēbá**-ntur	sie wurden gepflegt
Konj. Imperfekt	Sg.	1.	cól-ĕ-**re**-m	ich würde pflegen	cól-ĕ-**re**-r	ich würde gepflegt (werden)
		2.	cól-ĕ-**rē**-s	du würdest pflegen	col-ĕ-**rḗ**-ris	du würdest gepfl. (werden)
		3.	cól-ĕ-**re**-t	er (...) würde pflegen	col-ĕ-**rḗ**-tur	er würde (...) gepfl. (werden)
	Pl.	1.	col-ĕ-**rḗ**-mus	wir würden pflegen	col-ĕ-**rḗ**-mur	wir würden gepfl. (werden)
		2.	col-ĕ-**rḗ**-tis	ihr würdet pflegen	col-ĕ-**rḗ**-minī	ihr würdet gepfl. (werden)
		3.	cól-ĕ-**re**-nt	sie würden pflegen	col-ĕ-**ré**-ntur	sie würden gepfl. (werden)
Futur	Sg.	1.	col-**a**-m	ich werde pflegen	col-**a**-r	ich werde gepflegt werden
		2.	col-**ē**-s	du wirst pflegen	col-**ḗ**-ris	du wirst gepflegt werden
		3.	col-**e**-t	er wird pflegen	col-**ḗ**-tur	er wird gepflegt werden
	Pl.	1.	col-**ḗ**-mus	wir werden pflegen	col-**ḗ**-mur	wir werden gepflegt werden
		2.	col-**ḗ**-tis	ihr werdet pflegen	col-**ḗ**-minī	ihr werdet gepflegt werden
		3.	cól-**e**-nt	sie werden pflegen	col-**ḗ**-ntur	sie werden gepflegt werden
Imp. I	Sg.	2.	cól-e	pflege!	-----	
	Pl.	2.	cól-ĭ-te	pflegt!	-----	
Imp. II	Sg.	2.	cólĭ-tō	du sollst pflegen	ungebräuchlich	
		3.	cól-ĭ-tō	er (sie,es) soll pflegen		
	Pl.	2.	col-ĭ-tṓte	ihr sollt pflegen		
		3.	col-ú-ntō	sie sollen pflegen		
Infinitiv			cól-ĕ-re	(zu) pflegen	col-ī	gepflegt (zu) werden
Partizip			cól-ē-ns, -é**nt**is	pflegend	-----	
Gerundiv			col-é**nd**-us, -a, -um (ein zu pflegender)			

T./M.	N.	P.	Aktiv		Passiv		
			Konsonantenstämme: Perfektstamm				
Ind. Perfekt	Sg.	1.	cól**u**-ī	ich habe gepflegt	cul**tus**, -a, -um	sum	ich bin gepflegt worden
		2.	col**u**-ístī	du hast gepfl.		es	du bist gepfl. worden
		3.	cól**u**-it	er (...) hat gepfl.		est	er (...) ist gepfl. worden
	Pl.	1.	col**ú**-imus	wir haben gepfl.	cul**tī**, -ae, -a	sumus	wir sind gepfl. worden
		2.	col**u**-ístis	ihr habt gepfl.		estis	ihr seid gepfl. worden
		3.	col**u**-ḗrunt	sie haben gepfl.		sunt	sie sind gepfl. worden
Konj. Perfekt	Sg.	1.	col**ú**-erim	ich habe gepflegt	cul**tus**, -a, -um	sim	ich sei gepflegt worden
		2.	col**ú**-eris	du habest gepfl.		sīs	du seiest gepfl. worden
		3.	col**ú**-erit	er (...) habe gepfl.		sit	er (...) sei gepfl. worden
	Pl.	1.	col**u**-érimus	wir haben gepfl.	cul**tī**, -ae, -a	sīmus	wir seien gepfl. worden
		2.	col**u**-éritis	ihr habet gepfl.		sītis	ihr seiet gepfl. worden
		3.	col**ú**-erint	sie haben gepfl.		sint	sie seien gepfl. worden
Ind. Plusquamperf.	Sg.	1.	col**ú**-eram	ich hatte gepflegt	cul**tus**, -a, -um	eram	ich war gepflegt worden
		2.	col**ú**-erās	du hattest gepfl.		erās	du warst gepfl. worden
		3.	col**ú**-erat	er (...) hatte gepfl.		erat	er (...) war gepfl. worden
	Pl.	1.	col**u**-erā́mus	wir hatten gepfl.	cul**tī**, -ae, -a	erā́mus	wir waren gepfl. worden
		2.	col**u**-erā́tis	ihr hattet gepfl.		erā́tis	ihr wart gepfl. worden
		3.	col**ú**-erant	sie hatten gepfl.		érant	sie waren gepfl. worden
Konj. Plusquamperf.	Sg.	1.	col**u**-íssem	ich hätte gepflegt	cul**tus**, -a, -um	essem	ich wäre gepflegt worden
		2.	col**u**-íssēs	du hättest gepfl.		essēs	du wärst gepfl. worden
		3.	col**u**-ísset	er (...) hätte gepfl.		esset	er (. .) wäre gepfl. worden
	Pl.	1.	col**u**-issḗmus	wir hätten gepfl.	cul**tī**, -ae, -a	essḗmus	wir wären gepfl. worden
		2.	col**u**-issḗtis	ihr hättet gepfl.		essḗtis	ihr wärt gepfl. worden
		3.	col**u**-íssent	sie hätten gepfl.		éssent	sie wären gepfl. worden
Futur II	Sg.	1.	col**ú**-erō	(meist Präsens oder Perfekt)	cul**tus**, -a, -um	erō	(meist Präsens oder Perfekt)
		2.	col**u**-eris			eris	
		3.	col**ú**-erit			erit	
	Pl.	1.	col**u**-érimus		cul**tī**, -ae, -a	érimus	
		2.	col**u**-éritis			éritis	
		3.	col**ú**-erint			érunt	
Part. Perf.			-----		cul**tus**, -a, -um		gepflegt
Part. **Futur**			cul**tū́rus**, -a, -um	(der pflegen wird)	-----		
Infin. Perf.			col**u**-ísse	gepflegt (zu) haben	cul**tum** esse		gepfl. worden (zu) sein
Infin. **Futur**			cul**tū́rum** esse	(pflegen werden)	(cul**tum** īrī)		(im Dt. ungebräuchlich)

T./M.	N.	P.	Aktiv		Passiv	
			ĭ-Stämme: Präsensstamm			
Ind. Präsens	Sg.	1.	rápĭ-ō	ich raube	rápĭ-or	ich werde geraubt
		2.	rápĭ-s	du raubst	rápĕ-ris	du wirst geraubt
		3.	rápĭ-t	er (sie, es) raubt	rápĭ-tur	er (...) wird geraubt
	Pl.	1.	rápĭ-mus	wir rauben	rápĭ-mur	wir werden geraubt
		2.	rápĭ-tis	ihr raubt	rap-ĭ́-minī	ihr werdet geraubt
		3.	rápĭ-ŭ-nt	sie rauben	rapĭ-ú-ntur	sie werden geraubt
Konj. Präsens	Sg.	1.	rápi-**a**-m	ich möge rauben	rápi-**a**-r	ich möge geraubt werden
		2.	rápi-**ā**-s	du mögest rauben	rapi-**ā́**-ris	du mögest geraubt werden
		3.	rápi-**a**-t	er (...) möge rauben	rapi-**ā́**-tur	er (...) möge ger. werden
	Pl.	1.	rapi-**ā́**-mus	wir mögen rauben	rapi-**ā́**-mur	wir mögen ger. werden
		2.	rapi-**ā́**-tis	ihr möget rauben	rapi-**ā́**-minī	ihr möget geraubt werden
		3.	rápi-**a**-nt	sie mögen rauben	rapi-**á**-ntur	sie mögen geraubt werden
Ind. Imperfekt	Sg.	1.	rapi-**ḗba**-m	ich raubte	rapi-**ḗba**-r	ich wurde geraubt
		2.	rapi-**ḗbā**-s	du raubtest	rapi-**ēbā́**-ris	du wurdest geraubt
		3.	rapi-**ḗba**-t	er (sie,es) raubte	rapi-**ēbā́**-tur	er (...) wurde geraubt
	Pl.	1.	rapi-**ēbā́**-mus	wir raubten	rapi-**ēbā́**-mur	wir wurden geraubt
		2.	rapi-**ēbā́**-tis	ihr raubtet	rapi-**ēbā́**-minī	ihr wurdet geraubt
		3.	rapi-**ḗba**-nt	sie raubten	rapi-**ēbá**-ntur	sie wurden geraubt
Konj. Imperfekt	Sg.	1.	rápĕ-**re**-m	ich würde rauben	rápĕ-**re**-r	ich würde geraubt (werden)
		2.	rápĕ-**rē**-s	du würdest rauben	rapĕ-**rḗ**-ris	du würdest geraubt (werden)
		3.	rápĕ-**re**-t	er (...) würde rauben	rapĕ-**rḗ**-tur	er würde (...) ger. (werden)
	Pl.	1.	rapĕ-**rḗ**-mus	wir würden rauben	rapĕ-**rḗ**-mur	wir würden geraubt (werden)
		2.	rapĕ-**rḗ**-tis	ihr würdet rauben	rapĕ-**rḗ**-minī	ihr würdet geraubt (werden)
		3.	rápĕ-**re**-nt	sie würden rauben	rapĕ-**ré**-ntur	sie würden geraubt (werden)
Futur	Sg.	1.	rápi-**a**-m	ich werde rauben	rápi-**a**-r	ich werde geraubt werden
		2.	rápi-**ē**-s	du wirst rauben	rapi-**ḗ**-ris	du wirst geraubt werden
		3.	rápi-**e**-t	er wird rauben	rapi-**ḗ**-tur	er wird geraubt werden
	Pl.	1.	rapi-**ḗ**-mus	wir werden rauben	rapi-**ḗ**-mur	wir werden geraubt werden
		2.	rapi-**ḗ**-tis	ihr werdet rauben	rapi-**ḗ**-minī	ihr werdet geraubt werden
		3.	rápi-**e**-nt	sie werden rauben	rapi-**ḗ**-ntur	sie werden geraubt werden
Imp. I	Sg.	2.	ráp-ĕ	raube!	-----	
	Pl.	2.	rápĭ-te	raubt!	-----	
Imp. II	Sg.	2.	rápĭ-tō	du sollst rauben	ungebräuchlich	
		3.	rápĭ-tō	er (sie,es) soll rauben		
	Pl.	2.	rapĭ-tṓte	ihr sollt rauben		
		3.	rapĭ-ú-ntō	sie sollen rauben		
Infinitiv			rápĕ-re	(zu) rauben	rapī	geraubt (zu) werden
Partizip			rápi-ē-ns, -é**nt**is	raubend	-----	
Gerundiv			rapi-é**nd**-us, -a, -um	(ein zu raubender)		

T./M.	N.	P.	ĭ-Stämme: Perfektstamm				
			Aktiv		**Passiv**		
Ind. Perfekt	Sg.	1.	ráp**u**-ī	ich habe geraubt	rap**tus**, -a, -um	sum	ich bin geraubt worden
		2.	rap**u**-ístī	du hast ger.		es	du bist ger. worden
		3.	ráp**u**-it	er (...) hat ger.		est	er (...) ist ger. worden
	Pl.	1.	rap**ú**-imus	wir haben ger.	rap**tī**, -ae, -a	sumus	wir sind ger. worden
		2.	rap**u**-ístis	ihr habt ger.		estis	ihr seid ger. worden
		3.	rap**u**-ērunt	sie haben ger.		sunt	sie sind ger. worden
Konj. Perfekt	Sg.	1.	rap**ú**-erim	ich habe geraubt	rap**tus**, -a, -um	sim	ich sei geraubt worden
		2.	rap**ú**-eris	du habest ger.		sīs	du seiest ger. worden
		3.	rap**ú**-erit	er (...) habe ger.		sit	er (...) sei ger. worden
	Pl.	1.	rap**u**-érimus	wir haben ger.	rap**tī**, -ae, -a	sīmus	wir seien ger. worden
		2.	rap**u**-éritis	ihr habet ger.		sītis	ihr seiet ger. worden
		3.	rap**ú**-erint	sie haben ger.		sint	sie seien ger. worden
Ind. Plusquamperf.	Sg.	1.	rap**ú**-eram	ich hatte geraubt	rap**tus**, -a, -um	eram	ich war geraubt worden
		2.	rap**ú**-erās	du hattest ger.		erās	du warst ger. worden
		3.	rap**ú**-erat	er (...) hatte ger.		erat	er (...) war ger. worden
	Pl.	1.	rap**u**-erā́mus	wir hatten ger.	rap**tī**, -ae, -a	erā́mus	wir waren ger. worden
		2.	rap**u**-erā́tis	ihr hattet ger.		erā́tis	ihr wart ger. worden
		3.	rap**ú**-erant	sie hatten ger.		érant	sie waren ger. worden
Konj. Plusquamperf.	Sg.	1.	rap**u**-íssem	ich hätte geraubt	rap**tus**, -a, -um	essem	ich wäre geraubt worden
		2.	rap**u**-íssēs	du hättest ger.		essēs	du wärst ger. worden
		3.	rap**u**-ísset	er (...) hätte ger.		esset	er (...) wäre ger. worden
	Pl.	1.	rap**u**-issḗmus	wir hätten ger.	rap**tī**, -ae, -a	essḗmus	wir wären ger. worden
		2.	rap**u**-issḗtis	ihr hättet ger.		essḗtis	ihr wärt ger. worden
		3.	rap**u**-íssent	sie hätten ger.		éssent	sie wären ger. worden
Futur II	Sg.	1.	rap**ú**-erō	(meist Präsens oder Perfekt)	rap**tus**, -a, -um	erō	(meist Präsens oder Perfekt)
		2.	rap**u**-eris			eris	
		3.	rap**ú**-erit			erit	
	Pl.	1.	rap**u**-érimus		rap**tī**, -ae, -a	érimus	
		2.	rap**u**-éritis			éritis	
		3.	rap**ú**-erint			érunt	
Part. Perf.			-----		rap**tus**, -a, -um		geraubt
Part. **Futur**			rap**tūrus**, -a, -um	(der rauben wird)	-----		
Infin. Perf.			rap**u**-ísse	geraubt (zu) haben	rap**tum** esse		ger. worden (zu) sein
Infin. **Futur**			rap**tūrum** esse	(rauben werden)	(rap**tum** īrī)		(im Dt. ungebräuchlich)

2. Deponentia

ā-Konjugation

M./T.	Präsensstamm		M./T.	Perfektstamm		
Ind. Präs.	hórtor	ich ermahne	Ind. Perf.	hortā́**tus**, -a, -um	sum	ich habe ermahnt
	hortā́-ris usw.	du ermahnst		hortā́**tī**, -ae, -a	sumus	wir haben erm.
Konj. Präs.	hórt**e**-r	ich möge erm.	Konj. Perf.	hortā́**tus**, -a, -um	sim	(ich habe erm.)
	hort**ḗ**-ris usw.	du mögest erm.		hortā́tī, -ae, -a	sīmus	(wir haben erm.)
Ind. Impf.	hortā́-**ba**-r	ich ermahnte	Ind. Plqpf.	hortā́**tus**, -a, -um	eram	ich hatte erm.
	hortā-**bā́**-ris usw.	du ermahntest		hortā́**tī**, -ae, -a	erā́mus	wir hatten erm.
Konj. Impf.	hortā́-**re**-r	ich würde erm.	Konj. Plqpf.	hortā́**tus**, -a, -um	essem	ich hätte erm.
	hortā-**rḗ**-ris usw.	du würdest erm.		hortā́**tī**, -ae, -a	essḗmus	wir hätten erm.
Fut. I	hortā́-**b**-or	ich werde erm.	Fut. II	hortā́**tus**, -a, -um	erō	(meist Präs.
	hortā́-**be**-ris usw.	du wirst erm.		hortā́**tī**, -ae, -a	érimus	oder Perf.)
Imp.	**hortā́-re**	ermahne		-----		
	hortā́-minī	ermahnt				
Inf. Präs.	hortā́-**ri**	(zu) ermahnen		-----		
Inf. Perf	-----			hortā́**tum** esse		erm. (zu) haben
Inf. Futur	-----			hortā**tū́rum** esse		(erm. werden)
Part. Präs.	hórtā-ns, -á**nt**is	ermahnend		-----		
Part. Perf.	-----			hortā́**tus**, -a, -um		e., der ermahnt hat
Part. Fut.	-----			hortā**tū́rus**, -a, -um		(e., der ermahnen wird)
Gerundiv	hortá**nd**us, -a, -um (ein zu ermahnender)					

ē-Konjugation

M./T.	Präsensstamm		M./T.	Perfektstamm		
Ind. Präs.	vére-or	ich fürchte	Ind. Perf.	véri**tus**, -a, -um	sum	ich habe gefürchtet
	verḗ-ris usw.	du fürchtest		véri**tī**, -ae, -a	sumus	wir haben gef.
Konj. Präs.	vére-**a**-r	ich möge f.	Konj. Perf.	véri**tus**, -a, -um	sim	(ich habe gef.)
	vére-**ā́**-ris usw.	du mögest f.		véri**tī**, -ae, -a	sīmus	(wir haben gef.)
Ind. Impf.	verḗ-**ba**-r	ich fürchtete	Ind. Plqpf.	véri**tus**, -a, -um	eram	ich hatte gef.
	verē-**bā́**-ris usw.	du fürchtetest		véri**tī**, -ae, -a	erā́mus	wir hatten gef.
Konj. Impf.	verḗ-**re**-r	ich würde f.	Konj. Plqpf.	véri**tus**, -a, -um	essem	ich hätte gef.
	verē-**rḗ**-ris usw.	du würdest f.		véri**tī**, -ae, -a	essḗmus	wir hätten gef.
Fut. I	verḗ-**b**-or	ich werde f.	Fut. II	véri**tus**, -a, -um	erō	(meist Präs.
	verḗ-**be**-ris usw.	du wirst f.		véri**tī**, -ae, -a	érimus	oder Perf.)
Imp.	**verḗ-re**	fürchte		-----		
	verḗ-minī	fürchtet				
Inf. Präs.	verḗ-**ri**	(zu) fürchten		-----		
Inf. Perf	-----			véri**tum** esse		gef. (zu) haben
Inf. Futur	-----			véri**tū́rum** esse		(fürchten werden)
Part. Präs.	vérē-ns, -é**nt**is	fürchtend		-----		
Part. Perf.	-----			véri**tus**, -a, -um		e., der gefürchtet hat
Part. Fut.	-----			veri**tū́rus**, -a, -um		(e., der fürchten wird)
Gerundiv	veré-**nd**-us, -a, -um (ein zu fürchtender)					

ī-Konjugation

M./T.	Präsensstamm		Perfektstamm			
Ind. Präs.	lárgi-or	ich schenke	Ind. Perf.	largī́**tus**, -a, -um	sum	ich habe geschenkt
	largī́-ris usw.	du schenkst		largī́**tī**, -ae, -a	sumus	wir haben gesch.
Konj. Präs.	lárgi-**a**-r	ich möge sch.	Konj. Perf.	largī́**tus**, -a, -um	sim	(ich habe gesch.)
	largi-**ā́**-ris usw.	du mögest sch.		largī́**tī**, -ae, -a	sīmus	(wir haben gesch.)
Ind. Impf.	largi-**ḗba**-r	ich schenkte	Ind. Plqpf.	largī́**tus**, -a, -um	eram	ich hatte gesch.
	largi-**ēbā́**-ris usw.	du schenktest		largī́**tī**, -ae, -a	erā́mus	wir hatten gesch.
Konj. Impf.	largī́-**re**-r	ich würde sch.	Konj. Plqpf.	largī́**tus**, -a, -um	essem	ich hätte gesch.
	largī-**rḗ**-ris usw.	du würdest sch.		largī́**tī**, -ae, -a	essḗmus	wir hätten gesch.
Fut. I	lárgi-**a**-r	ich werde sch.	Fut. II	largī́**tus**, -a, -um	erō	(meist Präs.
	largi-**ḗ**-ris usw.	du wirst sch.		largī́**tī**, -ae, -a	érimus	oder Perf.)
Imp.	**largī́-re**	schenk(e)		-----		
	largī́-minī	schenkt				
Inf. Präs.	largī́-**ri**	(zu) schenken		-----		
Inf. Perf	-----			largī́**tum** esse		gesch. (zu) haben
Inf. Futur	-----			largītū́**rum** esse		(schenken werden)
Part. Präs.	lárgi-ē-ns, -é**nt**is	schenkend		-----		
Part. Perf.	-----			largī́**tus**, -a, -um		e., der geschenkt hat
Part. Fut.	-----			largītū́**rus**, -a, -um		(e., der schenken wird)
Gerundiv	largi-é**nd**-us, -a, -um (ein zu schenkender)					

3. Konjugation

Mod./ Temp.	Konsonantenstämme					
	Präsensstamm		Perfektstamm			
Ind. Präs.	séqu-or	ich folge	Ind. Perf.	secū́**tus**, -a, -um	sum	ich bin gefolgt
	séqu-e-ris usw.	du folgst		secū́**tī**, -ae, -a .	sumus	wir sind gef.
Konj. Präs.	séqu-**a**-r	ich möge f.	Konj. Perf.	secū́**tus**, -a, -um	sim	(ich sei gef.)
	sequ-**ā́**-ris usw.	du mögest f.		secū́**tī**, -ae, -a	sīmus	(wir seien gef.)
Ind. Impf.	sequ-**ḗba**-r	ich folgte	Ind. Plqpf.	secū́**tus**, -a, -um	eram	ich war gef.
	sequ-**ēbā́**-ris usw.	du folgtest		secū́**tī**, -ae, -a	erā́mus	wir waren gef.
Konj. Impf.	séqu-e-**re**-r	ich würde f.	Konj. Plqpf.	secū́**tus**, -a, -um	essem	ich wäre gef.
	sequ-e-**rḗ**-ris usw.	du würdest f.		secū́**tī**, -ae, -a	essḗmus	wir wären gef.
Fut. I	séqu-**a**-r	ich werde f.	Fut. II	secū́**tus**, -a, -um	erō	(meist Präs.
	sequ-**ḗ**-ris usw.	du wirst f.		secū́**tī**, -ae, -a	érimus	oder Perf.)
Imp.	**séqu-e-re**	folg(e)		-----		
	sequ-í-minī	folgt				
Inf. Präs.	séqu-**ī**	(zu) folgen		-----		
Inf. Perf	-----			secū́**tum** esse		gef. (zu) sein
Inf. Futur	-----			secūtū́**rum** esse		(folgen werden)
Part. Präs.	séqu-ē-ns, -é**nt**is	folgend		-----		
Part. Perf.	-----			secū́**tus**, -a, -um		e., der gefolget ist
Part. Fut.	-----			secūtū́**rus**, -a, -um		(e., der folgen wird)
Gerundiv	sequ-é**nd**-us, -a, -um (ein zu folgender)					

Mod./ Temp.	ĭ-Stämme					
	Präsensstamm		**Perfektstamm**			
Ind. Präs.	páti-or	ich leide	Ind. Perf.	pas**sus**, -a, -um	sum	ich habe gelitten
	pátĕ-ris usw.	du leidest		pass**ī**, -ae, -a	sumus	wir haben gel.
Konj. Präs.	páti-**a**-r	ich möge l.	Konj. Perf.	pas**sus**, -a, -um	sim	(ich habe gel.)
	pati-**ā́**-ris usw.	du mögest l.		pass**ī**, -ae, -a	sīmus	(wir haben gel.)
Ind. Impf.	pati-**ḗba**-r	ich litt	Ind. Plqpf.	pas**sus**, -a, -um	eram	ich hatte gel.
	pati-**ēbā́**-ris usw.	du littst		pass**ī**, -ae, -a	erā́mus	wir hatten gel.
Konj. Impf.	páte-**re**-r	ich würde leiden	Konj. Plqpf.	pas**sus**, -a, -um	essem	ich hätte gel.
	pate-**rḗ**-ris usw.	du würdest l.		pass**ī**, -ae, -a	essḗmus	wir hätten gel.
Fut. I	páti-**a**-r	ich werde l.	Fut. II	pas**sus**, -a, -um	erō	(meist Präs.
	pati-**ḗ**-ris usw.	du wirst l.		pass**ī**, -ae, -a	érimus	oder Perf.)
Imp.	**páte-re**	leide		-----		
	patí-minī	leidet				
Inf. Präs.	pat**ī**	(zu) leiden		-----		
Inf. Perf	-----			pas**sum** esse		gel. (zu) haben
Inf. Futur	-----			pass**ū́rum** esse		(leiden werden)
Part. Präs.	páti-ē-ns, -é**nt**is	leidend		-----		
Part. Perf.	-----			pas**sus**, -a, -um		e., der gelitten hat
Part. Fut.	-----			pass**ū́rus**, -a, -um		(e., der leiden wird)
Gerundiv	pati-**énd**-us, -a, -um (ein zu leidender)					

3. Sonderkonjugationen

3.1 Konjugation von *esse*

M/T.	N.	P.	Präsensstamm			Perfektstamm	
Ind. Präsens	Sg.	1.	**s**-u-m	ich bin	Ind. Perfekt	**fú**-ī	ich bin gewesen
		2.	**es**	du bist		**fu**-ístī	du bist gewesen
		3.	**es**-t	er (sie, es) ist		**fú**-it	er (...) ist gewesen
	Pl.	1.	**s**-u-mus	wir sind		**fú**-imus	wir sind gewesen
		2.	**es**-tis	ihr seid		**fu**-ístis	ihr seid gewesen
		3.	**s**-u-nt	sie sind		**fu**-ḗrunt	sie sind gewesen
Konj. Präsens	Sg.	1.	s-**i**-m	ich sei	Konj. Perfekt	**fú**-erim	ich sei gewesen
		2.	s-**ī**-s	du seiest		**fú**-eris	du seiest gewesen
		3.	s-**i**-t	er sei		**fú**-erit	er (...) sei gewesen
	Pl.	1.	s-**ī**-mus	wir seien		**fu**-érimus	wir seien gewesen
		2.	s-**ī**-tis	ihr seiet		**fu**-éritis	ihr seiet gewesen
		3.	s-**i**-nt	sie seien		**fú**-erint	sie seien gewesen
Ind. Imperfekt	Sg.	1.	er-**a**-m	ich war	Ind. Plusquampf.	**fú**-eram	ich war gewesen
		2.	er-**ā**-s	du warst		**fú**-erās	du warst gewesen
		3.	er-**a**-t	er (sie, es) war		**fú**-erat	er (...) war gewesen
	Pl.	1.	er-**ā́**-mus	wir waren		**fu**-erā́mus	wir waren gewesen
		2.	er-**ā́**-tis	ihr wart		**fu**-erā́tis	ihr wart gewesen
		3.	ér-**a**-nt	sie waren		**fú**-erant	sie waren gewesen
Konj. Imperfekt	Sg.	1.	es-**se**-m	ich wäre	Konj. Plusquampf.	**fu**-íssem	ich wäre gewesen
		2.	es-**sē**-s	du wärst		**fu**-íssēs	du wärst gewesen
		3.	es-**se**-t	er (sie, es) wäre		**fu**-ísset	er (..) wäre gewesen
	Pl.	1.	es-**sḗ**-mus	wir wären		**fu**-issḗmus	wir wären gewesen
		2.	es-**sḗ**-tis	ihr wärt		**fu**-issḗtis	ihr wärt gewesen
		3.	es-**se**-nt	sie wären		**fu**-íssent	sie wären gewesen
Futur	Sg.	1.	er-ō	ich werde sein	Futur II	**fú**-erō	(meist Präsens oder Perfekt)
		2.	er-**i**-s	du wirst sein		**fú**-eris	
		3.	er-**i**-t	er (...) wird sein		**fú**-erit	
	Pl.	1.	ér-**i**-mus	wir werden sein		**fu**-érimus	
		2.	ér-**i**-tis	ihr werdet sein		**fu**-éritis	
		3.	ér-**u**-nt	sie werden sein		**fú**-erint	
Imp. I	Sg.	2.	es	sei			
	Pl.	2.	es-te	seid			
Imp. II	Sg.	2.	es-tō	du sollst sein			
		3.	es-tō	er soll sein			
	Pl.	2.	es-tṓte	ihr sollt sein			
		3.	s-u-ntō	sie sollen sein			
Infinitiv			es-se	(zu) sein		fu-isse **Futur:** futū́rum esse oder: fore	gewesen (zu) sein (sein werden)
Partizip			*nur:* ábsēns, -entis praésēns, -entis	abwesend anwesend		**Futur:** futū́rus, -a, -um	(einer, der sein wird)

3.2 Konjugation von *īre*

M/T.	N.	P.	Präsensstamm			Perfektstamm	
Ind. Präsens	Sg.	1.	e-ō	ich gehe	Ind. Perfekt	i-ī	ich bin gegangen
		2.	ī-s	du gehst		**īstī**	du bist gegangen
		3.	i-t	er (sie, es) geht		i-it	er (...) ist gegangen
	Pl.	1.	ī-mus	wir gehen		í-imus	wir sind gegangen
		2.	ī-tis	ihr geht		**ī́stis**	ihr seid gegangen
		3.	e-u-nt	sie gehen		i-ḗrunt	sie sind gegangen
Konj. Präsens	Sg.	1.	é-**a**-m	ich möge gehen	Konj. Perfekt	í-erim	ich sei gegangen
		2.	é-**ā**-s	du mögest geh.		í-eris	du seiest gegangen
		3.	é-**a**-t	er möge geh.		í-erit	er (...) sei gegangen
	Pl.	1.	e-**ā́**-mus	wir mögen geh.		i-érimus	wir seien gegangen
		2.	e-**ā́**-tis	ihr möget geh.		i-éritis	ihr seiet gegangen
		3.	é-**a**-nt	sie mögen geh.		í-erint	sie seien gegangen
Ind. Imperfekt	Sg.	1.	ī-**ba**-m	ich ging	Ind. Plusquampf.	í-eram	ich war gegangen
		2.	ī-**bā**-s	du gingst		í-erās	du warst gegangen
		3.	ī-**ba**-t	er (sie, es) ging		í-erat	er (...) war gegangen
	Pl.	1.	ī-**bā́**-mus	wir gingen		i-erā́mus	wir waren gegangen
		2.	ī-**bā́**-tis	ihr gingt		i-erā́tis	ihr wart gegangen
		3.	ī́-**ba**-nt	sie gingen		í-erant	sie waren gegangen
Konj. Imperfekt	Sg.	1.	ī-**re**-m	ich würde gehen	Konj. Plusquampf.	**īssem**	ich wäre gegangen
		2.	ī-**rē**-s	du würdest geh.		**īssēs**	du wärst gegangen
		3.	ī-**re**-t	er (...) würde geh.		**īsset**	er (..) wäre gegangen
	Pl.	1.	ī-**rḗ**-mus	wir würden geh.		**īssḗmus**	wir wären gegangen
		2.	ī-**rḗ**-tis	ihr würdet geh.		**īssḗtis**	ihr wärt gegangen
		3.	ī́-**re**-nt	sie würden geh.		**īssent**	sie wären gegangen
Futur	Sg.	1.	ī-**b**-ō	ich werde geh.	Futur II	í-erō	(meist Präsens oder Perfekt)
		2.	ī-**bi**-s	du wirst geh.		í-eris	
		3.	ī-**bi**-t	er (...) wird geh.		í-erit	
	Pl.	1.	ī́-**bi**-mus	wir werden geh.		i-érimus	
		2.	ī́-**bi**-tis	ihr werdet geh.		i-éritis	
		3.	ī́-**bu**-nt	sie werden geh.		í-erint	
Imp. I	Sg.	2.	ī	geh			
	Pl.	2.	ī-te	geht			
Imp. II	Sg.	2.	ī-tō	du sollst gehen			
		3.	ī-tō	er soll gehen			
	Pl.	2.	ī-tṓte	ihr sollt gehen			
		3.	e-ú-ntō	sie sollen gehen			
Infinitiv			ī-re	(zu) gehen		**īsse** **Futur:** itū́rum esse	gegangen (zu) sein (gehen werden)
Partizip			í-ē-ns, e-ú-**nt**is	gehend		**Futur:** itū́rus, -a, -um	(einer, der gehen wird)
Gerundiv			e-ú-**nd**-us, -a, -um (ein zu gehender)				

3.3 Konjugation von *velle, nōlle, mālle*

T./M.	Präsensstamm					
	N.	P.	velle		nōlle	mālle
Ind. Präsens	Sg.	1.	vol-ō	ich will	nōl-ō	māl-ō
		2.	**vīs**	du willst	**nōn vīs**	**māvīs**
		3.	**vul-t**	er (sie, es) will	**nōn vul-t**	**māvul-t**
	Pl.	1.	vól-u-mus	wir wollen	nṓl-u-mus	mā́l-u-mus
		2.	**vul-tis**	ihr wollt	**nōn vul-tis**	**māvúl-tis**
		3.	vol-u-nt	sie wollen	nōl-u-nt	mā́l-u-nt
Konj. Präsens	Sg.	1.	vel-**i**-m	(ich möge wollen)	nōl-**i**-m	māl-**i**-m
		2.	vel-**ī**-s	(du mögest wollen)	nōl-**ī**-s	māl-**ī**-s
		3.	vel-**i**-t	(er (..) möge wollen)	nōl-**i**-t	māl-**i**-t
	Pl.	1.	vel-**ī́**-mus	(wir mögen wollen)	nōl-**ī́**-mus	māl-**ī́**-mus
		2.	vel-**ī́**-tis	(ihr möget wollen)	nōl-**ī́**-tis	māl-**ī́**-tis
		3.	vél-**i**-nt	(sie mögen wollen)	nṓl-**i**-nt	mā́l-**i**-nt
Ind. Imperfekt	Sg.	1.	vol-**ḗba**-m	ich wollte	nōl-**ḗba**-m	māl-**ḗba**-m
		2.	vol-**ḗbā**-s	du wolltest	nōl-**ḗbā**-s	māl-**ḗbā**-s
		3.	vol-**ḗba**-t	er (...) wollte	nōl-**ḗba**-t	māl-**ḗba**-t
	Pl.	1.	vol-**ēbā́**-mus	wir wollten	nōl-**ēbā́**-mus	māl-**ēbā́**-mus
		2.	vol-**ēbā́**-tis	ihr wolltet	nōl-**ēbā́**-tis	māl-**ēbā́**-tis
		3.	vol-**ḗba**-nt	sie wollten	nōl-**ḗba**-nt	māl-**ḗba**-nt
Konj. Imperfekt	Sg.	1.	vel-**le**-m	ich würde wollen	nōl-**le**-m	māl-**le**-m
		2.	vel-**lē**-s	du würdest wollen	nōl-**lē**-s	māl-**lē**-s
		3.	vel-**le**-t	er (..) würde wollen	nōl-**le**-t	māl-**le**-t
	Pl.	1.	vel-**lḗ**-mus	wir würden wollen	nōl-**lḗ**-mus	māl-**lḗ**-mus
		2.	vel-**lē**-tis	ihr würdet wollen	nōl-**lḗ**-tis	māl-**lḗ**-tis
		3.	vél-**le**-nt	sie würden wollen	nṓl-**le**-nt	mā́l-**le**-nt
Futur	Sg.	1.	vol-**a**-m	ich werde wollen	nōl-**a**-m	māl-**a**-m
		2.	vol-**ē**-s	du wirst wollen	nōl-**ē**-s	māl-**ē**-s
		3.	vol-**e**-t	er wird wollen	nōl-**e**-t	māl-**e**-t
	Pl.	1.	vol-**ḗ**-mus	wir werden wollen	nōl-**ḗ**-mus	māl-**ḗ**-mus
		2.	vol-**ḗ**-tis	ihr werdet wollen	nōl-**ḗ**-tis	māl-**ḗ**-tis
		3.	vól-**e**-nt	sie werden wollen	nṓl-**e**-nt	mā́l-**e**-nt
Imp.I	Sg.	2.	-----		nōlī	-----
	Pl.	2.	-----		nōlī́te	-----
Infinitiv			vel-le	(zu) wollen	nōl-le	māl-le
Partizip			vol-ē-ns, -é**nt**is	wollend	(nōl-ē-ns, -é**nt**is)	

3.4 Konjugation von *ferre*

T./M.	N.	P.	Präsensstamm Aktiv		Passiv	
Ind. Präsens	Sg.	1.	fer-ō	ich trage	fer-or	ich werde getragen
		2.	**fer-s**	du trägst	**fer-ris**	du wirst getragen
		3.	**fer-t**	er (sie, es) trägt	**fer-tur**	er (...) wird getragen
	Pl.	1.	fér-ĭ-mus	wir tragen	fér-i-mur	wir werden getragen
		2.	**fer-tis**	ihr tragt	fer-í-minī	ihr werdet getragen
		3.	fer-ŭ-nt	sie tragen	fer-ú-ntur	sie werden getragen
Konj. Präsens	Sg.	1.	fer-**a**-m	ich möge tragen	fer-**a**-r	ich möge getragen werden
		2.	fer-**ā**-s	du mögest tragen	fer-**ā́**-ris	du mögest getr. werden
		3.	fer-**a**-t	er (...) möge tragen	fer-**ā́**-tur	er (...) möge getr. werden
	Pl.	1.	fer-**ā́**-mus	wir mögen tragen	fer-**ā́**-mur	wir mögen getr. werden
		2.	fer-**ā́**-tis	ihr möget tragen	fer-**ā́**-minī	ihr möget getr. werden
		3.	fer-**a**-nt	sie mögen tragen	fer-**á**-ntur	sie mögen getr. werden
Ind. Imperfekt	Sg.	1.	fer-**ḗba**-m	ich trug	fer-**ḗba**-r	ich wurde getragen
		2.	fer-**ḗbā**-s	du trugest	fer-**ēbā́**-ris	du wurdest getragen
		3.	fer-**ḗba**-t	er (sie, es) trug	fer-**ēbā́**-tur	er (...) wurde getragen
	Pl.	1.	fer-**ēbā́**-mus	wir trugen	fer-**ēbā́**-mur	wir wurden getragen
		2.	fer-**ēbā́**-tis	ihr trugt	fer-**ēbā**-minī	ihr wurdet getragen
		3.	fer-**ḗba**-nt	sie trugen	fer-**ēbá**-ntur	sie wurden getragen
Konj. Imperfekt	Sg.	1.	fer-**re**-m	ich würde tragen	fer-**re**-r	ich würde getragen (werden)
		2.	fer-**rē**-s	du würdest tragen	fer-**rḗ**-ris	du würdest getr. (werden)
		3.	fer-**re**-t	er (...) würde tragen	fer-**rḗ**-tur	er würde (...) getr. (werden)
	Pl.	1.	fer-**rḗ**-mus	wir würden tragen	fer-**rḗ**-mur	wir würden getr. (werden)
		2.	fer-**rḗ**-tis	ihr würdet tragen	fer-**rḗ**-minī	ihr würdet getr. (werden)
		3.	fér-**re**-nt	sie würden tragen	fer-**ré**-ntur	sie würden getr. (werden)
Futur	Sg.	1.	fer-**a**-m	ich werde tragen	fer-**a**-r	ich werde getragen werden
		2.	fer-**ē**-s	du wirst tragen	fer-**ḗ**-ris	du wirst getragen werden
		3.	fer-**e**-t	er wird tragen	fer-**ḗ**-tur	er wird getragen werden
	Pl.	1.	fer-**ḗ**-mus	wir werden tragen	fer-**ḗ**-mur	wir werden getragen werden
		2.	fer-**ḗ**-tis	ihr werdet tragen	fer-**ḗ**-minī	ihr werdet getragen werden
		3.	fér-**e**-nt	sie werden tragen	fer-**ḗ**-ntur	sie werden getragen werden
Imp.	Sg.	2.	**fer**	trag(e)!		
	Pl.	2.	**fer-te**	**tragt!**		
Imp. II	Sg.	2.	fer-tō	du sollst tragen	ungebräuchlich	
		3.	fer-tō	er (sie,es) soll tragen		
	Pl.	2.	fer-tṓte	ihr sollt tragen		
		3.	fer-ú-ntō	sie sollen tragen		
Infinitiv			fer-re	(zu) tragen	**fer-rī**	getragen (zu) werden
Partizip			fér-ē-ns, -é**nt**is	tragend	-----	
Gerundiv			fer-é-**nd**-us, -a, -um (ein zu tragender)			

Perfektstamm							
T./M.	P.	Aktiv		Passiv			
Ind. Perf.	1.	tul-ī	ich habe getragen	lātus, -a, -um	sum	ich bin getragen worden
	2.	tul-ístī usw.	du hast getragen	lātī, -ae, -a	estis usw.	ihr seid getr. worden
Konj. Perf.	1.	túl-erim	(ich habe getragen)	lātus, -a, -um	sim	ich sei getr. worden
	2.	túl-eris usw.	du habest getragen	lātī, -ae, -a	sītis usw.	ihr seiet getr. worden
Ind. Plqpf.	1.	túl-eram	ich hatte getragen	lātus, -a, -um	eram	ich war getr. worden
	2.	túl-erās usw.	du hattest getragen	lātī, -ae, -a	erā́tis usw.	ihr wart getr. worden
Konj. Plqpf.	1.	tul-íssem	ich hätte getragen	lātus, -a, -um	essem	ich wäre getr. worden
	2.	tul-íssēs usw.	du hättest getragen	lātī, -ae, -a	essḗtis usw.	ihr wärt getr. worden
Fut. II	1.	túl-erō	ich werde tragen	lātus, -a, -um	erō	(meist Präsens
	2.	túl-eris usw.	du wirst tragen	lātī, -ae, -a	éritis usw.	oder Perfekt)
Part. Perf.		-----		lātus, -a, -um		getragen
Part. Futur		lātū́rus, -a, -um	e. der tragen wird	-----		
Infin. Perf.		tul-ísse	getr.(zu) haben	lātum esse		getr. worden (zu) sein
Infin. Futur		lātū́rum esse	(tragen werden)	(lātum īrī)		(im Dt. ungebräuchlich)

3.5 Konjugation von *fierī*

T./M.	P.	Präsensstamm		Perfektstamm			
Ind. Präs.	1.S.	fī-ō	ich entstehe	Ind. Perf.	factus, -a, -um	sum	ich bin entstanden
	2.S.	fī-s	du entstehtst			es	du bist entst.
	3.S.	fi-t	er (sie, es) entsteht			est	er (..) ist entst.
	1.Pl.	fī-mus	wir entstehen		factī, -ae, -a	sumus	wir sind entst.
	2.Pl.	fī-tis	ihr entsteht			estis	ihr seid entst.
	3.Pl.	fī́-u-nt	sie entstehen			sunt	sie sind entst.
Konj. Präs.	1.	fī-**a**-m	ich möge entstehen	Konj. Perf.	factus, -a, -um	sim	ich sei entst.
	2.	fī-**ā**-s usw.	du mögest entstehen		factī, -ae, -a	sītis usw.	ihr seiet entst.
Ind. Impf.	1.	fi-**ēba**-m	ich entstand	Ind. Plqpf.	factus, -a, -um	eram	ich war entst.
	2.	fi-**ēbā**-s usw.	du entstandst		factī, -ae, -a	erā́tis usw.	ihr wart entst.
Konj. Impf.	1.	fi-**ere**-m	ich würde entstehen	Konj. Plqpf.	factus, -a, -um	essem	ich wäre entst.
	2.	fi-**erē**-s usw.	du würdest enstehen		factī, -ae, -a	essḗtis usw.	ihr wärt entst.
Fut.	1.	fī-**a**-m	ich werde entstehen	Fut. II	factus, -a, -um	erō	(meist Präsens
	2.	fī-**e**-s usw.	du wirst entstehen		factī, -ae, -a	éritis usw.	oder Perfekt)
Imperativ		fī	entstehe	-----			
		fī-te	entsteht				
Part. Präs.		fī-ēns, -éntis	entstehend	-----			
Part. Perf.		-----		factus, -a, -um			entstanden
Part. Futur		futū́rus, -a, -um	e. der entstehen wird	-----			
Infin. Präs.		fi-erī	(zu) entstehen	-----			
Infin. Perf.		-----		factum esse			entst. (zu) sein
Infin. Futur		fore oder futū́rum esse	(entstehen werden)				

III. Syntax

1. Wiedergabemöglichkeiten des adverbial gebrauchten Partizips

Sinnrichtung	Unterordnung	Beiordnung	Präposition
temporal	**gz.:** als, während, wenn, sooft, solange, sobald	(und) dabei, inzwischen, währenddessen, (und) gleichzeitig	bei, in, an, zu, auf, um
	vz.: als, nachdem, sobald, sooft, wenn, seitdem	(und) dann, darauf, daraufhin, danach, (und) endlich, schließlich, nachher	nach, seit
kausal	weil, da, zumal da	denn, nämlich, (und) deshalb, darum	wegen, infolge, aus, vor
konzessiv	obwohl, obgleich, wenn auch, obschon, wenngleich, während doch	(und) trotzdem; aber; (und) doch, gleichwohl, dennoch; zwar - aber, allein	trotz, bei
konditional	wenn, falls, gesetzt den Fall dass, sofern	(so)	bei
modal	indem, wobei, dadurch dass **verneint:** ohne zu	(und) dabei, dadurch, damit	mit, durch **verneint:** ohne
final	damit, um zu	(denn + wollen)	zu

2. cum-Sätze:

cum mit **Indikativ** heißt:	
a) als, seitdem	**cum temporale**
b) als (plötzlich)	**cum inversum**
c) (immer) wenn	**cum iterativum**
d) dadurch dass, indem	**cum explicativum (coincidens)**

cum mit **Konjunktiv** heißt:	
a) als	**cum historicum**
b) da, weil	**cum causale**
c) obwohl	**cum concessivum**
d) während (dagegen)	**cum adversativum**

3. Temporalsätze:

Konjunktion	Modus	Tempus	Bedeutung
dum, quoad, dōnec, quámdiū	Indikativ	alle Tempora	solange als, solange
dum	Indikativ	Präsens	während
postquam	Indikativ	Perfekt	nachdem
ut (prīmum), ubī (prīmum), cum prīmum, simul(átque)	Indikativ	Perfekt	sobald als
ut, ubī, simulátque	Indikativ	Plusquamperfekt	sooft
ántequam, priúsquam	Indikativ	Präsens, Futur, Perfekt; wie übergeord. Satz	ehe, bevor
ántequam, priúsquam	Konjunktiv	(finaler Nebensinn)	ehe, bevor
dum, quoad	Konjunktiv	(finaler Sinn)	solange bis

4. ut/ne-Sätze:

***ut* mit Indikativ**

aller Tempora
- Einschub: *ut* „wie?"
- Vergleich: *ut* ... sīc „wie ... so" „zwar ... aber"

Perfckt
- Zeitangabe: *ut, ubī (prīmum)* „sobald"

***ut/nē* mit Konjunktiv**

Konsekutivsätze (Folgesätze)

ut dass
ut nōn dass nicht
ut nēmō dass niemand

Finalsätze (Wunsch-, Begehrsätze)

ut dass (damit)
nē dass (damit) nicht
nē quis dass (damit) niemand

Finalsätze nach Verben timendī und impediéndī

nē dass
nē nōn dass nicht
nē nēmō dass niemand

FB Verzeichnis der Fachbegriffe

Das Verzeichnis der Fachbegriffe enthält die grammatischen Fachausdrücke, die in AUSPICIA **I**, **II** und **III** vorkommen. Die **Zahlen in Klammern** geben das Kapitel an, in dem der betreffende Begriff zum ersten Mal in **AUSPICIA III** erscheint.

Ablativ, der	der 6. Fall (K 34a)
ablativus der Abstammung	der Ablativ, der die Herkunft angibt (K 34a)
ablativus causae	der Ablativ des Grundes (K 35a, 36a)
ablativus comparationis	der Ablativ des Vergleichs (K 34a)
ablativus instrumentalis	der Ablativ des Mittels, Werkzeugs (K 34a, 35a)
ablativus loci	der Ablativ des Ortes (K 34a, 37a)
ablativus mensurae	der Ablativ des Maßes (K 36a)
ablativus modi	der Ablativ der Art und Weise (K 35a, 36a)
ablativus qualitatis	der Ablativ der Beschaffenheit
ablativus separationis	der Ablativ der Trennung (K 34a)
ablativus temporis	der Ablativ der Zeit (K 34a, 37a)
ablativus absolutus, der	Ablativ mit Partizip als Adverbiale
Ablativ mit Prädikatsnomen, der	verkürzter „ablativus absolutus" nur mit einem Nomen
AcI, der **(Accusativus cum Infinitivo)**	der Akkusativ mit Infinitiv
Adjektiv, das	das Eigenschaftswort
Adverb, das	das Umstandswort
Adverbiale, das	die Umstandsbestimmung
adverbialer Gebrauch, der	Verwendung des Partizips als Umstandsbestimmung
Akkusativ, der	der 4. Fall
Aktiv, das	die Tatform (des Verbums)
AmP, der	Ablativ mit Partizip (= „ablativus absolutus")
Anapher, die	Stilmittel: Wiederaufnahme ein und desselben Wortes am Anfang von Sätzen oder Satzgliedern (K 31)
Alliteration, die	Stilmittel: zwei oder mehrere Wörter (hintereinander) beginnen mit demselben Buchstaben (K 23)
Artikel, der	das Geschlechtswort
Assimilation, die	die Konsonantenangleichung
assimilieren	Konsonanten angleichen
Asyndeton, das	Stilmittel: gleiche Satzglieder stehen unverbunden (ohne Konjunktion) nebeneinander (K 27)
attractio modi	Modusangleichung: Konjunktiv in Relativsätzen innerhalb eines konj. Gliedsatzes oder in der oratio obiqua in allen Gliedsätzen (K 20a, 49a)
Attribut, das	die Beifügung
attributiver Gebrauch, der	Verwendung des Partizips als Beifügung
Ausgang, der	Suffix (Endsilbe), das (die) zur Formenbildung an den Wortstock eines Verbs oder Nomens angehängt wird
Beiordnung, die	Wiedergabe des Partizips durch einen aneinander reihenden Hauptsatz
Chiasmus, der	Stilmittel: Überkreuzstellung einander entsprechender Satzteile (K 25)
coniugatio periphrastica activa	umschreibende Konjugation im Aktiv durch *esse* + Partizip Futur (K 16a)
cum	Konjunktion zur Einleitung eines Gliedsatzes mit verschieden Sinnrichtungen:
cum adversativum	Angabe einer gegenteiligen Tatsache (K 14a)
cum causale	Angabe des Grundes (K 14a)
cum concessivum	Einräumung einer Tatsache (K 14a)
cum explicativum (coincidens)	Angabe einer mit dem Hauptsatz zusammenfallenden Handlung (K 13a)

cum historicum	Angabe von geschichtlichen Vorgängen (K 14a)
cum inversum	Schwerpunkt der Aussage im cum-Satz (K 13a)
cum iterativum	Angabe einer wiederholten Handlung (K 13a)
cum temporale	Angabe des Zeitpunktes (K 13a)
Dativ, der	der 3. Fall
dativus finalis	Dativ des Zwecks
Deklination, die	die Beugung des Hauptwortes
deklinieren	ein Hauptwort beugen
Deliberativ, der	überlegende Frage (K 40a)
Demonstrativpronomen, das	das hinweisende Fürwort (K 33a)
Deponens, das (Pl. **Deponentia**)	Verbum, das im Lateinischen außer dem Partizip Präsens nur passive Formen hat (K 2a)
Dreisilbengesetz, das	Regel, nach der im Lateinischen die vorletzte Silbe betont wird, wenn sie lang ist, ansonsten die drittletzte
Elativ, der	„herausgehobene“ (nicht höchste) Steigerungsform, ein sehr hoher Grad der Steigerung des Adjektivs (K 4a)
Ellipse, die	Stilmittel: Fehlen leicht ergänzbarer oder aus dem Zusammenhang erschließbarer Wörter (K 33)
Endung, die	Suffix (Endsilbe), das (die) zur Formenbildung an den Wortstamm eines Verbs oder Substantivs angehängt wird
Erweiterungsvokal, der	Vokal, der bei Konsonantenstämmen zwischen Stammauslaut und Endung eingefügt wird
Exhortativ, der	eine durch den Konjunktiv Präsens ausgedrückte Aufforderung an die 1. Person Plural (K 39a)
Femininum, das	das weibliche Geschlecht
finale Sinnrichtung, die	Partizip bzw. Relativsatz gibt den Zweck an (K 19a)
Finalsatz, der	Absichtssatz (Wunsch-, Begehrsatz: *ut* dass / damit; *ne* dass nicht / damit nicht; nach Verben des Fürchtens und Hinderns: dass) (K 43a)
Fremdwort, das	Wort, das aus einer anderen Sprachen entlehnt wurde und sich der aufnehmenden Sprache in Schreibweise und Betonung noch nicht voll angepasst hat
Futur, das	die Zukunft
Futur exakt (Futur II), das	die zweite (vollendete) Zukunft
Genitiv, der (als Obj./nach Adj.)	der 2. Fall (K 25a/K 26a)
genitivus obiectivus	der Genitiv, der das Objekt einer im dabeistehenden Substantiv steckenden Verbalhandlung darstellt: Übersetzung mit Präposition
genitivus partitivus (totius)	Genitiv des Teils bzw. des geteilten Ganzen (K 23a)
genitivus possessivus	Genitiv des Besitzes (K 22a)
genitivus pretii	Genitiv der Wert- oder Preisangabe (K 24a)
genitivus qualitatis	Genitiv der Beschaffenheit
genitivus subiectivus	der „normale“ Genitiv (, der das Subjekt einer im dabeistehenden Substantiv steckenden Verbalhandlung darstellt)
Genus, das	das Geschlecht
grammatisches Genus	das Geschlecht, das sich nach der Endung des Nomens richtet
natürliches Genus	das Geschlecht, das sich nach dem Bedeutungsinhalt richtet
Gerundium, das	der deklinierte Infinitiv (K 28a)
Gerundiv(um), das	eine nd-Form, ein Verbaladjektiv (K 29a, 30a)
Gleichzeitigkeit	zeitgleicher Ablauf zweier Handlungen
Gliedsatz, der	(unterordnender) Nebensatz
Hortativ, der	= Exhortativ (K 39a)
Hyperbaton, das	Stilmittel: Trennung, Sperrung zweier (syntaktisch) zusammengehöriger Glieder (K 29)
Imperativ, der	die Befehlsform
Imperfekt, das	die erste Vergangenheit
Indefinitpronomen, das	das unbestimmte Fürwort (K 15a, 31/32a)
Indikativ, der	die Wirklichkeitsform (des Verbums)

Infinitiv, der	die Grundform des Verbums
Infix, das	Einschub (K 28/9a)
Interrogativpronomen, das	das fragende Fürwort
Irrealis, der	Aussageweise (Modus) der Nicht-Wirklichkeit
Jussiv, der	Aufforderung an die 3. Person Singular oder Plural (K 39a)
Kardinalzahl(en), die	die Grundzahl(en)
Kasus, der	der Fall
kausale Sinnrichtung, die	Partizip bzw. Relativsatz beinhaltet die Angabe eines Grundes (K 19a)
Komparativ, der	die erste Steigerungsform („Vergleichsform“) des Adjektivs (K 4a)
Kompositum, das	das zusammengesetzte Verbum
konditionale Sinnrichtung, die	Partizip beinhaltet die Angabe einer Bedingung
kongruent	übereinstimmend
Kongruenz, die	die Übereinstimmung
Konjugation, die	die Beugung des Verbums
konjugieren	ein Zeitwort beugen
Konjunktion, die	das Bindewort
koordinierende Konjunktion	beiordnendes Bindewort beim Hauptsatz
subordinierende Konjunktion	unterordnendes Bindewort (Einleitung eines Gliedsatzes)
Konjunktiv, der	die Möglichkeitsform (des Verbums) (K 39a)
konsekutive Sinnrichtung	Relativsatz gibt die Folge an („so dass“) (K 19a)
Konsekutivsatz, der	Folgesatz (*ut / ut non*: dass / dass nicht) (K 43a)
Konsonant, der	der Mitlaut
kontrahieren	Selbstlaute zusammenziehen, verschmelzen
Kontraktion, die	das Zusammenziehen, Verschmelzen von Selbstlauten
Konzessiv, der	Ausdruck eines Zugeständnisses (K 39a)
konzessive Sinnrichtung, die	Partizip gesteht eine Tatsache zu
koordinierend	beiordnend, gleichordnend
Lehnwort, das	Wort, das sehr früh aus einer anderen Sprache übernommen und völlig „eingedeutscht“ wurde
Litotes, die	Stilmittel: Aussage durch Verneinung des Gegenteils (K 35)
Lokativ, der	der Kasus der Orts- und Zeitangabe (K 27a)
Maskulinum, das	das männliche Geschlecht
Metapher, die	Stilmittel: verkürzter Vergleich (K 41)
modale Sinnrichtung, die	Partizip gibt die Art und Weise an
Modus, der	die Aussageweise (des Verbums)
Moduszeichen, das	Kennzeichen für die Bildung eines Modus (im Konjunktiv)
Nachzeitigkeit, die	(späterer) Ablauf einer Handlung nach einer anderen (K 17a)
Naturlänge, die	Länge einer Silbe durch einen langen Vokal
NcI, der **(Nominativus cum Infinitivo)**	Nominativ mit Infinitiv (K 41a)
Neutrum, das	das sächliche Geschlecht
Nomen, das	das Namenwort: Substantiv oder Adjektiv
Nominativ, der	der 1. Fall
Numerale, das	das Zahlwort
Numerus, der	die Zahl
Objekt, das	die notwendige Satzergänzung
Optativ, der	ein durch den Konjunktiv ausgedrückter Wunsch (K 39a)
Oratio obliqua, die	die indirekte Rede (K 49)
Ordinalzahl(en), die	die Ordnungszahl(en), die eine Reihenfolge ausdrückt (ausdrücken)
Ortsangaben	bei Städtenamen und kleineren Inseln **ohne** Präposition (K 27a)
Partizip, das	das Mittelwort
PPA	das Partizip Präsens Aktiv (→ Gleichzeitigkeit)
PPP	das Partizip Perfekt Passiv (→ Vorzeitigkeit)
PFA	das Partizip Futur Aktiv (→ Nachzeitigkeit) (K 16a, 17a)
Participium coniunctum	Partizip, das ein Satzglied als Beziehungswort hat

Passiv, das	die Leideform (des Verbums)
Perfekt, das	die zweite Vergangenheit
v-Perfekt	(normale) Perfektbildung: -v- an den Präsensstamm
u-Perfekt	Perfektbildung: -u- an den Wortstock/Verbalstamm
s-Perfekt	Perfektbildung: -s- an den Verbalstamm (mit Veränderungen)
Reduplikationsperfekt	Perfektbildung durch Reduplikation des Anlauts
Dehnungsperfekt	Perfektbildung durch Dehnung des Stammvokals (manchmal mit unverändertem Stamm)
Personalpronomen, das	das persönliche Fürwort
Plural, der	die Mehrzahl
Plurale tantum, das	Substantiv, das nur im Plural vorkommt
Plusquamperfekt, das	die dritte Vergangenheit
Polysyndeton, das	Stilmittel: mehrere gleiche Satzglieder werden (jeweils) mit einer Konjunktion verbunden (K 27)
Positionslänge, die	Längung einer Silbe durch zwei oder mehr nachfolgende Konsonanten
Positiv, der	die Grundform des Adjektivs (K 4a)
Possessivpronomen, das	das besitzanzeigende Fürwort
Potentialis, der	Aussage als Annahme oder gemilderte Behauptung (K 40a)
Prädikat, das	die Satzaussage
Prädikatsnomen, das	Substantiv oder Adjektiv zur Ergänzung eines Hilfszeitwortes oder einiger bestimmter Verben
Präfix, das	die Vorsilbe
Präposition, die	das Verhältniswort
Präpositionalausdruck, der	Wiedergabe des Partizips durch eine Umstandsbestimmung mit Präposition
Präsens, das	die Gegenwart
Prohibitiv, der	der verneinte Imperativ (K 39a)
Pronomen, das	das Fürwort
Pronominaladjektive, die	Adjektive, die wie Pronomen dekliniert werden
Reduplikation, die	die Verdoppelung des anlautenden Konsonanten
reflexiv	rückbezüglich (auf das Subjekt)
relativer Satzanschluss	Relativpronomen am Satzanfang zur engen Verbindung mit dem vorausgehenden Satz (K 21 a)
Relativpronomen, das	das bezügliche Fürwort
Relativsatz, der	Gliedsatz (Nebensatz), der durch ein Relativpronomen eingeleitet wird und meist ein Attribut darstellt
konjunktivischer Relativsatz	Relativsatz mit einer bestimmten Sinnrichtung oder Abhängigkeit (K 19a, 20a)
verschränkter Relativsatz	Relativsatz, verschränkt mit einer anderen Konstruktion (K 18a)
rhetorische Frage, die	Aussage, die in Frageform gekleidet ist (z. T. eine bestimmte Antwort erwartet) (K 38a)
Rhotazismus, der	Lautgesetz, nach dem „s" zwischen zwei Vokalen zu „r" werden kann
Satzanalyse, die	Satzgliederung, Darstellung der Abhängigkeiten der Gliedsätze vom Hauptsatz und untereinander (K 46 – 48)
Satzfrage, die	Frage, bei der der Satz (ohne Fragewort) in Frageform gestellt ist (K 38a)
Satzgefüge, das	Verbindung von Haupt- und Gliedsatz (Nebensatz) / -sätzen
Satzreihe, die	Aneinanderreihung von Hauptsätzen
Semideponens, das	Halbdeponens (Verbum, das nur Präsens- **oder** Perfektstamm passivisch bildet) (K 12a)
Singular, der	die Einzahl
Stammerweiterungsvokal, der	Vokal, der zwischen Verbalstamm und Endung oder Tempuszeichen eingeschoben wird
Stammformen, die	die vier Formen eines Verbums, die zur vollständigen Konjugation nötig sind: Inf. Präs., 1.P. Sg. Präs., 1.P. Sg. Perf., PPP
Subjekt, das	der Satzgegenstand

Subjektsakkusativ, der	der lateinische Akkusativ, der bei der Wiedergabe des lateinischen AcI mit einem dass-Satz im Deutschen Subjekt wird
Subjunktion, die	subordinierende Konjunktion, unterordnendes Bindewort (Einleitung eines Gliedsatzes) (K 45 ff.)
subordinierend	unterordnend
Substantiv, das	das Hauptwort
substantivieren	eine andere Wortart als Substantiv verwenden
Substantivierung, die	die Verwendung einer anderen Wortart als Substantiv
Suffix, das	Endsilbe
Superlativ, der	die zweite Steigerungsform, höchste Steigerungsstufe des Adjektivs (K 4a)
temporale Sinnrichtung, die	Partizip beinhaltet eine Zeitangabe (Zeitpunkt)
Tempus, das	die Zeit
Tempuszeichen, das	das Kennzeichen zur Bildung einer Zeit (im Indikativ)
transitives Verbum, das	Verb, das ein Akkusativobjekt bei sich hat oder haben kann
Unterordnung, die	Wiedergabe des Partizips durch einen Gliedsatz (Nebensatz)
verba defectiva, die	Verben, deren Formenbestand nicht vollständig ist (K 45a)
verba incohativa, die	Verben mit dem Suffix -sc-, die (z. T. im weitesten Sinne) den Anfang eines Geschehens ausdrücken
Verbaladjektiv, das	adjektivische Form, die von einem Verbum gebildet wird (K 29/ 30a)
Verbum, das	das Zeitwort
Vokal, der	der Selbstlaut
Vokativ, der	der 5. Fall (Anredefall)
Vorzeitigkeit	früherer Ablauf einer Handlung vor einer anderen
Wortfamilie, die	Sammlung verschiedener Wörter (Wortarten),die zum selben Wortstamm (zur selben Wurzel) gehören
Wortfeld, das	Sammlung verschiedener Wörter (Wortarten, Wendungen), die bedeutungsmäßig zusammengehören
Wortfrage, die	Frage, die mit einem Fragewort eingeleitet wird (K 38a)
Wortstamm, der	Wortstock eines Wortes, erweitert um einen Kennlaut
Wortstock, der	Bedeutungskern eines Wortes
Zeitverhältnis, das	zeitliches Verhältnis beim Ablauf zweier Handlungen

Verzeichnis der Abkürzungen

Abl.	Ablativ
Akk.	Akkusativ
Dat.	Dativ
EN	Eigennamen
FB	Fachbegriff(e)
f.; Fem.	Femininum
FL	Formenlehre
Fut.	Futur
Gen.	Genitiv
GR	Grammatikalische Erklärung(en)
Imp.	Imperativ
Impf.	Imperfekt
Ind.	Indikativ
K.	Kasus
Kju	Konjunktion
Konj.	Konjunktiv
m.; Mask.	Maskulinum
N.	Numerus
Nom.	Nominativ
n.; Neutr.	Neutrum
P.; Pers.	Person
Pl.; Plur.	Plural
Präs.	Präsens
Sg.; Sing.	Singular
S	Sprichwort
SF	Stammformen
SP	Sprachliche Erklärung(en)
ÜS	Hinweis(e) zur Übersetzung
vgl.	vergleiche
V.; Vok.	Vokativ
WB	Wortbildung
WH	Wiederholung
WS	Wortschatz

EN Eigennamenverzeichnis

Das Eigennamensverzeichnis enthält die geographischen Namen, Personennamen und sonstigen Eigennamen, die in AUSPICIA III vorkommen. Die in eckigen Klammern stehenden Stellen geben die Kapitel an, wo der Begriff zum ersten Mal vorkommt; Fettdruck signalisiert, wo er vertiefter behandelt wird. Bei Herrschern ist die Regierungszeit, sonst die Lebenszeit angegeben.

Achílles, -is	Achill; bester Kämpfer der Griechen vor Troja [K 19]
Aegáeum mare	Ägäis; Meer zwischen Griechenland und Kleinasien [W 02]
Aegýptii, -órum	Ägypter [K 19]
Aegýptus, -i	Ägypten [K 07]
Aemílius, -i, Quintus ~ Papus	Aemilius; römischer Konsul 278 v. Chr. [K 46]
Aenéas, -ae	Äneas; trojanischer Held, mythischer Stammvater der Römer [W 10]
Aesculápius, -i	Asklepios; griechischer Halbgott der Heilkunde [W 05]
África, -ae	Afrika; römische Provinz in Nordafrika [W 11]
Aiax, -ácis	Ajas; griechischer Held vor Troja [W 04]
Alamánni, -órum	Alemannen; germanischer Volksstamm [K 44]
Alexánder, -dri	Alexander (der Große); König von Makedonien (336 - 323 v. Chr.), Eroberer des Perserreiches [K 06]
Alphéus, -i	Alpheios; Fluss in Elis bei Olympia [K 12]
Ambrácia, -ae	Ambrakia; Stadt in Nordwestgriechenland, heute: Arta [K 46]
Anaximánder, -ri	Anaximander; griechischer Philosoph (um 575 v. Chr.) [W 01]
Anaxímenes, -is	Anaximenes; griechischer Philosoph (um 550 v. Chr.) [W 01]
Andréas, -ae	Andreas; Jünger und Apostel Jesu (gest. ca. 66 n. Chr.) [W 05]
Antíochus, -i	Antiochos (III.); syrischer König (223 – 187 v. Chr.) [K 49]
Apóllo, -inis	Apoll; Gott der Künste und der Weissagung [K 02]
Areópagus, -i	Areopag; Hügel und Sitz des Gerichts von Athen [K 03]
Aristóteles, -is	Aristoteles; griechischer Philosoph (348 – 322 v. Chr.) [K 01]
Arrhíchio, -ónis	Arrhichion; Olympiasieger im Allkampf 564 v. Chr. [W 04]
Arruns, -ntis	Arruns; Sohn des Tarquinius Superbus [W 03]
Ásia, -ae	Asien; bes. Kleinasien (Gebiet der heutigen Türkei) [W 06]
Athénae, -árum	Athen; Hauptstadt Attikas, heute: Hauptstadt Griechenlands [K 01]
Atheniénses, -ium	Athener; Einwohner von Athen und Attika [K 01]
Áttalus, -i	Attalus; römischer Philosoph, Lehrer Senecas [K 38]
Áttica, -ae	Attika, griechische Landschaft um Athen [K 01]
Augústa, -ae Treverórum	Trier; Stadt in Gallien (Belgia) an der Mosel [K 44]
Augústus, -i	Augustus; Ehrentitel römischer Kaiser [K 19]
Baiuvárii, -órum	Bajuwaren; Volk an Donau und Lech [W 12]
Bélgia, -ae	Belgien; Gebiet in Gallien [K 44]
Bélgicus, -a, -um	belgisch [K 44]
Béthlehem	Betlehem; Stadt in Judäa [W 15]
Boeótia, -ae	Böotien; griechische Landschaft [K 08]
Bonónia, -ae	Bologna; berühmte Universitätsstadt [W 12]
Británni, -órum	Britannen; Bewohner Britanniens [K 22]
Británnia, -ae	Britannien; heutiges England und Schottland [K 06]
Brundísium, -i	Brundisium; Stadt in Unteritalien, heute: Brindisi [K 27]
Brutus, -i, L. Iúnius	Brutus; beseitigte 510 v. Chr. die Königsherrschaft in Rom [W 03]
Byzántium, -i	Byzanz; Stadt am Bosporos, seit 330 n. Chr. Hauptstadt des röm. Reiches, heute: Istanbul [W 11]
Caesar, -aris, C. Iúlius	Cäsar; römischer Feldherr, Politiker und Schriftsteller (100 – 44 v. Chr.) [K 18]
Caesaréa, -ae	Caesarea; Hafenstadt in Judäa [K 18]
Calígula, -ae, C. Iúlius Caesar	Caligula; römischer Kaiser (37 – 41 n. Chr.) [K 38]

Campánia, -ae	Kampanien; Landschaft in Unteritalien [K 38]
Canópus, -i	Kanopos; nordägyptische Stadt mit reizvoller Kanalanlage [K 07]
Caphárnaum, -i	Kafarnaum; Stadt in Judäa [K 20]
Cápua, -ae	Capua; Hauptstadt Kampaniens [K 27]
Caracálla, -ae, M. Aurélius Sevérus Antonínus	Caracalla; römischer Kaiser (211-217 n. Chr.) und Erbauer der größten Thermen Roms [K 45]
Cárolus, -i	Karl (der Große); fränkischer König und Kaiser (768 – 814 n. Chr.) [W 12]
Cartházo, -inis	Karthago; Hauptstadt Nordafrikas [K 23]
Castália, -ae	Kastalia; heilige Quelle in Delphi [K 08]
Catilína, -ae	Catilina; Anstifter einer Verschwörung 63 v. Chr. [K 21]
Cato, -ónis maior Censórius	Cato der Ältere; römischer Politiker und Schriftsteller (234 – 149 v. Chr.) [K 24]
Cato, -ónis minor (Uticensis)	Cato der Jüngere; römischer Politiker, Gegner Caesars (95 – 46 v. Chr.) [K 28]
Chaeronéa, -ae	Chaironeia; Stadt in Böotien [K 06, **K 10**]
Chius, -i	Chios; griechische Insel in der Ägäis [K 18]
Christiánus, -a, -um	christlich; Subst.: der Christ [K 17]
Christus, -i	Christus; Titel Jesu („der Gesalbte“) [K 03]
Cícero, -ónis	Cicero; römischer Politiker und Philosoph (106 – 43 v. Chr.) [K 01]
Cládeus, -i	Kladeos; Fluss in Elis bei Olympia [K 12]
Constantinópolis, -is	Konstantinopel; vgl. Byzanz, heute: Istanbul [K 45]
Constantínus, -i, Flávius Valérius	Konstantin (der Große); römischer Kaiser (306 – 337 n. Chr.) [K 45]
Constántius, -i Chlorus	Constantius Clorus; römischer Mitkaiser (293 – 306 n. Chr.) [W 15]
Córduba, -ae	Cordoba; Stadt in Spanien [K 38]
Corínthius, -a, -um	korinthisch; Subst.: der Korinther [W 03]
Corínthus, -i	Korinth; Stadt beim Isthmos auf der Peloponnes [K 08, **K15**]
Córsica, -ae	Korsika; Insel im westlichen Mittelmeer [K 38]
Creta,ae	Kreta; Insel im südöstlichen Mittelmeer [K 27]
Crisa, -ae	Krisa; Hafen von Delphi, heute: Itea [K 08, **W 05**]
Croesus, -i	Kroisos (Krösus); Herrscher von Lydien in Kleinasien (560 – 547 v. Chr.) [K 11]
Cyrus, -i	Kyros; König des Perserreiches (559 – 529 v. Chr.) [K 11]
Delphi, -órum	Delphi; Heiligtum und Orakel des Apoll in Mittelgriechenland [K 02]
Delus, -i	Delos; griechische Insel in der Ägäis [K 04]
Demétrius, -i	Demetrios; Tyrann in Griechenland (um 300 v. Chr.) [W 06]
Demósthenes, -is	Demosthenes; griechischer Redner und Gegner des Makedonenkönigs Philipp II. (384 – 322 v. Chr.) [K 10]
Diocletiánus, -i	Diokletian; römischer Kaiser (284 – 305 n. Chr.) [K 45]
Diógenes, -is Laértius	Diogenes Laertios; griechischer Schriftsteller (um 220 n. Chr.) [K 16]
Diógenes, -is	Diogenes; griechischer Philosoph (ca. 400 – 325 v. Chr.) [K 16]
Dionýsius, -i	Dionysios; griechischer Philosoph (1. Jh. v. Chr.) [K 16]
Éphesus, -i	Ephesos; Stadt an der Westküste Kleinasiens [K 18]
Epicuréus, -a, -um	epikureisch; Subst.: der Epikureer [W 14]
Epicúrus, -i	Epikur; griechischer Philosoph (341 – 270 v. Chr.) [K 03, **W 14**]
Euricus, -i	Eurich; König der Westgoten (466 – 484 n. Chr.) [W 12]
Európa, -ae	Europa [K 32]
Fabrícius,- i C.~ Luscínus	Fabricius; römischer Konsul 278 v. Chr. [K 46]
Festus, -i, Pórcius	Festus; römischer Statthalter in Judäa (59 – 62 n. Chr.) [K 18]
Francfurth, -i	Frankfurth am Main [W 12]
Galba, -ae, Sérvius Sulpícius	Galba; römischer Kaiser (68/69 v. Chr.) [W 04]
Galérius, -i, C. ~ Valérius Maximíanus	Galerius; römischer Kaiser (305 – 311 n. Chr.) [W 15]
Gállia, -ae	Gallien; römische Provinz, Gebiet des heutigen Frankreichs [K 27]
Gállicus, -a, -um	gallisch [K 36]

Gállio, -ónis, L. Iúnius ~ Annaeánus	Gallio; Bruder Senecas (gest. 65 n. Chr.) [K 39]
Génava, -ae	Genava; Stadt in Gallien, heute: Genf [K 27]
Germáni, -órum	Germanen; Volk in Mitteleuropa [W 12]
Gothi, -órum	Goten; germanischer Volksstamm [W 12]
Gracchus, -i	Gracchus; Gentilname römischer Sozialpolitiker und Reformer [W 07]
Gráecia, -ae	Griechenland [K 03]
Graecus, -a, -um	griechisch; Subst.: der Grieche [K 03]
Habsburgénsis, -e	habsburgerisch; (mittelalterliches Herrschergeschlecht) [W 12]
Hadriánus, -i, Aélius	Hadrian; römischer Kaiser (117 – 138 n. Chr.) [K 06]
Hánnibal, -is	Hannibal; karthagischer Feldherr und Todfeind der Römer (247/46 – 183 v. Chr.) [K 13]
Hélena, -ae	Helena; Mutter des Kaisers Konstantin [W 15]
Hélice, -es	Helice; versunkene Stadt am Golf von Korinth [W 05]
Hélico, -ónis	Helikon; Berg in Böotien, Kultstätte der Musen [W 05]
Hércules, -is	Herakles; griechischer Heros (Held und Halbgott) [K 13]
Hesíodus, -i	Hesiod; griechischer Dichter (um 700 v. Chr.) [W 05]
Hierosólyma, -órum	Jerusalem; Hauptstadt von Judäa [W 15]
Hippodaméa, -ae	Hippodameia; Tochter des Oinomaos, Gemahlin des Pelops [K 14]
Hispánia, -ae	Spanien [W 11]
Homérus, -i	Homer; ältester Dichter Griechenlands und Europas (um 700 v. Chr.) [K 18]
Horátius, -i , Q.~ Flaccus	Horaz; römischer Lyriker (65 – 8 v. Chr.) [K 21]
Horátius, -i Cocles	Horatius Cocles; mythischer römischer Held (um 500 v. Chr.) [W 07]
Iésus Christus, -u -i	Jesus (der) Christus; Religionsstifter in Judäa [K 03]
Isthmus, -i	Isthmos; Landenge zwischen Mittelgriechenland und der Peloponnes [W 05]
Itália, -ae	Italien [W 11]
Iudáea, -ae	Judäa; Land im Nahen Osten, Teil Palästinas [K 17 ff.]
Iudáei, -órum	Juden; Bewohner Judäas [K 17]
Iúppiter, Iovis	Jupiter; gr. Zeus, höchster Gott [K 06]
Iustiniánus, -i, Flávius Petrus Sabbátius	Justinian; byzantinischer Kaiser (527 – 565 n. Chr.) [K 32]
Latínus, -a, -um	lateinisch; Subst.: der Latiner [K 26]
Latóna, -ae	Latona; Göttin, Mutter von Diana (gr. Artemis) und Apoll [K 09]
Lecháeum, -i	Lechäon; Hafenstadt Korinths [W 05]
Leónidas, -ae	Leonidas; König von Sparta (488 – 480 v. Chr.) [K 43]
Lucílius, -i Iúnior	Lucilius; Freund Senecas [K 43]
Lucrétius, -i Carus	Lukrez; römischer Dichter (ca. 94 – 55 v. Chr.) [W 14]
Lydi, -órum	Lyder; Volk in Kleinasien [K 11]
Macedónia, -ae	Makedonien; Landschaft und römische Provinz in Nordgriechenland [K 06]
Macedónicus, -a, -um	makedonisch [K 25]
Mars, Martis	Mars; gr. Ares, Gott des Krieges [W 15]
Massília, -ae	Marseille; griech.-röm. Stadt in Südfrankreich [W 09]
Maxéntius, -i	Maxentius; Mitregent (306 – 312 n. Chr.) und Gegenspieler von Kaiser Konstantin [W 15]
Maximiánus, -i	Maximianus; römischer Kaier (286 – 305 n. Chr.) [W 15]
Maximiliánus, -i	Maximilian (I.); deutscher König und Kaiser (1486 – 1519) [W 12]
Mediolánum, -i	Mailand; Stadt in Norditalien [W 15]
Melus, -i	Melos; griechische Insel in der Ägeis [W 02]
Mémmius, -i, C.	Memmius; römischer Politiker und Dichterfreund (98 – 46 v. Chr.) [W 14]
Milétus, -i	Milet; griechische Stadt an der Westküste Kleinasiens [K 18]
Mílvius pons, -i -ntis	Milvische Brücke; Tiberbrücke nördlich von Rom [W 15]
Minérva, -ae	Minerva; gr. Athene, Göttin der Weisheit und Wissenschaften [K 04]

Moséllа, -ae	Mosel; Fluss in Gallien [K 45]
Moses, -is	Mose(s); Religionsstifter der Juden [K 19]
Musa, -ae	Muse; Göttin der Kunst [W 05]
Myra, -ae	Myra; Stadt an der Südküste Kleinasiens [K 19]
Mýrtilus, -i	Myrtilos; Wagenlenker des Oinomaos [K 14]
Nero, -ónis, Tib. Cláudius	Nero; römischer Kaiser (54 – 68 n. Chr.) [K 13]
Nícias, -ae	Nikias; Leibarzt des Königs Pyrrhus von Epiros [K 46]
Numántia, -ae	Numantia; Stadt in Nordspanien [W 09]
Oenómaus, -i	Oinomaos; Herrscher von Elis auf der Peloponnes [K 14]
Olýmpia, -ae	Olympia; Zeusheiligtum mit Wettkampfspielen [K 12]
Olympíacus, -a, -um	olympisch [K 12]
Papírius, -i	Papirius; römischer Gentilname [K 47]
Papírius, Lúcius ~ Praetextátus	Papirius Praetextatus; römischer Zensor 272 v. Chr. [K 47]
Parnássus, -i	Parnass; Gebirge in Mittelgriechenland [K 08]
Patávium, -i	Padua; Stadt in Norditalien [W 12]
Patra, -ae	Patras; Stadt an der Nordwestküste der Peloponnes [W 05]
Paulus, -i	Paulus; christlicher Missionar und Apostel (ca. 5 – 65 n. Chr.) [K 03]
Pausánias, -ae	Pausanias; griechischer Schriftsteller (um 175 n. Chr.) [K 08]
Pelléne, -es	Pellene; Stadt am Golf von Korinth, heute: Xylokastro [W 05]
Peloponnésus, -i	Peloponnes; südliche Halbinsel Griechenlands [K 12]
Pelops, -opis	Pelops; mythischer Herrscher der Peloponnes [K 12]
Periándrus, -i	Periander; Herrscher von Korinth (ca. 628 – 584 v. Chr.) [W 01, **W06**]
Péricles, -is	Perikles; athenischer Politiker (ca. 495 – 429 v. Chr.) [K 04]
Persae, -árum	Perser; Volk in Asien [K 01]
Perseus, -i	Perseus; griechischer Heros (Held und Halbgott) [K 25]
Petrus, -i	Petros; Jünger Jesu und Apostel (gest. ca. 65 n. Chr.) [K 20]
Phídias, -ae	Phidias; griechischer Bildhauer und Erzgießer (5. Jh. v. Chr.) [K 12]
Philíppi, -órum	Philippi; Stadt in Nordgriechenland [K 03]
Phílippus, -i	Philipp (II.); König von Makedonien, Vater Alexanders d. Gr. (359 – 336 v. Chr.) [K 06]
Phílippus, -i	Philipp (V.); König von Makedonien (221 – 179 v. Chr.) [K 25]
Píndarus, -i	Pindar; griechischer Dichter (ca. 518 – 444 v. Chr.) [K 13]
Piráeus, -i	Piräos; Hafen von Athen [K 01]
Plato, -ónis	Platon; griechischer Philosoph (427 – 347 v. Chr.) [K 01]
Plutárchus, -i	Plutarch; griechischer Philosoph und Schriftsteller (46 – 120 n. Chr.) [K 10]
Poeni, -órum	Punier; karthagischer Volksstamm [W 08]
Pompeíus, -i, Cn.	Pompeius; römischer Politiker und Feldherr (106 – 48 v. Chr.) [K 30]
Porta Nigra	Porta Nigra; Stadttor, heute Wahrzeichen von Trier [K 45]
Procópius, -i	Prokop; byzantinischer Geschichtsschreiber (ca. 500 – 565 n. Chr.) [W 11]
Próculus, -i	Prokulus; römischer Jurist (1. Jh. n. Chr.) [K 36]
Púnicus, -a, -um	punisch; karthagisch [K 26]
Pyrrhus, -i	Pyrrhus; König von Epiros (306 – 207 v. Chr.) [K 10]
Pýthia, -ae	Pythia; Priesterin am Orakel von Delphi [K 10]
Pýthicus, -a, -um	pythisch; zum delphischen Apoll gehörend [K 09]
Pytho, -ónis	Python; Drachenschlange bei Delphi [K 09]
Quadrigárius, -i, Claudius	Claudius Quadrigarius; römischer Geschichtsschreiber (um 80 v. Chr.) [K 46]
Quirítes, -um	Quiriten; ehrende Anrede des römischen Volkes [W 10]
Ravénna, -ae	Ravenna; Stadt in Norditalien an der Adria [W 11]
Rhódii, -órum	Rhodier; Einwohner von Rhodos [K 25]
Rhodus, -i	Rhodos; griechische Insel in der Ägäis [K 25]

Roma, -ae	Rom; Hauptstadt des römischen Reiches [K 03]
Románus, -a, -um	römisch; Subst.: der Römer [W 15]
Rómulus, -i	Romulus; mythischer Gründer und erster König Roms [K 10]
Sálamis, -ínis (Akk.: Salamína)	Salamis; Insel südlich von Athen [K 04]
Sallústius, -i, C. ~ Crispus	Sallust; römischer Geschichtsschreiber (86 – 34 v. Chr.) [K 21]
Saxónes, -um	Sachsen; germanischer Volksstamm [W 12]
Scípio, -ónis	Scipio; Gentilname mehrerer bedeutender Politiker Roms [K 26]
Scípio, -ónis, P. Cornélius ~ Africánus maior	Scipio Africanus maior; Sieger über Hannibal bei Zama in Afrika (235 – 183 v. Chr.) [K 26]
Séneca, -ae	Seneca; römischer Philosoph, Erzieher Neros (4 – 65 n. Chr.) [W 01, **K 38**]
Sicília, -ae	Sizilien; Insel im westlichen Mittelmeer [K 27]
Sículi, -órum	Sikuler; Bewohner von Sizilien [W 09]
Sócrates, -is	Sokrates; griechischer Philosoph (470 – 399 v. Chr.) [K 01, **K 02**]
Solo(n), -ónis	Solon; griechischer Politiker (ca. 640 – 560 v. Chr.) [K 11]
Sparta, -ae	Sparta; Stadt und Militärmacht auf der Peloponnes [K 27]
Spartiátae, -árum	Spartaner; Einwohner von Sparta [K 05]
Stóici, -órum	Stoiker; griechische Philosophen(schule) [K 38]
Tántalus, -i	Tantalos; mythischer König von Kleinasien [K 14]
Tarpeíum saxum, -i -i	Tarpeischer Fels; Ort der Todesstrafe in Rom [K 25]
Tarquínius, -i Supérbus	Tarquinius Superbus; siebter und letzter König Roms (um 510 v. Chr.) [W 03]
Tellus, -úris	Tellus; gr. Gaia, Erdgöttin, „Mutter Erde“ [K 09]
Téncteri, -órum	Tenkterer; germanischer Volksstamm [K 29]
Thales, -is	Thales; erster griechischer Philosoph (um 600 v. Chr.) [W 01]
Themístocles, -is	Themistokles; athenischer Feldherr und Politiker (ca. 524 – 459 v. Chr.) [K 10]
Theodóra, -ae	Theodora; Gemahlin des Kaisers Justinian (508 – 548 n. Chr.) [W 11]
Theodósius, -i	Theodosius (der Große); römischer Kaiser (379 – 395 n. Chr.) [K 12]
Theseus, -i	Theseus; mythischer Held und König von Athen [K 10]
Thessaloníce, -es	Thessalonike; Stadt in Nordgriechenland [K 03]
Thucýdides, -is	Thukydides; griechischer Geschichtsschreiber (ca. 460 – 400 v. Chr.) [K 04]
Tíberis, -is	Tiber; Fluss durch Rom [W 15]
Timóchares, -is	Timochares; Freund des Königs Pyrrhus von Epiros [K 46]
Titus, -i	Titus; Sohn des Tarquinius Superbus [W 03]
Traiánus, -i, M. Úlpius	Trajan; römischer Kaiser (98 – 117 n. Chr.) [K 06]
Troia, -ae	Troja; Stadt im Nordwesten Kleinasiens, Schauplatz des Trojanischen Krieges [W 10]
Troiánus, -a, -um	trojanisch; Subst.: der Trojaner, Einwohner von Troja [K 18]
Túsculum, -i	Tusculum; latinische Landstadt südöstlich von Rom [K 24]
Ulíxes, -is	Odysseus; griechischer Held vor Troja [W 04]
Usípetes, -um	Usipeter; germanischer Volksstamm [K 29]
Útica, -ae	Utika; Stadt nordwestlich von Karthago [K 31]
Valérius , -i, Q. ~ Ántias	Valerius Antias; römischer Geschichtsschreiber (1. Jh. v. Chr.) [K 46]
Venus, -eris	Venus; gr. Aphrodite, Göttin der Liebe und der Schönheit [W 10]
Vergílius, -i, P. ~ Maro	Vergil; römischer Nationaldichter (70 – 19. v. Chr.) [K 18]
Verres, -is, C.	Verres; römischer Statthalter in Sizilien (ca. 115 – 43 v. Chr.) [W 09]
Via Áppia	Via Appia; Straße von Rom nach Capua [K 20]
Victória, -ae	Victoria; gr. Nike, Göttin des Sieges [W 02]
Villa Adriána, -ae -ae	Villa Adriana; Hadrians Villenanlage bei Tivoli [K 07]
Zeno, -ónis	Zenon; griechischer Philosoph (ca. 335 – 262 v. Chr.) [K 41]

Lateinisch-deutsches Wörterverzeichnis

Das Wörterverzeichnis enthält den gesamten Lernwortschatz von AUSPICIA **I bis III** (ohne die Eigennamen). Die **Zahlen in Klammern** geben das Kapitel an, in dem das betreffende Wort zum ersten Mal in **AUSPICIA III** vorkommt und im Lernwortschatz aufgeführt ist. Vokabeln ohne Zahlenangaben stammen aus AUSPICIA I und II. Fett gedruckte Zahlenangeben weisen auf Wörter hin, die bereits in AUSPICIA I/II vorkamen und in AUSPICIA III erneut behandelt werden.

ab (ā) (+ Abl.)	von – weg; (zeitlich) seit
abdū́cere	wegführen
abésse, ā́fuī	abwesend, entfernt sein
abícere	wegwerfen (K 33a)
abī́re	weggehen
absólvere	freisprechen
cápitis absólvere	von der Anklage auf Leben oder Tod freisprechen **(K 25a)**
abstinḗre (+ Abl.)	sich fern halten
iniūriā abstinḗre	sich von Unrecht fern halten, kein Unrecht tun
accḗdere	heranrücken
accḗdere ad rem pū́blicam	sich politisch betätigen
accéndere	anzünden
accídere	sich ereignen, zustoßen
áccidit, ut	es ereignet sich, dass
accípere	annehmen, empfangen, vernehmen
accūsā́re	anklagen (K 25a)
cápitis accūsā́re	auf Leben und Tod anklagen (K 25a)
ācer, ācris, ācre	scharf, heftig
áciēs, aciḗī	die Schärfe; Kampflinie, Schlacht(ordnung)
acquī́rere	erwerben
ad (+ Akk.)	zu, bei, an
áddere	hinzufügen
addū́cere	hinführen, veranlassen
ádeō	so sehr
adésse, ádfuī / áffuī	anwesend sein, helfen
adhibḗre	anwenden
adhūc	noch, bis jetzt
adícere	hinzufügen
adímere	wegnehmen (K 30a)
adipī́scī	erlangen, erreichen (K 21a)
adī́re	herangehen, aufsuchen
perī́culum adī́re	eine Gefahr auf sich nehmen
adiuvā́re (+ Akk.)	helfen, unterstützen
ádiuvō tē	ich helfe dir, unterstütze dich
administrā́re	verwalten (K 28a)
admīrā́rī	bewundern, sich wundern (K 2a)

admīrā́tiō, -ṓnis	die Bewunderung (K 2a)
admíttere	zulassen
admonḗre	ermahnen, erinnern
admovḗre	heranbewegen
adōrā́re	anflehen
adulḗscēns, -éntis m.	der junge Mann
advenī́re	ankommen
advéntus, -ūs	die Ankunft (K 37a)
adversā́rius, -ī	der Gegner, Feind
adversā́rium pétere	einen Gegner angreifen
advérsus, -a, -um	ungünstig, widrig
rēs advérsae	das Unglück
advocā́re	herbeirufen
advolā́re	herbeieilen
aedificā́re	bauen
aedifícium, -ī	das Gebäude
aequā́lis, -le	gleichaltrig; subst.: der Kamerad (K 42a)
aequor, áequoris n.	das Meer, die Meeresoberfläche
aequus, -a, -um	gleich, billig, gerecht
aequō ánimō	mit Gleichmut, Gelassenheit
aequē atque	gleich wie (K 23a)
aequō plūs	mehr als billig; ungebührlich viel (K 34a)
aër, áëris m.	die Luft
aes, aeris n.	das Erz, Kupfer(geld)
aestās, aestā́tis	der Sommer (K 27a)
aestimā́re	schätzen, glauben
+ Gen. pretii	für wert halten, achten, ansehen (K 24a)
aetās, aetā́tis	die Zeit, das Zeitalter
aetérnus, -a, -um	immerwährend, ewig (K 17a)
afférre	herbeibringen, zufügen
iniū́riam afférre	Unrecht zufügen
affícere	versehen mit, behandeln
ager, agrī	der Acker, das Feld
ágere	tun, verhandeln, treiben
dē pāce ágere	über Frieden verhandeln
ággredī	angreifen (K 11a)
agmen, ágminis	die Schar, der Heereszug

agrícola, -ae m.	der Bauer
aiō (meist Einschub)	ich sage (K 42a)
ut ait Séneca	wie Seneca sagt (K 42a)
álere	ernähren, erziehen
aliḗnus, -a, -um	fremd
aliquándō	einst, einmal
aliquántum	beträchtlich viel (K 23a)
áliquis – áliquid (subst.) / **áliquī – áliqua – áliquod** (adj.)	irgendeiner, (irgend)jemand, (irgend)etwas / irgendein (K 15a)
álius, -a, -ud	ein anderer
álius ... álius	der eine ... der andere
alter, áltera, álterum	der eine / andere von beiden (K 31a)
altus, -a, -um	hoch, tief
altitū́dō, -inis	die Höhe, Tiefe (K 22a)
amā́re	lieben
ambulā́re	spazieren gehen
āmēns, āméntis	töricht, wahnsinnig (K 48a)
amī́ca, -ae	die Freundin
amīcítia, -ae	die Freundschaft
amī́cus, -ī	der Freund
āmíttere	verlieren
āmovḗre	wegbewegen, wegschaffen
amor, amṓris	die Liebe
amṓre impúlsus	aus Liebe
amplus, -a, -um	geräumig, groß
... an ...	... oder ...(*Doppelfrage*) (K 38a)
animadvértere	wahrnehmen
ánimal, animā́lis	das Lebewesen, Tier
ánimus, -ī	das Herz, der Mut, Verstand, Sinn
mōtus ánimī	die innere Erregung
ánimum amī́cī movḗre	den Sinn des Freundes ändern, den Freund umstimmen
annus, -ī	das Jahr
ante (+ Akk.)	vor
ante cēnam	vor dem Essen
ante vīllam	vor dem Haus
duṓbus annīs ante	zwei Jahre vorher (K 36a)
ánteā	vorher (K 22a)
ántequam	ehe, bevor (K 44a)
antíquus, -a, -um	alt
aperī́re	aufdecken, öffnen
apértus, -a, -um	offen (K 37a)
(in) apértō locō	in offenem Gelände (K 37a)
appārḗre	sich zeigen, erscheinen
appellā́re	anreden, nennen
appéllō tē amī́cum	ich nenne dich Freund
appétere	begehren

apportā́re	herbeibringen, -tragen
aptus, -a, -um	geeignet, passend (K 19a)
apud (+ Akk.)	bei
aqua, -ae	das Wasser
áquila, -ae	der Adler, Legionsadler
āra, -ae	der Altar (K 3a)
arbitrā́rī	glauben, meinen (K 2a)
arbor, árboris f.	der Baum
arcḗre	abwehren
arcéssere	herbeiholen;
+ Gen.	vor Gericht fordern (K 25a)
auxíliō arcéssere	zu Hilfe holen, rufen
ārdḗre	brennen (intrans.)
(h)arḗna, -ae	der Sand; Kampfplatz (K 14a)
argénteus, -a, -um	aus Silber, silbern
argéntum, -ī	das Silber (K 26a)
arma, -ṓrum	die Waffen
armā́re	bewaffnen
ars, artis	die Kunst
ártifex, artíficis	der Künstler
artifícium, -ī	das Kunstwerk (K 7a)
arx, arcis	die Burg
as, assis m.	der As
ascéndere	hinaufsteigen
aspéctus, -ūs	der Anblick (K 49a)
asper, -a, -um	rau, hart, schroff
aspícere	anschauen
assentī́rī	beistimmen (K 8a)
assíduus, -a, -um	beständig, eifrig, beharrlich (K 17a)
assuēfácere	gewöhnen (K 1a)
assuḗscere	(sich) gewöhnen
assuēvī	ich bin gewohnt, pflege (zu tun) **(K 45a)**
cómitem labṓre (labṓrī) assuḗscere	den Kameraden an Arbeit gewöhnen **(K 35)**
labṓre (labṓrī) assuḗscere	sich an Arbeit gewöhnen **(K 35)**
atque (ac)	und; wie (bei Wörtern der Gleichheit und Ungleichheit) (K 23a)
aequē atque	gleich wie (K 23a)
īdem atque	derselbe wie (K 33a)
atténtus, -a, -um	angespannt, aufmerksam
attribúere	zuteilen
auctor, auctṓris	der Urheber, Verfasser, Gewährsmann, Gründer
Cáesare auctṓre	auf Veranlassung Cäsars
auctṓritās, -tā́tis	das Ansehen, der Einfluss
audā́cia, -ae	die Kühnheit
audāx, audā́cis	kühn, tollkühn

audḗre	wagen (K 12a)
audī́re	hören
auférre	wegnehmen, wegschaffen
augḗre	vermehren, fördern
áureus, -a, -um	aus Gold, golden
auris, -is	das Ohr (K 43a)
aurum, -ī	das Gold
aut	oder
aut – aut	entweder ... oder
autem (nachgestellt)	aber
autúmnus, -ī	der Herbst (K 27a)
auxílium, -ī	die Hilfe
auxíliō arcéssere	zu Hilfe holen, rufen
auxílium pétere	um Hilfe bitten
auxíliō venī́re	zu Hilfe kommen
avārítia, -ae	die Habsucht, der Geiz (K 21a)
avā́rus, -a, -um	habgierig, geizig (K 49a)
āvértere	abwenden
avis, -is	der Vogel
avus, -ī	der Großvater (K 31a)
beā́tus, -a, -um	glücklich
bellum, -ī	der Krieg
bellum cīvī́le	der Bürgerkrieg
bellum ē bellō sérere	einen Krieg an den anderen reihen
bellum īnférre	bekriegen
benĕ (Adv.)	gut
bene factum, -ī	die gute Tat
benefícium, -ī	die Wohltat (K 28a)
bḗstia, -ae	das (wilde) Tier
bíbere	trinken
bonum, -ī	das Gute, das Gut
bonus, -a, -um	(sittlich) gut, tüchtig **(K 5a)**
brevis, -ve	kurz
brevī	in Kürze, bald **(K 37a)**
cádere	fallen
caecus, -a, -um	blind (K 40a)
cáedere	fällen, niederhauen
caedēs, -is	der Mord (K 25a)
caelum, -ī	der Himmel, das Klima
calámitās, -tā́tis	das Unglück, Missgeschick
campus, -ī	die Ebene, das Feld (K 1a)
cánere	singen
canis, -is	der Hund
cantā́re	singen
cantus, -ūs	der Gesang
cápere	nehmen, fangen, ergreifen
mente captus	verrückt
captā́re	fangen
caput, cápitis n.	das Haupt, der Kopf, die Hauptstadt
cápitis absólvere	von der Anklage auf Leben oder Tod freisprechen **(K 25a)**
cápitis accūsā́re	auf Leben und Tod anklagen (K 25a)
cápitis damnā́re	zum Tod verurteilen (K 25a)
cápite dēmíssō	mit gesenktem Haupt
cápite nūdō	mit bloßem Kopf
carḗre (+ Abl.)	nicht haben, entbehren **(K 34a)**
pecū́niā carḗre	kein Geld haben
carmen, cárminis	das Lied, Gedicht
cārus, -a, -um	lieb, teuer (K 4a)
castra, -ṓrum	das Lager
cāsus, -ūs	der Fall, Zufall
cāsū	zufällig (K 36a)
causa, -ae	die Sache, Ursache, der Grund, Prozess
eā (hāc) dē causā	aus diesem Grund
quā dē causā	aus diesem Grund, deshalb (K 21a)
causā (+ Gen.) (nachgestellt)	wegen, um ... willen; um zu ... (nd-Formen) (K 36a)
amīcṓrum causā	der Freunde wegen, um der Freunde willen (K 36a)
pecū́niae causā	um des Geldes willen (K 36a)
ludéndī causā	um zu spielen (K 36a)
cavḗre (+ Akk.)	sich hüten, sich in Acht nehmen vor
Cave canem!	Hüte dich vor dem Hund!
cḗdere	gehen, weichen; nachstehen
alícui cḗdere virtū́te	jmd. an Leistung nachstehen (K 36a)
céleber, -bris, -bre	gefeiert; viel besucht, volkreich (K 45a)
céler, céleris, célere	schnell
celéritās, -tā́tis	die Schnelligkeit
cēna, -ae	das Essen, die Mahlzeit
cēnā́re	speisen
cēnsḗre	schätzen, meinen, mustern
centum	hundert
centúriō, -ṓnis	der Hauptmann (Führer einer Hundertschaft) (K 19a)
cérnere (nur Präsensst.)	sehen, sichten
certā́men, -minis	der Wettkampf, Streit (K13a)
certā́re	streiten, kämpfen
certā́re dē impériō	um die Herrschaft streiten

certus, -a, -um	sicher, gewiss, bestimmt
certē (Adv.)	gewiss, mit Sicherheit
amī́cum certiṓrem fácere dē ...	den Freund benachrichtigen von ...
cḗterī, -ae, -a	die Übrigen (K 47a)
cibus, -ī	die Speise
cíngere	umgürten, umzingeln
circā (+ Akk.)	um – herum
círciter (Adv.)	ungefähr (K 45a)
circum (+ Akk.)	um – herum
circúmdăre	umgeben, umzingeln
circumī́re	herumgehen, umzingeln
circus, -ī	der Zirkus, die Rennbahn
citō (Adv.)	schnell **(K 7a)**
cítius, citíssimē	schneller, am schnellsten (K 7a)
cīvī́lis, -le	bürgerlich
bellum cīvī́le	der Bürgerkrieg
cīvis, -is m.	der Bürger
cī́vitās, -tā́tis	der Staat, die Bürgerschaft
clādēs, -is	die Niederlage
clam	heimlich
clāmā́re	schreien, rufen
clāmor, clāmṓris	das Geschrei
clārus, -a, -um	hell, klar, berühmt
classis, -is	die Flotte, Abteilung
cláudere	schließen
coepísse	begonnen (zu) haben (Perf. zu *incípere*)
coercḗre	zügeln, in Schranken halten (K 48a)
cṓgere	zusammenbringen; zwingen, sammeln
cōgitā́re (+ Akk.)	denken (an)
pācem cṓgitō	ich denke an Frieden
cōgitā́tiō, -ṓnis	das Denken, der Gedanke (K 49a)
cognṓmen, -minis	der Beiname (K 47a)
cōgnṓscere	erkennen
cōgnṓvī	ich kenne, weiß **(K 45a)**
cohibḗre	zurückhalten, festhalten (K 40a)
cóhors, cohórtis	die Kohorte (10. Teil der Legion, bis zu 600 Soldaten) (K 44a)
cólere	bebauen, pflegen, verehren
collígere	sammeln
collis, -is m.	der Hügel
collocā́re	aufstellen, errichten
cólloquī	sich unterhalten (K 10a)
color, colṓris	die Farbe

comes, cómitis	der Begleiter, Kamerad
comitā́rī	begleiten (K 19a)
commíttere	anvertrauen; zustande bringen, begehen
cómmodum, -ī	der Vorteil (K 46a)
commovḗre	heftig bewegen, erregen
commū́nis, -ne	gemeinsam (K 30a)
comparā́re	zusammentragen; vergleichen (K 49a)
comperī́re	erfahren
compléctī	umfassen (K 9a)
complḗre	anfüllen
complū́rēs, -ium	mehrere (K 5a)
compṓnere	zusammenstellen, ordnen, verfassen
cōnā́rī	versuchen (K 2a)
concḗdere	weichen; zugestehen
concórdia, -ae	die Eintracht
concúrrere	zusammenlaufen, zusammenstoßen
concútere	erschüttern (K 38a)
cóndere	gründen; verbergen
ab urbe cónditā	seit Gründung Roms
condíciō, -ṓnis	die Bedingung, Lage
cōnférre	zusammentragen, vergleichen
sē cōnférre	sich begeben
cōnfícere	vollenden, beenden
cōnfī́dere	vertrauen (K 12a)
vī́ribus suīs cōnfī́sus	im Vertrauen auf seine Kräfte (K 12a)
cōnfirmā́re	stärken, bekräftigen, behaupten (K 32a)
cōnfitḗrī	gestehen, bekennen (K 3a)
conícere	hinwerfen; vermuten
coniúngere	verbinden
coniūnx, cóniŭgis m.	der Ehemann
f.	die Ehefrau, Gattin
coniūrā́tiō, -ṓnis	die Verschwörung
conquī́rere	zusammensuchen, sammeln
cōnscrī́bere	verfassen
cōnsentī́re	übereinstimmen
cṓnsequī	folgen, erreichen (K 9a)
cōnsérere	aneinander reihen, zusammenfügen
cōnsī́dere	sich setzen, sich niederlassen
cōnsílium, -ī	der Rat, Plan
hōc cōnsíliō	in der Absicht (K 36a)
cōnsístere	sich hinstellen, Halt machen
cōnspéctus, -ūs	der Anblick, das Blickfeld
cōnspícere	erblicken

cōnstā́re	feststehen, kosten, bestehen aus
cōnstat	es ist bekannt, steht fest
victória multō sánguine cōnstat	der Sieg kostet viel Blut
cōnstitúere	festsetzen, beschließen
cōnsuḗscere	(sich) gewöhnen
cōnsuēvī	ich bin gewohnt, pflege (zu tun) **(K 45a)**
cómitem labṓre (labṓrī) cōnsuḗscere	den Kameraden an Arbeit gewöhnen
labṓre (labṓrī) consuḗscere	sich an Arbeit gewöhnen
cōnsuētū́dō, -inis	die Gewohnheit, der Umgang
mihi cōnsuētū́dō tēcum est	ich habe Umgang mit dir
cṓnsul, -lis m.	der Konsul
Cicerṓne cṓnsule	im Konsulatsjahr Ciceros
Cicerṓne (et) Antṓniō cōnsúlibus	unter dem Konsulat des Cicero und Antonius
cōnsúlere (+ Akk.)	um Rat fragen, beraten;
(+ Dat.)	sorgen für
frātrem cṓnsulō	ich frage den Bruder um Rat, ich berate den Bruder
frātrī cṓnsulō	ich sorge für den Bruder
cōnsúltum, -ī	der Beschluss (K 47a)
cōnsū́mere	verbrauchen
contémnere	verachten
conténdere	sich anstrengen, eilen; kämpfen; behaupten
contentus, -a, -um (+ Abl.)	zufrieden (mit)
continḗre	zusammenhalten, enthalten
contíngere	berühren, eintreffen, gelingen
contíngit, ut	es gelingt, glückt, dass
contínuus, -a, -um	zusammenhängend, beständig, fortwährend (K 21a)
contínuō (Adv.)	fortlaufend, fort und fort (K 21a)
contiō, -ōnis	die Versammlung, Volksversammlung
contrā (+ Akk.)	gegen
contráhere	zusammenziehen
convenī́re	zusammenkommen
convértere	umwenden, hinwenden
convíncere	überführen (vor Gericht) (K 25a)
convī́va, -ae m.	der Gast
cṓpia, -ae	die Menge, der Vorrat
cṓpia aurī	eine Menge Gold (K 23a)
cṓpiae, -ā́rum	die Truppen

cor, cordis n.	das Herz
mihi cordī est	es liegt mir am Herzen
cornu, -ūs n.	das Horn
corpus, córporis	der Körper
córpore salvō	mit heiler Haut
corrígere	verbessern
cotī́diē	täglich (K 19a)
creā́re	erschaffen, wählen (K 31a)
crēber, -bra, -brum	häufig, zahlreich
crēbrō (Adv.)	häufig, oft
crḗdere	anvertrauen, glauben
crḗderēs	man hätte glauben können (K 40a)
crḗscere	wachsen
crīmen, crī́minis	der Vorwurf, das Verbrechen
tibi crī́minī dō	ich mache dir zum Vorwurf
tibi crī́minī sum	mir wird von dir vorgeworfen
crūdḗlis, -le	grausam
crūdēlitās, -tā́tis	die Grausamkeit (K 40a)
culpa, ae	die Schuld
cum (Präp. + Abl.)	mit
cum (Kju. + Ind.)	(immer) wenn, sooft; **(K 13a)**
	als, seit; (K 13a)
	dadurch dass, indem (K 13a)
cum prīmum (+ Ind. Perf.)	sobald (als) (K 44a)
cum (Kju. + Konj.)	als; da, weil; **(K 14a)**
	obwohl, während (K 14a)
cūnctī, -ae, -a	alle
cúpere	wünschen
cupíditās, -tā́tis	die Begierde
cupī́dō, -inis	die Begierde (K 38a)
cúpidus, -a, -um	begierig (K 26a)
pecū́niae cúpidus	begierig nach Geld (K26a)
cūr?	warum?
cūra, -ae	die Sorge
cūrā́re (+ Akk.)	sich kümmern um, sorgen für, pflegen
+ Gerundiv	"lassen" (K 30a)
hóspitem cūrō	ich sorge für den Gast
pontem faciéndum cūrā́re	eine Brücke bauen lassen (K 30a)
cū́ria, -ae	die Kurie, das Rathaus (K 42a)
cúrrere	laufen
cursus, -ūs	der Lauf
custṓdia, -ae	die (Nacht)Wache, Haft (K 19a)
custṓdiā tenḗre	in Bewachung (Haft) halten (K 19a)
custōs, custṓdis	der Wächter

damnā́re	verurteilen (K 25a)
cápitis damnā́re	zum Tod verurteilen (K 25a)
pecū́niā, exíliō, morte damnā́re	zu einer Geldstrafe, zur Verbannung, zum Tod verurteilen (K 25a)
dăre	geben
lítterās dare ad amī́cum	dem Freund einen Brief schreiben
lítterīs sē dare	sich den Wissenschaften widmen
tibi crī́minī dō	ich mache dir zum Vorwurf
dē (+ Abl.)	von – herab; über
dea, -ae	die Göttin
dēbḗre	schulden, müssen
nōn dēbḗre	nicht dürfen
dēbilitā́re	schwächen, lähmen
decem	zehn
dēcérnere	beschließen
dēcḗdere	weggehen, sterben
ē (dē) vītā dēcḗdere	aus dem Leben scheiden, sterben
décimus, -a, -um	der zehnte
decus, décoris	die Ehre, der Schmuck
dédere	ausliefern, übergeben
cṓpiae sē dēdidḗrunt	die Truppen ergaben sich
dēdū́cere	wegführen
deésse	fehlen
dēféndere	verteidigen, abwehren
dēférre	forttragen, überbringen, melden
dēfícere	fehlen; abfallen
dégere	verbringen, leben (K 5a)
(vītam) dégere	das Leben verbringen, leben (K 5a)
deínde	hierauf, daraufhin
dēlectā́re	erfreuen
dēlḗre	zerstören
dēlīberā́re	überlegen, erwägen
dēlígere	auswählen
dḗmere	wegnehmen
dēmíttere	hinablassen
cápite dēmíssō	mit gesenktem Haupt
dēmōnstrā́re	aufzeigen, beweisen
dēmovḗre	wegbewegen, fortschaffen
dēnā́rius, -ī	der Denar (röm. Silbermünze) (K 24a)
dénique	schließlich, endlich (K 49a)
dēns, dentis m.	der Zahn
dēpṓnere	ablegen
dēscéndere	herabsteigen
dēsérere	im Stich lassen
dēsīderā́re (+ Akk.)	sich sehnen nach
patrem dēsī́derō	ich sehne mich nach dem Vater
dēsīdérium, -ī	die Sehnsucht
dēsilī́re	herabspringen
dēsínere	ablassen, aufhören
dēspērā́re	verzweifeln, die Hoffnung aufgeben (K 14a)
dē salū́te dēspērā́re	an der Rettung verzweifeln, die Hoffnung auf Rettung aufgeben (K 14a)
dēspícere	verachten (K 39a)
dētégere	entdecken (K 20a)
dēterrḗre	abschrecken
dētráhere	wegnehmen, wegziehen (K 39a)
deus, -ī	der Gott
dī́cere	sagen
dī́cerēs	man hätte sagen können (K 40a)
dī́citur	es wird gesagt, man soll (K 41a)
dictā́tor, -tṓris	der Diktator
diēs, diḗī m.	der Tag;
f.	der Termin
diēs nātā́lis	der Geburtstag
diē ac nocte	bei Tag und Nacht (K 37a)
multō diē	spät am Tag (K 37a)
diem certam dī́cere	einen bestimmten Termin setzen
differre	sich unterscheiden; aufschieben
diffícilis, -le	schwer (zu tun), schwierig
difficúltās,- tā́tis	die Schwierigkeit (K 28a)
dī́gnitās, -tā́tis	die Würde
dīgnus, a, um (+ Abl.)	würdig
honṓre dīgnus sum	ich verdiene Ehre
dī́ligēns, -éntis	gewissenhaft, sorgfältig
dīlígere	lieben, hoch schätzen
dīmíttere	entlassen
dīrímere	trennen
dīrípere	plündern
discḗdere	auseinander gehen, weggehen
ē (dē) vītā discḗdere	aus dem Leben scheiden, sterben
dī́scere	lernen
discérnere	unterscheiden
disciplī́na, -ae	die Zucht; der Unterricht, die Lehre; die Philosophieschule (K 41a)

discípulus, -ī der Schüler (K 41a)
discórdia, -ae die Zwietracht (K 48a)
dispṓnere ordnen
dissentī́re uneins sein
dissérere erörtern
dissímilis, -le unähnlich (K 41a)
diū (Adv.) lange (Zeit) **(K 7a)**
diū́tius, diūtíssimē länger, am längsten (K 7a)
dīves, dī́vitis reich
dīvídere teilen
dīvī́nus, -a, -um göttlich (K 9a)
dīvítiae, -ā́rum der Reichtum
docḗre lehren
dóceō tē lítterās ich lehre dich Wissenschaften, Lesen und Schreiben
doctrī́na, -ae die Lehre, der Unterricht (K 17a)
doctus, -a, -um gelehrt
dolḗre Schmerz empfinden, bedauern
pedem dóleō, pēs mihi dolet mir tut der Fuß weh, ich habe Schmerzen am Fuß
dolor, dolṓris der Schmerz
dolus, -ī die List
domā́re bändigen, zähmen, bezwingen
dómina, -ae die Herrin
dóminus, -ī der Herr
domus, -ūs f. das Haus
domus rḗgia der Palast
domī zu Hause
domō von Zuhause (K 27a)
domum nach Hause (K 27a)
dōnā́re schenken
dōnec + Ind. solange (als) (K 44a)
dōnum, -ī das Geschenk
dormī́re schlafen
dubitā́re zweifeln;
+ Infinitiv Bedenken haben, zögern
dúbitō venī́re ich zögere zu kommen
dúbius, -a, -um zweifelhaft, schwankend
haud dúbiē zweifellos
dū́cere führen;
+ Gen. pretii für wert halten, achten, schätzen, ansehen (K 24a)
uxṓrem (in mātrimṓnium) dū́cere (eine Frau) heiraten
dum + abs. Ind. Präs. während **(K 44a)**
+ Ind. solange (als) (K 44a)
+ Konj. solange bis, bis (K 44a)
duo, duae, duo zwei
dūrus, -a, -um hart
saxō dū́rior steinhart (K 34a)

dux, ducis m. der Anführer, Feldherr
Hanníbale duce unter Führung Hannibals
mē duce unter meiner Führung

ḗdere herausgeben
ēducā́re erziehen
ēdū́cere herausführen
effére hinaustragen, bestatten
fortū́nā ēlā́tus vom Glück stolz gemacht
effícere bewirken
effúgere (+ Akk.) entfliehen, entgehen, entkommen (K 20a)
hostēs effúgere den Feinden entkommen, entfliehen (K 20a)
ex urbe effúgere aus der Stadt entkommen, (ent)fliehen (K 20a)
egḗre (+ Abl.) benötigen, brauchen **(K 34a)**
pecū́niā egēre Geld brauchen, benötigen
ego ich
ḗgredī herausgehen, hinausgehen (K 11a)
ēgrégius, -a, -um hervorragend
ēícere hinauswerfen, verstoßen
elephántus, -ī der Elefant
ēlígere auswählen
émere kaufen
enim (nachgestellt) denn, nämlich
epístula, -ae der Brief (K 13a)
eques, équitis der Reiter
equéster, -tris, -tre zum Reiter, Ritter gehörig (K 34a)
equéstrī locō ortus aus dem Ritterstand stammend (K 34a)
équidem ich wenigstens, ich für meine Person (K 41a)
equus, -ī das Pferd
ergō also (K 32a)
ērígere aufrichten, ermutigen
ērípere entreißen (K 28a)
errā́re irren
error, errṓris der Irrtum, die Irrfahrt
esse sein, existieren;
+ Gen. pretii wert sein, gelten (K 24a)
Germā́nīs magna óppida non sunt. Die Germanen haben keine großen Städte.
mihi nōmen … est ich heiße …
mihi cordī est es liegt mir am Herzen
tibi crī́minī sum mir wird von dir vorgeworfen
et und
et … et sowohl … als auch
étiam auch
etiámsī auch wenn (K 39a)

ēveníre	zustande kommen, sich ereignen
ēvértere	umstürzen, zerstören (K 29a)
ex (ē) (+ Abl.)	aus; (zeitlich) seit
exaudíre	erhören
excḗdere	hinausgehen
excéllere (nur Präsensst.)	hervorragen
excípere	herausnehmen, eine Ausnahme machen; empfangen
exclāmā́re	ausrufen
exémplum, -ī	das Beispiel, Vorbild
exercḗre	üben
exércitus, -ūs	das Heer
exígere	hinaustreiben; einfordern; vollenden
exíguus, -a, -um	klein, gering (K 19a)
ex(s)ílium, -ī	die Verbannung
exímius, -a, -um	ausnehmend, außerordentlich
exíre	heraus-, hinausgehen
exīstimā́re	glauben, meinen, einschätzen
éxitus, -ūs	der Ausgang (K 40a)
exōrnā́re	ausstatten (K 44a)
expedíre	frei machen, bereitmachen, mitteilen
mīles expedítus	ein kampfbereiter Soldat (vom Gepäck frei)
experírī	versuchen, erproben (K 8a)
expétere	verlangen, begehren
explḗre	ausfüllen, erfüllen
expṓnere	aussetzen, herausstellen
expūgnā́re	erobern
exquírere	aussuchen, durchsuchen, erforschen
éxsequī	ausführen (K 9a)
exspectā́re	erwarten
exspectā́tiō, -ṓnis	die Erwartung (K 34a)
exspectātiṓne prius	unerwartet früh (K 34a)
exstrúere	erbauen, errichten (K 6a)
exstínguere	auslöschen
extérior, -ius	der äußere (K 6a)
extrā (+ Akk.)	außerhalb **(K 6a)**
extrḗmus, -a, -um	der äußerste (K 6a)
extrḗmus annus	das letzte Jahr; der letzte Teil = das Ende des Jahres (K 45a)
ex(s)ul, éx(s)ulis m.	der Verbannte

faber, -brī	der Handwerker, Zimmermann (K 44a)
fā́bula, -ae	die Sage, Erzählung, Geschichte
fácere	tun, machen;
+ Gen. pretii	für wert halten, achten, schätzen, ansehen (K 24a)
amīcum certiṓrem fácere dē ...	den Freund benachrichtigen von ...
patrem beā́tum fácere	den Vater glücklich machen
quō factum est	so kam es (K 1a)
fáciēs, faciḗī	das Gesicht, Aussehen
fácilis, -le	leicht (zu tun)
fácile (Adv.)	leicht
fácinus, facínoris	die Tat, Untat
facúltās, -tā́tis	die Fähigkeit, Möglichkeit (K 29a)
factum, -ī	die Tat
bene factum	die gute Tat
fállere	täuschen
falsus, -a, -um	falsch
falsō (Adv.)	fälschlich, falsch
fāma, -ae	das Gerede, Gerücht, der Ruf, Ruhm
família, -ae	die Familie, Hausgemeinschaft
familiā́ris, -re	zur Familie gehörig, befreundet
rēs familiā́ris (-ēs)	das Vermögen
fascis, -is m.	das Rutenbündel
fatḗrī	gestehen, bekennen (K 3a)
febris, -is	das Fieber
fēlīx, fēlícis	glücklich
fḗmina, -ae	die Frau
ferē	beinahe, fast (K 29a)
fḗriae, -ā́rum	die Feiertage, Ferien
ferōx, ferṓcis	wild
ferre	tragen, ertragen, bringen
fertur	es wird überliefert, man soll **(K 41a)**
lēgem ferre	ein Gesetze einbringen, beantragen (K 13a)
prae sē ferre	zeigen, an den Tag legen (K 23a)
ferrum, -ī	das Eisen, das Schwert (K 14a)
ferus, -a, -um	wild
fídēs, fídēī	die Treue, Ehrlichkeit, Zuverlässigkeit
fidem habḗre	Glauben schenken
fīdus, -a, -um	treu, zuverlässig

fierī	werden, geschehen, entstehen; gemacht werden (K 1a)
quō fit	so kommt es (K 1a)
fīgere	befestigen, anheften
fīlia, -ae	die Tochter
fīlius, -ī	der Sohn
fíngere	erdichten, erfinden
fīnīre	beenden, begrenzen
fīnis, -is	das Ende, die Grenze
fīnēs, -ium	die Grenzen, das Gebiet
firmus, -a, -um	stark, tapfer
fléctere	biegen
flēre	(be)weinen
flōrēre	blühen
flōs, flōris	Blume, Blüte
flūctus, -ūs	die Flut (K 35a)
flúere	fließen (K 45a)
flūmen, flūminis	der Fluss
flúvius, -ī	der Fluss
foedus, fóederis	das Bündnis
foedus inīre	ein Bündnis, einen Vertrag schließen
fōns, fontis m.	die Quelle
forīs	draußen, außerhalb (K 29a)
fortis, -te	tapfer, stark
fortíssimus ómnium	der Allertapferste (K 23a)
fórtiter sē gérere	sich tapfer zeigen
fortitūdō, -inis	die Tapferkeit (K 21a)
fortūna, -ae	das Glück, Schicksal
fortūnae, -ārum	der Besitz, das Hab und Gut, die Glücksgüter
forum, -ī	der Markplatz, das Forum (K 2a)
frángere	brechen
frāter, frātris	der Bruder
fraus, fraudis	der Betrug
fréquēns, -éntis	zahlreich, häufig (K 27a)
frīgus, frīgoris	die Kälte, der Frost
frōns, frontis	die Stirn
ā fronte	vorn, von vorn
frūctus, -ūs	die Frucht, der Ertrag, Erfolg
fruī (+ Abl.)	genießen (K 10a)
vītā fruī	das Leben genießen (K 10a, 35a)
frūméntum, -ī	das Getreide (K 24a)
frūstrā	vergeblich
fuga, -ae	die Flucht
fugā salūtem pétere	sein Heil in der Flucht suchen
fugāre	in die Flucht schlagen, vertreiben
fúgere (+ Akk.)	fliehen vor, entgehen
mortem fúgiō	ich entgehe dem Tod
néminem fugit	jeder weiß (niemandem entgeht es)
quem fugit?	wer weiß nicht?
fundāméntum, -ī	die Grundlage (K 22a)
fúndere	ausgießen, verstreuen
fúndere ac fugāre	vernichtend schlagen
fungī (+ Abl.)	verwalten, verrichten (K 10a)
mūnere fungī	ein Amt verwalten (K 10a, 35a)
fūnus, fūneris	die Bestattung, der Leichenzug
furor, furōris	die Raserei
fūrtum, -ī	der Diebstahl (K 25a)
fūrtī arcéssere	wegen Diebstahls vor Gericht fordern (K 25a)
futūrus, -a, -um	zukünftig
rēs futūrae	die Zukunft
gaudēre	sich freuen (K 12a)
gáudium, -ī	die Freude
gēns, gentis	das Volk, der Volksstamm, die Sippe, Familie
genus, géneris	das Geschlecht, die Familie
gérere	tun, ausführen, tragen
bellum gérere	Krieg führen
magistrātum gérere	ein Amt ausüben
fórtiter sē gérere	sich tapfer zeigen
rēs gestae	die Taten
gígnere	hervorbringen, erzeugen
gladiātor, -tōris	der Gladiator
gládius, -ī	das Schwert
glōria, -ae	der Ruhm
gradī	schreiten, gehen (K 11a)
gradus, -ūs	der Schritt, die Stufe
grandis, -de	groß, alt, großartig (K 22a)
grātia, -ae	der Dank, die Gunst, das Ansehen
grātiam habēre	Dank abstatten, danken
grātus, -a, -um	angenehm, dankbar
gravis, -ve	schwer (zu tragen)
grex, gregis m.	die Herde, Schar
gubernātor, -tōris	der Steuermann (K 35a)
habēre	haben, halten
grātiam habēre	Dank abstatten, danken
modum habēre	Maß halten
ōrātiōnem habēre	eine Rede halten
sermōnem habēre	ein Gespräch führen
hábeō tē amīcum	ich habe dich zum Freund
Hannibalem habēre prō hoste	Hannibal für einen Feind halten

habitā́re	wohnen
haerḗre	stecken (bleiben)
haud	nicht
haud dúbiē	zweifellos
herī	gestern (K 38a)
hic, haec, hoc	dieser, diese, dieses
hīc (Adv.)	hier (K 13a)
homō, -inis m.	der Mensch
honéstus, -a, -um	ehrenvoll, sittlich gut
honōs, honṓris	die Ehre
honṓre dīgnus sum	ich verdiene Ehre
hortā́rī	ermahnen, ermuntern (K 2a)
hospes, hóspitis	der Gast, Gastfreund
hospítium, -ī	die Gastfreundschaft
hostis, -is m.	der Feind
sīgna in hostēs īnférre	die Feinde angreifen
hūmā́nus, -a, -um	menschlich
húmilis, -le	niedrig, gering (K 4a)
humus, -ī f.	der Boden, Erdboden (K 33a)
humī	auf dem Boden (K 33a)
iacḗre	liegen
iácĕre	werfen
iactā́re	werfen, schleudern
iam	schon
nōn iam	nicht mehr
ibī	dort
ictus, -ūs	der Schlag, Stoß, Stich
īdem, éadem, idem	der-, die-, dasselbe (K 33a)
īdem atque	derselbe wie (K 33a)
ídeō	deshalb (K 40a)
idṓneus, -a, -um	passend, geeignet
ígitur	also (K 39a)
īgnā́vus, -a, -um	feig, untätig
ignis, -is	das Feuer
īgnōrā́re	nicht wissen
nōn īgnōrā́re	genau wissen, kennen
īgnṓtus, -a, -um	unbekannt
ille, illa, illud	jener, jene, jenes
illī́c	dort (K 20a)
illū́dere	verspotten
imā́gō, -inis	das Bild
imitā́rī	nachahmen (K 2a)
exémplum imitándum	ein nachahmenswertes Beispiel (K 30a)
imminḗre	drohend bevorstehen
impedīméntum, -ī	das Hindernis, Gepäck
Plural:	der Tross
impedī́re	hindern
impéllere	antreiben, veranlassen
amṓre impúlsus	aus Liebe
impéndere	aufwenden
imperā́re	befehlen
imperā́tor, -tṓris	der Befehlshaber, Feldherr, Kaiser
imperā́tor Augústus	der Kaiser Augustus
Varus imperā́tor	der Feldherr Varus
Augústō imperatṓre	unter der Herrschaft des Augustus, als A. Kaiser war
impérium, -ī	die Herrschaft, das Reich, der Befehl
impériō alícuius	unter jmds. Oberbefehl (K 36a)
impetrā́re	(durch Bitten) erlangen, erreichen (K 30a)
ímpetus, -ūs	der Antrieb, Drang, Angriff
implḗre	anfüllen
impṓnere	auf etwas setzen, stellen, legen, auferlegen
imprī́mīs	besonders
ímprobus, -a, -um	schlecht, unredlich (K 21a)
in (+ Abl. u. Akk.)	in, an, auf, nach (Richtung)
incḗdere	einhergehen, hineingehen
incéndere	anzünden
incéndium, -ī	der Brand
incértus, -a, -um	ungewiss (K 43a)
incídere	hineinfallen, in etwas geraten
in morbum incídere	erkranken
incípere	anfangen
incitā́re	erregen, anregen
íncola, -ae m.	der Bewohner
incólere	bewohnen
incrēdíbilis, -le	unglaublich
incursā́re	angreifen
indī́cere	ansagen, ankündigen
indī́gnus, -a, -um (+ Abl.)	unwürdig
māiṓribus indī́gnus	der Vorfahren unwürdig, die Vorf. nicht verdienend
indū́cere	hineinführen, verleiten
indústria, -ae	der Fleiß
īnfḗlīx, -fēlī́cis	unglücklich (K 42a)
ī́nferī, -ṓrum	die Unterirdischen
ad ī́nferōs	in die Unterwelt
apud ī́nferōs	in der Unterwelt
īnférre	hineintragen, zufügen
bellum īnférre	bekriegen
iniū́riam īnférre	Unrecht zufügen
sīgna in hostēs īnférre	die Feinde angreifen

īnfimus, -a, -um	der unterste, niedrigste (K 45a)
ínfimus mōns	der niedrigste Berg; der unterste Teil = der Fuß des Berges (K 45a)
īnfírmus, -a, -um	schwach (K 44a)
ingénium, -ī	die Veranlagung, Begabung
ingēns, -géntis	gewaltig, heftig
íngredī	hineingehen (K 37a)
inícere	hineinwerfen, einflößen
inimīcítiae, -ā́rum	die Feindschaft (K 31a)
inimī́cus, -ī	der (persönl.) Feind
inī́quus, -a, -um	ungleich, ungerecht; uneben (K 37a)
locō inī́quō	an einem ungünstigen (unebenen) Platz (K 37a)
inī́re	hineingehen, betreten
foedus inī́re	ein Bündnis, einen Vertrag schließen
vēr init	der Frühling beginnt
vēre ineúnte	bei Frühlingsbeginn (K 37a)
inítium, -ī	der Anfang (K 13a)
iniū́ria, -ae	das Unrecht
iniū́riam īnférre	Unrecht zufügen
inópia, -ae	die Not
inópiā labōrā́re	(an, unter) Not leiden
inopīnāns, -ántis	ahnungslos, ohne zu ahnen, ohne Ahnung
Graecīs inopīnántibus	wider Erwarten der Griechen, ohne dass die Griechen es ahn(t)en
inquī́rere	untersuchen, erforschen
ínquit (in die direkte Rede eingeschoben)	sagt er, sagte er
īnscius, -a, -um	unwissend, ohne Wissen
amī́cō īnsciō	ohne Wissen des Freundes
īnscrī́bere	betiteln, einschreiben
īnsequī	(unmittelbar) folgen (K 9a)
īnsídiae, -ā́rum	der Hinterhalt, Überfall
īnsídiās parā́re	auflauern
īnsī́gnis, -gne	ausgezeichnet, hervorragend (K 21a)
īnspícere	anschauen, prüfen (K 42a)
īnstā́re (+ Dat.)	drohend bevorstehen, bedrängen
tibi īnstō	ich bedränge dich
īnstitúere	einrichten, unterrichten
īnstitū́tum, -ī	die Einrichtung (K30a)
īnstrúere	einrichten, unterrichten
īnstrūméntum, -ī	das Werkzeug (K 35)
īnsula, -ae	die Insel; der Wohnblock
ínteger, -tegra, -tegrum	unbescholten, redlich, unverletzt
intégritās, -tā́tis	die Reinheit, Unversehrtheit (K 31a)
intellégere	einsehen, verstehen
vix intellégerēs	man hätte wohl kaum verstanden (K 40a)
inténtus, -a, -um	angespannt, aufmerksam
inter (+ Akk.)	zwischen, unter, während
inter vīcum et silvam	zwischen Dorf und Wald
inter amī́cōs	unter Freunden
inter cēnam	während des Essens
interdī́cere	untersagen
intérdum	manchmal, bisweilen
interésse (+ Dat.)	dabei sein, teilnehmen
lūdō interésse	am Spiel teilnehmen
interfícere	töten
ínterim	inzwischen (K 42a)
intérior, -ius	der innere (K 6a)
interī́re	untergehen
interrogā́re	fragen
íntimus, -a, -um	der innerste (K 6a)
intrā (+ Akk.)	innerhalb **(K 6a)**
intrā́re	eintreten, betreten
introī́re	hineingehen, eintreten (K 47a)
intuḗrī	betrachten (K 3a)
inū́tilis, -le	nutzlos, unnütz (K 5a)
invā́dere	eindringen
invenī́re	(er)finden
invidḗre (+ Dat.)	beneiden
invídeō tibi	ich beneide dich
invídia, -ae	der Neid, die Missgunst (K 5a)
inviolā́tus, -a, -um	unverletzt, unverletzlich (K 18a)
invītā́re	einladen
invī́tus, -a, -um	ungern, wider Willen
patre invī́tō	gegen den Willen des Vaters
ipse, -a, -um	selbst
īra, -ae	der Zorn
īrā́tus, -a, -um	zornig
īre	gehen
pédibus īre	zu Fuß gehen (K 35a)
irrīdḗre	verlachen, auslachen
is, ea, id	dieser, diese, dieses
id témporis	zu dieser Zeit (K 23a)
iste, ista, istud	dieser da (meist abschätzig)
ita	so (K 26a)
ítaque	deshalb, daher
iter, itíneris n.	der Weg, Marsch, die Reise
iter magnum	der Eilmarsch

íterum	ein zweites Mal, wiederum
íterum atque íterum	immer wieder
iubḗre (+ Akk.)	befehlen, beauftragen
iúbeō tē	ich befehle dir, beauftrage dich
iūcúndus, -a, -um	angenehm, erfreulich (K 22a)
iū́dex, iū́dicis	der Richter (K 13a)
iūdicā́re	urteilen, verurteilen, meinen
iūdícium, -ī	das Gericht, das Urteil, der Prozess (K 18a)
iúngere	verbinden
iūs, iūris n.	das Recht
iūre	mit Recht **(K 36a)**
iūris perī́tus	rechtskundig, erfahren im Recht
in iūs vocā́re	vor Gericht fordern (K 25a)
iussū	auf Befehl (K 36a)
iūstítia, -ae	die Gerechtigkeit (K 23a)
iūstus, -a, -um	gerecht
iuvā́re	helfen, erfreuen
iúvenis, -is	der junge Mann
iuvéntūs, -tū́tis	die Jugend
lābī	(nieder)gleiten, hinfallen (K 10a)
labor, labṓris	die Arbeit, Mühe
labṓres subī́re	Mühen, Anstrengungen auf sich nehmen
labṓre assuḗscere	an Mühe gewöhnen (K 35a)
labōrā́re	arbeiten;
+ Abl.	leiden an
inópiā labōrā́re	(an, unter) Not leiden
lácrima, -ae	die Träne (K 36a)
láedere	schlagen, beleidigen
laetus, -a, -um	froh, freudig
lapídeus, -a, -um	aus Stein, steinern
lapis, lápidis	der Stein
largī́rī	schenken (K 8a)
latḗre	verborgen sein
lātus, -a, -um	breit
latus, láteris	die Seite, Flanke
laudā́re	loben
indústria laudánda	ein lobenswerter Fleiß (K 30a)
laus, laudis	das Lob, der Ruhm
lectus, -ī	das Bett, Speisesofa
lēgā́tus, -ī	der Gesandte; Unterfeldherr (K 45a)
légere	sammeln, lesen
légiō, -ṓnis	die Legion
levā́re	erleichtern, lindern (K 35a)

levis, -ve	leicht (zu tragen)
lēx, lēgis	das Gesetz
lēgem ferre	ein Gesetz einbringen, beantragen (K 13a)
libénter (Adv.)	gerne **(K 7a)**
libéntius, libentíssimē	lieber, am liebsten (K 7a)
liber, librī	das Buch
līber, -a, -um	frei
līberā́re (+ Abl.)	befreien (von) **(K 34a)**
lī́berī, -ṓrum	die Kinder
lībértās, -tā́tis	die Freiheit
lībertī́nus, -ī	der Freigelassene
licet	es ist erlaubt, man darf, man kann
tibi licet domum abī́re	du darfst nach Hause gehen
līmes, lī́mitis	der Grenzwall (K 44a)
lingua, -ae	die Sprache (K 32a)
lígneus, -a, -um	aus Holz, hölzern
líttera, -ae	der Buchstabe
lítterae, -ā́rum	die Wissenschaft(en), der Brief
lítterās dare ad amī́cum	dem Freund einen Brief schreiben
lítterīs studḗre	sich um die Wissenschaften (Schriften, Literatur) bemühen
dóceō tē lítterās	ich lehre dich Wissenschaften, Lesen und Schreiben
lītus, lī́toris	die Küste
locus, -ī	der Ort, die Stelle
loca, -ṓrum	die Orte, Plätze (im Gelände)
(locī, -ṓrum	die Stellen in Büchern)
(in) apértō locō	in offenem Gelände (K 37a)
locō inī́quō	an einem ungünstigen (unebenen) Platz (K 37a)
equéstrī locō ortus	aus dem Ritterstand stammend (K 34a)
longus, -a, -um	lang, weit
longē (Adv.)	weit, bei weitem
longē óptimus	bei weitem, weitaus der Beste (K 5a)
loquī	sprechen, reden (K 10a)
lū́dere	spielen
lūdus, -ī	das Spiel, die Schule
lūdīs	zur Zeit der Spiele (K 37a)
lūna, -ae	der Mond
lūx, lūcis	das Licht
lūce	am hellen Tag (K 37a)
prīmā lūce	bei Tagesanbruch, bei Morgengrauen **(K 37a)**
luxúria, -ae	die Verschwendungssucht, der Luxus (K 23a)

magis (Adv.)	mehr (K 7a)
magíster, -trī	der Leiter, Lehrer
magistrā́tus, -ūs	das Amt, der Beamte
magistrā́tum gérere	ein Amt ausüben
magníficus, -a, -um	prächtig, herrlich (K 43a)
magnitū́dō, -inis	die Größe
magnus, -a, -um	groß **(K 5a)**
māior, -ius	größer (K 5a)
māior frātrum	der ältere Bruder (K 23a)
multō māior	viel (um vieles) größer (K 36a)
sólitō māior	ungewöhnlich groß (K 34a)
māiṓrēs, -ṓrum	die Vorfahren
mālle	lieber wollen
Mālō cantā́re quam labōrā́re.	Ich will lieber singen als arbeiten.
malum, -ī	das Schlechte, Übel
malus, -a, -um	schlecht **(K 5a)**
mandā́re	anvertrauen, übergeben (K 46a)
manḗre	bleiben, warten
manus, -ūs f.	die Hand, Mannschaft, Schar
manū tenḗre	in der Hand halten (K 35a)
mare, maris n.	das Meer
terrā marī́que	zu Wasser und zu Land
mármor, -moris n.	der Marmor
māter, mātris f.	die Mutter
máximus, -a, -um	der größte (K 5a)
máximē (Adv.)	am meisten **(K 7a)**
mē	mich
medicī́na, ae	das Heilmittel
médicus, -ī	der Arzt
médius, -a, -um	der mittlere (K 45a)
média urbs	die mittlere Stadt; der mittlere Teil = die Mitte der Stadt (K 45a)
médiam per urbem	durch die mittlere Stadt; durch die Mitte der Stadt, mitten durch die Stadt (K 45a)
mélior, -ius	besser (K 5a)
meminísse	sich erinnern, gedenken (K 45a)
amīcṓrum meminísse	an die Freunde denken (K 45a)
memor, mémoris	denkend an, sich erinnernd, eingedenk (K 26a)
beneficiṓrum mémores sunt	sie denken an (die) Wohltaten (K 26a)
memorā́bilis, -le	denkwürdig (K 49a)
memorā́re	erwähnen, berichten (K 29a)
memória, -ae	die Erinnerung, das Gedächtnis
memória tuī	die Erinnerung an dich
patrum memóriā	zur Zeit der Väter (K 37a)
(memóriae) prṓditum est	es ist (schriftlich) überliefert
memóriā tenḗre	im Gedächtnis behalten (K 35a)
mēns, mentis	der Geist, Verstand
hāc mente	in der Absicht (K 36a)
mente captus	verrückt
mēnsis, -is m.	der Monat
mentī́rī	lügen, ersinnen (K 8a)
mercā́tor, -tṓris	der Kaufmann (K 1a)
merḗre	verdienen
bene merḗre (merḗrī) dē pátriā	sich um das Vaterland verdient machen
méritō (Adv.) (Abl. causae)	zu Recht, verdientermaßen nach Verdienst (K 36a)
metállum, -ī	das Metall
mētī́rī	messen (K 8a)
ómnia ūtilitā́te mētī́rī	alles nach dem Nutzen bemessen (K 8a)
metúere	fürchten
metus, -ūs	die Furcht
meus, -a, -um	mein
mihi	mir
mī́les, mī́litis	der Soldat
mī́les expedī́tus	ein kampfbereiter Soldat
mīlitā́ris, -re	militärisch, zum Militär gehörend (K 21a)
rēs mīlitā́ris	das Kriegswesen (K 21a)
mī́lle, Plural: **mī́lia, -ium**	tausend
mī́lle passūs	eine Meile
minā́rī	drohen (K 17a)
minor, minus	kleiner (K 5a)
minus témporis	weniger Zeit (K 23a)
níhilō minus	nichtsdestoweniger (K 36a)
mínimus, -a, -um	der kleinste (K 5a)
minister, -trī	der Diener
ministérium, -ī	der Dienst, dieAufgabe (K 42a)
minúere	(ver)mindern
mīrā́rī	bewundern, sich wundern (K 2a)
mīror artēs Graecṓrum	ich bewundere die Künste der Griechen (K 2a)
mīror errṓrem aliṓrum	ich wundere mich über den Irrtum der anderen (K 2a)
mīrus, -a, -um	wunderbar, sonderbar
miscḗre	mischen
miser, -a, -um	arm, unglücklich
miséria, -ae	das Unglück (K 38a)

misericórdia, -ae	das Mitleid (K 15a)
míttere	gehen lassen, schicken
modus, -ī	das Maß; die Art und Weise
modum habḗre	Maß halten
hōc modō	auf diese Art und Weise
móenia, -ium n.	die Stadtmauern (K 20a)
moléstus, -a, -um	beschwerlich, lästig (K 16a)
monḗre	mahnen
mōns, montis m.	der Berg
mōnstrā́re	zeigen
mora, -ae	die Verzögerung, der Aufschub
morā́rī	(sich) aufhalten (K 2a)
apud amī́cum moror	ich halte mich beim Freund auf (K 2a)
amī́cum moror	ich halte den Freund auf (K 2a)
morbus, -ī	die Krankheit
in morbum incídere	erkranken
morī, mórior	sterben (K 11a)
mors, mortis	der Tod
mortem fúgiō	ich entgehe dem Tod
mortem obī́re	sterben
mortā́lis, -le	sterblich
mórtuus, -a, -um	tot
Alexándrō mórtuō	nach dem Tod Alexanders
mōs, mōris	die Sitte
mōres, mōrum	der Charakter
mṓre	nach Sitte, Art (K 36a)
mōtus, -ūs	die Bewegung, Erregung
mōtus ánimī	die innere Erregung
mōtus terrae	das Erdbeben
movḗre	bewegen
ánimum amī́cī movḗre	den Sinn des Freundes ändern, den Fr. umstimmen
múlier, mulíeris f.	die Frau, Ehefrau
multā́re	bestrafen **(K 25a)**
māiestā́tis multā́re	wegen Majestätsbeleidigung bestrafen (K 25a)
multī, -ae, -a	viele **(K 5a)**
multum (Adv.)	viel, sehr **(K 5a)**
multum labṓris	viel Mühe (K 23a)
multō māior	viel (um vieles) größer (K 36a)
multō praestā́re	weit überlegen sein (K 36a)
multō diē	spät am Tag (K 37a)
multitū́dō, -inis	die Menge, große Zahl (K 3a)
mundus, -ī	die Welt
mūnī́re	befestigen
mūnus, mū́neris	das Amt, die Aufgabe; das Geschenk
mūrus, -ī	die Mauer
mūtā́re	(ver)ändern, tauschen
nam	denn, nämlich
nancī́scī	erhalten (K 9a)
narrā́re	erzählen
nāscī	entstehen, geboren werden (K 9a)
Iove nātus	ein Sohn des Jupiter (K 9a)
nṓbilī génere nātus	von einem adeligen Geschlecht abstammend (K 9a, 34a)
ṓrdine senātṓriō nātus	aus dem Senatorenstand stammend (K 34a)
nā́tiō, -ṓnis	das Volk, der Volksstamm
nātū́ra, -ae	die Natur, das Wesen
nātus, -a, -um	geboren; alt
decem annōs nātus	zehn Jahre alt
nauta, -ae m.	der Seemann, Matrose
nāvigā́re	segeln, mit dem Schiff fahren
nāvis, -is	das Schiff
nāvis longa	das Kriegsschiff
nē	*Verneinung bei Befehlen und Wünschen* **(K 39a)**
nē + Konj.	dass nicht, damit nicht **(K 43a)**
nē quis	dass (damit) niemand (K 15a)
nē quid	dass (damit) nichts (K 15a)
nē ... quidem	nicht einmal (K 42a)
nē servus quidem	nicht einmal ein Sklave (K 42a)
-ne (an erstes Wort angehängt)	*echte Satzfrage* (K 38a)
-ne ... an	*Doppelfrage*: "oder" (K 38a)
necā́re	töten
necessā́rius, -a, -um	notwendig (K 16a)
necésse est	es ist notwendig (K 33a)
necéssitās, -tā́tis	die Not, Notwendigkeit (K 28a)
negā́re	verneinen, verweigern
neglégere	vernachlässigen
negṓtium, -ī	das Geschäft, die Tätigkeit, Aufgabe
negṓtium obī́re	sich an eine Aufgabe machen
nēmō	niemand
nēmō nostrum	keiner von uns (K 23a)
népōs, nepṓtis	der Enkel (K 31a)
neque (nec)	und nicht, aber nicht
neque ... neque	weder ... noch
nescī́re	nicht wissen, nicht kennen
néscius, -a, -um	unwissend, ohne Wissen
amī́cō nésciō	ohne Wissen des Freundes

néuter, -tra, -trum	keiner von beiden (K 31a)
nihil	nichts
níhilō minus (sḗtius)	nichtsdestoweniger (K 36a)
niger, -gra, -grum	schwarz (K 45a)
nimis (Adv)	zu viel, zu sehr (K 7a)
nímius, -a, -um	zu viel, zu groß (K 23a)
nímium (Adv)	zu viel, zu sehr
nisī	wenn nicht
nōn … nisī	nicht … außer; nur (K 41a)
nōn véniam nisī invītā́tus	ich komme nicht, außer wenn ich eingeladen bin, ich komme nur, wenn ich eingeladen bin (K41a)
nītī (+ Abl.)	sich stützen auf (K 10a)
cōnsíliō nītī	sich auf einen Rat stützen (K 10a, 35a)
nṓbilis, -le	adelig, vornehm
nṓbilī génere nātus	aus vornehmem Geschlecht stammend (K 34a)
nōbílitās, -tā́tis	der Adel, die Berühmtheit
nocḗre	schaden
nōlle	nicht wollen
nōmen, nṓminis	der Name
mihi nōmen ... est	ich heiße ...
nōminā́re	nennen
nōn	nicht
nōndum	noch nicht
nōn iam	nicht mehr
nōn … nisī	nicht … außer; nur (K41a)
nōn véniam nisī invītā́tus	ich komme nicht, außer wenn ich eingeladen bin, ich komme nur, wenn ich eingeladen bin (K41a)
nōnne	*Satzfrage mit Antwort ja*: "nicht" (K 38a)
nōnus, -a, -um	der neunte
nōs	wir, uns
nōscere	kennen lernen
nōvī	ich kenne, weiß **(K 45a)**
noster, -stra, -strum	unser
nōtus, -a, -um	bekannt
novem	neun
novus, -a, -um	neu
nox, noctis	die Nacht
nocte, noctū	in der Nacht, nachts
diē ac nocte	bei Tag und Nacht (K 37a)
nūdus, -a, -um	nackt, unbewaffnet
nūllus, -a, -um	kein
num	*Satzfrage mit Antwort nein*: "etwa" (K 38a)
númerus, -ī	die Zahl
numquam	niemals
nunc	jetzt

nūntiā́re	melden
nū́ntius, -ī	der Bote, die Nachricht
obícere	entgegenwerfen, vorwerfen
obī́re	entgegengehen, aufsuchen
mortem obī́re	sterben
negṓtium obī́re	sich an eine Aufgabe machen
prōvínciam obī́re	eine Provinz besuchen
oblīvī́scī (+ Gen.)	vergessen (K 10a, 25a)
amīcṓrum oblīvī́scī	die Freunde vergessen (K 10a)
oboedī́re	gehorchen
obscū́rus, -a, -um	dunkel
obses, óbsidis	die Geisel (K 37a)
obtinḗre	festhalten, innehaben
occā́siō, -ṓnis	die Gelegenheit
occā́sus, -ūs	der Untergang (der Sonne) (K 37a)
occīdere (cádere!)	hinfallen, untergehen
occīdere (cáedere!)	töten
occupā́re	besetzen
occúrrere	begegnen
octā́vus, -a, -um	der achte
octō	acht
óculus, -ī	das Auge
ōdísse	hassen (K 15a)
ódium, -ī	der Hass
offéndere	beleidigen, anstoßen, angreifen
offérre	anbieten, opfern, entgegenstellen
offícium, -ī	die Pflicht
ōlim	einst
ōmen, ṓminis	das Vorzeichen
omíttere	übergehen
omnī́nō (Adv.)	völlig, gänzlich (K 29a)
omnis, -ne	all, ganz, jeder
ópera, -ae	die Arbeit, Mühe (K 41a)
óperam dare pācī	sich um Frieden bemühen (K 41a)
operī́re	zudecken
opīniō, -ṓnis	die Meinung
opórtet	es gehört sich, man muss
tē opórtet venī́re	du musst kommen
óppidum, -ī	die (befestigte) Siedlung, Stadt
opprímere	unterdrücken
opportū́nus, -a, -um	günstig; günstig gelegen (K 1a)
oppūgnā́re	belagern, angreifen
optā́re	wünschen
óptimus, -a, -um	der beste (K 5a)
opēs, -um	die Schätze; die Macht; die Streitkräfte (K 15a)

opus, óperis	das Werk
ōrāculum, -ī	das Orakel, die Orakelstätte (K 8a)
ōrāre	beten, bitten
ōrātiō, -ōnis	die Rede
ōrātiōnem habēre	eine Rede halten
ōrātor, ōrātōris	der Redner
orbis, -is m.	der Kreis
tōto orbe terrārum	auf dem ganze Erdkreis (K 37a)
ōrdīrī	anfangen (K 8a)
ōrdō, -inis m.	die Ordnung, Reihe(nfolge), der Stand
ōrdine	der Reihe nach (K 36a)
ōrdō senātōrius	der Senatorenstand
orīgō, -inis	der Anfang, Ursprung
orīrī	entstehen (K 11a)
equéstrī locō ortus	aus dem Ritterstand stammend (K 34a)
ōrnāméntum, -ī	der Schmuck, das Schmuckstück
ōrnāre	schmücken
ortus, -ūs	der Aufgang (K 37a)
sōlis ortū	bei Sonnenaufgang (K 37a)
ōs, ōris n.	der Mund, die Mündung
osténdere	zeigen
ōtiōsus, -a, -um	ruhig, müßig (K 41a)
ōtium, -ī	die Ruhe, freie Zeit, Muße
paene	beinahe, fast (K 11a)
pānis, -is m.	das Brot
pār, paris	gleich
pār, paris n.	das Paar
parāre	bereiten; sich anschicken, vorhaben, beabsichtigen
īnsídiās parāre	auflauern
labōrāre parō	ich schicke mich an (habe vor, beabsichtige) zu arbeiten
párcere (+ Dat.)	schonen, sparen
párēns, paréntis m./f.	der Vater / die Mutter
paréntes, -t(i)um	die Eltern
párĕre	hervorbringen, gebären
pārēre	gehorchen
pars, partis	der Teil
pars hóminum	ein Teil der Menschen (K 23a)
párticeps, -tícipis	teilhaftig, beteiligt an, im Besitz von (K 26a)
húius factī párticeps	an dieser Tat beteiligt (K 26a)
parum (Adv)	zu wenig (K 7a)
parum auxíliī	zu wenig Hilfe (K 23a)
parvus, -a, -um	klein **(K 5a)**
passus, -ūs	der (Doppel)Schritt
mīlle passūs	eine Meile
pater, patris	der Vater
patrum memóriā	zur Zeit der Väter (K 37a)
patēre	offen stehen, sich erstrecken
patī	leiden, (er)dulden, zulassen (K 11a)
patiéntia, -ae	die Geduld, Duldsamkeit (K 30a)
pátria, -ae	die Heimat, das Vaterland
patrícius, -a, -um	patrizisch; subst.: der Patrizier
paucī, -ae, -a	wenige
paulum (Adv.)	ein wenig
paulō post	ein wenig später (K 36a)
pauper, páuperis	arm
pāx, pācis	der Friede
dē pāce ágere	über Frieden verhandeln
peccāre	sündigen, einen Fehler begehen (K 20a)
pectus, péctoris	die Brust
pecūnia, -ae	das Geld
pecūniā egēre	Geld brauchen, benötigen
íncolās pecūniā spoliāre	die Bewohner des Geldes berauben, den Bewohnern das Geld rauben
pécus, pécoris	das Vieh (K 32a)
pedes, péditis	der Soldat zu Fuß, Infanterist
pēior, pēius	schlechter (K 5a)
péllere	treiben
pendēre	hängen (intr.), abhängen von
pendēre ex árbore	am Baum hängen
ex tē pendet fortūna tuōrum	von dir hängt das Glück der Deinen ab
péndere	aufhängen, abwägen, zahlen; einschätzen
magnī péndere	hoch einschätzen, für wichtig halten
per (+ Akk.)	durch
perágere	durchführen, vollenden, durchbohren
pérdere	zugrunde richten, verlieren
perdūcere	hinführen, hinbringen
perférre	ertragen, vollführen, berichten
perfícere	vollenden
perfīgere	durchbohren
perfríngere	durchbrechen (K 44a)
pérgere	fortfahren (etwas) zu tun, (etwas) fortsetzen
perīculōsus, -a, -um	gefährlich (K 14a)

perīculum, -ī	die Gefahr
perīculum adīre	eine Gefahr auf sich nehmen
perīre	zugrunde gehen
perītus, -a, -um	kundig, erfahren (K 26a)
iūris perītus	rechtskundig, erfahren im Recht
permanēre	fortdauern, ausharren
permíttere	erlauben, gestatten
permovēre	heftig bewegen, erregen
perpétuus, -a, -um	ewig, immerwährend (K 39a)
perquīrere	erforschen
pérsequī	verfolgen (K 9a)
persuādēre (+ Dat.)	überreden, überzeugen
persuādeō tibi	ich überrede dich, ich überzeuge dich
mihi persuāsum est	ich bin überzeugt
perterrēre	heftig erschrecken
pertinēre	sich erstrecken, sich ausdehnen
pervenīre	(ans Ziel) gelangen
pēs, pedis	der Fuß
pedem dóleō, pēs mihi dolet	mir tut der Fuß weh, ich habe Schmerzen am Fuß
pódibus īre	zu Fuß gehen (K 35)
pedem reférre	sich zurückziehen
péssimus, -a, -um	der schlechteste (K 5a)
pétere	zu erreichen suchen
adversārium pétere	einen Gegner angreifen
auxílium pétere	um Hilfe bitten
fugā salūtem pétere	sein Heil in der Flucht suchen
píetās, pietātis	die Frömmigkeit, Redlichkeit, Achtung, das Pflichtbewusstsein
pīrāta, -ae m.	der Seeräuber
piscis, -is m.	der Fisch
pius, -a, -um	fromm, gottesfürchtig, pflichtbewusst
placēre	gefallen
mihi placet	mir gefällt es, ich beschließe
senātuī plácuit	der Senat beschloss
plēbēius, -a, -um	aus dem niedrigen Volk stammend; subst.: der Plebejer
plēbs, plēbis	die Plebs, das niedere Volk
plēnus, -a, -um (+ Gen.)	voll **(K 26a)**
bella sunt plēna perīculōrum	Kriege sind voller Gefahren **(K 26a)**
plērīque, plēráeque plēráque	die meisten (K 16a)

plūrimī, -ae, -a	die meisten (K 5a)
plūrimum (Adv.)	am meisten (K 5a)
plūrēs, plūrium	mehr (K 5a)
plūs (n. / Adv.)	mehr (K 5a)
aequō plūs	mehr als billig; ungebührlich viel (K 34a)
pōculum, -ī	der Becher
poena, -ae	die Strafe (K 33a)
poenās dare	bestraft werden (Strafgeld zahlen) (K 33a)
poēta, -ae m.	der Dichter
pollicērī	versprechen (K 3a)
pōnere	setzen, stellen, legen
pōns, pontis m.	die Brücke
póntifex, pontíficis	der Priester (K 30a)
pópulus, -ī	das Volk
porta, -ae	das Tor, die Türe
portāre	bringen
pórticus, -ūs f.	die Säulenhalle
pōscere	fordern
portus, -ūs	der Hafen (K 1a)
posse	können, imstande sein
posséssiō, -ōnis	der Besitz (K 39a)
possidēre	besitzen
post (+ Akk.)	nach, hinter **(K 6a)**
paulō post (= pósteā)	ein wenig später (K 36a)
pósteā	später
postérior, -ius	der spätere (K 6a)
pósterus, -a, -um	der nächste, folgende (K 6a)
pósterō diē	am nächsten Tag (K 6a)
pósterī, -ōrum	die Nachwelt (K 31a)
postéritās, -tātis	die Nachwelt (K 31a)
postquam + Ind. Perf.	nachdem **(K 44a)**
postrēmus, -a, -um	der letzte (K 6a)
postrīdiē	am Tag darauf (K 47a)
postulāre	fordern
postulātiō, -ōnis	die Forderung (K 47a)
potēns, -éntis	mächtig (K 4a, 26a)
suī potēns	seiner mächtig (K 26a)
poténtia, -ae	die Macht (K 15a)
potéstās, -tātis	die Gewalt; Fähigkeit (K 45a)
potīrī (+ Abl.)	in seine Gewalt bringen (K 8a)
urbe potīrī	eine Stadt in seine Gewalt bringen (K 8a, 35a)
potíssimum (Adv.)	am liebsten, ehesten (K 7a)
pótius (Adv.)	vorzüglicher, lieber (K 7a)
prae (+ Abl.)	vor; im Vergleich zu (K 6a)
prae metū	vor (aus) Angst (K 6a)
prae nōbīs	im Vergleich zu uns (K 6a)
prae lácrimīs loquī nōn possum	wegen, vor Tränen kann ich nicht reden (K 36a)

praebḗre	geben, gewähren
praecéptum, -ī	die Vorschrift (K 41a)
praecípere	vorschreiben, vorwegnehmen, vorher bekommen
praeclā́rus, -a, -um	herrlich, prächtig
praecípuus, -a, -um	hervorragend, vortrefflich (K 1a)
praedicā́re	verkündigen, predigen (K 17a)
praedī́cere	voraus-, vorhersagen
práeditus, -a, -um	begabt, ausgestattet mit (K 48a)
praeésse (mit Dat.)	an der Spitze stehen, leiten
cōpiīs praeésse	an der Spitze der Truppen stehen
praefícere	an die Spitze stellen
Caésarem exercítuī praefícere	Cäsar an die Spitze des Heeres stellen
práemium, -ī	die Belohnung
praestā́re + Dat.	übertreffen
+ Akk.	leisten, erweisen;
unpers.	es ist besser
amī́cō praestō (fortitū́dine)	ich übertreffe den Freund (an Tapferkeit)
officium praestō	ich leiste meine Pflicht
multō praestā́re	weit überlegen sein (K 36a)
praeterī́re	vorbeigehen, übergehen
praetermíttere	vorübergehen lassen (K 28a)
praetor, -tṓris	der Prätor
precā́rī	bitten
prémere	drücken, pressen
pretiṓsus, -a, -um	wertvoll (K 34a)
prétium, -ī	der Wert, Preis
prīmus, -a, -um	der Erste, als Erster **(K 6a)**
Mārcus prīmus domī est.	Markus ist als Erster zu Hause.
prīmā lūce	bei Tagesanbruch, beim Morgengrauen
prīmus vēr	der erste Frühling; der erste Teil = der Beginn des Frühlings (K 45a)
prīmō (Adv.)	zuerst, anfangs
prīmum (Adv.)	zuerst, zum ersten Mal (K 39a)
prī́nceps, -cipis	der Erste, Fürst, Kaiser
prīncipā́tus, -ūs	die Vorherrschaft, erste Stelle
prīncípium, -ī	der Anfang (K 37a)
prior, prius	der frühere (K 6a)
prīscus, -a, -um	alt, altehrwürdig (K 22a)
priúsquam + Ind.(Konj.)	ehe, bevor (K 44a)
prīvā́tus, -a, -um	privat (K 29a)

prō (+ Abl.)	vor; für; anstatt
probā́re	prüfen, billigen (K 30a)
probus, -a, -um	tüchtig, rechtschaffen
prōcḗdere	vorwärts gehen
procul ā	fern von (K 48a)
prṓdere	verraten; übergeben, überliefern
(memóriae) prṓditum est	es ist (schriftlich) überliefert
prōdésse	nützen
prōdī́re	vortreten, auftreten
in pū́blicum prōdī́re	öffentlich auftreten
prōdítiō, -ṓnis	der (Hoch)Verrat (K 25a)
prōditiṓnis multā́re	wegen Hochverrats bestrafen (K 25a)
prōdū́cere	vorwärts führen, hervorbringen
próelium, -ī	die Schlacht, das Gefecht (K 46a)
prōférre	hervorbringen, aufzeigen, aufschieben, ausweiten
prōfícere	Fortschritte machen; dienlich sein, nützen
proficī́scī	aufbrechen, reisen, marschieren (K 9a)
prohibḗre	hindern, abhalten
prṓmere	hervorholen
prōmíttere	versprechen
prope (+ Akk.)	nahe bei (K 6a)
prope urbem	nahe bei der Stadt (K 6a)
properā́re	eilen
própior, -ius	der nähere (K 6a)
prōpṓnere	in Aussicht stellen, (sich) vornehmen
prōpósitum, -ī	der Vorsatz, Grundsatz (K 41a)
propter (+ Akk.)	wegen
propter tempestā́tēs	wegen der Stürme (K 36a)
prosper, -a, -um	günstig, erwünscht (K 46a)
prōvidḗre + Akk.	vorhersehen;
+ Dat.	sorgen für
prōvídeō amī́cīs	ich sorge für die Freunde
prōvídeō rēs futū́rās	ich sehe die Zukunft voraus
prōvíncia, -ae	die Provinz (röm. Herrschaftsbereich außerhalb Italiens) (K 44a)
prōvínciam obī́re	eine Provinz besuchen
próximus, -a, -um	der nächste (K 6a)
prūdēns, -éntis	klug
prūdéntia, -ae	die Klugheit

pū́blicus, -a, -um	öffentlich
pū́blicē (Adv.)	öffentlich, von Staats wegen, im Interesse des Staates
in pū́blicum prōdī́re	öffentlich auftreten
rēs pū́blica	der Staat
accēdere ad rem pū́blicam	sich politisch betätigen
in rē pū́blicā versā́rī	sich mit Politik beschäftigen, sich politisch betätigen (K 2a)
puélla, -ae	das Mädchen
puer, -ī	der Knabe
ā púerīs	von frühester Kindheit an (K 1a)
pueritia, -ae	die Kindheit (K 1a)
ā prīmā pueritiā	von frühester Kindheit an (K 1a)
pūgna, -ae	der Kampf, die Schlacht
pūgnā víncere	in einer Schlacht siegen (K 35a)
pūgnā́re	kämpfen
pūgnā́re dē victóriā	um den Sieg kämpfen
pulcher, -chra, -chrum	schön
pulvis, púlveris m.	der Staub
pūnī́re	bestrafen (K 33a)
puppis, -is	das Hinterdeck, Schiff
pūrus, -a, -um	rein
putā́re	glauben, meinen
+ Gen. pretii	für wert halten, achten, schätzen, ansehen (K 24a)
putā́rēs	man hätte glauben können (K 40a)
quae cum ita sint (essent)	da dies so ist (war), unter diesen Umständen (K 21a)
quáerere	suchen, fragen
amī́cum quaerō	ich suche den Freund
ex amī́cō quaerō	ich frage den Freund
quáestiō, -ṓnis	die Untersuchung, Erforschung (K 23a)
quaestor, -tṓris	der Quästor
quā dē causā	aus diesem Grund, deshalb (K 21a)
quā rē, quārē	deshalb (K 21a)
quālis, -le	wie (beschaffen) (K 39a)
quam (bei Adjektiven und Adverbien)	wie (K 18a)
quam (bei Steigerung)	als **(K 34a)**
quam (beim Superlativ)	möglichst (K 5a)
quámdiū + Ind.	solange (als) (K 44a)
quamquam	obwohl
quandō?	wann? **(K 38a)**
quantō ... tantō	je ... desto (K 15a)
Quantō quis dīvítior est, eō tantō poténtior esse solet.	Je reicher einer ist, desto mächtiger pflegt er zu sein. (K 15a)
quantópere (Adv.)	wie sehr (K 18a)
quantus, -a, -um?	wie groß?
quārtus, -a, -um	der vierte
quáttuor	vier
-que (an das 2. Wort angehängt)	und
púerī puelláeque	Jungen und Mädchen
quemádmodum?	wie? (K 38a)
querī	klagen, beklagen (K 10a)
quī, quae, quod	der, die, das; welcher, welche, welches
quia	weil
quīcúmque, quaecúmque, quodcúmque	der, die, das auch immer; jeder, der / jede, die / jedes, das (K 32a)
quīdam, quaedam, quiddam(subst.) / **quoddam** (adj.)	ein gewisser, ein bestimmter, eine Art von (K 32a)
quidem	gewiss, freilich, zwar (K 41a)
équidem	ich wenigstens, ich für meine Person (K 41a)
quíēs, quiḗtis	die Ruhe (K 41a)
quiḗscere	ruhen
quīnque	fünf
quīntus, -a, -um	der fünfte
quis? quid ?	wer? was? **(K 38a)**
quis amīcṓrum?	welcher Freund (K 23a)
quisquam, quicquam	irgendeiner / (irgend)jemand, (irgend)etwas (K 15a)
quisque, quaeque, quodque (adj.) / **quidque** (subst.)	jeder, jede, jedes (K 33a)
óptimus quisque	gerade die Besten, jeweils der Beste (K 33a)
quō	wohin? (K 7a)
quō ... eō	je...desto (K 15a)
Quō quis dīvítior est, eō poténtior esse solet.	Je reicher einer ist, desto mächtiger pflegt er zu sein. (K 15a)
quō fit (factum est)	so kommt (kam) es (K 21a)
quoad + Ind.	solange (als) (K 44a)
+ Konj.	solange bis, bis (K 44a)
quod	weil
quodsī	denn wenn, wenn nun, wenn aber (K 33a)

quṓmodo? wie? (K 38a)
quondam einmal, einst (K 38a)
quoque (nachgest.) auch (K 10a)
quot? (undeklinierbar) wie viele?
quotánnīs jährlich (K 36a)

rápere rauben
rátiō, -ṓnis der Verstand, die Vernunft, Rechnung, Art und Weise
hāc ratiṓne auf diese Weise (K 36a)
ratiōnā́lis, -le vernünftig, vernunftbegabt (K 43a)
rārus, -a, -um (Adv. **rārō**) selten (K 1a)
recḗdere zurückweichen
recēns, -éntis neu, frisch (K 4a)
recípere zurücknehmen; aufnehmen
hóspitem tēctō recípere den Gastfreund in sein Haus aufnehmen **(K 35a)**
sē recípere sich zurückziehen
recitā́re vorlesen, vortragen
rēctus, -a, -um richtig, gerade
rēctā (viā) geradeaus, geradewegs
réddere zurückgeben, machen zu
patrem beā́tum réddere den Vater glücklich machen
redígere in einen Zustand versetzen, zurücktreiben
in potestā́tem suam redígere in seine Gewalt bringen
redímere loskaufen
redī́re zurückkehren
redū́cere zurückführen
reférre zurückbringen, berichten
pedem reférre sich zurückziehen
sē reférre sich zurückziehen
régere lenken, leiten
rēgī́na, -ae die Königin
régiō, -ṓnis die Gegend
rḗgius, -a, -um königlich
domus rḗgia der Palast
rēgnā́re herrschen, König sein
rēgnum, -ī das (König)Reich, die (Königs-)Herrschaft
relínquere zurücklassen
remanḗre zurückbleiben
remíttere zurückschicken, nachlassen
removḗre entfernen
renovā́re erneuern
repéllere zurückstoßen, vertreiben
reperī́re finden
repétere zurückfordern, wiederholen
reportā́re zurücktragen, -bringen
victṓriam reportā́re den Sieg davontragen
rērī rechnen, meinen (K 3a)
ratus (+ AcI) in der Meinung (dass ...) (K 3a)
rēs, reī die Sache
quā rē, quārē deshalb (K 21a)
rēs advérsae das Unglück
rēs secúndae das Glück **(K 4a)**
in rebus secúndīs im Glück (K 4a)
rēs familiā́ris (-ēs) das Vermögen
rēs futū́rae die Zukunft
rēs gestae die Taten
rēs mīlitā́ris das Kriegswesen (K 21a)
rēs pū́blica der Staat
accḗdere ad rem pū́blicam sich politisch betätigen
in rē pū́blicā versā́rī sich mit Politik beschäftigen, sich politisch betätigen (K 2a)
resístere Widerstand leisten
respondḗre antworten, entsprechen
respṓnsum, -ī die Antwort (K 11a)
restā́re übrig bleiben
retinḗre zurückhalten, bewahren
réus, -ī der Angeklagte (K 25a)
reum fácere anklagen (K 25a)
revértī zurückkehren (K 12a)
rēx, rēgis m. der König
Rṓmulō rēge unter der (Königs)Herrschaft des Romulus
rīdḗre lachen
rōbur, rṓboris die Kraft; die Kerntruppe
rogā́re fragen, bitten
rúere stürzen (trans. u. intr.)
puer dē árbore ruit der Knabe stürzt(e) vom Baum
prōditṓrem dē saxō ruunt sie stürzen den Mörder vom Felsen
rúmpere brechen, zerbrechen (K 18a)
rūrsus wieder
rūrī auf dem Land (K 24a)
rūre vom Land (K 24a)
rūs auf das Land (K 24a)

sacer, -cra, -um heilig, geweiht
templum Sātúrnī sacrum ein dem Saturn geweihter Tempel
sacérdōs, -dṓtis der Priester
sáeculum, -ī das Jahrhundert, Zeitalter
saepe (Adv.) oft **(K 7a)**
sáepius, saepíssimē öfter, am öftesten (K 7a)

saevī́re	wüten (K 23a)
saevus, -a, -um	wild, wütend (K 4a)
sāl, salis m.	das Salz
salī́re	springen
salūs, salū́tis	die Rettung, das Heil, der Gruß
fugā salū́tem pétere	sein Heil in der Flucht suchen
salvē, salvḗte	sei, seid gegrüßt!
salvus, -a, -um	heil, wohlbehalten
córpore salvō	mit heiler Haut
sānā́re	heilen
sānus, -a, -um	gesund (K 39a)
sānē (bei Konzessiv)	immerhin, meinetwegen (K 39a)
sanctus, -a, -um	heilig (K 4a)
sánguis, -guinis m.	das Blut
victória multō sánguine (cōn)stat	der Sieg kostet viel Blut
sápiēns, -éntis	weise
sapiéntia, -ae	die Weisheit
satis	genug (K 23a)
satis práemiī	genügend Belohnung (K 23a)
saxum, -ī	der Felsen
saxō dū́rior	steinhart (K 34a)
sceléstus, -a, -um	verbrecherisch (K 29a)
scelus, scéleris	das Verbrechen
schola, -ae	die Schule
scīre	wissen, kennen
scrī́bere	schreiben
scrīptor, -tōris	der Schriftsteller
rērum scrīptor	der Geschichtsschreiber (K 21a)
secā́re	schneiden
secúndum (+ Akk.)	gemäß, nach
secúndum lēgēs	gemäß, nach den Gesetzen
secúndum natū́ram vīvere	naturgemäß leben
secúndus, -a, -um	der zweite; günstig
rēs secúndae	das Glück
sēcū́rus, -a, -um	sorglos, sicher (K 16a)
sed	aber, sondern
sedḗre	sitzen
sēdēs, -is (Gen. Plur. **sēdum**)	der Wohnsitz
sēdítiō, -ṓnis	der Aufstand, die innenpolitischen Wirren (K 48a)
sēmen, sḗminis	der Same (K 42a)
semper	immer
sempitérnus, -a, -um	immerwährend, ewig (K 48a)
senā́tor, -tṓris	der Senator
senātṓrius, -a, -um	zum Senator gehörig (K 34a)
ṓrdine senātṓriō nātus	aus dem Senatorenstand stammend (K 34a)
senā́tus, -ūs	der Senat
senéctūs, -tū́tis	das Greisenalter (K 24a)
senténtia, -ae	die Meinung, der Gedanke, das Sprichwort
senātṓrēs senténtiam rogā́re	die Senatoren um ihre, nach ihrer Meinung fragen
sentī́re	meinen, fühlen
sēparā́re	trennen (K 48a)
sepelī́re	bestatten
septem	sieben
séptimus, -a, -um	der siebte
sepúlcrum, -ī	das Grab
sequī (+ Akk.)	folgen (K 9a)
séquere mē!	folge mir! (K 9a)
sérere	aneinander reihen
árborem ex árbore sérere	einen Baum an den anderen reihen
sermō, -ṓnis m.	die Sprache, das Gespräch
sermō pátrius	die Muttersprache
sermṓnem habḗre	ein Gespräch führen
servā́re	retten, bewahren
servī́re	dienen
sérvitūs, -tū́tis	die Sklaverei, Knechtschaft
servus, -ī	der Sklave
níhilō **sḗtius**	nichtsdestoweniger (K 36a)
sevḗritās, -tā́tis	die Strenge (K 31a)
sex	sechs
sextus, -a, -um	der sechste
sī	wenn, falls
sīc	so, auf diese Weise
sīcut	wie, so wie
ut ... sīc	wie ... so, zwar ... aber (K 42a)
sīdus, sī́deris	der Stern, das Sternbild
sīgnum, -ī	das (Ab)Zeichen, Feldzeichen
sīgna in hostēs īnférre	die Feinde angreifen
siléntium, -ī	das Schweigen (K 36a)
silva, -ae	der Wald
símilis, -le	ähnlich
símplex, -plicis	einfach (K 16a)
simul	zugleich, gleichzeitig (K 46a)
simul(átque) + Ind. Perf.	sobald (als) (K 44a)
simulátque + Ind. Plusqupf.	sooft (K 44a)
simulā́crum, -ī	das Ab-, Trug-, Götterbild (K 43a)
sīn	wenn aber (K 33a)

sine (+ Abl.)	ohne
sínere	lassen, zulassen
sinus, -ūs	der Gewandbausch, Busen; die Meeresbucht, der Golf
sístere	hinstellen, zum Stehen bringen
sitis, -is	der Durst
situs, -a, -um	gelegen
sīve … sīve	wenn … wenn aber; sei es dass … oder dass (K 33a)
sócius, -ī	der Bundesgenosse (K 29a)
sōl, sōlis m.	die Sonne
sōlis ortū	bei Sonnenaufgang (K 37a)
solḗre	gewohnt sein, pflegen (zu tun) (K12a)
sólitō māior	ungewöhnlich groß (K 34a)
sōlus, -a, -um	allein
sōlum (Adv.)	nur
sólvere	lösen; zahlen
sonā́re	ertönen, klingen
sórdidus, -a, -um	schmutzig, schäbig
soror, sorṓris f.	die Schwester
sors, sortis	das Los, Schicksal
sortī́rī	erlosen, erlangen (K 8a)
spárgere	ausstreuen
spéciēs, -ḗī	der Anblick, Anschein
spectā́re	sehen, schauen
spectā́tor, -tṓris	der Zuschauer (K 13a)
spērā́re	hoffen (K 17a)
spēs, spéī	die Hoffnung, Erwartung
spī́ritus, -ūs	der Geist; Hauch, Atem; die Gesinnung (K 43a)
spoliā́re (+ Abl.)	rauben, berauben **(K 34a)**
íncolās pecū́niā spoliā́re	die Bewohner des Geldes berauben, den Bewohnern das Geld rauben
spondḗre	versprechen, geloben
meā (tuā ...) **sponte**	freiwillig (K 36a)
hoc fēcī meā (fecístī tuā) sponte	dies tat ich (tatest du) freiwillig (K 36a)
stádium, -ī	das Stadion, (Sportstätte und Längenmaß) (K 13a)
stāre	stehen; kosten
victória multō sánguine stat	der Sieg kostet viel Blut
statim	sofort
státua, -ae	die Statue
statúere	hinstellen; feststellen; festsetzen
studḗre (+ Dat.)	streben, sich bemühen (um)
lítterīs studḗre	sich um die Wissenschaften (Schriften, Literatur) bemühen
stúdium, -ī	der Eifer, die Beschäftigung
stultus, -a, -um	dumm, töricht
sub (+ Abl. u. Akk.)	unter (wo? wohin?)
subícere	unterwerfen
subígere	unterwerfen
subī́re	herangehen, auf sich nehmen
labṓrēs subī́re	Mühen, Anstrengungen auf sich nehmen
montem subī́re	an den Berg heranrücken
súbitō (Adv.)	plötzlich
subsídium, -ī	der Schutz, die Hilfe (K 30a)
succḗdere	Nachfolger sein
sū́mere	nehmen
supplícium sūmere dē hoste	einen Feind hinrichten (lassen)
summus, -a, -um	der höchste (K 6a)
summus mōns	der höchste Berg; der höchste Teil = der Gipfel des Berges (K 45a)
superā́re	übertreffen, besiegen
amī́cum ánimō superā́re	den Freund an Mut übertreffen
supérbia, -ae	der Stolz, Hochmut (K 5a)
supérbus, -a, -um	stolz, hochmütig
superésse (+ Dat.)	übrig sein, überleben
patrī superésse	den Vater überleben
supérior, -ius	der obere, frühere (K 6a)
súpplex, -plicis	(schutz)flehend, auf den Knien
supplícium, -ī	die Todesstrafe; das Gebet
supplícium sūmere dē hoste	einen Feind hinrichten (lassen)
suprā (+ Akk.)	oberhalb, über – hinaus (K 6a)
suprā caput	über dem Kopf (K 6a)
suprā vīrēs	über die Kräfte (hinaus) (K 6a)
suprḗmus, -a, -um	der letzte (K 6a)
suscípere	unternehmen, auf sich nehmen
sustinḗre	aushalten
suus, -a, -um	sein, ihr
tacḗre	schweigen
tālis, -le	so (beschaffen), solch (K 39a)
tam (bei Adjektiven u. Adverbien)	so
tamen	dennoch
tandem	endlich
tángere	berühren
tantus, -a, -um	so groß
tē	dich

tēctum, -ī das Dach, das Haus
tēctō recípere in sein Haus aufnehmen (K 35a)
tégere bedecken, schützen
tempéstās, -tā́tis das Unwetter, der Sturm; die Zeit
templum, -ī der Tempel
temptā́re versuchen, angreifen
tempus, témporis die Zeit
id témporis zu dieser Zeit (K 23a)
téndere zielen, spannen, strecken
tenḗre halten, innehaben
manū tenḗre in der Hand halten (K 35a)
memóriā tenḗre im Gedächtnis behalten (K 35a)
terra, -ae das Land, die Erde
mōtus terrae das Erdbeben
terrā marī́que zu Wasser und zu Land
tōtō orbe terrā́rum auf dem ganzen Erdkreis
terrḗre (jem.) erschrecken
terror, terrṓris der Schrecken
tértius, -a, -um der dritte
theā́trum, -ī das Theater
tibi dir
timḗre (sich) fürchten
tímidus, -a, -um ängstlich, furchtsam (K 20a)
timor, timṓris die Furcht
tolerā́re ertragen (K 49a)
tóllere empor heben, aufheben, beseitigen
torquḗre drehen, foltern (K 38a)
tot (undeklinierbar) so viele (K 15a)
tōtus, -a, -um ganz
tōtō orbe terrā́rum auf dem ganzen Erdkreis **(K 37a)**
tōtā urbe in der ganzen Stadt (K 37a)
tractā́re behandeln, verhandeln (K 47a)
trā́dere überliefern
trā́ditur es wird überliefert, man soll (K 41a)
trā́ditum est es ist überliefert
trādū́cere hinüberführen
cōpiās flūmen trādū́cere Truppen über den Fluss setzen
tráhere ziehen
tranquíllitās, -tā́tis die Ruhe, Stille (K 38a)
tranquíllus, -a, -um ruhig, still (K 38a)
trāns (+ Akk.) über – hinüber, jenseits
trānsférre hinüberbringen, übertragen
trānsgredī hinübergehen, überschreiten (K 43a)
trānsī́re hinübergehen, überqueren
trānsilī́re (hin)überspringen
trēs, tria drei
tribúere zuteilen
tribū́nal, -nā́lis der Richterstuhl, das Gericht (K 18a)
trīstis, -te traurig (K 17a)
tū du
tuḗrī im Auge haben, schützen (K 3a)
tum da, dann, damals
tunc da, damals (K 19a)
turpis, -pe schändlich
turris, -is der Turm
tūtā́rī schützen (K 3a)
tūtus, -a, -um sicher, geschützt
tuus, -a, -um dein

ubī wo?
+ Ind. Plusqupf. sooft (K 44a)
+ Ind. Perf. sobald (K 42a)
ubī prīmum + Ind. Perf. sobald (K 42a)
ubī́que überall
ūllus, -a, -um irgendein (K 15a)
ultérior, -ius der jenseitige (K 6a)
últimus, -a, -um der entfernteste, letzte (K 6a)
ultrā (+ Akk.) jenseits (K 6a)
ultrā Alpēs jenseits der Alpen (K 6a)
umbra, -ae der Schatten
unda, -ae die Welle
úndique von allen Seiten (K 47a)
ūnivérsum, -ī das Weltall (K 22a)
ūnivérsus, -a, -um all, ganz (K 22a)
ūnus, -a, -um eins, (ein, als) Einziger
Mārcus ūnus mē vīsitā́vit. Markus hat als Einziger mich besucht.
ūnusquísque, ūnaquáeque, ūnumquódque (adj.) / **ūnumquídque** (subst.) jeder, jede, jedes einzelne / Einzelne (K 33a)
urbs, urbis die Stadt
ab urbe cónditā seit Gründung Roms
tōtā urbe in der ganzen Stadt (K 37a)
ū́rere verbrennen (transitiv)
ūsque ad (+ Akk.) bis zu
ūsque ad annum ... bis zum Jahr ...
ūsus, -ūs der Gebrauch, Nutzen

ut +Konj.	(so) dass, damit **(K 43a)**
ut nōn	(so) dass nicht (K 43a)
ut (= sīcut) + Ind.	wie, so wie **(K 42a)**
ut … sīc	wie … so, zwar … aber (K 42a)
ut + Ind. Plusqupf.	sooft (K 44a)
+ Ind. Perf.	sobald (K 42a, 44a)
ut prīmum + Ind.Perf.	sobald (K 42a, 44a)
uter, utra, utrum?	wer (von beiden)? (K 31a)
útinam	*Einleitung eines Wunsches* (K 39a)
utrum ... an	*Doppelfrage*: "oder" (K 38a)
utérque, utráque, utrúmque	jeder, jede, jedes von beiden, beide (K 31a)
ūtī (+ Abl.)	gebrauchen, benützen (K 10a, 35a)
dolō ūtī	eine List anwenden (K 10a)
dolō ūsus	mit List (K 10a)
ū́tilis, -le	nützlich
ūtílitās, -tā́tis	der Nutzen
utrímque	von beiden Seiten (K 48a)
uxor, uxṓris f.	die Gattin
uxṓrem (in mātri-mṓnium) dū́cere	(eine Frau) heiraten
vacā́re (+ Abl.)	leer sein, frei sein **(K 34a)**
vácuus, -a, -um	leer, frei von (K 38a)
valdē	sehr **(K 7a)**
valḗre	gesund sein, vermögen
multum valḗre	viel vermögen
valē, valḗte	leb, lebt wohl!
valētū́dō, -inis	die Gesundheit (K 39a)
vallis, -is	das Tal
vānus, -a, -um	leer, eitel, nichtig (K 38a)
várius, -a, -um	verschieden, mannigfaltig, bunt
vās, vāsis n. (Pl.: **vāsa, -ṓrum**)	das Gefäß
vāstā́re	verwüsten
vāstus, -a, -um	wüst, weit
vātēs, -is	der Seher, Priester (K 30a)
véhemēns, -éntis	heftig (K 1a)
vehī	fahren (K 27a)
vel	oder (K 25a)
vel (beim Superl.)	sogar (K 5a)
velle	wollen
velut	wie, zum Beispiel
véndere	verkaufen (K 24a)
venī́re	kommen
auxíliō venī́re	zu Hilfe kommen
ventus, -ī	der Wind
vēr, vēris n.	der Frühling
vēre	im Frühling (K 37a)
vēr init	der Frühling beginnt
vēre ineúnte	bei Frühlingsbeginn (K 37a)
verberā́re	schlagen (K 40a)
verbum, -ī	das Wort
verḗrī	scheuen, verehren, fürchten (K 3a)
véritus	aus Furcht (K 3a)
véreor deum	ich verehre Gott (K 3a)
deus veréndus	ein verehrungswürdiger Gott (K 30a)
véreor fatḗrī	ich scheue mich zu gestehen (K 3a)
véreor, nē cadās	ich fürchte, dass du fällst (K 3a)
vērō (Konjunktion)	aber
versā́rī	verweilen, sich beschäftigen (K 2a)
in rē pū́blicā versā́rī	sich mit Politik beschäftigen, sich politisch betätigen (K 2a)
vértere	wenden
vērus, -a, -um	wahr, aufrichtig
vērē (Adv.)	wahrheitsgemäß
vērō (Adv./Kju.)	aber
vesper, -ī	der Abend(stern)
véspere/vésperī	am Abend **(K 37a)**
vester, -stra, -strum	euer
vestī́gium, -ī	die Spur
vestis, -is	das Kleid, Gewand
vetā́re (+ Akk.)	verbieten
vetō tē	ich verbiete dir
vetus, véteris	alt
vexā́re	quälen, heimsuchen
via, -ae	der Weg, die Straße
rēctā (viā)	geradeaus, geradewegs
victor, victṓris	der Sieger
victṓria, -ae	der Sieg
victṓriam reportā́re	den Sieg davontragen
pūgnā́re dē victóriā	um den Sieg kämpfen
vīcus, -ī	das (unbefestigte) Dorf
vidḗre	sehen (K 3a)
vidḗrēs	man hätte sehen können (K 40a)
vidḗrī	scheinen (K 3a)
vigilā́re	wachsam sein, wachen (K 28a)
vīlla, -ae	das Haus, Landhaus
víncere	siegen
Olýmpia víncere	in den Olympischen Spielen siegen (K 13a)

vínculum, -ī	das Band, die Fessel (K 5a)
vindicā́re	beanspruchen, strafen, retten, schützen (K 30a)
vīnum, -ī	der Wein
violā́re	verletzen, schänden (K 18a)
vir, virī	der Mann
vīrēs, vī́rium	die Kräfte, Streitkräfte
vī́ribus suīs cōnfī́sus	im Vertrauen auf seine Kräfte (K 12a)
virgō, -inis	das Mädchen, die junge Frau
virtūs, virtū́tis	die Tugend, Tapferkeit, Leistung
vīs, vim, vī	die Gewalt, Kraft, Menge
Pl.: **vīrēs, vī́rium**	die Kräfte, Streitkräfte
magna vīs pecū́niae	eine große Menge Geld
vīsitā́re	besuchen
vīta, -ae	das Leben
ē (dē) vītā dēcḗdere, discḗdere	aus dem Leben scheiden, sterben
vītā́re	meiden
vítium, -ī	der Fehler, das Laster
vī́vere	leben
vīvus, -a, -um	lebend, zu Lebzeiten
Cáesare vīvō	zu Lebzeiten Cäsars
vocā́re	rufen
in iūs vocā́re	vor Gericht fordern (K 25a)
volā́re	fliegen, eilen
volúntās, -tā́tis	der Wille (K 8a)
voluntā́te	mit Einwilligung (K 36a)
volúptās, -tā́tis	das Vergnügen, die Lust (K 29a)
vōs	ihr, euch
vōx, vōcis	die Stimme
vulnus, vúlneris	die Wunde
vultus, -ūs	das (der) Gesicht(sausdruck), die Miene

Grundwissen im Bereich „antike Kultur und ihr Fortleben“

1. Bereiche antiker Kultur und Zivilisation

1.1 Einblick in politische Aspekte der Antike

Freiheit als Grundlage der Demokratie und Selbstverwirklichung der Bürger (Athen)
Demokratie als Staatsform, die dem Menschen wesensgemäß ist
Die Leistung des einzelnen Bürgers für den Staat
Der *mos maiorum* als Grundlage für die Größe des römischen Staates
Politische Dekadenz als Anlass für den Niedergang eines Staates

1.2 Antike Stätten und ihre Bedeutung

Die Bedeutung Athens für die geistesgeschichtliche Entwicklung Europas
Das Orakel von Delphi und seine Bedeutung
Die Bedeutung Olympias und seiner Spiele
Korinth und seine Bedeutung als Handelszentrum
Frühe Stätten des Christentums (Philippi, Athen, Korinth, Rom)
Rom als Mittelpunkt des Imperiums

1.3 Antike Architektur, ihr Fortwirken und ihre Überreste

Bauwerke aus der Antike und ihre Bedeutung
Antike Bauwerke aus vielen Ländern als Einblick in Größe und Glanz des Imperiums
Einblick in die von den Römern geschaffene Infrastruktur (Straßen, Brücken etc.)
Hadrians Bautätigkeit in Athen und Rom
Römische Bauten in Germanien und Gallien (Trier, Xanten)

2. Bedeutende Gestalten der antiken Welt

2.1 Politiker

Perikles - Hadrian - (Sallust) - Cato der Ältere - Cato der Jüngere - Konstantin der Große

2.2 Schriftsteller und Theologen

Sokrates - Diogenes - Plutarch - Paulus - Petrus - Seneca - Zenon - Chrysipp - Epikur

3. Grundgedanken antiker Philosophie

3.1 Aspekte der Philosophie des Sokrates (Selbsterkenntnis - das Gute)
3.2 Aspekte der Philosophie der Stoa (Freisein von Affekten - glückliches Leben - Seelenruhe - *homo ad agendum natus est* - Sklaven – Gott)
3.3 Aspekte der Philosophie des Epikur (Lebe im Verborgenen)
3.4 Römische Spruchweisheit als Einblick in das Denken dieses Volkes
Kenntnis einiger Redewendungen und Sentenzen der Römer

4. Das römische Recht

4.1 Die Entstehung des römischen Rechts und sein Fortwirken
4.2 Einzelne Fälle aus dem Eigentumsrecht und ihr Fortwirken

Unser Rundgang durch wichtige Bereiche der alten Welt, mit denen wir uns in diesem Buch beschäftigt haben, beginnt in **Athen**. Die Stadt liegt in einer kleinen Küstenebene, die von hohen Bergen umgeben und vom markanten **Akropolisfelsen** geprägt ist, und hat mit dem Piräus einen vorzüglichen Hafen. Der Ort ist für eine **frühe Siedlung** wie geschaffen und wenigstens **seit dem 6. Jahrtausend v. Chr**. bewohnt. Zu den wichtigsten Aspekten, die Athen der Nachwelt geschenkt hat, gehört die **Idee der Freiheit** (K 1). Aus ihr entspringt die Staatsform der Demokratie, in der **alle Menschen die gleiche Würde** haben, **sich frei entfalten** können, **nicht nach Besitz, sondern nach Leistung geschätzt** werden und sich **aktiv an der Politik betätigen** müssen – andernfalls sind sie nutzlos (K 5).

Vom Glanz des antiken Athen zeugen heute noch großartige Ruinen. Der bedeutende **Staatsmann Perikles (ca. 495/90 – 429 v. Chr.)** beauftragte begnadete Künstler damit, die von den Persern zerstörten Gebäude der Akropolis neu zu errichten. So entstanden z. B. die architektonisch beeindruckenden **Propyläen,** insbesondere aber der **Parthenon, der Tempel der jungfräulichen Athene (Minerva)**, der das berühmte Gold-Elfenbein-Standbild der Göttin beherbergte (K 4). Aber auch in den folgenden Jahrhunderten wurde Athen mit weiteren prächtigen Bauten geschmückt. Als beispielsweise die Stadt politisch schon bedeutungslos war, wollte **Kaiser Hadrian (117 – 138 n. Chr.)** sie wenigstens als eines der **geistigen Zentren des Reiches** erhalten. Er ließ den **Tempel des Olympischen Zeus**, der schon drei Jahrhunderte eine Baustelle war, fertig stellen und richtete am Fuß der Akropolis eine **große Bibliothek** ein (K 6). Überhaupt war der Kaiser sehr kunstsinnig. In Tibur vor den Toren Roms ließ er auf über 50 Hektar Grundfläche **eine riesige Villa anlegen (die sog. Villa Adriana)**, in der er meist in verkleinerter Form nachbauen ließ, was er auf seinen weiten Reisen gesehen und was ihn fasziniert hatte (K 7).

In Athen stießen wir auf Paulus, den großen Völkerapostel, der weite Missionsreisen unternahm und für die Verbreitung des frühen Christentums wohl am meisten leistete. Um **das Jahr 48/49 betrat er bei Philippi erstmals europäischen Boden** und gründete hier eine Gemeinde. Der Weg führte ihn dann **über Thessaloniki, wo die nächste Gemeinde entstand, nach Athen**, wo er **auf dem Areopag mit den Philosophen**, die dort verkehrten, **ein Gespräch führte, aber keine größere Zahl von Anhängern fand** (K 3). Von dort **zog Paulus nach Korinth**, wo er eineinhalb Jahre blieb und nicht nur Juden, sondern auch Griechen und Römern predigte. **Der Inhalt seiner Verkündigung waren Kreuzigung, Tod, Auferstehung und Wiederkunft Christi** (K 17). Paulus muss eine große Ausstrahlungskraft entwickelt haben. **Korinth war eine bedeutende Stadt**, deren **Bewohner durch den Handel sehr reich waren**, denn sie hatten sowohl zur Adria als auch zur Ägäis hin je einen Hafen und konnten auch den Landweg in die Peloponnes kontrollieren. (K 15) Inmitten dieses immensen Reichtums, der eigentlich oft nicht der beste Boden für religiöses Leben ist, **baute Paulus in Korinth eine große Gemeinde auf** (K 17). Paulus treffen wir noch einmal in Caesarea, als er vor dem Richterstuhl des römischen Statthalters stand, doch mit dem berühmten Satz **„civis Romanus sum"** verlangte, nach Rom gebracht zu werden und **an den Kaiser appellieren zu dürfen** (K 18). In Rom wurde Paulus in lockerer Haft gehalten. Täglich hatten Menschen Zugang zu ihm und er nutzte diese Freiheit, um ihnen von Jesus zu predigen. **So war Paulus die wichtigste Person in der Gemeinde Roms.** (K 19). Zur selben Zeit weilte auch **Petrus in Rom**, wo er **unter der Regierungszeit Neros den Märtyrertod erlitt** (K 20).

Zwei heilige Orte Griechenlands haben das Leben der antiken Menschen stark beeinflusst: **Delphi und Olympia**. **Delphi war Apollo, dem Gott der Weisheit, der Weissagung und der Künste geweiht.** Anfangs wurde nur Staaten die Zukunft geweissagt, später jedermann. Die Pilger beschritten nach einer Waschung in der kastalischen Quelle den heiligen Weg, der von vielen Weihegeschenken gesäumt war. Sie gelangten **zum berühmten Tempel des Apollo,** in dessen Vorhalle

Sprüche der sieben Weisen zu lesen waren. Der eigentliche Ort des Orakels ist bis heute unbekannt (K 8). Der Sage nach hat **Apollo die Drachin Pytho getötet** und den Platz selbst in Besitz genommen (K 9). Dass das Orakel von Delphi, das bis ca. 390 n. Chr. bestand, schon im 1. Jahrhundert an Bedeutung verlor, beweist **Plutarch, ein Priester des Apollo**, der auch als **Schriftsteller** tätig war (K 10). Die **Priester waren sehr gebildete und bestens informierte Leute**. Ihre Orakelsprüche bewahrheiteten sich deshalb oft. In anderen Fällen waren sie so **doppeldeutig**, dass sie irgendwie eintreffen mussten (K 11).

Olympia war eine heilige Stätte des Zeus. Während der **Spiele**, die dort stattfanden, – ihr Beginn wird gewöhnlich ins Jahr **776 v. Chr.** verlegt – verstummten alle Kriege und es **herrschte der sog. Götterfriede** (K 12). **Olympiasieger zu sein war eine riesige Ehre**; er wurde in seiner Heimat reich beschenkt. Zugang zu den Spielen hatten nur Männer (K 13); Wettkämpfe für Frauen und Jugendliche, die es später zu einer anderen Zeit gab, erlangten keine Bedeutung (K 13). Dass es **bei den Spielen jedoch nicht immer gerade fair zuging**, zeigt schon das mythische Wagenrennen zwischen Pelops und Oinomaos (K 14).

Geschichte nicht nur zu beschreiben oder gar zu erzählen, sondern **zu untersuchen, vor allem Ursachen und Wirkungen zu eruieren** und Folgerungen für politisches Handeln zu ziehen – damit hat der **griechische Historiker Thukydides** (ca. 460 – ca. 400 v. Chr.) begonnen. In Rom ist ihm **zunächst Sallust (86 – 35/34 v. Chr.)** gefolgt. Im 1. Jahrhundert v. Chr., einer Zeit innenpolitischer Wirren, wendet sich sein Blick zurück und er **analysiert die Gründe für den Aufstieg und die Größe Roms**. Nachdem die Stadt nach Vertreibung der Könige **die Freiheit** erlangt hatte, legten die Bürger große Tugenden an den Tag; insbesondere waren dies **Arbeit und Gerechtigkeit (labor und iustitia)**; sie achteten materielle Werte für gering und strebten **nach charakterlicher Vervollkommnung (boni mores)**. So entwickelte sich der **mos maiorum, ein idealer Inbegriff alles Guten**. (K 21). Nach Sallusts Ansicht war **die Jugend der Garant für die große Zeit** Roms. Sie war im Krieg tapfer, im Sieg maßvoll, verwirklichte den mos maiorum und war allen anderen Völkern nicht so sehr militärisch, **als vielmehr moralisch überlegen** (K 22). Als aber **Rom auf dem Höhepunkt seiner Macht** stand, setzte **urplötzlich der Umschwung** ein. Plötzlich traten **Habsucht und Verschwendung** (avaritia und luxuria) an die Stelle der früheren Tugenden und **der Staat geriet in Gefahr** (K 23). Gegen den Verfall der Sitten stemmte sich Cato der Ältere (234 – 149 v. Chr.) (K 24). Obwohl er nicht aus hohem Adel stammte, war er ein kämpferischer Vertreter des **mos maiorum** in Wort und Tat – **Cato war auch ein glänzender Redner und ein stilistisch brillanter Schriftsteller** (K 24). So rettete er beispielsweise durch eine berühmte Ansprache vor dem Senat nach dem 3. Makedonischen Krieg die Bewohner der Insel Rhodos, als die Römer sie zu Unrecht strafen wollten (K 25). **Stets trat er unerschrocken auf**, vertrat seine Meinung schonungslos und nahm deshalb auch viele Feindschaften in Kauf (K 26).

Cato der Jüngere (95 – 46 v. Chr.), der Urenkel des Älteren, glich seinem Urgroßvater in vielen Punkten. Auch **er vertrat unbeugsame Sittenstrenge** und sah den mos maiorum als oberste Norm an (K 28). Als das Urteil über die Anhänger Catilinas gefällt wurde, widersetzte er sich mit aller Macht sogar Cäsar und erreichte deren Hinrichtung. In seinem Auftreten gegen die Catilinarier legte ihm Sallust eine feurige Rede in den Mund; er **lässt ihn den Niedergang Roms auf einen Sittenverfall zurückführen** (K 29). Die Senatoren, die früher Roms Größe garantierten, sind untätig geworden; **Politiker aber müssen handeln** (K 30). **Ehrlichkeit, Redlichkeit, Treue, Sittenstrenge, Unbeugsamkeit, Fleiß, Gerechtigkeit – das sind Werte, die Politiker verwirklichen müssen**. Cato der Ältere und der Jüngere waren hier nach Sallusts – und nicht nur nach seiner - Ansicht **Vorbilder** (K 31). **Mit dieser Art von positiven Beispielen möchte der Geschichtsschreiber sein Volk belehren und erziehen**.

Zu den **wichtigsten Hinterlassenschaften der Römer**, die heute noch in vielen Ländern wirksam sind, gehört **das Recht**. Der Kodex, den Kaiser Justinian im 6. Jahrhundert verfassen ließ, war bis ins 18. Jahrhundert die Grundlage europäischer Rechtswissenschaft. **Das Bürgerliche Gesetzbuch (BGB),** das am 1.1.1900 in Kraft trat und das Privatrecht behandelt**, enthält viele Bestimmungen, die auf römische Rechtsfälle zurückzuführen sind.** In der Antike wie heute ging und geht es nicht selten um **Eigentumsdelikte**. **Wie differenziert das römische Recht Probleme dieser Art behandelte,** zeigt, welch hohen Stand, die Rechtsprechung in der Antike erreicht hat (K 32; K 33). Ähnliches gilt bei Fundgegenständen, herrenlosem Gut und Schadenersatz (K 34; K 35; K 36 und K 37). Ein Blick ins BGB oder auch ein Gespräch mit einem Juristen kann die Thematik vertiefen.

Von besonderer Bedeutung für die gesamte geistesgeschichtliche Entwicklung Europas ist natürlich **die Philosophie**. Nach Ciceros Ansicht ist **ihr eigentlicher Begründer der Athener Sokrates (470 – 399 v. Chr.),** der erstmals den Menschen in den Mittelpunkt seiner Überlegungen stellte. **Ziel menschlichen Lebens ist es, das Gute zu verwirklichen. Voraussetzung dazu ist die Selbsterkenntnis**, das Erfassen des eigenen Individuums und insbesondere der menschlichen Beschränktheit. Gerechtigkeit ist es, so zu handeln, dass man niemandem schadet (K 2). Die **Bedürfnislosigkeit eines Sokrates** nahm sich **Diogenes (4. Jahrhundert v. Chr.)** zum Ziel; um ihn ranken sich viele Anekdoten (K 16). **Ungefähr um 300 v. Chr. kamen in Athen zwei neue Philosophieschulen auf, die Stoiker**, die ihren Namen von der „Bunten Halle" (Stoá poikíle) auf dem Marktplatz haben, wo ihr Begründer **Zenon** aus Kition auf Zypern lehrte, und die **Epikureer,** die nach ihrem Initiator Epikur benannt sind. **Chrysipp** (3. Jahrhundert v. Chr.) vervollkommnete die Lehre der Stoa und brachte sie in ein festes System. Beide, Stoiker und Epikureer, verfolgen **das gleiche Ziel, nämlich dem Menschen zu einem glücklichen Leben zu verhelfen**. Unterschiedlich ist dagegen der Weg, der zu diesem Ziel führt. Nach der **Lehre der Stoa ist das höchste Gut die Tugend (virtus).** Der **Mensch muss frei von allen Affekten sein, zur einer unerschütterlichen Seelenruhe gelangen** (K 38) und **im Einklang mit seinem Wesen (natura) leben** (K 39). Wer sich von Affekten leiten lässt, **insbesondere im Zorn handelt, ist kein Mensch**, da er seiner nicht mächtig ist (K 40). Einen völlig neuen Weg haben die Stoiker in der Sklavenfrage gewiesen: **Sklaven sind Menschen und müssen menschenwürdig behandelt werden**. (K 42). Revolutionär ist auch der Gedanke, der das Verhältnis des Menschen zu Gott bestimmt: **Gott ist dem Menschen nahe, er wohnt in ihm** (K 43). Was das **Leben in der Gemeinschaft betrifft, so fordern die Stoiker aktive Teilhabe**: **Der Mensch ist zum Handeln geboren** – so lautet ihr Motto. Hier gehen die Epikureer einen ganz anderen Weg: **Lebe im Verborgenen; zieh dich zurück und suche dein privates, individuelles Glück** (K 41). In Rom war es im 1. Jahrhundert n. Chr. vor allem **Seneca (4 v. Chr. ? – 65 n. Chr.),** der die Lehre der Stoa (wenn auch mit einigen epikureischen Elementen) vertrat.

Eindrucksvolle Ruinen im ganzen Mittelmeerraum bieten heute noch eine Vorstellung **von der Ausdehnung und dem Glanz des römischen Reiches** (z. B. Volubilis, Sabratha, Leptis Magna, Alexandria, Ephesus, Aspendos, Pergamon, Palmyra). Die Römer verstanden es, in eroberten Gebieten eine **vorzügliche Infrastruktur zu schaffen, beispielsweise Straßen und Brücken** zu bauen (K 27), so dass ihr Imperium immer mehr zusammenwuchs und lange Bestand hatte. Beispiele für römische Überreste in **Deutschland** finden sich u. a. **in Trier** (K 44; K 45) und **Xanten**. Trier wurde unter Constantius Chlorus (264 – 306) sogar **eine der Residenzstädte des Reiches** und kam unter seinem **Sohn Konstantin** (285 – 337) zur Blüte.

Italia
Allobroges
Rhodanus
Ticinus
Padus
Padus
Dalmatia
Arnus
Tiberis
Corsica
Mare Tyrrhenum
Mare Adriaticum
Roma
Ostia
Latium
Beneventum
Campania
Cumae
Neapolis
Pompeii
Sardinia
Brundisium
Tarentum
Lucania
Sicilia
Carthago
Syracusae
Mare Siculum
0
100
200
300